本书为教育部人文社会科学研究项目：数字经济赋能城乡融合高质量发展传导机理及实践路径研究（22YJA790090）最终研究成果，同时得到山西财经大学资源转型研究院省级重点研究智库资助

数字经济赋能城乡融合高质量发展传导机理及实践路径研究

张子珍　著

中国财经出版传媒集团
中国财政经济出版社
·北京·

图书在版编目（CIP）数据

数字经济赋能城乡融合高质量发展传导机理及实践路径研究／张子珍著．-- 北京：中国财政经济出版社，2025.6. -- ISBN 978－7－5223－3976－4

Ⅰ. F299.21

中国国家版本馆 CIP 数据核字第 20252ZS687 号

责任编辑：刘五书　　责任校对：张　凡
封面设计：卜建辰　　责任印制：张　健

数字经济赋能城乡融合高质量发展传导机理及实践路径研究
SHUZI JINGJI FUNENG CHENGXIANG RONGHE GAOZHILIANG FAZHAN CHUANDAO JILI JI SHIJIAN LUJING YANJIU

中国财政经济出版社 出版

URL：http：//www.cfeph.cn
E－mail：cfeph@cfeph.cn

社址：北京市海淀区阜成路甲 28 号　邮政编码：100142
营销中心电话：010－88191522
天猫网店：中国财政经济出版社旗舰店
网址：https：//zgczjjcbs.tmall.com
涿州汇美亿浓印刷有限公司印刷　各地新华书店经销
成品尺寸：170mm×230mm　16 开　21.25 印张　363 000 字
2025 年 6 月第 1 版　2025 年 6 月河北第 1 次印刷
定价：98.00 元
ISBN 978－7－5223－3976－4
（图书出现印装问题，本社负责调换，电话：010－88190548）
本社图书质量投诉电话：010－88190744
打击盗版举报热线：010－88191661　QQ：2242791300

前　言

在数字技术深刻重构全球经济格局的当代语境下，数字经济与城乡融合发展已成为破解中国式现代化进程中结构性矛盾的关键命题。本书立足于新发展阶段的历史方位，紧密对接国家战略导向，以跨学科视角系统解构数字技术驱动城乡要素重组、空间重构与制度创新的深层逻辑。

自党的十九大提出“建立健全城乡融合发展体制机制”以来，我国城乡关系政策体系持续深化。2019 年《关于建立健全城乡融合发展体制机制和政策体系的意见》首次将城乡要素平等交换、公共资源均衡配置纳入制度框架；2020 年《国家数字乡村试点工作方案》则推动数字技术与乡村治理、产业振兴深度融合，明确“到 2025 年形成城乡数字化协同发展新格局”；2023 年《数字经济促进共同富裕实施方案》进一步将城乡融合纳入数字经济赋能范畴，提出“通过数字化手段缩小区域、城乡、群体、基本公共服务四大差距”。当前城乡关系呈现显性差距收敛与隐性数字鸿沟并存的双重特征，暴露出既有理论在解释数字技术引发的空间重构效应时存在局限。通过突破传统城乡二元分析框架，将技术—经济范式理论引入空间经济学研究，创新性提出“数字渗透—要素重构—制度响应”的动态分析模型。这一理论建构不仅拓展了数字经济研究的空间维度，更与《“十四五”推进农业农村现代化规划》提出的“以数据要素驱动城乡产业协同”形成学理呼应。这些政策文件共同构建起“城乡制度融合—数字技术赋能—共同富裕导向”的三阶战略框架，为研究提供了坚实的政策锚点。

作者通过对国内外研究文献的系统梳理发现，现有研究在三个维度存在深化空间：研究视角上，数字经济与城乡融合的交叉研究尚处于起步阶段；理论建构上，对数据要素驱动城乡要素配置的机理阐释亟待加强；方法论层面，缺乏动态演化的机制解构与多尺度实证检验。书中的创新性体现在：理论层面，构建包含数字基础设施、产业数字化与制度创新的三维赋能框架，揭示数字技术重塑城乡关系的传导链条；方法论层面，开发融合多源异构数据的空间计量分析工具，实现宏观政策效应与微观作用路径的协同验证；实践层面，提炼出分区域、分阶段的差异化发展路径，形成具有可操作性的政策工具箱。

通过构建动态分析框架，系统阐释数字经济赋能城乡融合的多重路径：数字基础设施建设通过降低要素流动壁垒促进城乡资源再配置，产业数字化转型通过重塑生产函数推动城乡产业协同，制度创新则通过重构激励机制加速城乡治理体系变革。实证研究发现，数字经济发展存在显著的时空异质性与阶段跃迁特征，其赋能效应随着技术成熟度提升呈现非线性增强规律。空间分析进一步揭示，数字经济通过技术扩散与要素流动产生的空间溢出效应，对区域协同发展具有重要促进作用。

比较研究表明，发达国家在数字经济赋能城乡融合领域形成了特色鲜明的发展模式：市场驱动型模式注重数字基础设施与产业生态协同，政策引导型模式强调立法保障与制度供给，社会包容型模式侧重数字技术与民生服务深度融合。基于我国区域发展不均衡的客观现实，提出梯度推进的实践路径：在基础条件薄弱区域优先补足数字基建短板，在转型发展区域重点推动数据要素市场化配置，在先行示范区探索城乡数字治理体系创新。这种分阶段、差异化的推进策略，既遵循技术扩散的一般规律，又契合我国城乡融合发展的现实需求。

研究指出，数字经济赋能城乡融合需要构建多维度政策支撑体系：在要素配置层面，应破除阻碍城乡要素双向流动的制度壁垒，建立数据要素确权交易机制；在基础设施层面，需统筹推进传统基建数字化改造与新型数字基建布局；在制度创新层面，应探索适应数字技术特征的城乡治理新模式。特别强调，政策设计须充分考虑区域发展阶段差异，东部发达地区应侧重数字技术创新与高端要素集聚，中西部地区则需着力推动传统产业数字化转型与数字红利共享。

本书边际贡献在于：理论层面，建立了数字经济时代城乡关系研究的新范式；方法论层面，发展了融合多学科工具的动态分析框架；实践层面，形成了可推广复制的政策创新方案。未来研究将重点关注数字技术迭代对城乡空间结构的深远影响，以及全球数字治理体系变革背景下城乡融合发展的国际比较研究。期待研究能为推动城乡融合发展理论创新、完善数字时代区域协调发展政策提供智力支持。本书的编写得到了许多人的支持和帮助，特别要感谢以下参与人：邢赵婷、张益祥、胡文轩、张硕、项鹏宇、苑美荣、赵佳丽、冯晓棠，他们的参与支持使得本书得以顺利完成。数字经济与城乡高质量融合发展研究是一个庞大的系统工程，本书的研究仅仅是一个开始，还将经历一个漫长的理论探索过程。

张子珍

2025 年 4 月

目　录

第一章　绪　论

第一节　问题的提出

一、研究背景

作为国家现代化进程中的战略性命题，城乡融合高质量发展通过系统性制度创新破解城乡二元结构，为统筹推进乡村振兴与社会主义现代化建设提供根本路径。党的十九大报告提出，这一发展范式既是化解新时代社会主要矛盾的关键突破口，更是实现经济转型升级与共同富裕目标的核心支撑，具有多维度的时代价值与实践意义。从政策演进轨迹分析，新时代城乡融合发展战略呈现持续深化的特征。继党的二十大明确提出“畅通城乡要素流动”作为新发展格局构建的关键着力点之后，党的二十届三中全会进一步强调：必须将新型工业化、城镇化与乡村全面振兴纳入协同发展框架，通过建立要素双向流动机制培育城乡发展共同体。这种政策定位的迭代升级，实质上构成了中国式现代化进程中城乡关系重构的制度化表达。在理论建构层面，城乡融合发展的质量提升包含三个维度：首先，经济维度体现为要素配置优化与市场机制完善，通过破除制度性壁垒实现全要素生产率提升；其次，社会维度聚焦公共服务均等化与治理体系创新，着力消解城乡社会权利差异；最后，生态维度强调绿色生产生活方式的协同转型，构建可持续的城乡生态系统。这种多维复合特征表明，消除城乡二元对立不能停留于表层政策调整，而需通过系统性制度创新重塑工农互促、城乡互补的新型发展格局①。

新中国成立以来，我国城乡发展战略历经“统筹发展——一体化建设—融合创新”的演进轨迹。尽管政策迭代在缩小城乡差距方面取得阶段性成效，但在经济高质量发展背景下，城市极化效应引发的要素单向流动问题日益凸显。具体表现为：劳动力、资本等生产要素持续向城市集聚，而技术扩散与产业反哺的涓滴效应显著滞后②，这种非对称流动机制加剧了乡村发展动能衰减。当前城乡系统仍存在多重结构性矛盾：基础设施网络的空间错配制约要素双向流动，制度性梗阻导致土地、数据等要素交换价值失衡，产业梯度转移受阻加大区域发展鸿沟。更值得关注的是，基本公共服务供给的城乡位差已超越经济维度，演变为影响社会公平的核心变量。这些深层矛盾共同指向传统城乡治理模式的效能边界，凸显新发展阶段制度创新的紧迫性。基于此，党的十九大正式提出城乡融合发展理念，通过乡村振兴战略有效缩小城乡发展差距，进而加快农业现代化发展步伐。“十四五”规划提出健全城乡融合发展机制，进一步推动生产要素向农村流动。2022 年“中央一号文件”着重指出要统筹城乡布局，重构城乡关系，积极推进乡村振兴，最终实现共同富裕。2023 年“中央一号文件”明确指出，要推动城乡融合发展，畅通城乡要素流动，表明中国已进入以城乡高质量融合发展为主导的新阶段。2024 年《政府工作报告》强调，要深入实施新型城镇化战略，把新型城镇化和乡村全面振兴有机结合，形成城乡融合发展新格局。近些年我国城乡融合进程加快，但在推进城乡高质量融合过程中依旧问题重重。2023 年底数据显示，城镇居民可支配收入比农村居民可支配收入高 1. 39 倍，比 2022 年缩小 0. 06，城乡收入差距依然显著。城乡在居民收入、要素资源配置、社会保障与公共服务等方面仍然存在较大差距，城乡不平衡、不协调问题仍然突出。如何破解城乡二元对立局面、促进区域协调发展、实现城乡融合是我国当今时代的重要议题。在新时代背景下，以城乡融合发展推进构建“双循环”新发展格局、拉动内需、激发乡村发展潜力是我国经济发展中重要的命题。

---

① 刘守英．中国式现代化的独特路径［J］．经济学动态，2021（07）：12－21.

② 何仁伟．城乡融合与乡村振兴：理论探讨、机理阐释与实现路径［J］．地理研究，2018，37（11）：2127－2140.

推动城乡高质量融合发展需要政策引导与数字技术的协同推进。党的二十大报告着重指出“加快发展数字经济，促进数字经济和实体经济深度融合”的战略方向，为破解城乡要素流动壁垒提供了顶层设计。在此背景下，我国逐步构建起多层次政策体系：政策体系演进方面，2018 年“中央一号文件”率先提出“实施数字乡村振兴战略”，标志着数字技术正式纳入国家乡村振兴战略框架。2019 年相关政策密集出台，《数字乡村发展战略纲要（2019 年）》明确要求“加速数字技术与农业农村深度融合”，《数字农业农村发展规划（2019—2025 年）》则系统规划了弥合城乡数字鸿沟的技术路径。至 2021 年，“中央一号文件”创新性提出“激活数据要素潜能”与“推进城乡要素双向流动”，同年发布的《国民经济和社会发展第十四个五年规划和 2035 年远景目标纲要》首次将“数字中国”建设单列成篇，形成包含数字经济、数字社会、数字政府的“三位一体”发展架构。制度创新层面，2022 年《数字乡村行动计划（2022—2025 年）》确立“数字乡村与新型智慧城市协同发展”原则，强调通过统筹协调机制强化城乡数字基建对接。而《“十四五”数字经济发展规划》则构建了“监测评估—成效分析—任务推进”的动态实施机制，确保政策执行效力。根据中国信息通信研究院《中国数字经济发展白皮书（2022 年）》的实证数据，我国数字经济规模已跃居全球第二，其中数字产业化增速达 10.3%，产业数字化渗透率提升至 37.9%，印证了政策实施的有效性。技术支撑维度，数字经济的强渗透性与共享性特征，使其成为重塑城乡要素配置的关键变量。特别是 5G 基站建设（2022 年达 231.2 万个）和农村电商服务站点覆盖（89.7%覆盖率）等基础设施的完善，为城乡产业协同创造了物质基础。2024 年党的二十届三中全会进一步提出“健全数字经济与实体经济深度融合制度”，标志着政策重点从技术应用转向制度创新的新阶段。

随着中央和国家层面关于数字经济发展的部署和规划的陆续出台，我国各省、区市也纷纷推出了区域性数字经济发展“十四五”规划或实施方案。在各项数字经济发展规划有序推进、数字经济规模不断扩大、影响不断深化的背景下，数字经济通过大数据、云计算、人工智能等技术的深度融合与应用，不仅提升了生产效率，还优化了资源配置，推动了产业转型升级，为经济发展注入了新的活力。数字经济的快速发展，不仅促进了新技术的涌现，还加速了传统产业的数字化转型。2023 年，我国互联网普及率达 77.5%，城镇地区普及率为 83.3%，农村地区普及率为 66.5%，数字经济规模达 53.9 万亿元，同比增长 3.7 万亿元，总量稳居世界第二，在 GDP 中的比重提升至 42.8%，较上年提升了 1.3 个百分点，成为稳增长、促转型的重要引擎。数字经济作为一种新经济形态，在数字生产力、数字分配力、数字流通力和数字消费力等方面发挥着重要的力量，数字经济已成为推动新质生产力发展的重要引擎，为城乡高质量融合开辟了新动力和新路径。目前我国现有行政村已实现“村村通宽带”，数字乡村基础设施建设取得长足发展。但是目前城乡数字基础设施差异和城乡居民素质差异等问题导致城乡间存在较大的“数字鸿沟”，数字经济发展不充分和不均衡仍是一个较大的问题。因此，怎样切实强化数字经济所具备的赋能效能，研究并探讨数字经济赋能城乡融合高质量发展的内在传导逻辑以及行之有效的实践操作路径，已然成为当下亟待深入钻研与积极探索的极具时代意义的关键命题，对于当下我国实现经济高质量发展和共同富裕具有重要的研究意义。

二、研究意义

（一）理论意义

第一，数字经济的发展是打破城乡二元结构、有助于城乡关系良性转变、加速城乡融合发展的重要驱动力，是实现中国高质量融合发展的突破点。书中深入探讨新时代数字经济赋能城乡融合高质量发展的核心内涵，细致剖析其传导机理背后的理论逻辑，构建理论分析数理模型并对其量化验证，探究通过数字基础设施和产业数字化等促进城乡融合发展新的途径，转变以往单纯定性分析的研究思路，有助于拓展数字经济对城乡融合发展影响的基础理论研究，有助于深化我们对数字经济发展规律和城乡关系的认识。

第二，目前国内外尚没有一致认可和适用的数字经济评价体系，数字经济需要有别于传统经济的软硬件基础，本书从全新的角度进行有益的探索，从数字经济与城乡融合的内涵出发，结合数字作为新型生产要素的特点，拓宽了城乡融合评价指标的选取，筛选出一系列代表性指标，同时剔除反映信息重复的指标，利用统计、相关性分析等方法建立了用于评估城乡融合与数字经济发展状况的指标体系，更具代表性和实际性，这有助于丰富新时代数字经济评价体系研究。为进一步破解城乡发展不平衡和实现农业农村现代化发展、总结归纳城乡融合的实践途径以及数字经济与城乡产业融合发展的规律提供理论价值。

第三，城乡高质量融合发展既是对城乡关系的新解读，也是新时代背景下缓解城乡发展不平衡问题的重要途径。城乡融合发展不仅是经济结构的转换过程，而且是城乡空间动态均衡的过程，空间视域下探讨数字经济赋能城乡融合高质量发展强弱的空间差异，科学全面地认识现阶段各省份数字经济发展赋能城乡融合的差异情况，有助于各地级市结合自身经济基础，有的放矢地制定推动城乡融合发展的政策方针，有助于推进差异化实践路径的理论探索。同时，深化了省域的城乡融合发展理论，对城乡高质量融合发展、打破城乡二元结构的制度藩篱提供了有效的引领路径和政策依据。

（二）现实意义

第一，新中国成立以来，我国城乡关系经历了从“计划统筹”到“市场驱动”再到“数字赋能”的转型。特别是近年来，《“十四五”数字经济发展规划》等政策加速推进城乡数字化转型，但实践中仍存在城乡数字基础设施建设不均衡、数据共享机制不完善、融合效果缺乏科学评估标准三大短板。党的二十大提出的“数实融合”战略，将数字技术应用提升到推动城乡协调发展的新高度。因此，开展这项研究，通过剖析数字技术如何打破城乡要素流动壁垒，能够为制定农村电商扶持、智慧农业推广等政策提供依据；探索数字平台优化资源配置的具体路径，有助于解决“农民进城易、技术下乡难”的现实矛盾；构建城乡数字化发展评估体系，可为各地检验融合成效提供可量化的“标尺”。这些成果既能指导地方政府精准施策，也可为企业参与乡村振兴提供方向参考，最终让城乡居民共享数字化发展红利。

第二，在双循环发展新时代背景下，探索走好数字经济赋能城乡融合发展之路，对于统筹城乡高质量发展、形成城乡融合发展新格局、推进城乡携手迈向共同富裕的现代化均具有重大现实意义。书中探索了数字经济赋能城乡高质量融合核心内涵及传导机理理论逻辑，明晰数字经济赋能城乡高质量融合发展的现状，为数字经济促进城乡高质量融合发展提供实际经验，对解决城乡发展不平衡、提升城乡融合“质”方面具有重要的指导意义。对于不断激活乡村地区实现共同富裕的内生动力和发展，推动我国农村经济社会的高质量发展，缩小城乡数字鸿沟和城乡发展差距，解决城市和乡村发展不平衡问题具有重要的实践意义。本书以“宽带中国”战略作为准自然实验，直观展现有关数字基础设施建设政策对城乡融合的推进效果，明晰我国不同区域的政策效应差异，为数字基础设施的全面提升提供经验依据。

第三，数字经济赋能城乡融合发展有利于推动农业农村现代化发展。通过数字化赋能作用，加快乡村现代化发展进程，构建起以技术创新为核心、以知识升级为基础、数据更新为驱动的乡村发展政策新体系，开启数字化乡村振兴新局面。为把握好数字经济发展的新机遇，破除城乡要素自由流动，综合考虑数字经济赋能强弱的空间异质性，本书将空间异质性纳入数字经济赋能城乡高质量融合发展研究中，运用机制设计理论探求数字经济赋能城乡高质量发展实践路径与政策体系，为因地制宜实施不同推进路径提供切实可行的政策建议，对助力实现城乡融合发展与乡村振兴有重要意义。

第二节　国内外研究述评

一、关于数字经济的相关研究

“数字经济”的概念由唐·塔普斯科特（Don Tapscott）提出。目前数字经济逐渐成为经济高质量发展新动能和核心战略方向，数字经济与实体经济的深度融合，会拓展实体经济的发展空间，实体经济与数字经济共同支撑着我国的经济发展，最终促进经济高质量发展①。数字经济具有渗透性、高替代性和协同性的特点②。关于数字经济的相关研究主要分为两部分，一是数字经济的内涵，二是数字经济的测度。

---

① 王伟光，王洋洋．数字经济、实体经济与绿色福利效应［J］．工业技术经济，2024，43（06）：49-60．

② 蔡跃洲，牛新星．中国数字经济增加值规模测算及结构分析［J］．中国社会科学，2021（11）：4-30，204．

（一）数字经济的内涵

数字经济内涵的演进历程可划分为三个关键阶段，其阶段性特征映射着技术革新与经济社会发展的互动关系。第一阶段聚焦互联网技术与电子商务的基础支撑作用，学术界认为，以信息技术（IT）为驱动力的电子商务平台，通过优化资源配置效率与产品服务供给模式，构成了数字经济雏形。此阶段研究主要揭示两个维度：互联网技术作为新型基础设施重构交易网络，电子商务则作为核心载体实现供需精准匹配（Tapscott，1996）。这种认知范式强调，信息技术不仅是生产工具革新，更是社会经济形态变革的催化剂。早期数字经济研究的理论共识聚焦于技术要素的双重驱动作用。莫尔顿（Moulton，1999）[①] 奠基性地界定了数字经济的核心架构，强调信息技术构成其基础支撑体系，而电子商务则作为价值实现载体。克林与拉姆（Kling & Lamb，1999）[②] 在此基础上深化论证，指出电子商务通过优化数字产品服务供给质量，形成技术应用与市场拓展的协同效应。这一认知框架在科恩等（Cohen，2000）[③] 的全球化视角中得到延伸，其研究揭示互联网技术不仅重构生产交换方式，更将重塑国际经济秩序。国内学者康铁祥（2008）[④] 的经典定义则系统整合了上述观点，提出“以 IT 技术为内核的经济活动集合体”概念，其内涵既包括直接依赖信息技术的产业形态，也涵盖受技术外溢影响的传统经济部门。

第二阶段标志着数字技术应用范畴的系统性扩展。经济合作与发展组织（OECD，2016）[⑤] 在《数字经济展望》中突破性地将数字经济定义为“由物联网、人工智能及区块链等技术集群驱动的智能生态系统”，这一

---

① Moulton K S，Heller E，Konerding M A，et al. Angiogenesis inhibitors endostatin or TNP－470 reduce intimal neovascularization and plaque growth in apolipoprotein E－deficient mice［J］. Circulation，1999，99（13）：1726－1732.

② Kling R，Lamb R. IT and organizational change in digital economies：a socio－technical approach［J］. Acm Sigcas Computers and Society，1999，29（3）：17－25.

③ Cohen S S，Zysman J，Delong B J. Tools for Thought：What is New and Important about the “E－conomy”？［D］. Ucais Berkeley Roundtable on the International Economy Working Paper，2000，8（03）：1－116.

④ 康铁祥. 数字经济及其核算研究［J］. 统计与决策，2008（05）：19－21.

⑤ https：//www. oecd. org/en/publications/oecd－digital－economy－outlook－2020_bb167041－en. html.

界定揭示了数字技术从工具属性向生产关系的质变。科塔尔巴（Kotarba，2017）① 的实证研究表明，该阶段数字化水平提升呈现双重特征：技术维度表现为产业互联网平台崛起，经济维度体现为数字服务贸易占比突破传统经济阈值。演进至第三阶段，数字经济进入数据要素主导的新纪元。智能化技术集群（AICD：人工智能、物联网、云计算、大数据）与实体经济全链条的深度融合，触发三个根本性转变：生产要素从劳动力密集型向数据驱动型迭代，价值创造模式从规模经济转向范围经济，社会治理形态从科层制转向算法协同治理，这种变革实质上重构了“技术—经济—社会”的三角关系模型。

随着信息技术的迭代升级与深度应用，数字经济的概念体系经历了持续演进与内涵重构。当前学术界认为，该经济形态的核心要素已逐步聚焦于数据资源，并强调其对经济全链条的系统性重构价值。国际上《G20 数字经济发展与合作倡议》（2016）首次从政策文件角度给出明确定义，该文件将其定义为以数字化知识与信息为核心生产要素，通过信息技术驱动效率提升和经济结构优化的新型经济形态。学术界研究对此形成了多维度的理论拓展。郑健壮和李强（2020）② 进一步深化了这一认知，指出数字经济不应局限于数据要素的表层应用，而需着重关注其知识载体特性——以数据为表现形式的数字知识，才是推动经济高质量发展的核心动能。孙杰（2020）③ 则从系统论视角提出，数字经济本质上是通过数字技术与实体经济深度融合形成的生态系统，其价值创造机制体现为工业、农业、服务业三大产业部门的数字化转型协同效应；2020 年数字经济白皮书在既有定义基础上拓展了功能定位，明确提出数字经济不仅是经济增长的核心动能，更构建起包含基础支撑（数字基础设施）、产业载体（数字产业化）与效能转化（产业数字化）的三维体系。该文件特别指出，全球数字经济发展格局的分化主要源于产业数字化进程的差异，这使其成为衡量

---

① Kotarba, Marcin. Measuring Digitalization – Key Metrics [J]. Foundations of Management, 2017, 9 (1): 123 – 138.

② 郑健壮，李强．数字经济的基本内涵、度量范围与发展路径［J］．浙江树人大学学报（人文社会科学版），2020，20（06）：33 – 39.

③ 孙杰．从数字经济到数字贸易：内涵、特征、规则与影响［J］．国际经贸探索，2020，36（05）：7 – 98.

国家竞争力的关键变量；王晓玲和韩平（2024）① 通过多维度解构提出，数字经济具有四重核心特征：技术维度体现为全要素数字化改造能力，产业维度呈现“数字产业化—产业数字化”的双向演进路径，应用场景凸显智能互联特征，而发展环境则取决于数字治理体系与创新生态的协同水平。任燕燕等（2024）② 的创新性研究进一步突破微观视角，基于经济体群组的网络效应分析，通过实证方法验证了梅特卡夫法则在宏观数字经济运行中的适用性，揭示了网络节点扩张对经济价值的指数级提升规律。

（二）数字经济的测度

为提高数字经济的行业渗透率和经济贡献度、实现经济可持续性发展，监测、评估数字经济发展水平已经成为当今时代拉动经济效率提升、确保经济持续稳定发展的重大议题。国内外学者在数字经济评估体系构建和测度方法上展开了丰富研究。全球范围内具有权威性的数字经济评估框架呈现出多维度的结构特征。欧盟数字经济与社会指数（DESI）作为典型代表，其指标体系构建具有鲜明的系统性特征：在基础层设置人力资本与数字基础设施两大支撑维度，在应用层涵盖互联网普及率、数字技术渗透度、公共领域数字化转型三个效能维度（Alvarenga，2020）③。该框架通过 25 项二级指标的动态监测，有效量化成员国数字化转型进程。国际组织的理论研究则更侧重框架的普适价值。OECD（2014）④ 提出的评估体系具有开创性意义，其将数字经济运行机制解构为智能基建投资、社会包容推进、创新生态系统建设、ICT 产业贡献度四大核心模块，并据此延伸出包含 38 项指标的观测网络。值得注意的是，该框架不仅构建了包含投入产出要素的全周期评估链条，更通过建立国际可比标准，为发展中国家优化数字战略提供了基准参照系。

在测度方法层面，国际学术界形成了多元化路径。美国商务部经济分

① 王晓玲，韩平．中国数字经济与制造业绿色发展耦合协调研究［J］统计与决策，2024，40（01）：10－16.

② 任燕燕，王文悦，王娜．数字经济对经济高质量发展的影响［J］．当代财经，2024（12）：16－27.

③ Alvarenga A，Matos F，Godina R，et al. Digital transformation and knowledge management in the public sector［J］．Sustainability，2020，12（14）：5824.

④ OECD. Measuring the Digital Economy：New Perspective［M］．Paris：OECD Publishing，2014：58－80.

析局（BEA，2016）[①] 开创性地采用“供给—需求”直接测算法，通过建立数字产品分类矩阵实现产业边界精准界定，其构建的部门核算框架为数字经济规模计量提供了可复制的标准化模板。这种方法论创新使得美国成为全球首个实现数字经济增加值独立核算的国家。转向具体产业研究领域，农业数字化转型成为重点突破方向。索扎耶娃（Sozaeva）等[②]在跨学科研究中系统论证了数字经济与农业生态系统的协同发展机制，构建了包含三个核心要素的三位一体框架：基础设施完善（农村数字基建布局）、生产流程数字化升级（智能农技应用）以及产业生态重构（农业数字产业化延伸）[③]。在评估模型创新方面，赵鹏等[④]突破传统指标构建思路，融合层次分析法（AHP）与熵权法形成复合赋权模型。其指标体系创新性地将数字经济解构为三大动力模块：基础支撑力（5G基站覆盖率等）、技术渗透力（企业上云比例等）、产业驱动力（数字服务业占比等）。

国内学术界基于官方统计框架的演进，主要沿着两条研究脉络展开理论探索。在内涵解构维度，研究焦点集中于数字技术内核与经济社会转型的耦合机制。刘军（2020）[⑤] 开创性地构建“信息化发展—互联网演进—数字交易成熟”三维评估模型，首次将数字金融风险防控纳入分析框架。张雪玲和焦月霞（2017）[⑥] 突破传统ICT测量范式，通过识别“基础设施—技术应用—产业变革”的传导链条，系统揭示数字经济重构生产关系的本质特征，其构建的突变级数模型为技术经济效应评估提供了方法论创新。在系统评估方法论层面，学者呈现出从基础框架向创新模型跃迁的

① https：//www. ntia. doc. gov/files/ntia/publications/deba_first_year_report_dec_2016. pdf.

② Sozaeva T，Gurfova S，Marius – Sorin D，et al. Path of sustainable development of agricultural ecosystems in the context of digitalization［C］//E3S Web of Conferences. EDP Sciences，2021，262：03018.

③ Jiang Q，Li J，Si H，et al. The impact of the digital economy on agricultural green development：Evidence from China［J］. Agriculture，2022，12（8）：1107.

④ Zhao P，Guan Z，Chen Y. Research and Policy Suggestions on the Way of Digital Economy and Helping Rural Revitalization—Based on the SWOT—AHP Analysis Method［J］. International Journal of Social Science and Education Research，2022，5（4）：602 – 608.

⑤ 刘军．区域性金融风险的形成、测度与影响机制研究［D］．成都：西南财经大学，2020：10 – 20.

⑥ 张雪玲，焦月霞．中国数字经济发展指数及其应用初探［J］．浙江社会科学，2017（04）：32 – 40，157.

演进路径。万晓榆等（2019）[①] 建立的“投入—治理—产出”三元分析架构，揭示了数字化治理在资源配置中的枢纽作用，奠定了该领域的基准研究范式。魏丽莉和侯宇琦（2022）[②] 在此基础上引入空间计量工具，构建包含多维指标的评估系统，证实区域数字经济发展存在显著的空间关联特征。程云洁（2023）[③] 的研究标志着理论突破，通过解构“双循环”运行机制，创新性地将数字基础设施确立为联通“数字产业化供给端”与“产业数字化需求端”的核心枢纽，其构建的耦合协调度模型为系统协同性评估提供了新视角。

由此看来，部分学者已经建立了比较理想的评估体系。但由于信息的可获取性和数据来源的多样性，上述监测评估体系在评价视角与数据选取方面差异性仍然较大，侧重点也不同，而我国不同区域的数字经济评估也各有不同的数据基础。因此，我国当前数字经济监测评估面临两方面挑战：①数字经济的规模无法准确核算。部分数据难以获取，如数据的开放性以及编纂完善程度等指标，且对于其数字化所带来的增加值，难以准确计算[④]。②当前主流的数字经济评估体系难以反映我国数字经济发展带来的综合影响程度。我国数字经济发展现状并不均衡，国际上主流体系的数据来源与评价指标与当前我国数字经济发展难以完全契合，其代表性有限[⑤]。

（三）数字基础设施方面的相关研究

要想提升城乡数字化水平，就要致力于数字基础设施建设。早年间，已有学者对基础设施的作用进行了探讨，认为基础设施在减贫增收和资源

---

① 万晓榆，罗焱卿，袁野．数字经济发展的评估指标体系研究——基于投入产出视角［J］．重庆邮电大学学报（社会科学版），2019，31（06）：1.

② 魏丽莉，侯宇琦．数字经济对中国城市绿色发展的影响作用研究［J］．数量经济技术经济研究，2022，39（08）：60－79.

③ 程云洁，杨淋杰．中国数字经济“双循环”的结构透视及时空动态演进［J］．统计与决策，2023，39（13）.

④ 孙小强，王燕妮，王玉梅．中国数字经济发展水平：指标体系、区域差距、时空演化［J］．大连理工大学学报（社会科学版），2023，44（06）：33－42.

⑤ 王喆，陈胤默，张明．测度全球数字经济发展：基于 TIMG 指数的特征事实［J］．金融评论，2021，13（06）：40－56，118－119.

合理分配上起到积极作用（Ilahi，N and Grimard，2000①；Fan. S. and Zhang，X.，2004②），将基础设施内生到生产环境和技术进步变量中，发现基础设施能够提高资本效率和刺激技术进步③。在当前时代背景下，数字基础设施已成为"新基建"中的关键组成部分。随着"宽带中国"战略的深入推进，我国在数字基础设施领域的发展迅猛，这一现象引发了学术界的普遍关注和深入研究。数字基础设施这一词汇虽然出现时间较晚，在此之前众多学者以互联网为代表的信息基础设施进行研究，但均肯定了以信息化技术为代表的基础设施在社会经济发展中的作用。有关新型数字基础设施的研究主要集中在其内涵和作用方面。

1. 数字基础设施的概念及内涵

对于"基础设施"的概念，最早可以追溯到20世纪40年代初。基础设施最初主要指的是军事基础设施，包括用于部队军事行动的基地、服务训练设施等。随着时间的推移，基础设施的内涵逐渐扩大，不仅包括了传统的交通、邮电、供水供电等工程设施，还涵盖了商业服务、科研与技术服务、园林绿化、环境保护、文化教育、卫生事业等市政公用工程设施和公共生活服务设施。1994年，世界银行界定基础设施包括参与生产的经济基础设施和保障居民生活的社会基础设施。随着信息技术的发展，基于互联网信息宽带的新型基础设施正在成为促进社会经济发展的关键力量④。数字基础设施是以数据创新为驱动、以通信网络为基础、以数据算力设施为核心的基础设施体系⑤，与常规基础设施相比，数字基础设施更能促进数字技术的广泛应用，它能够消除地理障碍、实现资源的共享，并

① Ilahi N. and Grimard，F. Public Infrastructure and Private Costs：Water Supply and Time Allocation of Women in Rural Pakistan［J］. Economic Development and Cultural Change，2000，49（1）：45－75.

② Fan. S. and Zhang，X. Infrastructure and Regional Economic Development in Rural China［J］. China Economic Review，2004，15（2）：203－214.

③ Hulten，R. Bennathan，E. and Srinivasan，S. Infrastructure，Externalities，and Economic Development：A Study of the Indian Manufacturing Industry［J］. World Bank Economic Review，2006，20（2）：291－308.

④ Stiroh，K Information technology and the U. S productivity revival：what do the industry data Say?［J］. The American Economic Review，2002，92（5）：1559－1576.

⑤ 秦志爽．数字文化产业虚拟集群的形成机理及其系统动力学分析［J］．经济问题，2024（01）：92－98.

推动跨行业融合，进而促成产业集群的形成和发展，为构建现代产业体系提供支持。因此，国内外大多学者认为，新型数字基础设施是由 5G 网络、人工智能、工业互联网、物联网等新一代信息技术有机结合所形成的数字型基础设施①。

2. 数字基础设施的特点和作用

数字基础设施相较于传统基础设施，除具有基础性、准公共物品性、非竞争性与非排他性②以外，还具备网络外部性③、包容性④和突出的高科技特征⑤，能够有力地优化资源配置，提高经济发展质量⑥，在减贫、产业结构优化和技术创新等方面具有突出贡献。在减贫方面，利用巴西和哥伦比亚的家庭数据对网络基础设施的影响进行研究，发现数字基础设施通过创造就业机会、提高劳动力素质降低家庭陷入贫困的概率，即具有一定的减贫效应⑦。这种减贫效应体现在，一方面，数字基础设施可以通过促进信息跨地区传播、社会交互的便利化，从而推动人才区域流动⑧和在当地因地制宜地进行创业活动⑨，增加就业机会，提升居民就业率；另一方面，数字基础设施利用其网络外部性优势和包容性特点，不仅打破了地理

---

① 赵星．新型数字基础设施的技术创新效应研究［J］．统计研究，2022，39（04）：80－92；张青，茹少峰．新型数字基础设施促进现代服务业虚拟集聚的路径研究［J］．经济问题探索，2021（07）：123－135.

② Lynde C，Richmond J. The role of public capital in production［J］．The Review of Economics and Statistics，1992，74（1）：37－44.

③ Rǒller L H，Waverman L. Telecommunications Infrastructure and Economic Development：A Simultaneous Approach［J］．American Economic Review，2001，91（4）：909－923.

④ 刘卫东，Michael Dunford，高菠阳．"一带一路"倡议的理论建构：从新自由主义全球化到包容性全球化［J］．地理科学进展，2017，36（11）：1321－1331.

⑤ 汪建．新基建新机遇［J］．中国电信业，2020（03）：4.

⑥ 马青山，何凌云，袁恩宇．新兴基础设施建设与城市产业结构升级——基于"宽带中国"试点的准自然实验［J］．财经科学，2021（04）：76－90.

⑦ Medeiros V，Ribeiro R S M，Do Amaral P V M. Infrastructure and household poverty in Brazil：A region－al approach using multilevel models［J］．Word Development，2021，137：105118；Carpio X，Cuesta J A，Kugler M D，et al. What Effects Could Global Value Chain and Digital Infrastructure Development Policies Have on Poverty and In－equality after COVlD－19［J］．Journal of Risk and Financial Management，2022，15（2）：1－29.

⑧ Campante，F. R. Durante. and F. Sobbrio. Participation［J］．Journal ofthe European Economic Association，2018，16（4）.

⑨ 焦豪，崔瑜，张亚敏．数字基础设施建设与城市高技能创业人才吸引［J］．经济研究，2023，58（12）：150－166.

限制，还促进了资源的共享，推动了不同产业间的跨界融合[①]，能够进一步推动县域和农村的效率变革和结构优化[②]，促进新业态经济发展。在产业结构方面，一地区的经济结构是由当地要素禀赋所决定，如人力、资本、配置，不同生产要素的配置决定产业结构形态，而数字基础设施对产业结构调整的影响机制在于能够整合要素集聚[③]，并且可以通过升级生产制造、改善市场匹配两条渠道推动制造业高质量发展[④]。在技术创新方面，有学者以知识溢出作为中介变量，发现互联网的普及能够显著提升知识扩散的创新促进作用，并进一步导致空间上的经济集聚[⑤]，数字基础设施既能提升企业技术创新知识的传递和扩散效率[⑥]，也提升了区域创业活跃度[⑦]。

（四）产业数字化的相关研究

产业数字化作为数字经济的关键子系统，正逐步演变为重构生产函数、培育内生增长动力的核心机制[⑧]。该进程通过数字技术向传统产业的渗透性扩散，不仅推动生产要素的智能化重组，更在产业链韧性强化与城乡融合发展层面展现出显著价值[⑨]。政策层面的系统部署进一步加速了这一进程，《“十四五”数字经济发展规划》明确提出，实施数字化转型专

---

① 杨伟涛，汪慧．数字基础设施、要素配置效率与现代化产业体系建设［J］．统计与决策，2024，40（09）：118－123.

② 完世伟，汤凯．新基建促进县域经济高质量发展的机制与路径研究［J］．区域经济评论，2020（05）：69－75.

③ 马荣．新质生产力视角下新型数字基础设施建设对经济高质量发展的影响研究［J］．西北大学学报（哲学社会科学版），2024，54（03）：48－61.

④ 钞小静，廉园梅，罗鎏锴．新型数字基础设施对制造业高质量发展的影响［J］．财贸研究，2021，32（10）：1－13.

⑤ 曹玉平．互联网普及、知识溢出与空间经济集聚——理论机制与实证检验［J］．山西财经大学学报，2020，42（10）：27－41.

⑥ 薛成，孟庆玺，何贤杰．网络基础设施建设与企业技术知识扩散——来自“宽带中国”战略的准自然实验［J］．财经研究，2020（04）：48－62.

⑦ 孟宏玮，赵华平，张所地．信息基础设施建设与区域数字化创业活跃度［J］．中南财经政法大学学报，2022（04）：145－160.

⑧ 杨继东，杨登宇．产业数字化：发展现状、作用机理及实现路径［J］．工信财经科技，2024（05）：67—72.

⑨ 李万利，潘文东，袁凯彬．企业数字化转型与中国实体经济发展［J］．数量经济技术经济研究，2022，39（09）：5－25；田秀娟，李睿．数字技术赋能实体经济转型发展：基于熊彼特内生增长理论的分析框架［J］．管理世界，2022（05）：56－73.

项行动，催化人工智能、工业互联网等新兴业态的集群式突破，为区域经济注入创新动能。然而，产业数字化的深化面临三重结构性矛盾。其一，基础设施层面存在“硬联通”与“软协同”的失衡，数字基建的物理覆盖未能有效转化为产业协同网络①；其二，区域间数字化能力呈现梯度分化特征，制造业与服务业的转型进度差序格局显著②；其三，人才供给体系滞后于技术迭代速度，复合型数字技能短缺成为制约要素优化配置的关键瓶颈③。这些矛盾集中反映了数字化转型进程中供给侧结构性改革的迫切需求。

1. 产业数字化的内涵

产业数字化是对作为数字经济重要组成部分的产业链的所有要素进行数字化重组④，数字化转型可以降低原材料依赖，提高资源使用效率，从而推动产业的可持续发展⑤。产业数字化也是一种数字化为基础的产业发展方式⑥，指将数字技术全面融入传统产业生产、服务的过程，在这个过程中通过建立物理信息系统让产业要素之间进行有机链接，从而打破传统产业各个环节之间信息壁垒，极大提高产业效率，为传统产业的转型升级开辟新途径⑦。产业数字化的内涵是指将大数据、人工智能等前沿技术与业务流程相结合，打破行业间数据壁垒，实现协同发展，外延则包含支撑产业数字化转型所需的经济、政治、文化等制度环境。产业数字化本质上是指通过数字技术的集成创新，对传统产业进行全面、全方位的改造。产业数字化对经济结构调整和转变经济发展方式有重要作用，促进经济向智

---

① 任保平，何厚聪．数字经济赋能高质量发展：理论逻辑、路径选择与政策取向［J］．财经科学，2022（04）：61－75.

② 吕铁．传统产业数字化转型的趋向与路径［J］．人民论坛·学术前沿，2019（18）：13－19.

③ 祝合良，王春娟．“双循环”新发展格局战略背景下产业数字化转型：理论与对策［J］．财贸经济，2021（03）：14－27.

④ 沈建光．产业数字化打造数字经济新高地［J］．中国服饰，2020（12）：10.

⑤ Solidoro A，Viscusi G. Digital transformation and business model innovation in the film industry：The case of movieday. it［M］．Technology and creativity：production，mediation and evaluation in the digital age. Cham：Springer International Publishing，2019：239－265.

⑥ 康茜，林光华．工业机器人对就业的影响机制——产业结构高级化还是合理化？［J］．软科学，2021，35（04）：20－27.

⑦ 李晓华．“互联网＋”改造传统产业的理论基础［J］．经济纵横，2016（03）：57－63.

能、高效方向转型[①]。而且产业数字化可以显著影响生产要素的自由流动，通过数字平台让企业更加高效地进行配置，加快企业技术创新和数字化发展程度[②]。

2. 关于产业数字化测算的研究

学术界对产业数字化的测度研究呈现出多维视角与方法论创新的演进特征。在评估维度构建层面，早期研究主要聚焦投入要素分析，如陈堂和陈光（2021）[③] 通过解构技术、资本与数据要素投入强度，建立数字化转型驱动力的空间计量模型。随着研究深化，学者逐步拓展至系统结构分析，杨慧梅和江璐（2021）[④] 开创性地将三次产业数字化转型进行差异化测度，构建包含基础设施、研发投入与价值创造的三维评估框架。傅为忠和刘瑶（2021）[⑤] 则突破单维视角，从能力建设（技术渗透率）与基础支撑（数据要素配置）双维度揭示长江三角洲地区产业数字化的协同机制。

在方法论创新方面，研究范式呈现由单一指标向复合系统的跃迁。刘钒和余明月（2021）[⑥] 率先提出融合规模、投入、应用与效益的四维评估体系，为区域数字协同发展评估提供了新范式。杨文溥等（2022）[⑦] 进一步深化这一思路，通过纳入数字人力资本要素，构建包含投入—能力—产出的链式测度模型，揭示区域发展差异的深层机理。林妍（2023）[⑧] 的突

---

① 王冬彧，綦勇．数字经济赋能双循环发展的空间作用机制研究——基于数字产业化与产业数字化的视角［J］．外国经济与管理，2023，45（09）：3－21.

② 金飞，徐长乐．数字经济对区域一体化的影响及其机制研究——基于长三角26个地级市的面板数据［J］．世界地理研究，2024，33（07）：128－138.

③ 陈堂，陈光．数字化转型对产业结构升级的空间效应研究——基于静态和动态面板模型的实证分析［J］．经济与管理研究，2021，42（08）：30－51.

④ 杨慧梅，江璐．数字经济、空间效应与全要素生产率［J］．统计研究，2021，38（04）：3－15.

⑤ 傅为忠，刘瑶．产业数字化与制造业高质量发展耦合协调研究——基于长三角区域的实证分析［J］．华东经济管理，2021，35（12）：19－29.

⑥ 刘钒，余明月．长江经济带数字产业化与产业数字化的耦合协调分析［J］．长江流源与环境，2021，30（07）：1527－1537.

⑦ 杨文溥，曾会锋．数字经济促进全要素生产率提升的效应评价［J］．技术经济，2022，41（09）：1－9.

⑧ 林妍．产业数字化与绿色技术创新耦合协调测度与分析［J］．中国流通经济，2023，37（02）：68－78.

破性研究整合耦合协调理论，开发出涵盖基础建设、技术应用与价值转化的动态评估系统，其熵值法赋权策略显著提升了指标体系的解释效度。

3. 产业数字化的影响研究

产业数字化转型的驱动机制呈现多要素协同特征，其核心影响因素可解构为以下维度：

（1）数字基础设施：数字化转型的物理底座。作为产业数字化的核心支柱，数字基础设施的完备性直接决定技术渗透效率。郭克莎等（2023）[①]提出“国家数字动脉”理论，强调需构建覆盖工业互联网、算力网络的新型基建设施集群，通过优化数据要素流通效率降低转型摩擦成本。该理论在中西部地区的实践中得到验证。李英杰等（2021）[②]发现数字基建对区域产业结构优化的边际效应呈现显著空间异质性，其在中部地区的促进作用尤为突出，这为差异化基建投资策略提供了理论依据。

（2）科研创新：技术—产业适配的催化引擎。数字技术创新构成产业升级的微观动力源。刘刚等（2023）[③]基于智慧城市试点的准自然实验表明，数字技术外溢对企业的创新活动具有显著激发效应。张林峰（2022）[④]进一步揭示技术适配度的调节作用，在第二、第三产业中，企业研发强度的提升可显著降低数字化转型成本，但需突破特定阈值以实现规模效应。值得注意的是，郭克莎等（2023）[⑤]指出现行创新体系存在“技术孤岛”现象，建议通过构建“基础研究—共性技术—场景应用”的创新链闭环提升技术转化效率。

（3）人才红利：数字化转型的战略支点。高素质人力资本构成产业数字化的核心动能。何枭吟（2013）[⑥]开创性提出“数字技能溢价”理

---

① 郭克莎，杨倜龙．中国产业数字化改造的机制和政策［J］．经济学动态，2023（03）：21－35．

② 李英杰，韩平．数字经济发展对我国产业结构优化升级的影响——基于省级面板数据的实证分析［J］．商业经济研究，2021（06）：183－188．

③ 刘刚，朱朝晖．数字经济赋能企业创新能力提升的实证检验——基于智慧城市的准自然实验［J］．现代管理科学，2023（02）：134－142．

④ 张林峰．产业数字化对产业结构优化的影响［D］．南昌：江西财经大学，2022．

⑤ 郭克莎，杨倜龙．中国产业数字化改造的机制和政策［J］．经济学动态，2023（03）：21－35．

⑥ 何枭吟．经济数字化对美国劳动力市场的影响及启示［J］．经济问题探索，2013（08）：130－134．

论，揭示劳动力知识结构升级对数字经济生态系统的重构作用。吴画斌等（2019）[①] 进一步研究表明，创新型人才培育成为突破转型瓶颈的战略支点，其通过“技术消化—知识重组—创新扩散”的三阶段跃迁机制，可显著提升企业数字化转型效能。这一发现为产教融合政策提供了微观理论基础。

（4）政府治理：制度创新的协同保障。政策供给与市场机制的协同构成数字化转型的制度底座。衡容等（2020）[②] 提出“数字治理双轮驱动”模型，强调政府需通过搭建跨区域协同平台，破解要素流动的制度性壁垒。杜庆昊（2020）[③] 聚焦“放管服”改革，论证制度性交易成本降低对转型进程的催化效应，其构建的“政策工具箱”理论为优化制度供给提供了方法论框架。史丹等（2022）[④] 与史宇鹏等（2021）[⑤] 的联合研究表明，政策精准性与市场响应度的动态适配，是释放“有为政府—有效市场”协同效应的关键机制。

4. 产业数字化对经济发展的影响

产业数字化发展会缩小城乡收入差距，产业数字化对共同富裕的影响中，城镇化和产业结构升级发挥了部分中介效应，产业数字化能为元宇宙等未来产业发展提供更加完备的智慧服务系统，为未来产业发展提供更多数字化解决方案[⑥]。产业数字化通过构建平台生态系统促使产业链上下游企业摆脱时空限制，进而促进虚拟集聚产业[⑦]。数字化也能促进产业跨区域关联，提高区域核心技术创新能力，形成数据、人才、资本快速流动的

---

① 吴画斌，许庆瑞，陈政融．数字经济背景下创新人才培养模式及对策研究［J］．科技管理研究，2019，39（08）：116－121.

② 衡容，贾开．数字经济推动政府治理变革：外在挑战、内在原因与制度创新［J］．电子政务，2020（06）：55－62.

③ 杜庆昊．中国数字经济协同治理理论框架和实现路径［J］．理论视野，2020（01）：45－50.

④ 史丹，孙光林．数字经济、金融效率与我国经济高质量发展［J］．企业经济，2022，41（01）：5－16，2.

⑤ 宇鹏，王阳，张文韬．我国企业数字化转型：现状、问题与展望［J］．经济学家，2021（12）：90－97.

⑥ 宋宪萍．从赋能到使能：人工智能驱动下的未来产业培育［J］．人民论坛·学术前沿，2024，13（12）：80－89.

⑦ 段霞，张蔷薇．产业数字化、虚拟集聚与全要素生产率［J］．西北师范大学学报（社会科学版），2023，60（01）：135－144.

创新生态系统[①]，产业数字化对驱动新质生产力发展发挥空间溢出效应，多样化虚拟集聚是重要的空间作用机制[②]，产业数字化对经济高质量发展的作用也更加显著[③]。产业数字化转型的价值体现在驱动产业效率提升、重塑产业竞争模式、推动产业跨界融合以及赋能产业升级四个方面[④]。

二、关于城乡融合方面的研究

自新中国成立以来，我国城乡关系演进基本上经历了城乡对立、城乡分治、城乡协调、城乡一体化、城乡融合发展阶段，平衡城乡之间的互动关系，是实现城乡高质量发展的必然诉求。社会主义新时代，城乡关系被赋予了新的时代内涵。城市是及时引领、辐射和带动乡村发展的重要引擎，乡村则是支撑城市发展的重要依托和土壤[⑤]。共同富裕是城乡融合的重要目标，城乡融合是共同富裕的现实路径[⑥]。党的二十大报告也强调了共同富裕与城乡融合的逻辑对接。

（一）城乡融合的内涵

在马克思主义理论体系中，城乡融合发展理念具有奠基性地位。马克思与恩格斯在批判资本主义社会矛盾过程中，首次系统阐释了“城乡融合”概念的科学内涵。他们指出，城乡对立作为阶级社会特有的空间形态，终将随着生产力发展和社会制度变革逐步消解，代之以城乡要素自由流动、功能互补共生的新型空间关系。这种理论建构蕴含着辩证唯物主义方法论原则，即通过统筹配置城乡生产生活要素，突破二元结构对生产要素流动的制度性阻隔，从而实现社会空间的优化重组。当前我国城乡二元

---

① 王冬彧，綦勇．数字经济赋能双循环发展的空间作用机制研究——基于数字产业化与产业数字化的视角［J］．外国经济与管理，2023，45（09）：3－21.

② 周锦．新质生产力视角下文化产业数字化发展：框架、机理和路径［J］．理论月刊，2025（03）：105－114，160.

③ 李汝仙，郑季良．数字经济能促进制造业高质量发展吗？——基于省级面板数据的实证研究［J］．科技和产业，2024，24（03）：1－8.

④ 肖旭，戚聿东．产业数字化转型的价值维度与理论逻辑［J］．改革，2019（08）：61－70.

⑤ 魏后凯．深刻把握城乡融合发展的本质内涵［J］．中国农村经济，2020（06）：5－8.

⑥ 何仁伟．城乡融合与乡村振兴：理论探讨、机理阐释与实现路径［J］．地理研究，2018，37（11）：2127－2140.

结构矛盾显现出新的时代特征，城乡居民在资源配置与公共服务获取方面仍存在显著差异。这一现实困境促使城乡融合发展上升为国家治理现代化的重要命题。学术界研究维度主要聚焦于三个方面：空间关系维度强调城乡功能互补与要素对流；价值目标维度指向共同富裕的本质要求；实践路径维度则关注制度创新与资源配置效率提升①。这种多维研究范式既继承了马克思主义城乡关系理论精髓，又体现出中国特色社会主义制度优势下理论创新的时代特征。

城乡关系研究领域呈现多维度理论进展。国际学术界普遍认同破除城乡二元结构关系的必要性。李文（Leeuwen，2015）② 通过空间关联模型论证了城乡互动具有非对称共生特征，其研究揭示农村发展既依赖城市经济辐射，又通过生态服务功能反哺城市系统，这种双向依存关系构成融合发展的动力学基础。普拉默（Plummer，2018）等③进一步提出整体论研究范式，主张将城乡系统视为具有代谢功能的有机生命体，其空间要素交换效率直接影响区域可持续发展能力。国内研究则呈现出鲜明的本土化创新。窦旺胜团队（2019）④ 从社会公平视角切入，强调制度设计应确保城乡要素交换的权利对等性，特别是在公共服务均等化领域需建立补偿机制。高波与孔令池（2019）⑤ 的互补性理论突破传统主从关系认知，提出城乡差异化功能定位理论——城市侧重创新要素集聚，农村承载生态屏障功能，两者通过产业链延伸实现价值共创。郝慧娟（2023）⑥ 的研究视角转向经济互动机制，指出劳动力要素的跨域流动性不仅影响生产要素重组效率，更决定着城乡经济循环系统的协同发展水平。

---

① 陈磊，谷思雨．中国式现代化背景下中医文化赋能青年马克思主义者培养研究［J］．长春师范大学学报，2024，43（11）：10－13.

② Leeuwen E V. Urban－Rural Synergies：An Explorative Study at the NUTS3 Level［J］. Applied Spatial A Nalysis & Policy，2015，8（03）：273－289.

③ Plummer P，Tonts M，Argent N. Sustainable rural economies，evolutionary dynamics and regional policy［J］. Applied Geography，2018，90：308－320.

④ 窦旺胜，王成新，蒋旭，等．基于乡村振兴视角的山东省城乡融合发展水平研究［J］．湖南师范大学自然科学学报，2019，42（06）：1－8.

⑤ 高波，孔令池．中国城乡融合发展的经济增长效应分析［J］．农业技术经济，2019（08）：4－16.

⑥ 郝慧娟，邵彬涛．农村劳动力转移促进城乡经济互动发展的作用机制及障碍分析［J］．农业经济，2023（06）：87－90.

城乡融合发展目标研究呈现多学派理论建构态势。张永岳提出的共生理论突破传统互动框架，强调城乡应构建动态均衡系统，其核心在于形成代谢性共生关系而非单向资源转移。这一理论在国际研究中获得共鸣。卡尔梅因茨（Karlheinz，2021）等[①]通过多国治理机制比较，揭示城乡福祉协同效应需建立在制度弹性与治理网络重构基础上，其研究将融合目标拓展至社会福祉再生产维度。国内学术界在目标维度上形成特色化理论体系。赵德起、陈娜（2019）[②] 构建的多维协调模型指出，要素配置效率、产业空间适配度与制度耦合性构成目标实现的三角支撑结构。周慧、方城钧（2023）[③] 进一步提出过程论阐释，强调目标实现需经历要素重组（初次融合）、空间再造（二次融合）、制度重构（三次融合）的递进演化阶段，该理论将动态发展观引入目标研究领域。实践障碍研究揭示目标实现的差异化路径选择。要素流动学派[④]关注市场机制完善度对要素定价效率的影响，公共服务学派[⑤]则强调基本服务供给均等化的制度突破价值。系统协调理论[⑥]创新性提出融合指数模型，将经济发展、生态保护、文化传承等子系统协调度作为目标实现的测量维度。

（二）城乡融合的测度

国内学术界在城乡融合评价体系建构方面形成了方法论演进轨迹。早期探索阶段（2007—2019 年）以要素解构为特征，漆莉莉（2007）[⑦] 开创性地建立经济—社会—生活三维评估框架，为后续研究奠定方法论基

① Karlheinz K，Alexandra A，Francesca G，et al. Transitioning towards a Sustainable Wellbeing Economy—Implications for Rural – Urban Relations［J］. Land，2021（05）：10.

② 赵德起，陈娜．中国城乡融合发展水平测度研究［J］．经济问题探索，2019（12）：1－28.

③ 周慧，方城钧．城乡融合发展的科学内涵与内在逻辑［J］．财贸研究，2023，34（09）：17－23.

④ 何永芳，佘赛男，杨春健．新时代城乡融合发展问题与路径［J］．西南民族大学学报（人文社科版），2020（07）：186－190.

⑤ 彭超，刘合光．“十四五”时期的农业农村现代化：形势、问题与对策［J］．改革，2020（02）：20－29.

⑥ 周佳宁，秦富仓，刘佳，等．多维视域下中国城乡融合水平测度、时空演变与影响机制［J］．中国人口·资源与环境，2019，29（09）：166－176；魏后凯．深刻把握城乡融合发展的本质内涵［J］．中国农村经济，2020（06）：5－8.

⑦ 漆莉莉．中部地区城乡融合度的综合评价与分析［J］．江西财经大学报，2007（04）：10－13.

础。赵德起、陈娜（2019）[①] 的系统化模型实现理论突破，其“条件—动力—成果”三维分析架构将制度变量纳入评估范畴，完善了因果链解释机制。要素学派研究[②]则聚焦生产要素错配效应，通过人力资本弹性、土地流转效率与金融渗透率等指标揭示融合发展的微观阻滞机制。新发展理念驱动下（2020—2023 年），评估体系呈现多学科交叉特征。战略导向型研究[③]创新性整合乡村振兴五大核心领域，建构包含要素配置效率、产业协同度、生态宜居指数的复合评估模型，其空间异质性研究发现为区域政策制定提供实证依据。动态分析范式[④]突破静态评估局限，通过信息熵权—TOPSIS 模型捕捉城乡融合的时空演化规律，揭示制度创新与基础设施建设的协同驱动效应。绿色转型视角[⑤]进一步拓展评估维度，其建构的环境承载力—数字融合指数体系，为生态文明建设与城乡融合的耦合机制研究开辟新路径。

国际学术界在城乡融合量化研究领域呈现出差异化研究之路。结构功能学派开创性研究可追溯至 Tacoli（1998）[⑥] 的多维交互模型，该模型突破单一经济维度局限，通过人口迁移率、资本流通密度与商品服务交换熵值构建空间关联网络，为后续研究确立跨学科分析框架。布尔德贝尔加（Bulderberga，2014）[⑦] 的韧性评估框架具有方法论创新价值，其构建的结构特征—功能整合—空间联结三维指标体系，运用熵值赋权法揭示城乡系统的非线性协同规律。研究范式在 21 世纪发生显著转向，主观福祉学派通过构建城乡融合指数与 SWB（主观幸福感）的耦合模型，证实空间

---

① 赵德起，陈娜．中国城乡融合发展水平测度研究［J］．经济问题探索，2019（12）：1－28.

② 刘明辉，卢飞．城乡要素错配与城乡融合发展——基于中国省级面板数据的实证研究［J］．农业技术经济，2019（02）：33－46.

③ 杨飞虎，杨洋，林尧．城乡融合发展水平测度及区域差异分析［J］．价格月刊，2020（09）：70－77.

④ 李艳，叶明确，罗唯．共同富裕视角下浙江省城乡融合发展水平测度与演化研究［J］．兰州学刊，2022（06）：113－127.

⑤ 辛金国，张虹虹．绿色发展推动城乡融合发展研究——基于 PVAR 与门槛模型的实证检验［J］．调研世界，2023（02）：3－12.

⑥ Tacoli C. Rural－urban interactions：a guide to the literature［J］. Environment& Urbanization，1998，10（1）：147－166.

⑦ Bulderberga Z. Rural－Urban Partnership for Balanced Spatial Development in Latvia［J］. International Journal of Social，2014（04）：121－123.

正义对居民生活满意度存在调节效应，这一发现推动研究视角从经济效率转向人文关怀。复杂系统学派代表学者迪米特里斯（Giannakis，2019）[①]的突破性尝试体现在运用动力系统谱分解技术，发现农业现代化构成城乡经济韧性的核心序参量，其研究证实产业技术融合度与城乡抗风险能力呈显著正相关。

（三）城乡融合的影响因素研究

目前国内学者对于城乡融合发展的影响因素时，主要将研究焦点放在产业结构、金融发展、土地资源配置以及经济聚集等领域，通过深入分析这些方面，试图揭示城乡融合发展的内在规律和机制。在产业结构优化层面，研究揭示了产业能级提升与空间重构的协同效应。周佳宁团队(2019)[②]通过空间杜宾模型验证了产业结构升级对城乡融合度的空间溢出效应显著增强，其机制在于技术创新扩散与要素报酬收敛的双重作用。这种产业转型通过重塑城乡价值链分工，有效消解了传统产业布局的空间锁定效应。金融深化领域的研究突破传统资本积累视角，孙群力等(2021)[③]揭示了农村金融发展与财政分权间的非线性关联，当普惠金融发展跨越特定阶段后，其对城乡融合的边际贡献呈现倍增特征。这证实制度创新通过重构金融要素的城乡再配置机制，形成融合发展的加速效应。土地要素市场化改革研究取得重要进展。陈坤秋等（2019）[④]发现土地流转市场化进程与城乡融合度存在动态演进规律，适度的政府规制能够优化土地要素的城乡协同配置效率，而过度干预则会抑制市场自组织功能的发挥。绿色转型研究开辟新范式，辛金国等（2023）[⑤]运用时变参数模型证实，绿色发展对城乡融合的促进作用存在阶段性演化特征：初期以生

---

① Giannakis D. Data – driven spectral decomposition and forecasting of ergodic dynamical systems [J]. Applied and Computational Harmonic Analysis, 2019, 47 (02): 338 – 396.

② 周佳宁，秦富仓，刘佳，朱高立，邹伟．多维视域下中国城乡融合水平测度、时空演变与影响机制［J］．中国人口·资源与环境，2019，29（09）：166 – 176

③ 孙群力，周镖．财政分权、农村金融服务与城乡融合水平——基于城镇化与乡村振兴视角［J］．农村经济，2021（03）：93 – 100.

④ 陈坤秋，龙花楼．中国土地市场对城乡融合发展的影响［J］．自然资源学报，2019，34（02）：221 – 235.

⑤ 辛金国，张虹虹．绿色发展推动城乡融合发展研究——基于 PVAR 与门槛模型的实证检验［J］．调研世界，2023（02）：3 – 12.

态补偿机制为主导，中期依赖清洁技术扩散，近期则呈现数字赋能与生态产业化协同驱动的新态势。这种动态规律为差异化政策设计提供了理论依据。

国际学术界对城乡融合影响机制的探讨呈现差异化理论视角，主要形成两大分析范式：

制度分析学派聚焦政策设计的空间正义效应。崔曼①的奠基性研究通过历时性比较揭示制度性区隔的强化机制，其构建的“户口—福利”分析模型证实，户籍制度形成的福利获取壁垒不仅固化城乡二元结构，更通过职业选择限制与教育资源配置扭曲，催生代际贫困传递的恶性循环。这种制度非均衡造成的“机会获取能力差异”，在全球化背景下演变为城乡收入差距扩大的加速器。结构转型学派则侧重生产要素的空间重组规律。欧文等②提出的“空间交易成本”理论模型具有开创性，该模型将交通通信设施优化、技术创新扩散效应与生态服务需求升级界定为城乡要素重组的核心驱动力。研究指出，当空间交易成本突破临界阈值时，会触发城乡产业链的拓扑结构变革，促使生产要素在更大地理尺度实现帕累托优化配置。

（四）城乡融合的实践路径与政策的研究

我国城乡融合发展推进过程中面临着农村空心化③、城乡收入差距持续扩大④、土地资源配置矛盾⑤等众多问题。诸多学者从中国实际出发，关注城乡融合发展的实践路径。第一，着手乡村振兴发展进而促进城乡融合发展的研究。城乡融合发展离不开乡村振兴发展⑥，城乡融合发展重在

---

① Treiman D J. The “difference between heaven and earth”: Urban – rural disparities in well – being in China [J]. Research in Social Stratification and Mobility, 2012, 30 (01): 33 – 47.

② Irwin E G, Bell K P, Bockstael N E, et al. The economics of urban – rural space [J]. Social Science Electronic Publishing, 2009, 1 (1): 435 – 459.

③ 王国刚，刘彦随，王介勇. 中国农村空心化演进机理与调控策略 [J]. 农业现代化研究，2015, 36 (01): 34 – 40.

④ 方达，郭研. 农村土地流转、资本有机构成与城乡收入差距——基于马克思政治经济学的经验与实证证据 [J]. 经济学家，2020 (11): 107 – 115.

⑤⑥ 刘彦随，乔陆印. 中国新型城镇化背景下耕地保护制度与政策创新 [J]. 经济地理，2014, 34 (04): 3 – 8; 刘纪远，匡文慧，张增祥，等. 20 世纪 80 年代末以来中国土地利用变化的基本特征与空间格局 [J]. 地理学报，2014, 62 (01): 5 – 16.

提高农村的劳动生产率①。要集中发展农村现代产业，实现农村共同发展和推进农村城镇化②，走中国特色社会主义乡村振兴之路③。可借助三次产业融合，拓展多元化功能，以此推动城乡融合发展④。第二，通过改善乡村基础设施进而推动城乡融合发展的研究。加快农村生产性基础性设施建设有利于提高农业资源配置效率⑤。改善乡村基础设施，提升乡村人力资源禀赋的高级化有利于提升城乡融合发展度⑥。第三，围绕城乡融合发展的制度改革政策展开研究。完善城乡融合发展体制机制，充分发挥政府的作用，针对各地不同资源禀赋，因地制宜地探索行之有效的城乡融合发展模式⑦。农村户籍制度和土地制度系统联动改革能够助推农业转移人口市民化和乡村振兴，从而为城乡融合发展扫除要素流动障碍⑧。通过健全土地要素交换机制促进城乡融合发展进而打破城乡人才流动的制度藩篱⑨。提升农村公共服务供给质量、优化城乡公共服务体系建设是促进城乡融合发展的重要环节⑩。城乡融合发展涉及政治、经济、社会、文化、生态等各个领域，要重视制度变迁在城乡融合发展中的作用，构建符合中国国情的城乡融合制度安排。破解城乡二元结构特征，关键在于加快并完善城乡融合发展的体制机制和政策体系⑪。要推进城乡融合系统优化重

---

① 郭勇．发展中国家城乡关系演化：文献与述评［J］．经济问题，2005（07）：48－50.

② 白永秀，王颂吉．城乡发展一体化的实质及其实现路径［J］．复旦学报（社会科学版），2013，55（04）：149－156，171.

③ 蒋永穆，周宇晗．改革开放40年城乡一体化发展：历史变迁与逻辑主线［J］．贵州财经大学学报，2018（05）：1－10.

④ 杨培源．农业功能拓展与城乡融合［J］．中共福建省委党校学报，2012（09）：57－61.

⑤ 郑宏运，李谷成．城乡政策偏向对农业资源配置效率的影响研究［J］．农业技术经济，2020（07）：79－92.

⑥ 龚勤林，邹冬寒．乡村振兴背景下工农城乡耦合协调水平测度及提升研究［J］．软科学，2020，34（06）：39－45.

⑦ 高波，孔令池．中国城乡融合发展的经济增长效应分析［J］．农业技术经济，2019（08）：4－16.

⑧ 韩立达，史敦友，韩冬，等．农村土地制度和户籍制度系统联动改革：历程演进、内在逻辑与实施路径［J］．中国土地科学，2019，33（04）：18－24.

⑨ 赵德起，陈娜．中国城乡融合发展水平测度研究［J］．经济问题探索，2019（12）：1－28.

⑩ 王凯霞：县域城镇化促进城乡公共服务融合发展的路径研究［J］．经济问题，2022（04）：124－128.

⑪ 韩俊．破除城乡二元结构走城乡融合发展道路［J］．理论视野，2018（11）5－8.

构，加快城乡基础设施网络建设尤为重要[①]。众多学者围绕城乡融合发展提出了加快城镇化建设的若干建议，以县城为载体的新型城镇化建设是推动城乡融合发展的必然要求[②]。

三、数字经济赋能城乡融合发展的相关研究

当今时代，数字技术已成为推动各行业发展的核心力量，引发了一系列深刻的变革。互联网平台可以将先进的技术和丰富的知识传递到农村地区，对于缓解城乡二元格局和城乡关系对立具有重要意义。随着数字经济研究的不断深入，国外学者主要从数字技术和互联网技术入手研究其对城乡收入差距的影响。巴夫纳尼（Bhavnani，2008）等[③]开创性提出“数字包容性发展”模型，论证移动通信技术通过信息获取民主化与市场接入便利化双重路径，有效打破地理空间对要素流动的刚性约束。布林金（Bryndin，2017）[④] 进一步拓展研究视域，其建构的“数据要素再配置”理论指出，人工智能技术深度应用不仅重构城乡经济主体行为模式，更通过催生数字孪生系统实现城乡产业链的虚实融合，为农村供给侧结构性改革提供技术支撑。福尔曼（Forman，2012）等[⑤]提出的“技术渗透梯度”理论具有警示价值，其研究发现数字技术应用存在显著的空间异质性，这种技术采纳能力的城乡差异非但未能消弭传统收入鸿沟，反而通过知识资本积累的马太效应加剧空间发展失衡。这一发现推动研究视角转向技术伦理与数字治理的制度设计。

（一）数字经济赋能城乡融合发展基本内涵的研究

张春华等（2023）[⑥] 提出的“数字要素重组理论”揭示，数据要素的

---

① 刘彦随．中国新时代城乡融合与乡村振兴［J］．地理学报，2018，73（04）：637－650.

② 石建勋，邓嘉纬，辛沛远．以县城为重要载体推动新型城镇现代化建设的内涵、特点、价值意蕴及实施路径［J］．新疆师范大学学报（哲学社会科学版），2022，43（05）：47－56＋2.

③ Bhavnani A，Chiu R W W，Janakiram S，et al. The role of mobile phones in sustainable rural poverty reduction［J］．Retrieved November，2008，22：2008.

④ Bryndin E. Cognitive robots with imitative thinking for digital libraries，banks，universities and smart factories［J］．American Journal of Library and Information Science，2017，1（01）：6－14.

⑤ Forman C，Goldfarb A，Greenstein S. The internet is everywhere，but the payoff is not［J］．Communicationof the Acm，2012，55（08）：34－35.

⑥ 张春华，王乾坤，侯冠宇．数字经济、要素配置与共同富裕［J］．统计与决策，2023，39（22）：5－10.

流动性特征通过消解传统要素黏性，实现城乡劳动力、资本与技术的高效再配置。这种重组效应在徐江林（2024）① 的研究中延伸为“数字收入收敛机制”，其通过就业机会创造与技能溢价调节，有效缓解城乡收入结构失衡。黄娟娟（2024）② 进一步构建人力资本升级模型，论证数字素养的提升能够突破传统人力资本积累的城乡梯度壁垒。何秀荣（2021）③ 的“信息壁垒消解机制”理论证实，数字平台通过信息传播拓扑结构优化，重塑城乡就业市场的空间组织形态。王硕等（2023）④ 的延伸研究提出“数字治理协同效应”，强调数字技术通过交通网络与数据中台的双重赋能，实现公共服务资源的跨域精准配置。俞彤晖团队（2023）⑤ 的突破性贡献在于构建“数字孪生公共服务体系”，该体系通过虚拟仿真技术实现城乡医疗、教育等资源的动态适配。张子珍等（2023）⑥ 建构的“数字生态系统理论”指出，城乡融合本质是数字经济生态与传统社会系统的协同演化过程，其核心在于数字技术扩散速度与社会制度适应能力的动态平衡。该理论将经济融合、社会整合与生态协同纳入统一分析框架，揭示数字技术通过反馈调节机制促进子系统耦合发展的作用路径。

数字治理作为城乡融合发展的重要方法论创新，其理论演进与实践应用呈现多维特征。国际学术界早期理论建构中，曼塞尔等（Mansell，2007）⑦ 在技术社会学框架下系统阐释数字治理的范式革命意义，提出信息通信技术重构政府—市场—社会互动关系的三重变革模型。这一理论在

---

① 徐江林．数字经济发展对城乡收入差距的影响研究［J］．科技和产业，2024，24（06）：52－59.

② 黄娟娟．数字经济、人力资本对产业结构升级的影响研究［J］．科技和产业，2024，24（02）：206－211.

③ 何秀荣．小康社会农民收入问题与增收途径［J］．河北学刊，2021，41（05）：147－157.

④ 王硕，孙涛．交通基础设施、劳动力配置与中国城乡融合发展——基于劳动力与产业、区域双重耦合视角［J］广东财经大学学报，2023，38（04）：98－112.

⑤ 俞彤晖，肖延玉．数字经济促进城乡融合发展的实现机理与实证检验［J］．统计与决策，2023，39（01）：11－16.

⑥ 张子珍，邢赵婷．数字经济下城乡融合系统高质量协调发展核心内涵及动态演化研究［J］．统计与信息论坛，2023，38（03）：84－96.

⑦ Mansell R，Avgerou C，Quah D，et al. Oxford Handbook of Information and Communication Technologies［M］．Oxford：Oxford University Press，2007：420－421.

托夫勒未来学说的启示下①获得延展，形成技术治理与社会治理协同演化的分析范式。国内研究聚焦制度创新与技术赋能的融合机制。沈费伟、袁欢（2020）② 提出的“数字乡村治理双轮驱动模型”具有理论突破性，该模型揭示数字技术通过组织流程再造与治理规则重塑的双向互动，实现乡村治理效能跃升。颜佳华、王张华（2019）③ 的范式创新体现在区分数字治理的“技术工具性”与“制度建构性”双重属性，其研究证实治理数字化转型需突破技术嵌入的表层逻辑，转向治理要素的数字化重构。

在数字基建领域，学术界形成分层建设理论。高喆等（2021）④ 提出的“基础设施迭代模型”具有方法论创新价值，其理论框架包含存量设施数字化改造与增量设施智能新建的双轨路径，该模型通过空间适配性分析揭示不同区域应实施差异化的基建策略。沈费伟团队（2021）⑤ 的延伸研究构建“数字治理基建支撑理论”，论证新基建通过数据中台与物联感知网络的双向赋能，重构基层治理的决策响应机制。乡村数字化转型研究呈现特色化发展范式。余侃华等（2017）⑥ 开创性提出“数字文化生态保护理论”，强调在传统村落空间基因解码基础上，通过数字孪生技术实现文化遗产的活化利用。该理论被周菊玲（2019）⑦ 发展为“数据要素市场化模型”，其核心在于建立基于区块链技术的乡村数据确权与共享机制，破解要素流通的制度性梗阻。农业产业革新层面形成突破性理论建构。刘

---

① 陈振明．政府治理变革的技术基础——大数据与智能化时代的政府改革述评［J］．行政论坛，2015（06）：1－8.

② 沈费伟，袁欢．大数据时代的数字乡村治理：实践逻辑与优化策略［J］．农业经济问题，2020（10）：77－85.

③ 颜佳华，王张华．数字治理、数据治理、智能治理与智慧治理概念及其关系辨析［J］．湘潭大学学报（哲学社会科学版），2019（01）：25－30.

④ 高喆，顾朝林，顾江．“新型城镇化”与“乡村振兴”场景下新基建对产业转型的启示［J］．经济地理，2021，41（04）：8－14.

⑤ 沈费伟，叶温馨．基层政府数字治理的运作逻辑、现实困境与优化策略——基于“农事通”“社区通”“龙游通”数字治理平台的考察［J］．管理学刊，2020（06）：26－35.

⑥ 余侃华，陈延艺，武联，等．乡村4.0：互联网视角下乡村变革与转型的规划应对探讨——以陕西省礼泉县官厅村为例［J］．城市发展研究，2017，24（11）：15－21.

⑦ 周菊玲．浅谈乡镇农经管理与数字经济的融合发展［J］．南方农业，2019，13（32）：89－90.

海启（2019）[①] 的“智慧农业跃迁理论”揭示，农业数字化转型本质是生产函数的重构过程，其通过传感器网络优化生产要素投入组合，实现全要素生产率的非线性增长。这一理论在实践层面延伸出“数字农服生态系统”概念，即通过农业大脑中枢系统整合无人机植保、智能灌溉等模块，形成覆盖全产业链的智慧农业服务体系。

（二）数字经济赋能城乡融合影响机制的研究

数字经济赋能城乡融合发展的影响机制研究呈现多维理论建构特征，学术界主要形成五维解释框架：

1. 要素重组理论

尹庆民等（2022）[②] 提出的“三维要素纠偏模型”具有方法论创新，该模型揭示数字经济通过资本配置效率优化、劳动力技能溢价重构及数据要素市场培育，突破传统要素流动的黏性阻滞。姚毓春团队（2022）[③] 的延伸研究构建“双向流动效应”理论，论证数字平台通过降低交易成本与信息摩擦，实现城乡要素报酬率的动态均衡。王松茂等（2023）[④] 进一步发现要素重组存在非线性特征，其提出的“数字融合阈值效应”表明当数字基础设施渗透率跨越临界点后，要素配置效率呈现指数级跃升。

2. 生态协同理论

周佳宁等（2019）[⑤] 开创性提出“数字生态福利链”概念，论证数字技术通过环境监测网络与碳足迹追溯系统的双重作用，形成生态保护的闭环反馈机制。庞婉玉等（2023）[⑥] 在此基础上建构“三效耦合模型”，揭示技术进步引致的清洁生产效应、规模经济产生的集约化效应与结构转型

① 刘海启．以精准农业驱动农业现代化加速现代农业数字化转型［J］．中国农业资源与区划，2019，40（01）：1－6，73.

② 尹庆民，王寻．数字经济是否促进了中国的城乡融合——基于中介效应模型与空间杜宾模型的检验［J］．技术经济，2022，41（11）：114－127.

③ 姚毓春，张嘉实，赵思桐．数字经济赋能城乡融合发展的实现机理、现实困境和政策优化［J］．经济纵横，2022，445（12）：50－58.

④ 王松茂，尹延晓，徐宣国．数字经济能促进城乡融合吗：以长江经济带11个省份为例［J］．中国软科学，2023（05）：77－87.

⑤ 周佳宁，秦富仓，刘佳，等．多维视域下中国城乡融合水平测度、时空演变与影响机制［J］．中国人口·资源与环境，2019，29（09）：166－176.

⑥ 庞婉玉，朱金鹤．数字经济发展是否有助于区域共同富裕水平的提升——基于“宽带中国”战略试点的准自然实验［J］．阅江学刊，2023，15（06）：110－123，172.

带来的系统性效应共同构成生态协同的动力学基础。该理论突破传统生态—经济二元对立范式，确立数字技术作为生态福利生产函数的内生变量地位。

3. 空间正义理论

万孟泽等（2023）[①] 的“数字空间修复理论”具有突破性，其研究发现数字技术通过公共服务虚拟化供给与就业机会远程化创造，有效消解地理空间对资源配置的刚性约束。郭美荣等（2021）[②] 延伸提出“数字可达性革命”概念，论证5G网络与物联网技术使城乡公共服务获取突破物理空间限制，形成基于数字孪生技术的均等化服务供给新模式。

4. 产业跃迁理论

王瑞峰（2022）[③] 构建“数字产业生态系统模型”，揭示平台经济的网络效应打破传统产业梯度转移规律，形成城乡产业链逆向整合的新型分工模式。龚新蜀等（2024）[④] 的动态演化理论突破静态分析局限，其提出的“数字融合生命周期”表明产业转型经历技术扩散期（红利释放）、结构调整期（鸿沟显现）、制度适应期（动态平衡）三阶段演化规律，为政策设计的阶段性特征提供理论依据。

5. 治理创新理论

凌慧敏等（2018）[⑤] 的“数字治理弹性模型”证实，区块链技术与智能合约应用显著提升治理制度对人口流动的适应性响应能力。该模型突破传统户籍制度的刚性约束，通过构建数字身份认证系统与信用评估体系，实现人口空间分布的帕累托优化。在此基础上，数字治理正经历从“技术工具嵌入”向“治理范式重构”的范式革命，形成具有中国特色的城

---

① 万孟泽，赵新宇，郑国强. 市场一体化驱动数字经济的机制研究［J］. 求是学刊，2023，50（06）：64－78.

② 郭美荣，李瑾，马晨. 数字乡村背景下农村基本公共服务发展现状与提升策略［J］. 中国软科学，2021（07）：13－20.

③ 王瑞峰. 涉农电商平台助力乡村产业数字化转型的理论逻辑与实证检验［J］. 中国流通经济，2022，36（10）：46－57.

④ 龚新蜀，赵丽玉. 数字经济、人力资本与城乡高质量融合——基于经验的假说与检验［J］. 农村经济，2024（07）：58－66.

⑤ 凌慧敏，徐晓林. 重塑城乡关系合理引导人口迁移［J］. 学习与实践，2018（10）：88－94.

乡融合治理理论体系。

（三）数字经济赋能城乡高质量发展测度相关研究

数字经济测度始终面临方法论挑战。自概念提出以来，如何准确衡量其规模与贡献度成为研究难点，尽管政府与学术界日益重视，但尚未形成统一有效的测度框架。学术界曾广泛探讨“生产率悖论”现象，即信息技术革命未带来预期的全球经济增长效应，反映出传统统计体系对数字经济价值的系统性低估①。研究指出，现有国民经济核算方法难以捕捉数据要素价值及数字服务隐性福利，导致数字经济真实贡献被低估②，这对统计体系革新提出迫切需求③。实践中，美国经济统计局通过构建“供给—使用”分析框架，系统性识别数字经济相关产品与服务类别，创新测度方法揭示出数字经济持续增长态势④。该方法突破传统产业分类局限，为量化数字经济规模提供了可借鉴的路径，但其跨国适用性仍需进一步验证。

国内学者围绕数字经济与城乡融合的测度及作用机制展开深入探索。台德进、蔡荣（2022）⑤ 运用耦合协调度模型与空间门槛模型，证实数字经济通过市场规模扩张和劳动力要素转移推动城乡经济融合，且存在空间溢出效应。舒季君等（2022）⑥ 基于空间自相关分析，发现数字经济依托数字产业化与产业数字化对城乡融合产生区域差异化赋能效果，其中东部地区效应显著优于中西部。关于城乡差距影响路径的研究呈现多视角特

① Van，A. B. The Productivity Paradox of The New Digital Economy［J］. International Productivity Monitor，2016，31：3 – 18.

② Brynjolfsson，E. Collis，A. and Eggers F. Using Massive Online Choice Experiments to Measure Changes in Well – being［J］. Proceedings of the National Academy of Sciences，2019，116（15）. 7250 – 7255.

③ Groshen，E. L，Moyer，B. C. and Aizcorbe，AM. How Government Statistics Adjust for Potential Biases from Quality Change and New Goods in An Age of Digital Technologies：A View from The Trenches［J］. Journal of Economic Perspectives，2017，31（2）：187 – 210.

④ 张嘉实．数字经济赋能城乡融合发展研究［D］．长春：吉林大学，2023：28 – 30.

⑤ 台德进，蔡荣．数字经济赋能城乡经济融合：内在机理与实证检验［J］．当代经济管理，2022，44（10）：59 – 70.

⑥ 舒季君，周建平，陈亦婷，等．中国省域数字经济的空间演化特征及其城乡融合效应［J］．经济地理，2022，42（08）：103 – 111.

征。李晓钟等（2021）[①]、周慧等（2022）[②] 认为，数字经济能优化城乡收入分配格局，缩小消费差距；陈文（2021）则揭示其影响呈倒“U”形曲线，初期扩大城乡收入差距但后期转为收敛，且存在发展水平门槛效应。牟天琦等（2021）[③]、孙革（2022）[④] 关注数字技能差异，指出城乡居民数字应用能力差异加剧数字鸿沟，不同经济水平地区需采取差异化改善策略。黄漫宇等（2022）[⑤] 通过调节中介效应检验，证明数字鸿沟通过技能差异抑制农村消费升级，对低收入群体影响尤为显著。在区域发展研究方面，周清香等（2022）[⑥] 构建多维指标体系分析黄河流域，发现数字经济对高质量发展的促进作用呈边际递增趋势。唐红涛等（2023）[⑦] 聚焦乡村振兴路径，提出数字经济通过提升流通效率、优化产业结构及增加就业机会，有效促进农民增收。这些研究共同揭示，数字经济对城乡融合的赋能既体现为要素配置效率提升，也表现为制度创新与空间协同效应的动态释放。

（四）数字经济赋能城乡融合发展实现路径相关研究

随着数字经济与城乡融合实践研究的深化，国内学者提出多维发展路径。谢璐、韩文龙（2022）[⑧] 强调构建城乡互联的数字基础设施体系，通过技术赋权提升要素配置效率，为城乡融合发展奠定基础支撑。刘贤等

① 李晓钟，邓杰．数字普惠金融对城乡消费差距的影响研究［J］．杭州电子科技大学学报（社会科学版），2023，19（03）：11－20.

② 周慧，孙革，周加来．数字经济能够缩小城乡多维差距吗？——资源错配视角［J］．现代财经（天津财经大学学报），2022，42（01）：50－65.

③ 牟天琦，刁璐，霍鹏．数字经济与城乡包容性增长：基于数字技能视角［J］．金融评论，2021，13（04）：36－57，124－125.

④ 孙革．数字经济对全要素生产率的影响研究［D］．蚌埠：安徽财经大学，2022：30－35.

⑤ 黄漫宇，窦雪萌．城乡数字鸿沟会阻碍农村居民消费结构升级吗？——基于中国家庭追踪调查（CFPS）数据的分析［J］．经济问题探索，2022（09）：47－64.

⑥ 周清香，李仙娥．数字经济与黄河流域高质量发展：内在机理及实证检验［J］．统计与决策，2022，38（04）：15－20.

⑦ 唐红涛，熊悦．数字经济赋能乡村振兴“三步走”战略的逻辑进路［J］．重庆理工大学学报（社会科学版），2023，37（06）：91－103.

⑧ 谢璐，韩文龙．数字技术和数字经济助力城乡融合发展的理论逻辑与实现路径［J］．农业经济问题，2022，515（11）：96－105.

(2021)[①] 进一步提出系统性解决方案，主张优化数字基建空间布局、推动产业链数字化协同、完善数字化治理体系，同时建立农村数字素养培育平台，形成市场机制与政策引导相结合的融合生态。

在人口流动与空间重构方面，华兴顺（2021）[②] 通过数字经济催生的“两栖”人口现象，建议通过智慧社区建设引导新型聚居形态，同步运用数字技术强化耕地监管与乡村产业融合，构建“居住—生产—生态”协调的空间治理模式。其提出的新型职业农民培育体系，强调将数字技能培训嵌入农业生产全周期，推动传统农民向数字技术应用主体转型。

数字化治理效能研究呈现新突破。苏岚岚（2023）[③] 通过实证发现，农民参与数字村务管理可显著提升基层法治与德治水平，这种治理能力跃升为城乡制度衔接提供实践载体。朱琳（2023）[④] 的研究则揭示数字基础设施的双刃剑效应：虽然增强要素流动性可能短期扩大城乡收入差距，但张劲（2024）[⑤] 的跟踪研究表明，随着农村电商等新业态渗透，居民数字素养提升将逐步转化为生产力优势，最终通过产业增值与就业扩容实现城乡收入再平衡。这种动态演化特征提示，需建立数字红利释放的长效机制以化解转型阵痛。

四、文献可视化分析

通过整理现有文献可以发现，学者对数字经济与城乡融合发展问题已进行一定探索，这为后续研究提供了理论基础。然而传统文献分析方法存在视角单一、结论主观等局限，难以全面反映该领域研究全貌。为此，本

---

① 刘贤，潘朝，王淀坤．数字经济促进城乡融合发展的内在机理与实践路径［J］．农业展望，2021，17（12）：3－9.

② 华兴顺．数字经济对城乡融合的影响和发展路径研究［J］．全国流通经济，2021（05）：117－119.

③ 苏岚岚．数字治理促进乡村治理效能提升：关键挑战、逻辑框架和政策优化［J］．农业经济问题，2024（06）：5－18.

④ 朱琳．政府数字化水平对农村创业活跃度的影响研究［D］．兰州：甘肃政法大学，2023：25－30.

⑤ 张劲．数字基础设施、新质生产力与城乡共同富裕［J］．技术经济与管理研究，2024（10）：128－133.

书选择运用CiteSpace可视化工具，通过系统性文献计量方法对相关成果展开分析。研究数据来源于中国知网学术期刊数据库，以“数字经济+城乡融合”为主题词进行检索（操作时间2025年2月16日）。经过两次筛选处理，首先排除会议通知、新闻资讯等非学术文献，随后通过人工复核保留符合研究主题的论文，最终形成可供分析的文献样本。该方法既保证数据来源的学术规范性，又能有效聚焦研究核心问题。

表1-1统计了国内相关研究的高频关键词，图1-1展示了关键词共现关系。数据显示，“数字经济”出现频次显著高于其他词汇，其中“乡村富裕”类研究在频次与中心性指标上均占据核心地位，表明乡村发展是数字经济驱动城乡融合的重要着力点。现有成果较多聚焦数字技术对社会经济转型的影响机制，实证研究普遍采用中介效应模型和门槛模型作为分析工具。同时，学术界对数字经济与城乡消费差异、收入差距的关联性探讨较为深入，这类研究有助于揭示数字经济影响城乡融合的作用路径。

表1-1　数字经济对城乡融合相关研究前20位关键词分布表

排序	词频	中心性	出现年份	关键词	排序	词频	中心性	出现年份	关键词
1	174	1.15	2021	数字经济	11	6	0.00	2023	耦合协调
2	113	0.56	2020	城乡融合	12	5	0.01	2023	数字鸿沟
3	25	0.01	2021	乡村振兴	13	5	0.00	2023	调节效应
4	19	0.02	2022	中介效应	14	4	0.00	2023	空间溢出
5	14	0.03	2021	数字乡村	15	4	0.04	2021	产业结构
6	9	0.01	2022	门槛效应	16	4	0.00	2020	熵值法
7	8	0.00	2022	共同富裕	17	3	0.01	2022	要素错配
8	6	0.00	2023	要素流动	18	3	0.01	2022	作用机制
9	6	0.01	2023	影响因素	19	3	0.00	2024	科技创新
10	6	0.00	2022	数字技术	20	3	0.00	2023	城乡关系

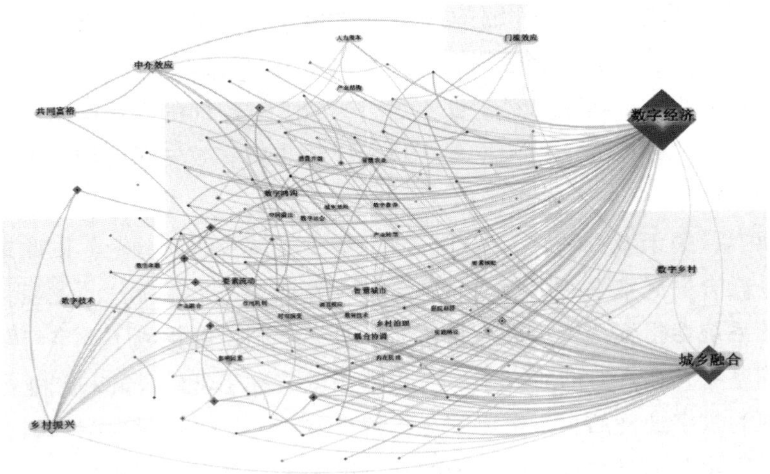

图 1-1　数字经济和城乡融合关键词共现图

五、文献评述

现有研究对数字经济与城乡融合的关系进行了深入探讨。通过梳理文献可以发现，该领域已形成较为系统的理论框架，多数研究认为数字技术在推动城乡协同发展方面具有积极作用，特别是通过优化资源配置、促进要素流动等方式，有助于缩小城乡差距、提高农民收入水平。这些成果既为后续研究奠定基础，也为政策制定提供了参考依据。当前研究多侧重单一维度分析，尚未充分考察数字经济与城乡融合的多层次互动特征。由于这两个概念均涉及政府、企业、居民等多元主体，需要构建更全面的分析框架。同时，数字经济促进城乡高质量融合的具体作用机制还需深入探讨，特别是如何形成可持续的发展路径仍需深入研究。值得关注的核心问题包括：我国数字经济和城乡融合发展在时间和空间上是如何变化的？数字技术能否真正推动城乡融合？其背后的驱动路径是什么？具体来说：

第一，当前研究虽在数字经济与城乡融合的内涵方面取得进展，但存在明显局限。现有成果多聚焦宏观层面的关联性探讨，对数字经济作为独立生产要素如何具体影响城乡融合的系统性研究不足，尤其在资源要素转化机制、技术赋能效应等核心问题上缺乏深度解析。这导致数字经济推动城乡融合高质量发展的内在逻辑尚未清晰界定。在传导机制研究方面，多数文献仅停留在影响因素识别层面，对数字经济促进城乡融合的具体路径分析较为薄弱。现有理论框架在解释技术赋能过程时，对产业协同、要素流动等中介机制的作用路径论证不足，导致实践层面的操作路径缺乏有效理论支撑。这种研究空白使得数字技术优势难以有效转化为城乡融合的实际发展动能。

第二，关于城乡融合，大部分研究集中于城乡收入差距，以此来表征对城乡融合发展水平的影响，而城乡融合发展是一个系统性的工程，城乡融合的系统性指标有待于进一步拓展。数字基础设施构成了数字经济发展的稳固基石，在现有的研究中，大多数学者将数字基础设施和产业数字化发展视为数字经济的一个组成部分，很少有研究深入探讨数字基础设施和产业数字化分别对城乡融合发展的具体影响，这就限制了我们对数字经济赋能城乡融合发展深入的理解和准确的判断。

第三，加强了数字经济与城乡融合之间关系空间层面的分析。从空间和时间不同视角分析了数字经济对城乡融合发展影响的异质性，为中央政府调整财政资金和资金的高效使用提供政策启示。

基于以上不足，本书研究内容概述如下：首先，深入剖析了数字经济赋能城乡高质量融合发展的理论机制，数字基础设施和产业数字化作为数字经济内涵的重要组成部分，具体深入剖析了数字基础设施建设和产业数字化赋能城乡高质量融合发展的直接影响机制、间接传导机制、区域异质性等问题，并据此提出了针对性的研究假设。其次，选取 2012—2022 年中国 31 个省域作为研究对象，构建了数字经济与城乡高质量融合的综合评估指标体系，并运用 TOPSIS 熵权法计算发展指数，综合评估了两者的发展现状。再次，将“宽带中国”战略视为一项准自然实验，构建多期双重差分模型，剖析数字基础设施对城乡融合发展的影响效果，在此基础上，进一步讨论了技术创新水平和人力资本积累的中介效应，并从产业结构优化和政府数字经济关注度两个方面探讨了其对数字基础设施促进城乡融合发展的调节效应，不断蓄力为找到最优路径。复次，通过构建基准回归模型、中介效应等模型，通过基准回归分析、稳健性检验、内生性检验、异质性分析等验证产业数字化对城乡高质量融合发展的赋能效应，深入剖析产业数字化发展对城乡高质量融合进程的作用机制。又次，综合归纳分析国内外数字经济赋能城乡高质量融合发展的典型案例，为我国城乡高质量融合发展进一步推进提供经验借鉴。最后，围绕“如何做”展开研究，进一步探讨数字经济赋能城乡高质量融合发展的实践路径，为我国城乡高质量融合数字化提供发展依据，并提出数字经济赋能城乡高质量融合发展针对性的对策建议，旨在为相关职能部门制定政策提供重要的参考依据。

第三节　研究内容、方法与创新点

本节基于提出问题、分析问题和解决问题的思路展开，采用了归纳与演绎分析法、比较法、定性与定量相结合的分析方法展开研究。其研究内容、研究方法和创新点如下。

一、研究内容

以城乡融合发展为考察对象，从数字经济视角切入，在梳理城乡一体化理论、网络效应理论、核心—边缘理论和创新驱动理论的基础上，对数字经济赋能城乡高质量融合发展进行理论分析和实证检验，并提出实践路径及政策建议。

分为以下几个章节：

第一章为绪论。重点介绍了研究背景、意义、研究内容和思路。通过对既有文献的回顾，归纳和梳理数字基础设施建设与城乡融合发展领域的研究，同时明确了研究的创新点和基本框架，为后续研究奠定了基础。

第二章为概念界定及理论基础分析。对数字经济与城乡高质量融合等相关概念进行概念界定，梳理数字经济赋能城乡高质量融合发展可能涉及的相关理论，如城乡一体化理论、网络效应理论、核心—边缘理论、新经济增长理论、创新驱动理论、技术—经济范式、人地关系地域系统等理论基础。

第三章为理论机制分析与研究假设。通过梳理文献和相关理论，结合当前经济发展现状，从数理角度，利用新经济地理学模型来分析数字经济赋能城乡高质量融合发展理论机理，数字基础设施和产业数字化作为数字经济构成中重要的组成部分，详细分析了数字经济设施和产业数字化赋能城乡高质量融合发展的作用机理，并提出相应的假设。

第四章为数字经济赋能城乡高质量融合发展水平现状及测度分析。以我国30个省（市、自治区）为研究对象，分别构建数字经济、城乡高质量融合发展评价指标体系，运用熵权法测度出数字经济发展水平、城乡高质量融合发展水平综合得分，并采用Dagum基尼系数和Kernel密度估计分别分析数字经济、城乡高质量融合发展的空间非均衡特征和演进趋势。

第五章为数字基础设施赋能城乡高质量融合发展的实证分析。本章详细阐述了双重差分模型的构建原理，并介绍了数据来源、变量选择、模型设定以及描述性统计等内容。在此基础上，通过平行趋势检验、基准回归、稳健性检验以及异质性分析，深入探讨了数字基础设施建设赋能城乡融合发展的作用机制与实际效果。构建中介效应模型和调节效应模型，分析数字基础设施是如何通过技术创新、人力资本积累、产业结构优化和政府数字经济关注度四种机制影响城乡融合发展。

第六章为产业数字化赋能城乡高质量融合发展实证分析。本章通过实证分析数字经济赋能城乡高质量融合发展的具体程度与影响机理，建立模型并运用基准回归、内生性检验、中介效应检验、空间杜宾模型等一系列回归分析，综合分析产业数字化对于城乡高质量融合发展的赋能效应，为数字经济赋能城乡高质量融合发展提供实证基础。

第七章为国内外数字经济赋能城乡高质量融合发展先行探索。本章综合归纳分析西方国家和我国一些地区在数字经济发展大背景下如何与城乡发展相融合，如何在生产要素双向流动、城乡基础设施建设、城乡基本公共服务均等化等方面实现数字经济赋能城乡融合发展，从而为我国城乡融合数字化对策建议打下基础。

第八章为数字经济赋能城乡高质量融合发展的实践路径。本章重点围绕“如何做”展开研究，针对前文的分析提出在生产要素双向流动、城乡基础设施一体化建设、城乡基本公共服务均等化等发展方面提出切实可行的政策建议，为我国城乡高质量融合数字化提供发展依据。

第九章为数字经济赋能城乡高质量融合发展的政策建议。本章在作用机理和实证研究分析的基础上因地制宜提出数字经济赋能城乡高质量融合发展可参考的建议，并提出后续研究方向。

二、研究方法

通过运用理论经济学、计量经济学、产业经济学等学科理论和方法，对现有的理论与研究内容进行梳理，结合可获得的数据，采取熵权法、中介效应模型、空间杜宾模型及文献研究法等方式进行研究。

（一）归纳演绎法

通过阅读梳理国内外相关学术文献，对关于数字经济、城乡融合的内涵与测度的现有文献进行搜集、阅读、梳理、归纳，并通过搜集省级统计年鉴、城市统计年鉴、国家统计局、统计公报等多种渠道搜集数据，在对数据进行汇总整理的基础上，归纳其特点，对数字经济和城乡融合的发展现状进行测度与评价，为进一步研究提供数据依据。

（二）熵权法

熵权法作为一种客观赋权技术，其核心原理基于信息熵理论。指标数据集中度越高，信息熵越小，表明该指标对综合评价的区分度越低，相应权重越小；反之，数据离散程度越大，信息熵越高，指标权重随之增大。这种特性使其能够有效捕捉指标间的差异性信息，确保权重分配的客观性。相较于层次分析法等主观赋权方法易受人为因素干扰，以及主成分分析法可能损失原始信息等局限，熵权法在保留数据完整性的同时，规避了主观判断偏差。研究选择该方法对数字经济与城乡融合发展评价指标进行赋权，通过逐层量化各因素重要性权重，构建综合评价模型。最终基于权重计算结果，分别测算数字经济发展指数和城乡高质量融合发展水平的综合得分，为后续研究提供数据支撑。

（三）中介效应模型

中介效应模型用于揭示变量间作用路径，其基本结构包含自变量（X）、因变量（Y）和中介变量（M）。当自变量 X 通过中间变量 M 对因变量 Y 产生作用时，M 即构成 X 与 Y 之间的传导桥梁。该模型通过分离直接效应与间接效应，能够精准识别变量间的传导机制。研究中运用该模型重点验证数字经济是否通过劳动力跨区域流动、人力资本积累等中介渠道影响城乡高质量融合发展。通过测算中介变量传导效应的显著性及贡献度，可明确数字经济作用于城乡融合的关键路径，为机制分析提供实证依据。

（四）多期双重差分模型

在面板统计方法的基础上，以“宽带中国”战略视为一次准自然实验，构建多期双重差分模型（DID）考察数字基础设施建设对城乡高质量融合发展的影响，同时基于倾向得分匹配构建倾向得分匹配与DID结合的PSM－DID模型进行检验，以及构建中介效应模型和调节效应模型进行机制分析。其中，双重差分法是一种政策评估方法，用于评估政策或干预措施因果效应的计量经济学方法。它通过比较控制组（受政策或干预影响的群体）和对照组（未受政策或干预影响的群体）在政策实施前后的变化差异，来推断政策或干预的实际效果。双重差分法的核心思想是利用自然实验或准实验的环境，控制其他干扰因素，从而更准确地识别因果关系。

（五）空间计量模型

空间计量经济学模型通常可被归类为三种基本形式：空间滞后模型（Spatial Autoregressive Model，SAR）、空间误差模型（Spatial Error Model，SEM）以及空间杜宾模型（Spatial Durbin Model，SDM）。

1. 空间滞后模型（SAR）

其具体建模结构如下所示：

$$y_{it} = \rho \sum_{j=1}^{n} w_{ij} y_{it} + \beta x_{it} + \mu_i + \lambda_t + \xi_{it}, \xi_{it} \sim N(0, \sigma^2 I) \tag{1-1}$$

式（1－1）中，y 为被解释变量，x 为解释变量，下标 i 表示地区、t 表示年份，ρ 为空间自回归系数，w_{ij} 为空间权重矩阵中第 i 行第 j 列元素，μ_i、λ_t、ε_{it} 分别表示个体效应、时间效应和随机误差项。

2. 空间误差模型（SEM）

模型设定如下：

$$y_{it} = \beta x_{it} + \mu_i + \lambda_t + \delta \sum_{j=1}^{n} w_{ij} \phi_{jt} + \xi_{it}, \xi_{it} \sim N(0, \sigma^2 I) \tag{1-2}$$

式（1－2）中，ϕ_{it} 为有空间相关性的误差项，δ 为误差项的空间自相关系数。

3. 空间杜宾模型（SDM）

空间杜宾模型是一种更为综合的空间计量经济模型，是通过在空间滞后模型和空间误差模型的基础上引入相应的约束条件构建的。运用空间杜宾模型方法，探究在空间因素影响下数字经济对城乡高质量融合发展的作用机制，并进一步对空间效应进行分解。

模型设定如下：

$$y_{it} = \rho \sum_{j=1}^{n} w_{ij} y_{it} + \beta x_{it} + \theta \sum_{j=1}^{n} w_{ij} x_{jt} + \mu_i + \lambda_t + \xi_{it}, \xi_{it} \sim N(0, \sigma^2 I) \tag{1-3}$$

为确定以上三种模型哪种更适合书中的研究，需要进行 LM 检验及 Robust LM 检验。

三、主要创新点

近年来我国针对城乡关系问题陆续发文多项政策规定，在实践中也取得了明显的成效，实现了全面脱贫的伟大成就。目前，学术界对于城乡融合的理论方面，尤其是数字经济背景下的理论问题研究有待进一步完善，本书围绕“数字经济赋能城乡高质量融合发展”这一主题，在已有研究的基础上，从数字基础设施建设和产业数字化两个维度切入，分别研究其传导机理和实践路径，可能的创新之处在于：

（一）研究视角上的创新

本书在分析视角上实现了双重突破。一方面，现有研究多孤立分析城乡融合或数字经济，较少构建两者的系统性关联框架。多数文献聚焦数字经济对城乡经济维度的单向影响，而忽视了高质量融合包含的空间协调、公共服务均等化等多元特征。本书通过构建多维评价体系，系统揭示数字经济对城乡产业、生态、治理等领域的协同赋能机制，形成了研究范式的创新。另一方面，本书聚焦数字基础设施与产业数字化两大核心维度，突破传统单一要素分析模式。通过解构数字基建的要素流通功能与产业数字化的价值创造机制，不仅拓展了城乡融合的驱动理论，更从技术渗透、业态革新等层面提炼出可操作的实践路径，为重塑数字时代的城乡关系提供了新的理论支点。这种双维度分析框架有效弥补了现有研究对数字经济内部结构作用机理的解析不足。

（二）研究内容的创新

本书研究了数字经济发展水平对城乡高质量发展的影响程度。现有研究对于数字经济促进城乡融合发展的实证检验方面通常基于数字乡村和乡村振兴的视角，通常以“乡村振兴二十字总方针”为指导构建指标体系。有的研究在构建城乡融合的指标时多数从人的融合、空间融合、经济融合几个方面切入。基于以往学者的研究成果，并结合城乡实际情况，本书从提升“质”的角度出发，从乡村经济发展多元化、农民收入增长长效化、城乡要素流通双向化、基本公共服务均等化、基础公共设施一体化五个方面进行构建，具有一定的创新性。通过建立指标体系测算数字经济与城乡高质量融合发展水平，回归分析数字经济发展水平对城乡高质量融合的真实促进作用。基于劳动力流动、人力资本积累等角度探讨了数字经济赋能城乡高质量融合发展的传导机理，以此确定数字经济的真实效能，丰富研究内容。

（三）研究方法上的改进

首先，在城乡融合领域，较少有文献利用双重差分模型研究，且研究多以省级单位进行；在面板数据分析方法的基础上，以“宽带中国”战略试点政策作为一项准自然实验，从城市层面运用多期双重差分模型（DID）对数字基础设施建设对城乡融合发展的影响进行实证探索，检验了政策实施的效果，同时，在产业数字化的空间异质性与非线性关系的探讨结合区域产业特征展开。其次，在稳健性检验部分利用倾向得分匹配、更换变量及变量范围等方法再次进行分析，检验了稳健性的同时也拓宽了城乡融合领域的研究方法。最后，在传导机制解析方面，构建数字基础设施建设与产业数字化视角下的中介效应及异质性影响，对使实证结果更为全面，更有说服力。

四、基本框架

为了更直观地体现研究思路，结合所研究的内容，绘制了如图 1－2 所示的技术路线。

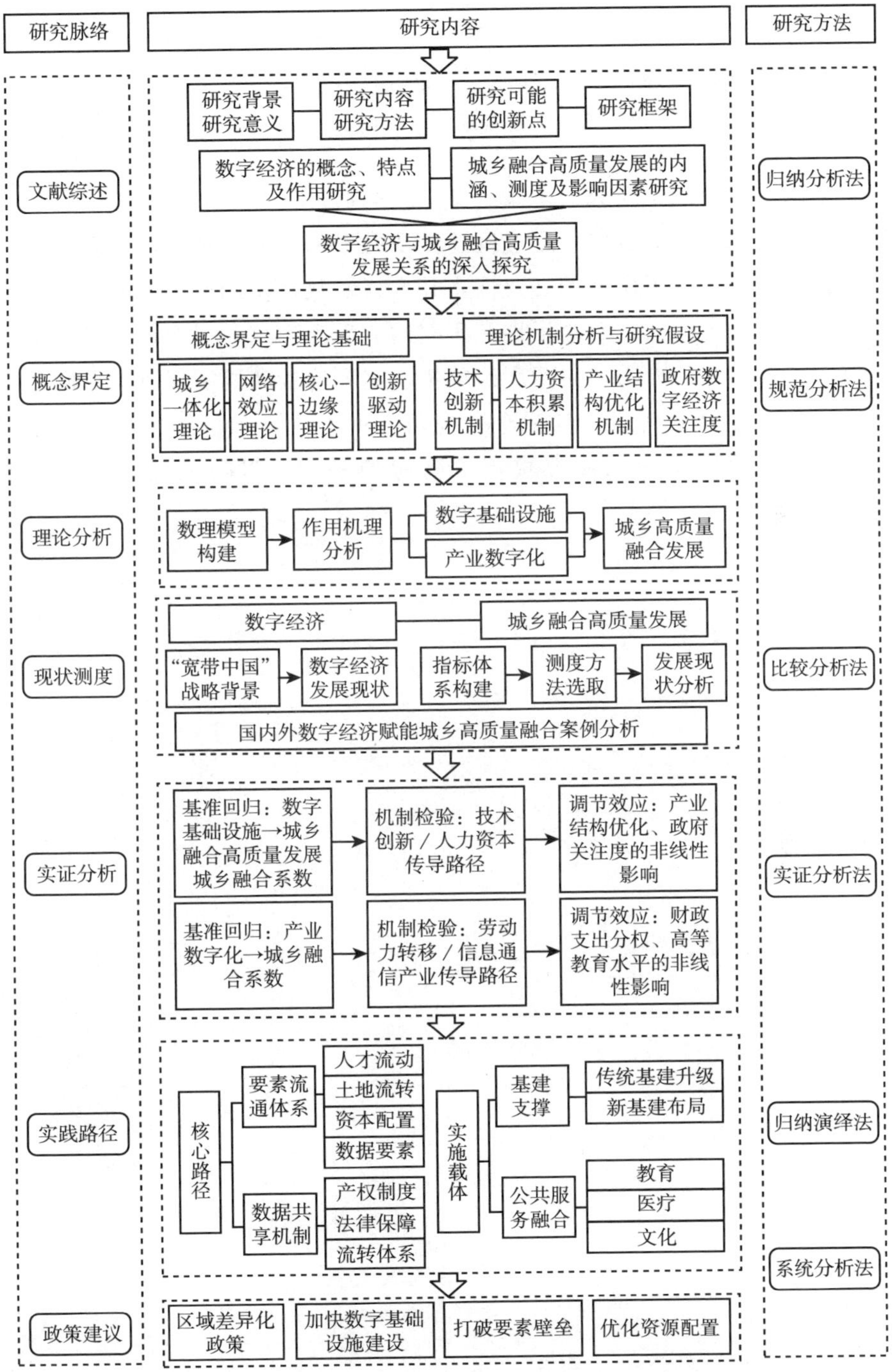
研究脉络
研究内容
研究方法
文献综述
研究背景
研究意义
研究内容
研究方法
研究可能
的创新点
研究框架
数字经济的概念、特点
及作用研究
城乡融合高质量发展的内
涵、测度及影响因素研究
数字经济与城乡融合高质量
发展关系的深入探究
归纳分析法
概念界定
概念界定与理论基础
理论机制分析与研究假设
城乡
一体化
理论
网络
效应
理论
核心-
边缘
理论
创新
驱动
理论
技术
创新
机制
人力资
本积累
机制
产业结
构优化
机制
政府数
字经济
关注度
规范分析法
理论分析
数理模型
构建
作用机理
分析
数字基础设施
产业数字化
城乡高质量
融合发展
现状测度
数字经济
城乡融合高质量发展
“宽带中国”
战略背景
数字经济
发展现状
指标体
系构建
测度方
法选取
发展现
状分析
国内外数字经济赋能城乡高质量融合案例分析
比较分析法
实证分析
基准回归：数字
基础设施→城乡
融合高质量发展
城乡融合系数
机制检验：技术
创新／人力资本
传导路径
调节效应：产业
结构优化、政府
关注度的非线性
影响
基准回归：产业
数字化→城乡融
合系数
机制检验：劳动
力转移／信息通
信产业传导路径
调节效应：财政
支出分权、高等
教育水平的非线
性影响
实证分析法
实践路径
核心路径
要素流
通体系
人才流动
土地流转
资本配置
数据要素
数据共
享机制
产权制度
法律保障
流转体系
实施载体
基建
支撑
传统基建升级
新基建布局
公共服
务融合
教育
医疗
文化
归纳演绎法
系统分析法
政策建议
区域差异化
政策
加快数字基础
设施建设
打破要素壁垒
优化资源配置

图 1－2　技术路线图

第四节　本章小结

本章主要介绍了研究的背景、意义、国内外文献综述、研究内容与方法以及主要创新点。首先，通过阐述城乡融合的重要性和当前城乡发展的不平衡现状，引出了研究的必要性。其次，对数字基础设施和城乡融合的相关文献进行了综述，总结了现有研究的成果和不足。再次，详细介绍了研究的具体内容和方法，包括理论分析、实证检验和机制探讨。最后，指出了研究的主要创新点，包括研究视角、方法改进和框架构建。整体而言，本章为后续章节的研究奠定了坚实的基础，明确了研究的方向和重点。

第二章 数字经济赋能城乡高质量融合发展政策演进历程及理论基础

第一节 相关概念界定

本节包含数字经济和城乡融合的概念界定以及相关理论基础分析。鉴于数字经济时代特点以及城乡融合的系统性特征，研究两者之间的关系可能涉及城乡一体化理论与网络效应理论等，为展开后续研究奠定基础。

一、数字经济

数字经济是伴随全球数字化进程形成的新型经济形态，其核心特征体现在数据要素与信息技术的深度应用。早期研究中，唐·塔普斯科特[①]首次提出“数字经济”概念，强调网络技术对经济结构的重塑作用。此后学术界对其内涵持续拓展：尼葛洛庞蒂（Negroponte）从信息载体变革角度，提出数字化技术推动信息产业发展的观点；美国商务部将数字经济界定为基于电子商务与信息技术的新型经济体系。G20杭州峰会公报将其明确定义为以数字信息为核心要素、以信息网络为载体、通过技术应用提升效率的经济活动集合。2020年白皮书进一步指出，数字经济包含数字产业化与产业数字化两大板块，强调其对经济增长的引擎作用。我国学者陈晓红等认为，数字经济本质是通过数据要素流通，依托数字平台重构传统

---

① Tapscott D. The Digital Economy: Promise and peril in the age of networked intelligence [M]. New York: McGraw - Hill, 1996: 4 - 7.

产业模式，形成经济发展新动能。这些研究共同揭示，数字经济是通过技术渗透优化经济结构、创新产业形态的动态发展体系①。

随着数字技术的不断发展，各学者在实践中结合不同发展现状对数字经济的内涵在进行逐步完善。中国信息通信研究院认为，数字经济是一种“经济形态”。2023 年，其在《全球数字经济白皮书》中进一步阐述，为数字经济构造了数字产业化、产业数字化、数字化治理和数据价值化的“四化框架”。数字产业化和产业数字化为数字经济时代生产力的代表，数字化治理归为生产关系的范畴。这在一定程度上为数字经济发展明确了目标与方向，为数字经济评估体系的构建提供了重要参考。

经济高质量发展的本质特征包括创新性、再生性、生态性、精细性和高效益。它实现了增长与发展的统一，增长方式与发展模式的统一。数字经济作为新质生产力的重要体现，在我国经济高质量发展阶段也需要有更加全面的定义。通过梳理已有文献和相关学者的研究，结合学者对数字经济的界定以及我国经济发展实际情况，对基于高质量发展的数字经济概念进行界定，笔者认为数字经济是一种通过对大数据信息的识别和选择，存储、使用、引导资源实现的快速优化配置与再生、从而实现经济高质量发展的经济形态，包括数字基础设施、数字产业化、产业数字化、数字创新、数字治理等方面。据统计，2022 年全球产业数字化规模为 35.3 万亿美元，占数字经济比重为 85.3%，占 GDP 比重为 39.3%，较上年提升约 1.8 个百分点②。在我国，2023 年中国产业数字化规模达到 43.84 万亿元，占数字经济比重达到 81.3%，占 GDP 比重为 34.77%③，表明产业数字化发展正步入高质量发展的攻坚期。而目前网络基础设施、算力基础设施等数字基础设施加快建设，这是夯实数字经济发展的基石。可见，数字基础设施建设和产业数字化发展已成为数字经济范畴的重要组成部分，尝试从数字基础设施和产业数字化两个角度深入阐述数字经济赋能城乡融合发展的传导机理和实践路径。数字基础设施在内涵上是以数据创新为核心驱动力，以通信网络为支撑基础，以数据算力设施为关键核心，构成的一套基

① 陈晓红，李杨扬，宋丽洁，等．数字经济理论体系与研究展望［J］．管理世界，2022，38（02）：208－224，13－16.

② 中国信息通信研究院．全球数字经济白皮书［R］．2024：3－4.

③ 中国信息通信研究院．中国数字经济发展研究报告（2024 年）［R］．2024：16－17.

础设施体系。从外延来看，它涵盖了5G、数据中心、区块链等新一代信息通信技术，同时还包括基于这些技术所构建的各类数字平台，广泛服务于人们的工作、生活等各个领域。而产业数字化指传统产业通过运用数字技术与数据要素生产经营效率得到提升①，重点是产业向数字化、智能化转型的过程。数字化研究覆盖基础设施数字化、产业数字化、数字产业化、社会治理与公共服务数字化等诸多方面，且越来越关注新型数字基础设施和产业数字化新业态新模式。

二、城乡高质量融合发展

自改革开放以来，我国城乡关系经历了从分割到融合的深刻变革，政策导向逐步从“城乡统筹”转向“城乡一体化”，最终确立“城乡融合”的发展方向。当前经济高质量发展背景下，城乡融合被赋予新的内涵，陈海鹏等（2023）② 提出城乡高质量融合需实现人口、空间、经济、社会与生态的多维度协同，强调其本质是建立要素自由流动、资源共享的城乡互动体系。文丰安等（2022）③ 进一步指出，城乡融合应推动城市与乡村形成互惠共生关系，通过消除非功能差异、保留功能差异，在更高层次上实现均衡发展。这一过程中，城乡共生需满足三方面基础条件：一是城乡地位平等，避免因制度壁垒阻碍要素流动与公平发展；二是科学处理城乡差异，既保留区域特色又推动公共服务均等化；三是构建适配的制度体系，为资源整合与共享提供保障。龚勤林的研究表明，城乡融合发展具有长期性、阶段性与全面性特征，需通过系统性政策创新与渐进式改革实现④。最终目标在于建立城乡共荣机制，通过乡村振兴与成果共享，形成经济互促、生态协调、文化交融的新型发展格局。

本书基于上述学者对城乡高质量融合内涵的界定，结合《中共中央国务院关于建立健全城乡融合发展体制机制和政策体系的意见》（以下简

① 杨继东．产业数字化与经济高质量发展［J］．人民论坛，2023（22）：54－57.

② 陈海鹏，彭思雨，沈倩岭．数字经济、要素流动与城乡融合发展［J］．统计与决策，2023，39（10）：100－105.

③ 文丰安．乡村振兴战略实施背景下的新型城乡关系构建：意义、困境及纾解［J］．理论学刊，2022，301（03）：133－140.

④ 龚勤林．城乡融合发展的理论逻辑与实现路径研究［D］．成都：四川大学，2023：35－42.

称《意见》）的五项要求，认为城乡高质量融合是城乡之间方方面面的融合，是通过优化资源配置、促进要素双向流动①、缩小城乡差距，实现城乡之间的协调发展和共同繁荣，包括城乡人口转化高效化、乡村经济发展多元化、城乡空间融合紧密化、基本公共服务均等化及公共设施一体化五部分。

三、数字经济赋能城乡高质量融合发展的核心内涵

数字经济驱动下的城乡融合具有多维度、跨领域的系统性特征，其核心在于通过多主体协同构建均衡发展的新型城乡关系。这种融合不仅关注城乡资源要素的优化配置与双向流动，更强调通过新型城镇化建设提升城市服务能力、优化空间布局，从而实现基础设施互通与公共服务均等化，形成城乡互补共生的协同格局。

数字技术通过重构生产要素与产业形态，深度嵌入社会再生产全过程。以数字化信息为核心要素，依托现代信息网络与数字技术，推动乡村产业多元化与农民增收长效化。这种技术赋能加速了城乡间人才、资本等要素的双向流动，同时通过优化资源配置效率缩小城乡数字鸿沟，为教育、医疗等公共服务的普惠共享提供技术支撑，全面激活城乡融合发展的内生动力。

（一）数字基础设施

工业和信息化部指出，“新型信息基础设施是以信息网络为基础，以新一代信息通信技术创新为驱动，为经济社会数字化转型提供感知、传输、存储、计算等基础性数字公共服务的基础设施体系”；中共中央、国务院印发的《数字中国建设整体布局规划》强调，建设数字中国是数字时代推进中国式现代化的重要引擎，要夯实数字基础设施和数据资源体系“两大基础”，推进数字技术与经济、政治、文化、社会、生态文明建设“五位一体”深度融合。这些文件为我国数字基础设施的内涵和发展提供了明确的定义和指导。数字基础设施是指能够体现数字经济特征的新一代信息基础设施建设。数字基础设施在内涵上是以数据创新为核心驱动力，

① 桂榕泽，任幸悦．数字普惠金融对城乡融合发展的影响研究：基于云南省红河州的调查研究［J］．新型城镇化，2024（07）：64－67.

以通信网络为支撑基础，以数据算力设施为关键核心，构成的一套基础设施体系。从外延来看，它涵盖了5G、数据中心、区块链等新一代信息通信技术，同时还包括基于这些技术所构建的各类数字平台，广泛服务于人们的工作、生活等各个领域。数字基础设施与传统基础设施在多个方面存在显著区别，传统的基础设施通常指物理和工程结构，如道路、桥梁、铁路、港口、机场、水处理设施、能源供应系统等，通常需要大量的物理材料和人工，建设周期长，成本高昂，且维护和升级成本也相对较高。而数字基础设施包括物理和虚拟两个方面的组件，如数据中心、宽带网络、云计算平台等，它们更多地涉及信息和通信技术，支持信息的收集、处理、存储和传输以及数字化服务和应用，如在线教育、远程医疗、电子商务等。因此，数字基础设施的特征可以概括为：第一，基础性、公共性、强外部性①。这是作为基础设施的一般性特征，数字基础设施依托工业互联网、云计算、人工智能等数字技术，提供普惠包容、融通共享的公共服务，其建设和发展不仅影响直接投资和运营的主体，还会对更广泛的经济和社会领域产生影响。第二，协同性、强网络性、强技术性。这是传统基础设施所没有的特点。新型基础设施建设注重数据信息的传输，强调数字空间与物理空间的结合，数字基础设施所依托的信息技术需要不断创新和优化，迭代式持续性地开发和升级②，建设、运营、管理和维护等都具有更强的技术创新性。数字基础设施的建设为城乡高质量融合发展提供了信息流动与共享的平台，提升了资源配置效率，打破了时空限制，如宽带网络、移动互联网等。产业数字化发展为城乡高质量融合发展带来了新的经济增长点，数字技术的应用促进了城乡经济增长和优化城乡产业结构，带来了城乡经济的协调发展，增强农村产业的附加值和竞争力。

（二）产业数字化

产业数字化是指在新一代数字科技支撑和引领下，以数据为关键要素，以价值释放为核心，以数据赋能为主线，对产业链上下游的全要素进

① 杨一鸣，王健，吴群．中国城乡实体要素流动对城乡融合发展的影响机制研究［J］．地理科学进展，2022（12）：2191－2202.

② 俞会新，黄晓敏．网络基础设施建设对包容性绿色增长的影响——基于“宽带中国”战略的准自然实验［J］．工业技术经济，2024，43（08）：129－138.

行数字化升级、转型和再造的过程。本章从以下不同角度对产业数字化的概念进行界定：

1. 从技术应用角度

产业数字化是将大数据、人工智能、云计算、物联网、区块链等数字技术广泛应用于传统产业的生产、运营、管理等各个环节，通过数据的采集、分析和利用，实现生产过程的智能化、供应链的优化、管理决策的科学化等，从而提高生产效率、降低成本、提升产品质量和服务水平①。例如，在制造业中，利用物联网技术实现设备的互联互通，通过数据分析实现设备的预测性维护，提高设备利用率②；在农业领域，借助传感器和卫星遥感等技术收集土壤、气象等数据，实现精准施肥、灌溉，提高农业生产效益③。

2. 从业务流程角度

产业数字化意味着对传统产业的业务流程进行数字化改造和创新。它打破了传统的线性业务流程，通过数字化技术实现业务流程的自动化、智能化和协同化。比如在服务业④中，在线旅游平台通过数字化技术整合旅游资源，实现用户在线预订、支付、行程规划等一站式服务，重构了旅游业务流程；在金融⑤行业，数字化的信贷审批流程通过大数据分析客户信用状况，实现快速审批和放款，提高了金融服务的效率和质量。

3. 从产业融合角度

产业数字化是数字技术与传统产业深度融合的过程，推动了产业边界的模糊化和产业协同的增强。它促进了不同产业之间的要素流动和资源共

---

① 刘春兰，王健．产业数字化对宏观经济内涵式发展的作用机制分析［J］．商业经济研究，2025（02）：184－188.

② 尹西明，马伊兰，王朝晖，等．制造业数字化转型、开放式创新与组织韧性——基于动态能力视角［J/OL］．科技进步与对策，1－11［2025－03－19］．https：//kns－cnki－net. webvpn. sxufe. edu. cn/kcms/detail/42. 1224. G3. 20250317. 1011. 002. html.

③ 曾志庆，何邦路，陈灿平．新质生产力赋能农业数字化：理论逻辑、国际经验与推进路径［J/OL］．山西农业大学学报（社会科学版），1－12［2025－03－19］．https：//kns－cnki－net. webvpn. sxufe. edu. cn/kcms/detail/14. 1305. c. 20250304. 1100. 006. html.

④ 万强，陈玲．生产性服务业集聚、数字化转型与制造业企业绿色创新［J］．合肥工业大学学报（社会科学版），2024，38（06）：41－56.

⑤ 孙灵燕．数字金融对传统金融业的变革性影响与转型路径［J］．东岳论丛，2023，44（03）：141－148，192.

享，催生了新的产业形态和商业模式。以智能制造为例，它是制造业与信息技术、自动化技术等多学科、多领域深度融合的产物，不仅提升了制造业的智能化水平，还带动了软件、电子等相关产业的发展。此外，“互联网＋农业”“互联网＋物流”等模式也是产业融合的典型案例，通过互联网技术将不同产业连接起来，创造了新的价值增长点[①]。

4. 从价值创造角度

产业数字化的核心是通过数字化手段实现价值的创造和提升。它通过优化资源配置、创新商业模式、拓展市场空间等方式，为企业和产业带来新的价值。一方面，企业可以通过数字化营销精准定位客户需求，推出个性化的产品和服务，提高客户满意度和忠诚度，从而增加收入[②]；另一方面，通过数字化供应链管理，降低库存成本、物流成本等[③]，提高企业的利润空间。同时，产业数字化还能促进产业升级，提升产业在全球价值链中的地位，为经济增长注入新动力。

5. 从数据要素角度

产业数字化强调数据作为关键生产要素的作用。数据在产业数字化过程中被广泛采集、存储、分析和应用，成为驱动产业发展的核心力量[④]。通过对海量数据的挖掘和分析，企业可以深入了解市场需求、用户行为、生产状况等，为决策提供依据，实现精准生产、精准营销、精准服务等。数据还可以作为一种资产进行交易和共享，为企业创造新的经济价值，推动产业生态的繁荣和发展。

总之，数字经济在推动城乡融合发展过程中，既直接通过基础设施和技术应用提升治理效率，又间接通过经济增长和产业转型带动城乡协调发展。

---

① 黄浩，徐子贤．制造业数字化转型与产业融合：产品创新的视角［J］．中国软科学，2025（01）：47－57.

② 杜春明，翁旻，陈明．数字化转型对企业高质量发展的影响研究［J］．淮阴师范学院学报（哲学社会科学版），2025，47（02）：125－135，215.

③ 汪晓文，李莹，陈南旭．数字化转型、供应链溢出与企业融通创新［J］．华东经济管理，2025，39（04）：43－55.

④ 李天健，李伟．数字产业集群发展：竞争优势重塑与政策范式重构［J］．经济学家，2025（02）：35－44.

第二节 数字经济与城乡高质量融合发展政策演进历程

一、从信息化到数字化的支持政策演变及阶段性特征

20 世纪 60 年代以来，我国信息技术促进经济发展大致经历了信息经济、网络经济和数字经济三个阶段①。为充分发挥信息技术带来的红利效应，根据社会经济发展需要我国政府不断完善信息化和数字化的支持政策设计。我国信息化和数字化转型政府关注度的直观体现是中央政府出台的政策文件数量及其变化，从图 2－1 可知，2001—2022 年信息化政策文件数量呈上升趋势，自 2017 年“数字经济”被写入中央政府工作报告以来，数字化的政策文件呈波动上升趋势，且 2020 年后呈快速增长之势。21 世纪以来我国数字化发展经历了信息化萌芽、信息化深入推进和数字化转型三个阶段②。

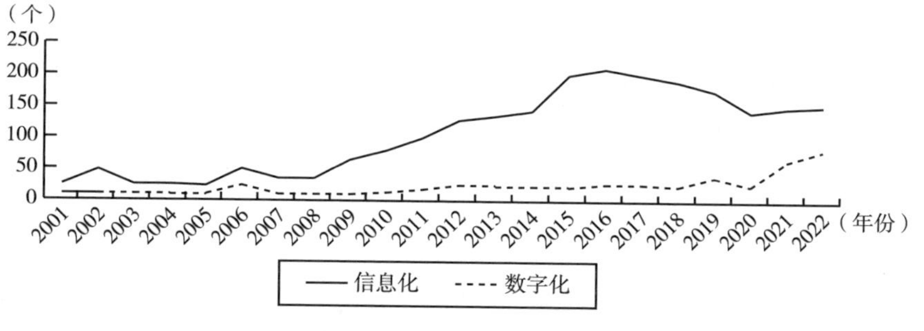

图 2－1　2001—2022 年国务院关于信息化和数字化的政策文件数量

注：依国务院政策文件资料库中以“国务院公报”为关键词进行检索得到的信息整理所得。

① 孙毅. 数字经济学［M］. 北京：机械工业出版社，2022：3－5.

② 苏岚岚，胡轶歆. 从信息化到数字化：政策演变、研究进展与前沿趋势［J］. 中国农业大学学报（社会科学版），2024（05）：66－70.

（一）信息化萌芽阶段（2000—2005 年）

该阶段处于社会主义市场经济体制深化完善的关键期，以信息化建设推动经济转型成为战略重心。2000 年《中共中央关于制定国民经济和社会发展第十个五年计划的建议》首次将“以信息化带动工业化”确立为国家战略导向，明确提出优先推进信息产业发展、构建现代信息基础设施的核心任务，形成三维政策架构。技术基础构建层面，政策着重强化自主创新能力。1999 年《关于加快移动通信产业发展若干意见的通知》通过限制外商投资引导通信设备国产化进程。2001 年《关于促进国家空间信息基础设施建设和应用的通知》系统规划地理空间信息数据库建设，为后续智慧城市发展奠定技术基础。产业转型驱动层面，政策聚焦传统产业升级与新兴业态培育。2002 年《振兴软件产业行动纲要》提出，通过嵌入式软件应用推动制造业产品迭代。2005 年《关于加快电子商务发展的若干意见》重点部署信用认证、电子支付与物流体系的协同建设，标志着互联网经济生态的初步形成。制度配套改革层面，信息化建设与户籍制度、社会保障体系改革形成双向互动。政策导向逐步从单一技术应用转向社会服务领域延伸，在医疗卫生、就业服务、人口管理等公共服务场景中深化信息技术渗透。此阶段政策特征体现为：以信息基础设施建设为实施载体，以经济增长方式转型为根本目标，通过技术嵌入与制度变革的协同作用，构建数字经济初期发展框架。

（二）信息化深入推进阶段（2006—2014 年）

在该阶段我国着力破除制约经济发展方式转变的体制机制障碍，通过信息化与工业化深度融合推动产业转型升级。在国有企业改革深化与非公有制经济快速发展的背景下，国家构建起涵盖国民经济各领域的信息化发展战略体系，重点推进三方面任务：工业化与信息化融合发展、生产性服务业信息化转型以及农业农村信息化建设。2006 年《国家信息化发展战略（2006—2020 年）》确立顶层设计，明确提出运用信息技术改造传统产业、发展知识密集型产业的政策导向。该文件创新性地将电子政务与社会治理相结合，要求构建全面覆盖的社会管理信息网络，同步推进先进网络文化建设与就业社保信息化服务。基础设施方面强调信息网络优化与信息资源开发并重，为后续发展奠定基础。2007 年，《中共中央 国务院关于积极发展现代农业扎实推进社会主义新农村建设的若干意见》指出，要加强信息服务平台建设，加快建设一批公用农业数据库，加强农村一体化的信息基础设施建设。同年，《中华人民共和国政府信息公开条例》提出，行政机关应当根据需要设立公共查阅室，电子信息屏等场所设施。习近平总书记首次在正式场合提出要发展数字经济，并要将数字经济发展上升为国家战略①。同年 11 月，《全国农业和农村信息化建设总体框架(2007—2015)》指出，为社会主义新农村建设中发挥信息化建设指明了方向。以智能手机和移动互联网为依托，该阶段的信息化政策特征体现在：覆盖领域更加广泛，包含城市建设管理、工业生产、企业经营管理、政务服务、公共服务和农业农村发展等领域的信息化；鼓励互联网企业开展商业模式创新，加快电子商务平台等的发展；强调依托信息化改造传统产业和推进新型工业化发展，加快农村信息化建设。2008 年国家工业和信息化部的组建标志着专业化管理机构的确立，为网络信息化建设提供了组织保障，推动数字化基础设施与基本公共服务进入快速发展通道。在农业农村领域，《中共中央 国务院关于切实加强农业基础建设进一步促进农业发展农民增收的若干意见》（2008 年）构建起“三位一体”发展框架：通过农村信息化示范工程完善服务载体，依托商务信息服务工程培育新型经营主体，建立农业信息收集发布制度形成数据支撑体系。该政策首次将信息服务与农民增收机制直接关联，为后续数字乡村战略奠定基础。

工业化与信息化融合进入纵深发展阶段。2011 年《关于加快推进信息化与工业化深度融合的若干意见》创新性提出“双链协同”路径：在产业链维度推动生产性服务业数字化转型，在技术链层面强化信息产业对智能制造的核心支撑。该文件特别强调工业软件、智能装备等 12 个关键领域的协同创新，标志着两化融合从局部试点转向全面实施。

信息基础设施建设实现战略性布局。2012 年《“十二五”国家战略性新兴产业发展规划》系统部署“四维一体”发展架构：网络层实施宽带中国工程，技术层突破新一代信息技术，应用层培育物联网等新兴业态，安全层构建网络防护体系。该规划首次将“泛在、融合、安全”

---

① 习近平．不断做强做优做大我国数字经济［J］．求是，2022（02）：4－8．

确立为信息基础设施建设的核心标准，推动光纤入户率 3 年内提升 26 个百分点。

电子政务领域呈现治理创新突破。2013 年《关于加强和完善国家电子政务工程建设管理的意见》建立“三跨机制”：跨部门工程统筹机制破解重复建设难题，跨层级信息共享机制打通“数据孤岛”，跨系统效能评估机制提升政务服务质量。2014 年，习近平总书记在中央网络安全和信息化领导小组第一次会议中提出，“要有良好的信息基础设施，形成实力雄厚的信息经济”①，这不仅说明了加速完善数字化基础设施建设的重要性，同时也表明了我国努力建设网络强国的方向。3 月发布的《2014 年中央政府工作报告》首次将大数据技术纳入国家创新体系核心范畴，系统部署重点领域突破—创新平台支撑—产业生态培育“三位一体”的技术攻坚战略。文件明确要求，在新一代移动通信、集成电路等七大前沿领域构建创业创新平台。这种“硬科技 + 新基建”的政策组合标志着我国开始从技术追赶向创新引领转变。

（三）数字化转型阶段（2015 年至今）

在此阶段我国经济发展经历了由中高速增长向经济高质量发展的转变，各行业的创新能力显著增强，战略新兴产业发展势头强劲。2015 年作为政策爆发元年，国务院连续出台纲领性文件：7 月颁布的《关于积极推进“互联网 +”行动的指导意见》首次确立“消费领域向生产领域拓展”的转型路径，通过 11 项重点行动计划推动互联网与实体经济深度融合，着力培育网络化协同制造、现代农业等新业态。8 月发布的《促进大数据发展行动纲要》构建起“三位一体”的战略框架：在经济转型维度，强调通过数据要素的网络化共享改造传统生产方式；在治理创新层面，明确政府数据开放共享的 52 项重点领域；在国际竞争方面，提出建设数据强国的时间表和 10 大工程。2015 年 12 月，习近平总书记在第二届世界互联网大会上发表主旨演讲，指出实施“宽带中国”战略，中国将推进“数字中国”建设，并提出要重点加快全球网络基础设施建设和打造网上

① 习近平．总体部署统筹各方创新发展努力把我国建设成为网络强国［N］．人民日报，2014－02－28（01）．

文化交流共享平台，推动网络经济创新发展，保障网络安全，促进有序发展①。2016 年政策体系呈现“制度创新与战略协同”双重突破。在政府治理领域，《国务院关于加快推进“互联网 + 政务服务”工作的指导意见》构建起“放管服”改革与数字技术深度融合的制度框架，明确通过政务流程再造、服务模式创新和跨部门数据共享三大路径，推动政府职能向服务型转变。该文件首次系统界定“互联网 + 政务服务”的实施标准，为后续“一网通办”改革奠定基础。在国际合作维度，我国通过主导《G20 数字经济发展与合作倡议》实现规则话语权的突破。该倡议不仅首次在国际层面确立数字经济的核心定义与发展原则，更创新性构建跨境数据流动、数字贸易便利化等关键领域的多边协商机制，标志着我国从数字技术应用者向全球治理参与者的角色转变。

数字中国建设进入技术融合新阶段。2016 年 11 月《“十三五”国家战略性新兴产业发展规划》提出“技术集群式突破”战略，系统性部署物联网感知层优化、云计算资源池化、人工智能算法迭代与新一代网络架构升级四大技术方向。文件着重强调技术融合的深度要求，明确将工业互联网、智慧城市等领域作为技术集成创新的试验场，形成“基础设施—技术突破—场景应用”的递进式发展逻辑。

2017 年成为数字经济政策体系化发展的关键节点。《2017 年中央政府工作报告》首次将“数字经济”写入国家发展纲领，标志着其从行业概念上升为国家战略。该文件系统部署三方面重点任务：加速城乡数字融合、推动人工智能核心技术突破、深化数字技术在政务与产业领域的场景创新，由此开启数字经济与实体经济全方位融合的新阶段。2018 年《中共中央 国务院关于实施乡村振兴战略的意见》率先确立“四化同步”原则，将信息化与新型工业化、城镇化、农业现代化并列为核心发展维度。同年《乡村振兴战略规划（2018—2022）》创新性提出数字乡村建设“三位一体”框架：农业生产端聚焦数字农业技术研发，公共服务端实施文化数字化工程，教育领域推进资源均衡配置。至 2019 年，《数字乡村发展战略纲要》进一步构建“基础设施—应用场景—治理体系”的完整政策闭环，明确农村电商、智慧物流等 18 项重点工程。

① 习近平在第二届世界互联网大会开幕式上的讲话［N］，环球网，2015 - 12 - 16.

数据要素治理机制建设取得突破性进展。2019 年《数字农业农村发展规划（2019—2025 年）》首创农业数据分类分级管理制度，建立涉农数据共享负面清单与安全审计机。近年来，国家持续加大对完善数据要素治理机制的政策支持。2020 年后政策体系进入制度定型期，数字经济与城乡融合发展形成“试点探索—系统建构—全面深化”的递进逻辑。《关于开展国家数字乡村试点工作的通知》创新性建立“三位驱动”机制：通过释放数字化生产要素激活乡村内生动力，依托经济社会数字化转型重构城乡关系，借助 117 个国家级试点地区探索差异化发展路径。该文件首次将“发展模式创新”作为政策核心目标，为后续制度完善提供实践样本。

跨领域协同治理取得突破性进展。2021 年《“十四五”国家信息化规划》构建医疗数字化转型“双轮框架”：技术层面推进医疗专属云与基础平台建设，机制层面破除“数据孤岛”壁垒，建立“国家—省—市—县”四级健康信息平台联动体系。该规划创新性提出“以需求倒逼改革”的实施路径，将群众就医体验优化作为检验信息化成效的核心标准。

城乡数字融合政策完成体系化建构。2022 年《新型城镇化和城乡融合发展重点任务》确立“双向延伸”战略：公共服务领域推动城镇优质资源数字化下沉，基础设施领域构建城乡互联的数字化神经网络。该文件与前期数字乡村政策形成“政策组合拳”，在要素流动、设施共享、服务均等三个维度实现制度闭环。

本阶段政策创新呈现三个维度特征：其一，战略定位上强化“四化同步”的系统思维，将信息化与工业化、城镇化、农业现代化的协同效应写入乡村振兴等国家战略；其二，实施路径上形成“基础建设—场景创新—治理升级”的递进逻辑，在智慧城市、智能制造等领域培育出 128 项数字化转型典型案例；其三，制度设计上突出“质效并重”导向，通过电子商务监管创新、智能工厂标准制定等政策工具，构建起数字经济与实体经济深度融合的保障体系。这种“战略—路径—制度”三位一体的政策框架，标志着我国数字经济发展进入系统化、规范化、可持续的新阶段（见表 2－1）。

表 2－1　　数字化发展支持政策梳理及阶段性特征

阶段	时间	文件名称	相关内容
信息化萌芽阶段	1999 年	《关于加快移动通信产业发展若干意见的通知》	加速建立我国自主研发的移动通信制造业
	2000 年	《中共中央关于制定国民经济和社会发展第十个五年计划的建议》	以信息化带动工业化，走新型工业化道路的战略举措，实现我国信息产业的跨越式发展
	2001 年	《关于促进我国国家空间信息基础设施建设和应用若干意见的通知》	加强地理空间信息资源建设、促进国家空间信息基础设施的应用
	2002 年	《关于振兴软件产业行动纲要的通知》	促进传统行业、骨干企业在结构调整和产品升级中积极采用信息软件
	2005 年	《关于加快电子商务发展的若干意见》	加快信用、认证、标准、支付和物流建设，提升电子商务技术水平，形成电子商务发展支撑体系
	2006 年	《2006—2020 年国家信息化发展战略》	推行电子政务、推进社会信息化、完善综合信息基础设施、提高国民信息技术应用能力等
	2007 年	《中共中央 国务院关于积极发展现代农业扎实推进社会主义新农村建设的若干意见》	加强信息服务平台建设，加快建设一批公用农业数据库，加强农村一体化的信息基础设施建设
信息化深入推进阶段	2007 年	《中华人民共和国政府信息公开条例》	发展数字经济，将数字经济发展上升为国家战略
	2007 年	《全国农业和农村信息化建设总体框架（2007—2015）》	以智能手机和移动互联网为依托，覆盖领域更加广泛，加快农村信息化建设
	2008 年	《中共中央 国务院关于切实加强农业基础建设进一步促进农业发展农民增收的若干意见》	健全农村信息服务体系，推进农村信息化示范和商务信息服务等工程，健全农业信息收集和发布制度
	2009 年	《关于深化医药卫生体制改革的意见》	以医院管理与电子病历为重点，加快推进医疗卫生信息系统建设
	2011 年	《关于加快推进信息化与工业化深度融合的若干意见》	推动信息化与生产性服务业融合发展，提升信息产业支撑，“两化”深度融合的能力

续表

阶段	时间	文件名称	相关内容
信息化深入推进阶段	2012 年	《国务院关于印发“十二五”国家战略性新兴产业发展规划的通知》	推进信息技术创新、新兴应用拓展和网络建设的结合，培育新业态
	2012 年	《卫生事业发展“十二五”规划》	推进基层医疗卫生系统建设，建立三级医院与县级医院的远程医疗体系
	2012 年	《教育信息化十年发展规划（2011—2020 年）》	缩小基础教育数字鸿沟、加快职业教育信息化建设、推动信息技术与高等教育深度融合等
	2013 年	《国家发展改革委关于加强和完善国家电子政务工程建设管理的意见》	要重视电子政务系统提升政务效能，加强电子项目跨部门统筹协调，大力推进跨部门信息共享
	2014 年	习近平总书记在中央网络安全和信息化领导小组第一次会议上	要有良好的信息基础设施，形成实力雄厚的信息经济
	2014 年	《2014 年中央政府工作报告》	首次将大数据写入中国中央政府工作报告，设立新兴产业创业创新平台
数字化转型阶段	2015 年	《国务院关于积极推进“互联网 + 冶行动的指导意见》	“互联网 + 冶协同制造、现代农业、普惠金融、电子商务、绿色生态等
	2015 年	《国务院关于印发促进大数据发展行动纲要的通知》	大数据正成为推动经济转型发展的新动力，加快政府数据开放共享，发展工业、新兴产业、农业农村大数据
	2015 年	习近平总书记在第二届世界互联网大会上发表主旨演讲	推进“数字中国”建设，加快全球网络基础设施建设和打造网上文化交流共享平台
	2016 年	《国务院关于加快推进“互联网 + 政务服务冶工作的指导意见》	规范网上政务服务平台建设，推进实体政务大厅与网上服务平台融合
	2016 年	《关于促进和规范健康医疗大数据应用发展的指导意见》	规范和推动健康医疗大数据的融合共享、开放应用
	2016 年	《“十三五”深化医药卫生体制改革规划》	对医院管理、医疗协同、医疗保障、药品供应等场景信息化发展要求升级

续表

阶段	时间	文件名称	相关内容
数字化转型阶段	2016年	《教育信息化十三五规划》	基本建成“人人皆学、处处能学、时时可学”、与国家教育现代化目标相适应的教育信息化体系
	2016年	《国家信息化发展战略纲要》	持续深化电子政务应用，解决信息碎片化、以信息化推进国家治理体系和治理能力现代化
	2016年	《G20数字经济发展与合作倡议》	对数字经济作出了明确的概念界定，并指出了发展数字经济的相关原则与政策支持
	2016年	《国务院关于印发“十三五”国家战略性新兴产业发展规划的通知》	实施网络强国战略，加快建设“数字中国”，深入推进“宽带中国”战略
	2017年	《中央政府工作报告》	首次将“数字经济”概念写入政府工作报告，代表着我国数字经济发展开启新篇章
	2017年	《“十三五”国家政务信息化工程建设规划》	统筹构建一体整合大平台、共享共用大数据、协同联动大系统，推进解决互联互通难、信息共享难、业务协同难的问题
	2017年	《政务信息系统整合共享实施方案》	各地区结合实际统筹推进本地区政务信息系统整合共享工作，初步实现政务信息系统互联互通
	2018年	《国务院办公厅关于促进“互联网+医疗健康”发展的意见》	加快“互联网+医疗健康”加强监管与相关标准的建设
	2018年	《中共中央 国务院关于实施乡村振兴战略的意见》	坚持城乡融合发展，城乡要素自由流动，推动新型工业化、信息化、城镇化等同步发展
	2018年	《乡村振兴战略规（2018—2022)》	实施数字乡村战略，大力发展数字农业、实施公共文化数字工程、优化数字教育资源

续表

阶段	时间	文件名称	相关内容
数字化转型阶段	2018 年	《教育信息化 2.0 行动计划》	到 2022 年实现“三全两高一大”的发展目标，实施数字资源服务普及行动等 8 项行动
	2018 年	《关于加快推进全国一体化在线政务服务平台建设的指导意见》	提出推动“放管服”改革向纵深发展，推进各地区各部门政务服务平台规范化、标准化、集约化建设和互联互通，形成全国政务服务“一张网”
	2019 年	《数字乡村发展战略纲要》	乡村信息基础设施、数字经济、网络文化、乡村治理、城乡融合等
	2019 年	《国务院关于在线政务服务的若干规定》	加快建设全国一体化在线政务服务平台，推进各地区、各部门政务服务规范化、标准化、集约化建设和互联互通，推动政务服务全国标准统一、全流程网上办理，促进政务服务数据共享和业务协同
	2020 年	《工业和信息化部办公厅关于推动工业互联网加快发展的通知》	加快工业互联网基础设施建设，促进企业上云上平台
	2020 年	《中共中央关于制定国民经济和社会发展第十四个五年规划和二〇三五年远景目标的建议》	加快数字化发展，加强数字社会、数字政府建设，提升公共服务、社会治理等数字化智能化水平，推进政务服务标准化、规范化、便利化，深化政务公开
	2020 年	《关于印发医院信息互联互通标准化成熟度测评方案（2020 年版）的通知》	确定医院测评工作的 2 个环节 4 个阶段，医院信息互联互通测评 7 个等级
	2020 年	《关于开展国家数字乡村试点工作的通知》	解放和发展数字化生产力、促进农业农村经济社会数字化转型，探索数字乡村发展新模式
	2021 年	《“十四五”国家信息化规划》	积极探索运营信息化手段优化医疗服务流程，加快建设医疗重大基础平台及医疗专属云建设

续表

阶段	时间	文件名称	相关内容
数字化转型阶段	2022 年	《数字乡村发展行动计划》（2022—2025 年）	数字基础设施升级、智慧农业创新发展、数字治理与公共服务效能提升等
	2022 年	《国务院关于印发“十四五”数字经济发展规划的通知》	优化升级数字基础设施、充分发挥数据要素作用、大力推进产业数字化转型等
	2022 年	《中共中央 国务院关于构建数据基础制度更好发挥数据要素作用的意见》	数据产权制度、数据要素流通和交易制度、数据要素收益分配制度、数据要素治理制度
	2022 年	《2022 年新型城镇化和城乡融合发展重点任务》	构建现代化基本公共服务体系、推进城镇数字化基础设施向乡村延伸

资料来源：作者整理所得。

二、中国城乡融合发展的政策演进及阶段性特征

城市和乡村是人类生活的主要聚落形式。中国作为农业大国，乡村人口众多，农业基础深厚。本部分梳理了新中国成立以来城乡关系的演变，具体可分为四个阶段①（见表 2 -2）。在不同的历史背景下，我国制定和解放城乡生产力的政策也不同，从而使城乡关系不断得以调适和发展。

表 2 -2　　　新中国成立以来城乡关系的阶段划分

四个阶段时间	城乡关系阶段	采取解放和发展城乡生产力的政策
1949—1978 年	城乡二元结构固化阶段	城市和重工业优先发展
1979—2002 年	城乡二元结构逐渐缓和阶段	城市优先发展
2003—2016 年	统筹城乡发展阶段	以工促农、以城带乡
2017 年至今	城乡融合发展阶段	城乡互补、共同繁荣

资料来源：作者整理所得。

① 龚勤林．城乡融合发展的理论逻辑与实现路径研究［D］．成都：四川大学，2023：35 - 42.

（一）城乡二元结构固化阶段

自新中国成立以来，乡村人口占全国总人口的 90%，第一产业总产值占我国 GDP 的 50%，以农业为主的第一产业是这一时期的支柱产业。此时程序界限不清晰。从 20 世纪 50 年代初至改革开放前夕，为实现从农业国向工业国转变，国家采取了“一化三改”经济措施发展工业，此时期以工业为主的第二产业取得了较快的发展，城乡二元户籍制度，形成计划经济下固化的二元结构。1970 年，我国第二产业的产值超过了第一产业，而且两产业的产值差距随之扩大。同时，由于户籍制度的限制，乡村人口流向城市较难。1977 年，人口仍大量聚集在乡村，乡村人口占全国总人口的 82.45%[①]。为发挥城市集聚效应，中央先后召开三次城市工作会议，针对城市经济生活突出问题提出了一系列解决方针。随之农村在基础设施等方面与城市存在较大差距，形成典型的城乡分离的二元结构。改革开放以后，我国逐渐意识到城乡发展相辅相成，党中央先后召开了 28 次中央农村工作会议，以“三农”问题为主题的“中央一号文件”多次发布。实行农产品流通体制改革和家庭联产承包责任制扩大了农民的自主权。户籍制度的改革为农村劳动力流向城市提供了政策保障。此阶段城市和乡村均得到了较大发展，也因城乡政策分治扩大了城乡对立局面。

（二）城乡二元结构逐渐缓和阶段

改革开放初期（20 世纪 70 年代末至 21 世纪初），我国城乡二元结构进入渐进缓和发展阶段。以家庭联产承包责任制实施为起点，农村改革率先突破制度壁垒，农民获得土地承包经营权后生产积极性显著提升。1978—1982 年，农林牧渔业总产值指数增长幅度达 30%[②]，油料、棉花等经济作物产量及肉类总产量实现跨越式增长，城乡居民生活水平得到实质性改善。同步推进的乡镇企业发展形成独特模式，东部地区“三来一补”加工业兴起，不仅吸纳中西部农村剩余劳动力逾亿人次，更催生农村工业化浪潮，推动 1978—2002 年农村居民人均可支配收入从 134 元增至 2529 元，增幅达 18.9 倍。

① 李南．成渝地区双城经济圈城乡融合发展水平测度及策略研究［D］．重庆：重庆师范大学，2023：1－3.

② 新中国五十年统计资料汇编［M］．北京：中国统计出版社，1999：31.

城市领域改革以国有企业股份制试点为突破口，1986 年启动的大中型企业改革释放了微观主体活力。随着社会主义市场经济体制目标确立，劳动、资本等要素市场逐步形成，城市工业产能快速扩张带动经济总量提升，城镇居民收入水平显著提高。此阶段城乡收入差距呈现先缩后扩特征，1978 年城乡收入比为 2.6：1，至 1984 年缩小至 1.84：1[①]。但随着要素向城市集聚加速，后期差距再度拉大。统计显示，该时期农村劳动力向非农产业转移规模累计超过 1.7 亿人，生产要素的跨区域流动为后续城乡融合发展奠定了市场化基础（见表 2－3）。

表 2－3　1978—2002 年农村居民人均纯收入变动　单位：元

年份	农村居民人均收入	年份	农村居民人均纯收入
1978	134	1991	709
1979	160	1992	794
1980	191	1993	922
1981	223	1994	1221
1982	270	1995	1578
1983	310	1996	1926
1984	355	1997	2090
1985	398	1998	2170
1986	424	1999	2229
1987	463	2000	2282
1988	545	2001	2407
1989	602	2002	2529
1990	686		

资料来源：依据《中国统计年鉴》各年整理所得。

此阶段城乡发展失衡问题逐步显现。随着改革进程推进，城市发展动能加速释放，而农村受制于制度性障碍与基础薄弱，增长势头逐渐减弱。城乡户籍制度改革滞后，使得进城务工农民难以享受同等社会保障与公共服务，制约了人口城镇化质量提升。统计数据显示，2006 年我国财政收入较 1978 年增长 23 倍（李佐军，2006）[②]，但城乡基本公共服务投入仍

① 数据来源：《中国统计年鉴》各年版。

② 李佐军．中国新农村建设报告（2006）［M］，北京：社会科学文献出版社，2006：37.

存在显著落差，农村教育、医疗等公共品供给不足导致要素外流加剧。但是，此时制约城乡融合发展的制度障碍仍未根本消除，随着改革开放推进，城市发展潜力更多释放，而农村生产力发展逐渐放缓，城乡生产力发展出现更大的发展差距，城乡不协调发展局面出现。城市国有企业改革，盘活了经济，带来了城市经济的腾飞发展。而农村由于计划经济时期公共物品供给欠账，无法像城市那样为农村提供各类服务，无法吸引企业到农村投资设厂。20 世纪 80 年代乡镇企业发展效率低下，导致“关、停、并、转”，随之慢慢退出历史舞台，城乡收入差距进一步扩大，城乡发展不协调局面加剧。

（三）21 世纪以来城乡统筹发展阶段

21 世纪以来，我国城乡关系进入互动发展阶段，政策导向转向“以工促农、以城带乡”的统筹发展模式。这一阶段通过产业协同与公共资源倾斜，推动三次产业整体提升，城乡基础设施与公共服务供给质量显著改善，为后续融合奠定基础。数据显示，2003—2017 年，城镇居民人均可支配收入增长 3. 3 倍至 3. 64 万元，农村居民人均纯收入增长 3. 9 倍至 1. 34 万元，但城乡收入比仍持续高于 2. 5，2014 年前更长期维持在 3 倍以上。城乡发展差距呈现多维扩散特征。基础设施领域实现跨越式发展：铁路电气化里程增长 1. 4 倍达 8. 66 万公里，高速公路网络扩展近 1 倍至 13. 64 万公里，互联网宽带用户激增 30 倍突破 3. 49 亿户。公共服务方面，医疗卫生机构增加 18 万个至 98. 6 万个，每万人床位数提升 130% 达 57. 22 张，教育经费投入增长 5. 85 倍至 4. 26 万亿元。这些改善未能完全弥合城乡差距，农村在医疗资源可及性、教育质量、数字基础设施覆盖等方面仍显著滞后，城乡社会领域差距与经济差距形成叠加效应。

进入 21 世纪以来，我国城乡关系政策体系经历系统性重构。自 2002 年党的十六大首次提出“统筹城乡经济社会发展”战略起，政策导向逐步从单向资源调配转向制度性变革。2003 年“五个统筹”发展理念将城乡协调发展置于首位，2007 年党的十七大确立“以工促农、以城带乡”的城乡一体化发展框架，标志着政策重心转向城乡功能互补与制度衔接。随着实践深化，政策内涵持续升级。2012 年，党的十八大明确城乡发展一体化作为破解“三农”难题的根本路径，着力构建要素平等交换机制。至 2017 年党的十九大正式提出“城乡融合发展”新范式，将农业农村现代化纳入国家现代化总体布局。2019 年《关于建立健全城乡融合发展体制机制和政策体系的意见》出台，强调因地制宜构建差异化融合模式，推动形成城乡产业协同、生态共保、服务共享的发展格局。这一演进过程实质是持续破除体制壁垒、重构城乡要素配置规则的政策创新实践。

（四）新时代以来城乡融合发展阶段

进入新时代，我国迈入城乡融合发展阶段，该阶段在城乡基础设施一体化、城乡产业协同、城乡户籍制度改革、城乡基本公共服务一体化等方面进行了率先改革探索，近些年我国城镇人口数量和城镇化率呈明显上升趋势（见图 2－2）。这个阶段我国经济社会发展发生了较大变化，城乡居民生活水平稳步提升。据统计，2021 年博物馆参观人数达到 7.485 亿人次，全国群众文化服务业机构数量为 43531 个，公共图书馆总藏量达 12.6178 亿册，公共图书馆参加讲座人次 2148 万人次①。从城乡居民收入来看，2011—2021 年，城乡人均可支配收入比从 3.7 缩小至 2.5。2021 年人均国内生产总值为 81370 元，是 2017 年的 1.37 倍。同时，乡村基础设施建设取得长足的发展，城乡基础设施建设差距有所缩小。

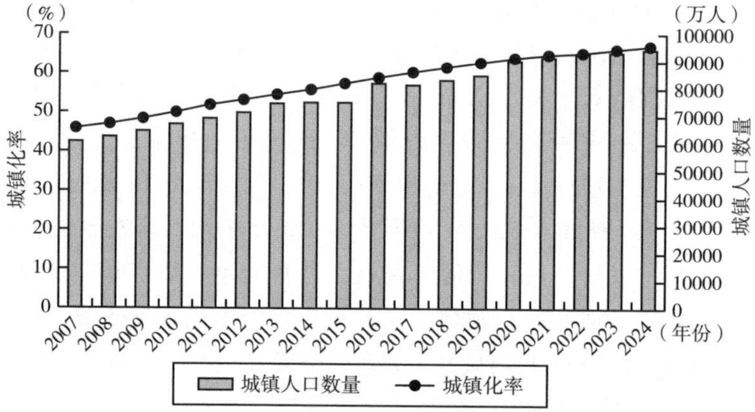

图 2－2　2007—2024 年中国城镇人口数量及城镇化率

资料来源：作者整理绘制而成。

① 数据来源：中国国家统计局官方网站．https：//data. stats. gov. cn/easyquery. htm? cn = C01.

新时代社会主要矛盾由人民群众日益增长的物质文化需要同落后的社会生产之间的矛盾转变为城乡发展不平衡、农村发展不充分。党的十九届五中全会明确提出，要全面推进乡村振兴，强化“以工补农、以城带乡、城乡互补、协调发展、共同繁荣”的新型工农城乡关系。2019 年《关于建立健全城乡融合发展体制机制和政策体系的意见》指出，到 2035 年，城乡融合发展体制机制更加完善①。自 2017 年城乡融合发展以来，城乡居民可支配收入比连续持续下降，我国城乡差距进一步缩小，出台的一系列体制机制政策取得明显成效。2021 年，我国在东中西部、东北选取 11 个区域陆续成立国家城乡融合发展试验区，开展城乡融合发展的先行先试（见表 2－4），对全国的城乡融合发展起到了以点带面的作用。

表 2－4　国家城乡融合发展试验区及其试验内容

区域	片区	实验内容
东部	福建福州东部片区、浙江嘉湖片区、江苏宁锡常接合片区、广东广清接合片区、山东济青局部片区	建立城乡双向流动的人口迁徙制度；完善农村产权抵押担保权能；建立农村集体经营性建设用地入市制度；搭建城中村改造合作平台；建立科技成果入乡转化机制；搭建城乡产业协同发展平台；健全农民持续增收体制机制。建立生态产品价值实现机制；建立城乡基础设施一体化发展体制机制。建立城乡基本公共服务均等化发展体制机制；建立进城落户农民依法自愿有偿转让退出农村权益制度
中部	河南许昌、江西鹰潭	
西部	重庆西部片区、四川成都西部片区、陕西西咸接合片区	
东北	吉林长吉接合片区	

资料来源：根据国家发展和改革委员会《关于开展国家城乡融合发展试验区工作的通知》内容整理。

2022 年，党的二十大报告指出要坚持农业农村优先发展，要坚持以推动高质量发展为主题，着力推进城乡融合发展和区域协调发展。2024 年，党的二十届三中全会指出城乡融合发展是中国式现代化的必然要求，要不断完善城乡融合发展机制体制。总体来看，城乡统筹发展和城乡一体化发展强调在资源配置中政府引导作用，而城乡融合发展更注重将城市和乡村视为一个整体，通过市场和政府的合力构建公共资源合理配置、城乡

① 中共中央 国务院. 关于建立健全城乡融合发展体制机制和政策体系的意见［J］. 农村工作通讯，2019（10）：6.

要素自由流动的新型城乡关系。可见，以城乡融合发展为突破口，推动新型城镇化、促进乡村振兴发展，是我国在新时期重塑城乡关系的必然趋势，中国城镇人口数量城镇化率呈逐年上升的趋势（见图2－3）。城乡融合作为城乡关系的高级阶段，已成为解决我国城乡要素流动不畅、城乡产业结构失衡、城乡公共服务基础配套设施不同等问题的突破点，也为实现共同富裕提供了新思路。

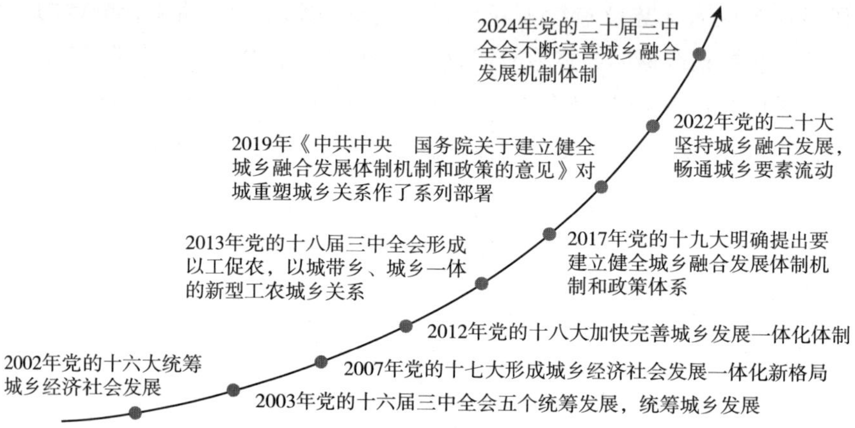

图2－3　城乡融合发展的政策演进历程

第三节　数字经济赋能城乡高质量融合发展的相关理论基础

一、城乡一体化理论

（一）城乡一体化理论

城乡一体化理论的发展经历了从城乡分割到城乡统筹，再到城乡融合的过程。早期的研究主要关注城乡之间的联系和互动，随着国家政策的调整，研究主题逐渐演变为“城乡一体化”再到“城乡融合”。刘易斯[①] 1954年在其著作《劳动无限供给条件下的经济发展》中首次提出了著名

① 李涛，沙玮华．数字经济对地区全要素能源效率的影响研究：基于市场贸易的中介效应分析［J］．财经理论与实践，2022（03）：120－127.

的二元经济理论。该理论将发展中国家的经济结构划分为两个主要部分：一方面是传统的农业生产部门，其以自给自足为主要特征，生产方式相对落后，劳动生产率较低；另一方面是现代化的工业生产部门，通常集中在城市地区，采用先进的技术和管理方式，劳动生产率较高。刘易斯通过这一理论，深刻揭示了发展中国家在经济发展过程中存在的这种传统农业与现代工业并存的特殊经济格局，强调了这种二元结构对劳动力流动、资源配置以及经济发展的深远影响。农村土地供给的无弹性以及人口增长过快使得农村劳动力过剩的现象较为突出。随着农村剩余劳动力不断涌入工业部门，农业部门的劳动生产率逐渐提升，城乡之间的收入差距也会逐步缩小。费景汉和拉尼斯（H. Fei & G. Rains，1961）① 修正了刘易斯模型中的假设，完善了农业剩余劳动力转移的二元经济发展思想，强调了工农业平衡增长的重要性。

“城乡融合”概念最早见于恩格斯《共产主义原理》，马克思与恩格斯将其视为城乡关系演进的终极形态，强调这是人类社会发展的必然方向。马克思指出，早期社会因生产力低下未形成明确分工，城乡处于原始统一状态。工业革命催生新的历史阶段，城市工业化加速推进，乡村仍以传统农业为主，发展模式差异导致城乡矛盾激化，最终走向分离对立。马克思揭示城乡对立的本质是历史局限性产物，这种分离造成资源分配失衡，使城乡在经济水平、社会结构等方面形成巨大落差，既制约各自发展又阻碍社会整体进步。随着生产力跃升与社会分工革新，资本在逐利驱动下开始向乡村渗透。这一进程不仅提升农业生产效率，更打破城乡二元结构：资本与技术输入模糊了城乡边界，逐步消解对立状态，推动关系向融合转型。生产力持续发展为城乡融合奠定物质基础，促进资源优化重组。数字化作为生产力提升的新路径，通过数字经济重塑生产流程与协作模式，在技术应用层面推动生产要素跨城乡流动，加速公共服务共享与产业协作创新。数字技术对生产关系的深度调整，正成为新时代城乡融合发展的重要驱动力。

结合我国经济发展特点，我国在“十四五”规划纲要中提出，城乡

① 王奇，牛耕，李涵．数字基础设施建设与金融包容性发展：中国经验［J］．财贸经济，2023，44（07）：91－107.

融合发展是指以城乡生产要素双向自由流动和公共资源合理配置为重点，以工补农、以城带乡，统筹推进城乡基本公共服务普惠共享、城乡基础设施一体发展、城乡产业协同发展、农民收入持续增长，形成工农互促、城乡互补、协调发展、共同繁荣的新型工农城乡关系，加快农业农村现代化和乡村振兴。这些理论为研究数字基础设施与城乡融合发展提供了坚实的理论基础。

（二）城乡一体化理论对研究的借鉴意义

城乡一体化理论突破传统“核心—边缘”模型的单向辐射逻辑，通过“数字流空间”重构城乡要素交互范式。数字经济以信息基础设施为介质，通过数据要素的流动性特征激活城乡间技术、资本等要素的跨域重置，显著缓解了地理空间约束下的资源错配问题。这些理论启示为构建“数字连接—要素重置—制度创新”三位一体的城乡融合分析框架奠定基础，既延续了城乡要素平等交换、空间均衡发展的理论内核，又通过数字技术特性拓展了要素流动维度与协同治理边界，为破解城乡二元结构提供新的理论视角与实践路径。

二、核心—边缘理论

（一）核心—边缘理论

核心—边缘理论由弗里德曼（Friedmann）于1966年在《区域发展政策》中系统提出①，该理论揭示了区域空间结构演化与经济发展阶段的内在关联机制。其理论内核包含三个维度：①空间组织的非均衡性本质；②创新扩散的梯度传导规律；③区域系统自组织的演化路径。

从结构构成分析，区域系统由核心区（Core Region）与边缘区（Periphery Region）构成辩证统一体。核心区作为创新策源地，通过支配功能、创新扩散和空间溢出三重机制主导系统演化：首先，通过经济集聚效应控制生产要素配置；其次，依托创新优势引导技术梯度转移；最后，借助乘数效应触发邻近区域发展。边缘区则包括过渡区域（Transition Zone）

---

① Friedmann J. Poor regions and poor nations: Perspectives on the problem of Appalachia [J]. Southern Economic Journal, 1966, 32 (4): 465-473.

与资源前沿区域（Resource Frontier），其中上过渡区因接受核心区技术外溢具备次级增长极潜能，下过渡区则因要素流失陷入发展停滞的锁定状态。

该理论提出的四阶段演化模型具有重要解释价值：前工业化阶段，低水平均衡态下各子系统孤立发展；工业化初期，核心区极化效应加剧空间差异；工业化成熟期，扩散效应引致要素边际收益趋同；后工业化阶段，多中心网络结构形成空间均衡格局。这种动态演化路径印证了缪尔达尔（Myrdal，1957）的循环累积因果理论①，即区域差异在市场经济中具有自我强化特性。

在当代全球化语境下，该理论衍生出新的解释维度：跨国公司主导的全球生产网络重构了传统核心—边缘结构，形成跨国界、跨尺度的空间嵌套体系。例如，珠江三角洲地区城市群通过承接国际产业转移，已从全球价值链边缘位置向核心环节跃迁，这种空间重构过程恰是核心—边缘理论动态适应性的实证体现。

（二）核心—边缘理论对研究的借鉴意义

核心—边缘理论为解析数字经济赋能城乡融合的内在逻辑提供了动态演化视角。传统理论强调核心区（城市）通过要素集聚与扩散效应主导区域发展，而数字经济通过重构要素流动范式，推动城乡关系从“单向辐射”向“网络协同”转型。这种变革印证了卡斯特尔斯（Castells）“流动空间”理论，即数字网络重构了城乡要素配置的权力拓扑结构，边缘区可通过数据资本化实现“弯道超车”。理论启示在于，城乡高质量融合需构建“数字基座—制度适配—生态重构”协同机制，既要利用数字技术缩短核心区创新扩散的时空衰减曲线，又需通过数字治理破解边缘区的发展锁定效应，最终推动核心—边缘结构向多中心均衡范式演进。

三、网络效应理论

（一）网络效应理论

网络效应理论起源于20世纪70年代末J. 罗尔夫斯（J. Rohlfs）的研

① Myrdal G. The Economic Theory and the Underdevelopped Regions［C］. APS April Meeting Abstracts，1957.

究。这一理论最初用于描述在通信网络和数字技术领域中，用户数量的增加如何提升产品或服务的价值。网络效应是指ICT产品所表现出的一种需求方规模经济现象：随着使用某产品的人数不断增加，该产品对每个用户的价值也会相应提升，进而吸引更多潜在用户加入，形成一种正向反馈循环，推动产品用户群体的持续扩大。经济学家将这类产品价值随用户人数增加而提升的现象，称为“正网络效应”，即产品价值与用户规模呈正相关关系，用户越多，产品价值越大。后续也有学者指出，网络也可能因为过度依赖惯性而阻碍市场增长，进而产生不利影响。此外，当网络使用者数量过多时，可能会引发网络拥堵现象，这同样是一种负面的网络效应。一旦超过某个临界点，网络规模的进一步扩大反而会导致网络用户的效用降低。

信息通信技术（ICT）产品，如电话、传真服务和各类软件，普遍展现出不同程度的网络效应特征。网络效应理论经历了几次重要的理论演进：一是同边网络效应向跨边网络效应演进。最初的研究主要关注同边网络效应，即同一类用户之间的相互影响。例如，社交网络中用户数量的增加会提升网络的价值。然而，随着研究的深入，学者开始关注跨边网络效应，即不同用户群体之间的相互作用，如平台型市场中的买家和卖家。二是网络效应是什么向网络效应有何影响演进。早期研究侧重于定义和识别网络效应，而后续研究则更加关注网络效应的具体影响以及如何将网络效应内化，使其对市场参与者产生直接的经济影响。三是从网络正效应向网络负效应演进。后来的研究发现，网络效应也可能产生负面后果，例如用户过多导致的网络拥堵，降低了用户体验。网络效应广泛存在于多个行业，如互联网、传媒、航空运输和金融等。这些行业的产品或服务的价值往往随着用户数量的增加而提升，但也可能因用户过多或市场饱和而出现负效应。

（二）网络效应理论对研究的借鉴意义

网络效应理论为数字经济赋能城乡融合提供了价值增值的动态解释框架。传统理论强调单一用户规模对产品价值的线性提升，而城乡融合场景下的网络效应呈现“双向渗透—生态增值—阈值跃迁”的复合特征。该理论启示，城乡融合需构建“用户基数积累—生态价值涌现—负效应管控”的递进策略：前期通过数字基建投资突破网络启动阈值，中期利用平台规则设计引导城乡要素的互补性连接，后期通过算法治理防止数据垄断与资源过载，最终实现城乡网络从“规模扩张”向“质量共生”的范式升级。

四、新经济增长理论

（一）新经济增长理论

新经济增长理论由罗默（Romer）和卢卡斯（Lucas）在20世纪80年代提出，其核心在于揭示人力资本与知识积累对经济发展的驱动作用。该理论指出，不同经济体增长差异源于系统内部要素的协同效应，包含知识外溢与人力资本两大模型。知识外溢模型强调知识积累是技术革新、分工深化等多因素共同作用的结果，其持续增长具有规模报酬递增特征，能够支撑经济长期增长。人力资本模型则聚焦人力资本的双重效应：既提升个体劳动生产率，又通过社会整体水平提升形成正外部性，使高人力资本区域呈现资本投入与产出增长的良性循环。

在欠发达地区，人力资本积累不足会制约经济增长，加剧城乡发展鸿沟。数字经济时代，数据与技术知识成为关键生产要素，数字技术通过优化资源配置为乡村注入发展动能。在此过程中，农村人力资本培育不仅促进知识持续积累，更能激发创新活力与投资吸引力，形成内生增长动力。这种机制与新经济增长理论揭示的规律相契合，为数字经济推动城乡高质量融合提供了理论依据。

（二）新经济增长理论对研究的借鉴意义

新经济增长理论以内生技术进步为核心的解释框架，为数字经济驱动城乡高质量融合提供了关键理论支撑。该理论突破传统要素边际收益递减的局限，揭示知识溢出、人力资本积累与数字创新的互动机制。理论启示在于，城乡融合需构建“技术内生—知识共享—收益递增”的协同发展机制，既要通过数字基建投资优化城乡创新生态系统的连接密度，又需设计数据要素参与分配的制度框架以激活知识溢出的乘数效应，最终实现城乡增长动能从资源依赖型向创新驱动型的范式跃迁。

五、创新驱动理论

（一）创新驱动理论

创新驱动理论作为当代发展经济学的核心范式之一，其理论渊源可追溯至美国战略管理学家迈克尔·波特（Michael Porter）构建的国家竞争优势理论体系。在1990年出版的专著《国家竞争优势》中，波特系统提出了著名的经济发展四阶段论，将创新驱动阶段确认为国家竞争力演进的高级形态。这一理论突破性地指出：当特定国家或地区跨越要素驱动、投资驱动阶段后，其产业竞争优势的持续获取将主要依赖创新系统的整体效能，此时以知识创造、技术革新与人力资本提升为内核的创新驱动机制，成为决定国际竞争格局重构的关键变量①。

该理论框架蕴含着深刻的动态发展观。波特特别强调，在创新驱动阶段，经济系统的增长动能发生根本性转变：从依赖传统要素积累转向以研发强度、专利密度和教育回报率为表征的创新型生产要素配置。这种转变通过三重传导机制实现竞争力跃迁：其一，技术创新通过优化生产函数参数，既提高全要素生产率（TFP）又重塑产业价值链结构；其二，知识溢出效应加速人力资本积累，形成“干中学”（Learning by Doing）与“研中学”（Learning by Researching）的协同进化；其三，制度创新与组织变革构建起产学研深度融合的创新生态系统，显著降低技术转移的交易成本（OECD，2000）②。

就运行特征而言，创新驱动机制展现出鲜明的系统复杂性：首先，在技术维度，它表现为熊彼特式“创造性破坏”的常态化，即通过研发投入持续催生新型生产工具与工艺方法，这种技术—经济范式的更迭不仅提升边际产出效率，更引致产业组织形态的根本性变革。其次，在要素维度，知识资本取代物质资本成为核心投入品，这要求教育体系必须实现从标准化技能传授向创新能力培养的战略转型，正如人力资本理论奠基者舒尔茨（Schultz，1961）③ 所论证的，教育投资回报率与创新驱动效能存在显著正相关性。最后，在系统维度，创新驱动本质上构成多主体协同演化的复杂网络，需要企业、政府、科研机构等异质性主体通过制度安排形成

---

① Porter M E. Michael Porter on competition [J]. The Antitrust Bulletin, 1999, 44 (4): 841 - 880.

② https://www.oecd.org/en/publications/oecd-annual-report-2000_annrep-2000-en.html.

③ Schultz T W. Investment in human capital [J]. The American Economic Review, 1961, 51 (1): 1-17.

创新合力，这种组织间动态契合度恰是演化经济学派强调的核心竞争要素[①]。

值得注意的是，波特的理论建构在后续研究中得到多维拓展。伦德瓦尔（Lundvall，1992）[②] 的国家创新系统理论深化了制度环境分析，指出知识流动效率取决于创新主体间的交互式学习机制。而库克（Cooke，2001）[③] 提出的区域创新体系概念，则进一步将空间维度纳入分析框架，强调地理集聚产生的知识外溢对创新驱动力的强化作用。这些理论发展共同印证了创新驱动理论作为动态开放系统的本质特征。

（二）创新驱动理论对研究的借鉴意义

创新驱动理论通过解构技术创新与制度创新的协同机制，为数字经济赋能城乡融合提供了系统性分析框架。该理论突破传统要素投入的线性增长逻辑，揭示"数字创新—知识扩散—制度适配"的螺旋演进规律。理论启示在于，城乡高质量融合需构建"数字技术穿透—知识网络重构—制度弹性响应"三位一体驱动机制，既通过数字基座打破城乡创新要素流动的物理壁垒，又借助制度创新形成包容性发展框架，最终实现城乡创新系统的共生性演进。

六、技术—经济范式

（一）技术—经济范式

技术—经济范式作为特定历史阶段的制度性框架，实质上是技术体系、经济制度与管理模式协同演化的集成系统。这一概念框架揭示了技术创新、产业变革与制度创新之间的动态耦合关系，其演进过程往往伴随着社会生产函数的根本性重构[④]。

---

① Nelson R R，Winter S G. The Schumpeterian tradeoff revisited [J]. The American Economic Review，1982，72 (1)：114 - 132.

② Lundvall B A. National Systems of Innovation：Towards a theory of innovation and interactive learning [M]. Pinter：London，1992.

③ Cooke P. Regional innovation systems，clusters，and the knowledge economy [J]. Industrial and Corporate Change，2001，10 (4)：945 - 974.

④ Perez C. Technological revolutions and financial capital：The dynamics of bubbles and golden ages [M] //Technological Revolutions and Financial Capital. Edward Elgar Publishing，2002.

当前全球正经历第五次技术—经济范式的革命性转变，数字技术创新作为核心驱动力，正在重塑微观企业组织形态与宏观经济运行模式。这种范式转换具有三个显著特征：其一，数据要素超越传统生产要素成为价值创造的核心载体；其二，数字技术的网络效应引发产业边界消融与跨界融合；其三，智能算法决策系统逐步替代传统经验管理模式①。在此背景下，传统工业经济范式加速向数字技术经济范式演进，这种转型不仅体现为技术体系的代际更替，更涉及社会组织形态与治理体系的系统性变革。

数字经济作为新范式的典型表征，其运行机理呈现三重创新维度：首先，在生产要素层面，数据资产通过与算力、算法的有机整合，形成新型数字资本积累路径，这种要素重组显著提升资源配置效率；其次，在技术扩散层面，数字技术的渗透性与颠覆性特征打破传统产业壁垒，催生出平台经济、共享经济等新型业态；最后，在决策机制层面，实时动态数据流替代静态历史数据成为决策依据，基于机器学习算法的预测性分析重塑了传统经济决策范式。

值得注意的是，新范式对传统经济形态的改造呈现非均衡性特征：一方面，数字孪生、区块链等技术推动制造业服务化转型，优化产品全生命周期管理；另一方面，传统经济中的信息不对称问题在数字平台中被算法权力重构，形成新型市场垄断风险。这种辩证关系要求决策者必须建立动态适应性治理框架，在促进技术扩散与防范系统性风险之间保持平衡。

（二）技术—经济范式对研究的借鉴意义

技术—经济范式理论通过揭示技术革命与制度系统的协同演化规律，为数字经济重塑城乡关系提供了系统分析框架。该理论强调新旧范式转换中“技术集群—要素结构—制度矩阵”的联动重构机制。理论启示在于，城乡融合需把握范式转换的“机会窗口”，通过构建“数字技术扩散—要素价值重估—制度弹性供给”三位一体机制，既利用数字技术的网络外部性加速城乡技术经济协同，又通过制度创新化解要素重组摩擦成本，最终实现从工业文明“城乡二元”范式向数字文明“生态共生”范式的历史性跃迁。

---

① Schwab K. Die Vierte Industrielle Revolution [M]. Pantheon Verlag, 2016.

七、人地关系地域系统理论

（一）人地关系地域系统理论

人地关系地域系统理论以地域空间为载体，聚焦人类活动与自然环境的动态耦合机制。该理论强调地理环境与人类社会通过物质循环、能量流动和信息传递形成的空间协同体，其核心在于揭示特定地域尺度下人地系统的自组织演化规律①。基于系统科学视角，该理论构建了“要素—结构—功能—演化”的四维分析框架：地理要素构成系统基质，空间结构决定功能特征，能量交换驱动系统演进，最终形成具有地域分异规律的可持续发展范式。

从系统论维度解析，人地关系地域系统呈现三个显著特征：其一，多层级嵌套性，微观农户行为、中观产业布局与宏观国土空间规划构成递阶式结构；其二，非线性交互作用，技术进步引发的正反馈可能突破系统承载阈值；其三，动态适应性，如传统农耕智慧中的轮作制度即为系统自我调节的典型案例。这种系统认知为破解“地理环境决定论”与“人类中心主义”的理论困境提供了新的方法论工具。

从历史演进维度考察，人地关系演化呈现四阶段范式转换：①原始共生阶段（前农业文明），人类被动适应生态系统物质能量循环；②低强度扰动阶段（农耕文明），小农经济通过二十四节气等本土知识实现有限度的自然改造；③高强度对抗阶段（工业文明），机械化生产突破地域生态系统弹性阈值；④协调重构阶段（生态文明），基于生态足迹理论的可持续发展模式逐步形成。这种历时性分析框架为理解中国式乡村现代化提供了重要理论注脚。

在乡村振兴战略语境下，该理论展现出独特的实践价值：通过构建“三生空间”（生产、生活、生态）协同优化模型，指导国土空间规划实现从平面开发向立体治理的转变。例如，在生态脆弱区推行的退耕还林工程，本质上是通过调整系统要素权重重构人地协同关系，其成功实践验证了该理论在复杂系统调控中的科学价值。

---

① 吴传钧．论地理学的研究核心——人地关系地域系统［J］．经济地理，1991（03）：1－6.

（二）人地关系地域系统理论对研究的借鉴意义

人地关系地域系统理论通过“系统耦合—动态适应—空间重构”的分析范式，为数字经济赋能城乡融合提供了地理学视角的理论支撑。该理论强调人地系统要素的交互作用与时空演化规律。理论启示在于，城乡高质量融合需建立“数字赋能—系统弹性—阈值管控”的协同框架，既要利用数字技术增强人地系统的自组织适应性，又需通过算法模型预判要素交互的临界阈值，最终实现从“人地对抗”向“数智共生”的空间治理模式转型。

第四节　本章小结

本章系统构建了数字经济与城乡高质量融合发展的理论分析框架。基于文献研究与实践观察，明确界定了数字经济与城乡高质量融合发展的核心内涵：数字经济指以数据资源为关键要素、现代信息网络为主要载体的新型经济形态；城乡高质量融合发展强调通过要素双向流动、资源优化配置和制度创新突破，实现城乡经济、社会、生态等多维度协同发展。

在理论支撑层面，重点阐释了六组基础理论：（1）马克思主义城乡关系理论为理解城乡融合发展本质提供哲学基础；（2）核心—边缘理论揭示数字经济影响下的城乡空间结构演变规律；（3）网络效应理论解释数字技术如何重构城乡要素流动网络；（4）新经济增长理论阐明数字要素对城乡全要素生产率的提升机制；（5）创新驱动理论剖析数字化创新对城乡产业融合的催化作用；（6）技术—经济范式理论与人地关系地域系统理论构建起数字经济与城乡融合发展的时空分析框架。这些理论体系相互印证，共同构成研究的理论基础。通过理论溯源与政策解析的双重视角，本章不仅厘清了关键概念的理论边界，更重要的是搭建起包含动力机制、作用路径和制度环境在内的多维分析框架，为后续研究数字经济赋能城乡融合发展的内在逻辑与实践路径奠定了坚实基础。

第三章　数字经济赋能城乡融合高质量发展的理论机理

第一节　数字经济赋能城乡融合高质量发展的数理模型构建

目前，关于数字经济发展促进城乡融合的实证研究相对较多，大量文献从劳动力流动、创新水平和产业结构变迁等角度分析了数字经济促进城乡融合的作用渠道。但鉴于数字经济是一种经济形态，其内涵十分繁杂，将数字经济视为一个整体常常难以分析透彻其中具体机制，学术界通常将数字经济细分为了数字产业化、产业数字化、数字基础设施、数字化治理等部分，基于这一划分，一些学者从产业数字化、基础设施、普惠金融等角度更细化地分析了数字经济作用于城乡融合的理论机制①。因此，本节从数字基础设施和产业数字化这两个数字经济的主要维度出发，考察了数字经济发展对城乡融合的作用机制。

城乡融合是城乡转型的一个阶段②，核心是要素配置的优化。李兰冰等（2020）③ 认为，城乡融合的目标是缩小城乡差距、促进城乡一体化和

① 方颖，余兴锦．数字经济测度：地区、行业与企业层面的视角［J］．中国管理科学，2025（01）：124－133.

② 郭冬梅，陈斌，开吴楠．城乡融合的收入和福利效应研究［J］．管理世界，2023（11）：22－25.

③ 李兰冰．高雪莲，黄玖立．“十四五”时期中国新型城镇化发展重大问题展望［J］．管理世界，2020（11）：7－18.

实现城乡共同繁荣。优化城乡要素配置的主要渠道是通过行政手段解决劳动力市场扭曲、通过“人、地、钱”一体化改革解决农民进城落户的体制机制障碍、户籍制度改革和农村土地制度改革①。然而，其中关键的财政制度改革依赖对预期常住人口规模变化和城乡产业结构变迁的认识。因此，在假定不存在制度约束的前提下，本节以劳动力的跨地区（跨部门）迁徙和城乡代表性消费者的效用变化作为城乡融合水平的代理变量，展开具体的分析。以制度改革完善为前提使得该分析未必符合现实，但相关结论能够为财政制度改革提供一定的参考，具有重要现实意义。

一、基本设定

假定整个经济由农村和城市两部分构成，工业品仅能在城市生产，农产品仅能在农村生产，服务型产品在城市和农村均可生产。农产品生产需要投入劳动力、资本、土地和技术四种生产要素；工业品生产需要投入劳动力、资本和技术三种生产要素；服务型产品生产仅需投入劳动力一种要素。三种产品均仅用于城乡居民消费。经济系统人口总量不变，在不考虑制度性阻碍前提下，我们假定劳动力可以在城乡和部门间自由流动。土地仅用于农产品生产，数量不发生变化，为简化分析，基于劳动力在城乡间的流动已经不存在户籍阻碍的假定，本节令农业收益中归属于土地要素的部分归属于当前阶段全体农村居民共有，从而有效简化分析。资本无差异，所有权归属于城市居民，资本可用于农业和工业生产中的设备投入，基于同样的原则，本节假定资本归属于当前阶段城市全体居民所有，而不将农村流入城市的外来居民排除在外，从而简化我们的分析，鉴于我们主要关注的是城乡融合水平，而非城市内部居民间的生活水平差距，这一假定对我们的结论并无影响。技术无差异，可用于农业和工业生产，细分为劳动改善型技术和资本改善型技术，同时，在农业劳动力和工业劳动力、农业资本和工业资本间，技术水平均存在由知识扩散和技术扩散进度所引致的差异性。

① 中国共产党第二十届中央委员会第三次全体会议公报［N］. 新华社，2024-07-18.

二、消费者效用最大化与需求

本部分通过描述无差异劳动力的效用函数及最优化过程，得到城乡代表性消费者对几种类型产品的需求决定式和经济系统对几种类型产品的总需求决定式。为便于区分，城市和农村相关变量用第一个下标加以区分，农村第一个下标为 r，城市第一个下标为 u。

（一）效用函数与效用最大化选择

我们假设农产品无差异，工业品无差异，两类产品在城乡间运输需要支付运输成本。服务型产品由于产品特征与所在地直接相关，且无法跨地区运输，我们假定农村服务型产品和城市服务型产品存在异质性，由于同属服务，两者存在一定程度的相互替代性，因此跨地区的服务消费需要支付旅行成本。我们无意过多讨论贸易成本或旅行成本问题，为便于分析，我们假设两种成本均呈现为冰山型成本，以农产品为例，运往城市一单位，需农村运出 τ 单位，其他产品同理。据此，我们给出消费者消费农产品、工业品和服务型产品的两层效用函数。个体效用函数如下：

$$U = C_A^{\alpha_1} C_M^{\alpha_2} C_S^{\alpha_3} \tag{3-1}$$

$$C_S = \left(C_{rS}^{\frac{\sigma-1}{\sigma}} + C_{uS}^{\frac{\sigma-1}{\sigma}}\right)^{\frac{\sigma}{\sigma-1}} \tag{3-2}$$

式（3-1）、式（3-2）中，C_A、C_M 和 C_S 分别为代表性消费者对三大类产品的需求量，α_1、α_2 和 α_3 分别为代表性消费者总收入中用于三大类产品的支出比例。C_S 为代表性消费者对农村服务型产品消费量 C_{rS} 和城市服务型产品消费量 C_{uS} 的 CES 组合，σ 为两种类型消费品间的替代弹性。

假设农产品、工业品、农村服务型产品和城市服务型产品的出厂价格分别为 p_A、p_M、p_{rS} 和 p_{uS}。不失一般性，我们假设该消费者为农村消费者，收入水平为 y_r，其预算约束方程如下：

$$y_r = p_A q_{rA}^r + \tau p_M q_{uM}^r + p_{rS} q_{rS}^r + \tau p_{uS} q_{uS}^r \tag{3-3}$$

式（3-3）中，q_{uM}^r 中，右上角标表示商品销售地，右下角标表示商品生产地，其他类同。基于效用方程和预算方程，以效用最大化为目标，构建拉格朗日函数，易得该农村代表性消费者的个体选择，结果如表 3-1 所示。

表 3－1　　农村代表性消费者的个体选择

消费类型	q^r_{rA}	q^r_{uM}	q^r_{rS}	q^r_{uS}
农村居民消费量	$\frac{\alpha_1 y_r}{p_A}$	$\frac{\alpha_2 y_r}{\tau p_M}$	$\frac{\alpha_3 y_r}{p_{rS}{}^{\sigma} P_{rS}}$	$\frac{\alpha_3 y_r}{\tau^{\sigma} p_{uS}{}^{\sigma} P_{rS}}$

其中，P_{rS} 为在农村市场上销售的两类服务型产品的综合价格指数，具体形式如下：

$$P_{rS} = p_{rS}{}^{1-\sigma} + \phi p_{uS}{}^{1-\sigma} \tag{3-4}$$

式（3－4）中，ϕ 为贸易自由度，为 $\tau^{1-\sigma}$ 的简写形式。

同理，可得城市市场的服务型产品综合价格指数：

$$P_{uS} = \phi p_{rS}{}^{1-\sigma} + p_{uS}{}^{1-\sigma} \tag{3-5}$$

城市代表性消费者对四种产品的消费量如表 3－2 所示。

表 3－2　　城市代表性消费者对四种产品的消费量

消费类型	q^u_{rA}	q^u_{uM}	q^u_{rS}	q^u_{uS}
城市居民消费量	$\frac{\alpha_1 y_u}{\tau p_A}$	$\frac{\alpha_2 y_u}{p_M}$	$\frac{\alpha_3 y_u}{\tau^{\sigma} p_{rS}{}^{\sigma} P_{uS}}$	$\frac{\alpha_3 y_u}{p_{uS}{}^{\sigma} P_{uS}}$

（二）经济系统总需求

假设均衡状态的农村劳动力数量和城市劳动力数量分别为 L_r 和 L_u，在我们的假设下，两者之和为常数 L，亦即经济系统不变的总劳动力数量。进而可得两地区各自的总收入水平及总收入水平如下：

$$Y_r = y_r L_r, Y_u = y_u L_u, Y = Y_r + Y_u \tag{3-6}$$

由于在我们的分析中并不涉及以人均资本量的增长为核心的经济增长效应，为简化起见，暂不考虑经济系统总收入的变化，令总收入 Y 为常数，此时，数字经济的增长效应通过技术进步表现为居民效用水平的增长差异。简单加总可得经济系统对四类产品的总需求（见表 3－3）。

表 3－3　　经济系统对四类产品的总需求

消费类型	Q_A	Q_M	Q_{rS}	Q_{uS}
总消费量	$\frac{\alpha_1 Y}{p_A}$	$\frac{\alpha_2 Y}{p_M}$	$\frac{\alpha_3}{p_{rS}{}^{\sigma}}\left(\frac{Y_r}{P_{rS}} + \frac{\phi Y_u}{P_{uS}}\right)$	$\frac{\alpha_3}{p_{uS}{}^{\sigma}}\left(\frac{\phi Y_r}{P_{rS}} + \frac{Y_u}{P_{uS}}\right)$

三、生产者利润最大化与供给

在经济系统总收入和总人数给定的前提下，不同部门企业在利润最大化规则下制定各自价格，实现预期销量。正如前文所述，不同部门企业投入要素不同，因此需要分别进行讨论。

（一）农产品市场

如假定所述，农产品生产企业仅在农村存在。近年来，随着数字经济的发展，农业机械化和智能化也在快速推进，随着大量农用机械、自动灌溉设施乃至无人机空中施肥的应用，乡村实际耕种农民数量正在快速下降，因此，笔者认为农业劳动力和农业资本存在替代性，且在数字时代，农业资本正在对农业劳动力产生越来越强的替代作用。与此同时，数字时代，农民能够前所未有地接触知识，农业劳动生产率正在快速提升，这虽然未能阻止农业资本对劳动力投入的替代，但进一步提升了单位劳动的总产出。因此，设定农业生产函数如下：

$$Q_A = \{[(A_{rAL} L_{rA})^{\frac{\sigma-1}{\sigma}} + (A_{rAK} K_{rA})^{\frac{\sigma-1}{\sigma}}]^{\frac{\sigma}{\sigma-1}}\}^{\beta_A} T^{1-\beta_A} \tag{3-7}$$

式（3-7）中，A_{rAL} 为农业劳动力技术水平，A_{rAK} 为农业资本技术水平，T 为农业用地总量，为外生常数。β_A 为农业生产中归属于劳动力和资本的部分。

由于我国农村土地归属于农民集体所有，我们假定土地使用无须再次投入成本，仅根据土地所有权参与收益分配。劳动力的成本为工资，资本的成本为利率，由于我们假定无制度阻碍，因此工资和利率在城乡间无差异，分别为 w 和 r。农业生产的成本函数显然为：

$$\mathrm{COS}\,T_A = w\,L_{rA} + r\,K_{rA} \tag{3-8}$$

对于单个企业而言，工资和利率均为外生给定，企业首先在这一背景下，决定生产给定产量产品的最低成本劳动和资本投入比例，即成本最小化过程。成本最小化时，劳动和资本实现最佳配比，两者比例关系为：

$$\frac{w^{\sigma} L_{rA}}{A_{rAL}{}^{\sigma-1}} = \frac{r^{\sigma} K_{rA}}{A_{rAK}{}^{\sigma-1}} \tag{3-9}$$

此时成本函数优化为：

$$\mathrm{COS}\,T_A = \frac{Q_A{}^{\frac{1}{\beta_A}}}{T^{\frac{(1-\beta_A)}{\beta_A}}} \left(\left(\frac{w}{A_{rAL}}\right)^{1-\sigma} + \left(\frac{r}{A_{rAK}}\right)^{1-\sigma} \right)^{\frac{1}{1-\sigma}} \tag{3-10}$$

相应的利润函数为：

$$\pi_A = p_A Q_A - \frac{Q_A^{\frac{1}{\beta_A}}}{T^{\frac{(1-\beta_A)}{\beta_A}}}\left(\left(\frac{w}{A_{rAL}}\right)^{1-\sigma} + \left(\frac{r}{A_{rAK}}\right)^{1-\sigma}\right)^{\frac{1}{1-\sigma}} \tag{3-11}$$

由于土地投入无成本，此利润必然大于零。由于农产品市场通常为完全竞争市场，假定农产品实行边际成本定价，所有超额利润均归属于全体农民。此时，农产品价格为：

$$p_A = \frac{1}{T^{\frac{1-\beta_A}{\beta_A}}}\left(\left(\frac{w}{A_{rAL}}\right)^{1-\sigma} + \left(\frac{r}{A_{rAK}}\right)^{1-\sigma}\right)^{\frac{1}{1-\sigma}} \frac{1}{\beta_A} Q_A^{\frac{1-\beta_A}{\beta_A}} \tag{3-12}$$

相应的总超额利润为：

$$\pi_A = \frac{1-\beta_A}{\beta_A}\frac{Q_A^{\frac{1}{\beta_A}}}{T^{\frac{1-\beta_A}{\beta_A}}}\left(\left(\frac{w}{A_{rAL}}\right)^{1-\sigma} + \left(\frac{r}{A_{rAK}}\right)^{1-\sigma}\right)^{\frac{1}{1-\sigma}} \tag{3-13}$$

不难想象，该部分超额利润也就是农村总收入 Y_r 与农村总工资收入之间的差额。

将农产品价格代入消费决策部分的农产品总需求方程，反解可得均衡的农产品价格和销量方程如下：

$$p_A = T^{\beta_A-1}(\alpha_1 Y)^{1-\beta_A}\beta_A^{-\beta_A}\left(\left(\frac{w}{A_{rAL}}\right)^{1-\sigma} + \left(\frac{r}{A_{rAK}}\right)^{1-\sigma}\right)^{\frac{\beta_A}{1-\sigma}} \tag{3-14}$$

$$Q_A = \frac{(\beta_A \alpha_1 Y)^{\beta_A} T^{1-\beta_A}}{\left(\left(\frac{w}{A_{rAL}}\right)^{1-\sigma} + \left(\frac{r}{A_{rAK}}\right)^{1-\sigma}\right)^{\frac{\beta_A}{1-\sigma}}} \tag{3-15}$$

将该均衡产量代入生产函数并与资本劳动比例方程联立，可得企业利润最大化价格产量体系下的最优劳动和资本投入量如下：

$$L_{rA} = \frac{\beta_A \alpha_1 Y A_{rAL}^{\sigma-1} w^{-\sigma}}{A_{rAL}^{\sigma-1} w^{1-\sigma} + A_{rAK}^{\sigma-1} r^{1-\sigma}} \tag{3-16}$$

$$K_{rA} = \frac{\beta_A \alpha_1 Y A_{rAK}^{\sigma-1} r^{-\sigma}}{A_{rAL}^{\sigma-1} w^{1-\sigma} + A_{rAK}^{\sigma-1} r^{1-\sigma}} \tag{3-17}$$

（二）工业品市场

近年来，随着产业数字化和工业智能化的发展，以工业机器人为代表的高技术水平资本正在快速替代工业劳动力，并进一步提升工业产能，降低工业产品价格，从而提升居民福利。与此同时，数字时代工业劳动力劳动生产率的提升与工业资本投入共同提高了工业生产能力。因此，设定工业生产函数如下：

$$Q_M = [(A_{uML} L_{uM})^{\frac{\sigma-1}{\sigma}} + (A_{uMK} K_{uM})^{\frac{\sigma-1}{\sigma}}]^{\frac{\sigma}{\sigma-1}} \tag{3-18}$$

与农业生产部门的成本最小化过程完全一致，易得工业生产的最优成本函数：

$$COST_M = Q_M \left(\left(\frac{w}{A_{uML}} \right)^{1-\sigma} + \left(\frac{r}{A_{uMK}} \right)^{1-\sigma} \right)^{\frac{1}{1-\sigma}} \tag{3-19}$$

需要注意的是，资本和劳动的最佳替代比例与农业生产形式一致，形式如下：

$$\frac{w^{\sigma} L_{uM}}{A_{uML}{}^{\sigma-1}} = \frac{r^{\sigma} K_{uM}}{A_{uMK}{}^{\sigma-1}} \tag{3-20}$$

工业品市场完全竞争，利润最大化时，经营利润为零，此时工业品出厂价格如下：

$$p_M = \left(\left(\frac{w}{A_{uML}} \right)^{1-\sigma} + \left(\frac{r}{A_{uMK}} \right)^{1-\sigma} \right)^{\frac{1}{1-\sigma}} \tag{3-21}$$

代入工业品需求函数，易得工业品均衡产出：

$$Q_M = \frac{\alpha_2 Y}{\left(\left(\frac{w}{A_{uML}} \right)^{1-\sigma} + \left(\frac{r}{A_{uMK}} \right)^{1-\sigma} \right)^{\frac{1}{1-\sigma}}} \tag{3-22}$$

同理可反解得到工业品生产的均衡劳动和资本投入量如下：

$$L_{uM} = \frac{\alpha_2 Y A_{uML}{}^{\sigma-1} w^{-\sigma}}{A_{uML}{}^{\sigma-1} w^{1-\sigma} + A_{uMK}{}^{\sigma-1} r^{1-\sigma}} \tag{3-23}$$

$$K_{uM} = \frac{\alpha_2 Y A_{uMK}{}^{\sigma-1} r^{-\sigma}}{A_{uML}{}^{\sigma-1} w^{1-\sigma} + A_{uMK}{}^{\sigma-1} r^{1-\sigma}} \tag{3-24}$$

（三）服务型产品市场

服务型产品的生产存在较强的地域特色，且一般不可跨地区供给。相较于农业技术和工业技术投入，以文旅产品为主要代表的服务型产品市场受技术水平影响相对较小，成为劳动力的最佳蓄水池。因此，假定服务型产品仅由劳动力提供，且不失一般性，令每单位劳动力仅能生产一单位服务型产品，生产函数简化为：

$$Q_S = L_S \tag{3-25}$$

完全竞争下，经营利润为零，服务型产品出厂价格即为劳动投入边际成本：

$$p_{rS} = p_{uS} = w \tag{3-26}$$

将服务型产品出厂价格代入两地区服务业价格指数方程：

$$P_{rS} = P_{uS} = (1+\phi)\, w^{1-\sigma} \tag{3-27}$$

代入需求函数，易得服务型产品生产的劳动力投入：

$$L_{rS} = \frac{\alpha_3 (Y_r + \phi Y_u)}{(1+\phi) w} \tag{3-28}$$

$$L_{uS} = \frac{\alpha_3 (\phi Y_r + Y_u)}{(1+\phi) w} \tag{3-29}$$

四、一般均衡

如假定所述，经济系统总收入、资本总量、劳动力总量均为常数，随数字经济发展，劳动力和资本在不同部门间的配置发生变化，进而带来城乡各自人均收入间差距的变化和效用水平变化。与此同时，资本边际产出的提升会带来对资本的更大规模需求，进而推高利率。同时，资本对劳动的挤出，会降低劳动力需求，从而降低均衡工资水平。因此，工资和利率均内生于一般均衡。据此，整理上述内容，给出最终的一般均衡方程组包含以下 6 个方程：

$$L_{rA} = \frac{\beta_A \alpha_1 Y A_{rAL}{}^{\sigma-1} w^{-\sigma}}{A_{rAL}{}^{\sigma-1} w^{1-\sigma} + A_{rAK}{}^{\sigma-1} r^{1-\sigma}} \tag{3-30}$$

$$L_{uM} = \frac{\alpha_2 Y A_{uML}{}^{\sigma-1} w^{-\sigma}}{A_{uML}{}^{\sigma-1} w^{1-\sigma} + A_{uMK}{}^{\sigma-1} r^{1-\sigma}} \tag{3-31}$$

$$L_{rS} = \frac{\alpha_3 (Y_r + \phi Y_u)}{(1+\phi) w} \tag{3-32}$$

$$L_{uS} = \frac{\alpha_3 (\phi Y_r + Y_u)}{(1+\phi) w} \tag{3-33}$$

$$K_{rA} = \frac{\beta_A \alpha_1 Y A_{rAK}{}^{\sigma-1} r^{-\sigma}}{A_{rAL}{}^{\sigma-1} w^{1-\sigma} + A_{rAK}{}^{\sigma-1} r^{1-\sigma}} \tag{3-34}$$

$$K_{uM} = \frac{\alpha_2 Y A_{uMK}{}^{\sigma-1} r^{-\sigma}}{A_{uML}{}^{\sigma-1} w^{1-\sigma} + A_{uMK}{}^{\sigma-1} r^{1-\sigma}} \tag{3-35}$$

部分内生变量间关系整理如下：

$$L = L_{rA} + L_{uM} + L_{rS} + L_{uS} \tag{3-36}$$

$$K = K_{rA} + K_{uM} \tag{3-37}$$

$$Y = Y_r + Y_u \tag{3-38}$$

$$Y_r = \alpha_1 Y + w L_{rS} \tag{3-39}$$

$$Y_u = \alpha_2 Y + w L_{uS} \tag{3-40}$$

由于在不考虑经济增长的情形下，技术变化影响主要表现为效用水平的变化，因此，为后续研究的方便，将均衡解代入城乡代表性消费者个体需求表，得到个体实际消费量，进而代入效用函数即得城乡居民个体效用水平。相关方程均已在需求部分展示，此处不再赘述。

五、参数校准

由于总收入、劳动力总量、资本总量、土地总量均为外生常数，为了简化分析，直接对该部分数值进行标准化设定，令 $Y = 5$，$L = 5$，$K = 5$，$T = 2$。事实上，该部分值的变动也并不影响最终结果。两种类型服务间的替代弹性 σ 参考周慧珺等①设定为5。贸易成本较难评估，刘晨晖和陈长石②简单设定为1.8，由于城乡间贸易成本相较于国内整体贸易成本略小，此处简单设定冰山成本 τ 为1.4，同样的，在模型设定下，冰山成本的高低在相当大的浮动范围内并不影响结论稳健性。参考统计局三大产业占比数据，令 $\alpha_1 = 0.2, \alpha_2 = 0.4, \alpha_3 = 0.4$。最后，农业生产中农产品不归属于土地的部分，令 $\beta_A = 0.7$，同样地，该设定对结论倾向性无影响。

由于研究主要使用技术在不同部门不同要素间的不同扩散模式来表征

① 周慧珺，傅春杨，龚六堂．就业政策如何影响收入分配？——基于量化空间一般均衡模型的理论分析［J］．管理世界，2024，40（01）：38－63．

② 刘晨晖，陈长石．劳动力流动、技能匹配与地区经济差距［J］．经济研究，2022，57（07）：45－63．

不同数字经济表现形式，四种技术水平就成了主要变量。在初始状态下，由于农业资本在农村的使用受各种限制使用较少，我们认为农民和农业资本生产率较工人和工业资本稍低。同时，城市由于有更全面的信息渠道，整体生产率均较高。不失一般性，我们令工业劳动力生产率和工业资本生产率相同，标准化为1。作为研究的起点，设定农业劳动力生产率 $A_{rAL} = 0.5$ ，农业资本生产率 $A_{rAK} = 0.5$ 。

六、数值模拟与结果分析

本部分我们主要讨论从数字基础设施和产业数字化两个数字经济的角度入手，研究他们对城乡劳动力跨部门流动和城乡居民效用水平的影响，以从这两个维度探讨其对城乡融合的作用机制。

（一）数字基础设施

数字基础设施的建设，增加了城乡间的信息流动，农民有更多渠道获取知识，提升自身劳动生产率，减少了与城市工业劳动力间的知识水平差距。农民的知识水平提升也间接增加了对农业机械应用、租用无人机替代劳动等农业资本应用的认识，从而略微提升了农业资本的生产率。数字基础设施的建设，还增加了城市对农村的了解，于是以农业机械为代表的开发商有更多渠道去切合农村的实际需求，改进相应产品，提振该类产品生产率。更多的经营者在接触新类型的农业资本后，从事于相应产品应用行业，进一步助推了农业资本生产率的提升。数字基础设施不仅作用于农村，其同样有助于城市技术创新。信息的融通和交流互鉴，也在提升城市劳动生产率并进而提升资本生产率。

因此，我们认为数字基础设施的外在表现为四种技术水平的同时提升，同时，农业劳动生产率和农业资本生产率的提升速度要快于工业劳动生产率和工业资本生产率，相互间的差距将在信息融通下，达到均衡为止。为简化我们的分析，暂不考虑两地区内部劳动和资本生产率之间的差异性。

我们首先对数字基础设施发展下的劳动力流动情况进行模拟，结果如图3－1所示。

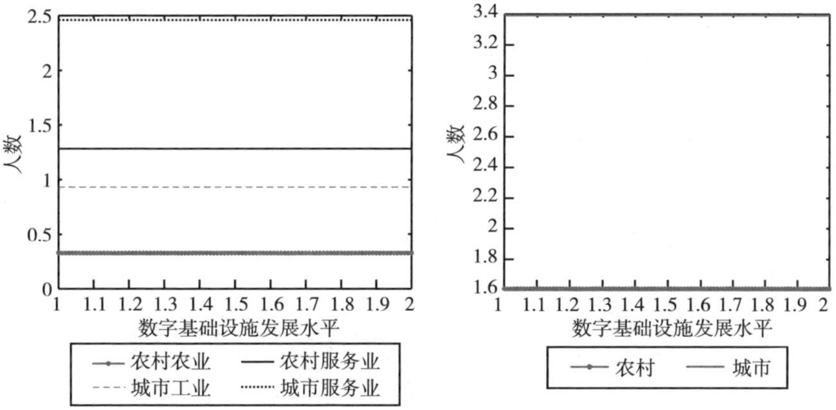

图 3－1　数字基础设施对劳动力流动的影响

当仅考虑数字经济中的数字基础设施作用时，劳动力不会在部门间发生流动。回顾均衡方程组，当农业劳动生产率和资本生产率相同，工业劳动生产率和资本生产率也相同时，均衡情况如下所示：

$$L_{rA} = \frac{\beta_A \alpha_1 Y w^{-\sigma}}{w^{1-\sigma} + r^{1-\sigma}} \tag{3-41}$$

$$L_{uM} = \frac{\alpha_2 Y w^{-\sigma}}{w^{1-\sigma} + r^{1-\sigma}} \tag{3-42}$$

$$L_{rS} + L_{uS} = \alpha_3 Y \tag{3-43}$$

$$K_{rA} = \frac{\beta_A \alpha_1 Y r^{-\sigma}}{w^{1-\sigma} + r^{1-\sigma}} \tag{3-44}$$

$$K_{uM} = \frac{\alpha_2 Y r^{-\sigma}}{w^{1-\sigma} + r^{1-\sigma}} \tag{3-45}$$

服务业劳动力数量总量不变，而当要素间技术比例相同时，若工资和利率不变，劳动力和资本在农业和工业间的配置就不会发生变化。此时，数字基础设施带来的技术进步意义仅在于为经济系统提供了更多的产品从而带来更高效用水平。模拟的效用水平变化如图 3－2 所示。

在图 3－2 中，数字基础设施发展水平的提升显著提升了城乡居民的效用水平。与我们预期不同的是，农村更快的技术进步，并没有带来农村生活水平比城市更快的提升；相反，城乡效用水平的差距反而呈现扩大趋势。分析其原因在于，当劳动力分布、资本分布和经济总收入均不发生变

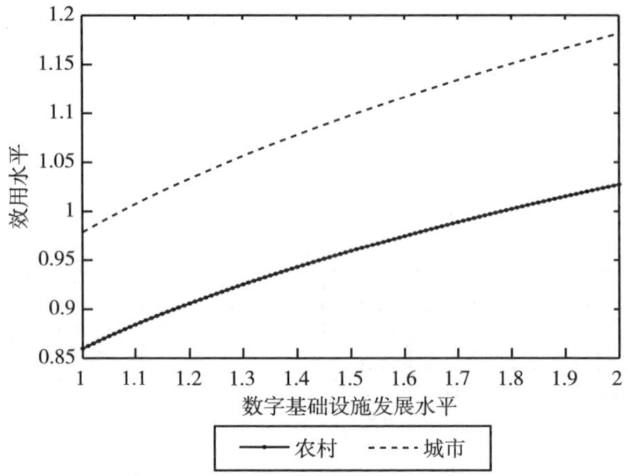

图 3-2　数字基础设施对城乡居民效用水平的影响

化时，城乡各自的人均最终收入水平也不发生变化，用于农产品消费的支出比例也不发生变化。回顾要素技术水平相同时的农产品价格方程：

$$p_A = T^{\beta_A - 1}(\alpha_1 Y)^{1-\beta_A}\beta_A{}^{-\beta_A}A_{rAL}{}^{-\beta_A}(w^{1-\sigma} + r^{1-\sigma})^{\frac{\beta_A}{1-\sigma}} \tag{3-46}$$

当技术提升时，农产品价格也在上升，但上升幅度小于产出增长幅度。工业品价格方程为：

$$p_M = (w^{1-\sigma} + r^{1-\sigma})^{\frac{1}{1-\sigma}} \tag{3-47}$$

显然，工业品价格不发生变化，从而技术进步带来的工业品的产出增长是纯粹的增长。

两者共同作用下，虽然农村获得更大的技术收益，但工业品生产地居民反而获得更大的效用提升。

（二）产业数字化

产业数字化是数字经济的主要表现形式。数字经济时代，以工业机器人为代表的工业资本生产率快速提升，带来工业资本对工业劳动的快速替代。但由于未考虑数字基础设施的影响，暂不考虑农村劳动、农村资本和城市劳动的生产率变动。与数字基础设施部分的分析类似，首先给出产业数字化带来的劳动力在部门和地区间流动情况模拟结果（见图 3-3）。

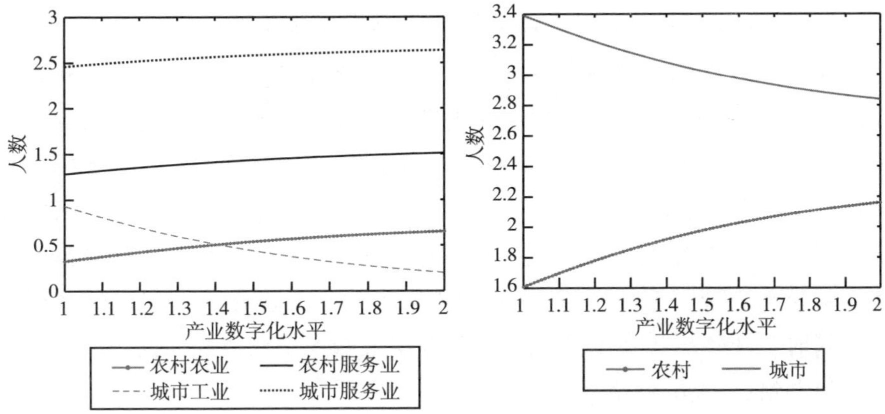

图 3－3　产业数字化对城乡劳动力流动的影响

如图 3－3 所示，产业数字化快速挤出了工业劳动力，从而带来其他三个部门的劳动力数量均得到一定提升，最终表现为劳动力从城市向农村的反向流动。由于农村技术水平与城市进一步拉大，且流入更多劳动力，不难预期农村效用水平可能存在下降的情形。照例绘制效用变化如图 3－4 所示。

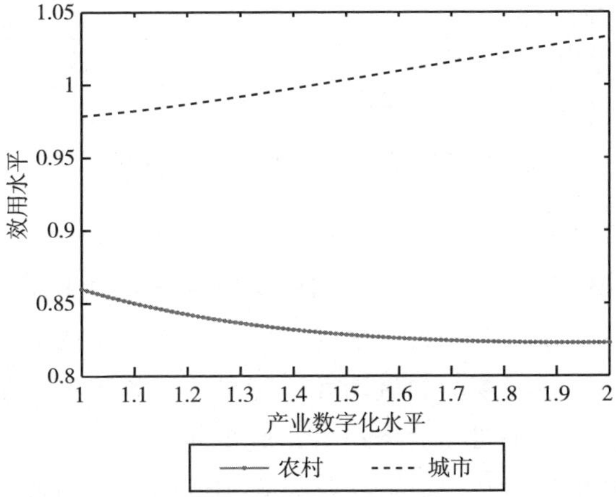

图 3－4　数字经济对城乡居民效用水平的影响

效用水平变动与预期相仿，随着工业资本生产率快速提升，部分劳动力流入农村，更高的产出和更低的人口带来了城市更高效用水平，同理，劳动力的涌入，降低了农村效用水平。

(三) 数字经济：数字基础设施与产业数字化的协同作用

在产业数字化的部分，我们仅考虑了工业部门，而认为该数字化过程无溢出作用。事实上，由于数字基础设施的存在，产业数字化的技术升级会对农村带来溢出作用。作为两者综合体的数字经济本身，工业数字化会通过数字基础设施带来农业资本生产率更快的攀升速度，从而使得数字经济起到 1+1>2 的经济效果。基于这一思路，我们假定作为整体的数字经济能够带来农业劳动、工业劳动、农业资本、工业资本生产率的共同提升，同时工业资本生产率要高于工业劳动生产率，农业也如此。模拟的劳动力流动情况如图 3－5 所示。

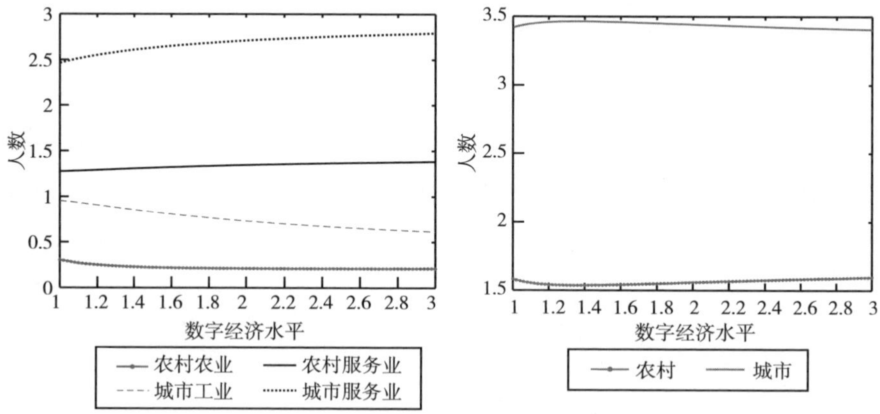

图 3－5　数字经济对城乡劳动力流动的影响

随着数字经济整体的发展，工业劳动力依然被工业挤出，但此时挤出规模远小于单纯的产业数字化。农村农业由于资本生产率提升速度较快，逐步也挤出了一定量的劳动力。最终，劳动力流入了两地区服务业。值得注意的是，劳动力在城乡间的流动并不明显，即如果没有制度性因素，单纯的数字经济无法带来明显的劳动力在城乡间的流动。

回顾数字基础设施和产业数字化对效用的影响，两者虽然都能带来城市效用水平的提升，但也都拉大了城乡福利水平差距，其中，产业数字化对农村福利水平甚至产生了负向影响。图 3－6 是叠加两者作用后，数字经济本身对效用的影响。

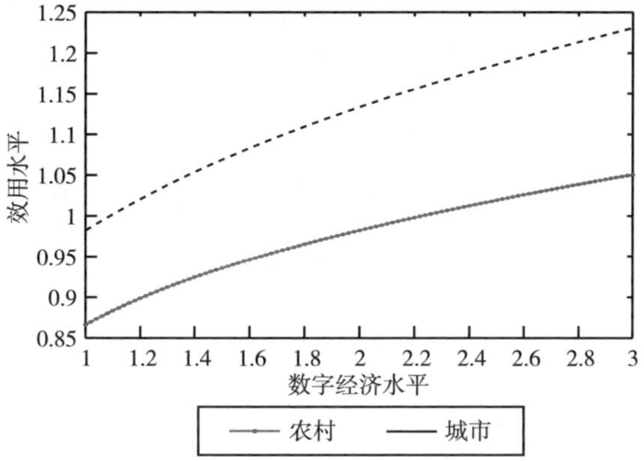

图 3－6　数字经济对城乡居民效用水平的影响

数字经济本身，同样显著提升了城乡居民效用水平，但也导致城乡效用差进一步拉大。

七、结论

第一，数字基础设施不会对劳动力流动产生影响，但会通过增加产出的方式提升城乡居民福利水平，进而推动城乡融合发展。其缺陷在于，可能扩大城乡福利差距。

第二，产业数字化会导致劳动力向农村回流，提升工业外其他三部门的劳动力占比，同时显著提升城市居民福利水平。其缺陷在于，产业数字化降低了农村福利水平。综合来看，可以认为，产业数字化对城乡融合的作用主要表现在要素双向流动上，而对城乡福利共同增长呈反向影响。

第三，数字经济作为数字基础设施和产业数字化的融合，对劳动力跨城乡的流动不敏感，但会显著带来劳动力从农业和工业向服务业的流动。数字经济可以显著提升城乡居民福利水平。缺陷与数字基础设施一致，同样事实上扩大了城乡福利差距。正如陆铭（2023）① 所言，降低城乡居民福利差距的关键在于让劳动力向城市集聚，在农村发展机械化大农业。通过政策引导强行提升农村福利水平并不可持续。

---

① 陆铭．空间的力量：地理、政治与城市发展［M］．北京：格致出版社，2017.

由上述分析，提出假设1：数字基础设施和产业数字化对城乡融合发展具有显著的正向促进作用。

第二节　数字基础设施赋能城乡高质量融合发展的作用机理

一、技术创新的作用机制

波特的创新驱动理论认为，创新驱动是经济发展的高级阶段。数据是数字基础设施建设的核心驱动力，而数据要素的价值释放依赖数字基础设施的不断技术创新，为城乡高质量融合开辟新的发展机遇。数字基础设施提供高速的通信网络、强大的数据算力，创造了良好的创新环境，提升了城市的技术创新水平。首先，数字基础设施能够降低创新成本。数字基础设施的发展使知识和信息易于存储和访问，打破了时间和空间的限制，大大加快了知识传播的速度，降低了知识获取的成本[①]，在推动公司产品研发合作、组织创新等方面具有重要作用。其次，数字基础设施能够推动技术融合。通过促进技术知识扩散，促成了不同交叉领域行业技术的合作，制造业与信息技术的融合日益紧密。最后，数字基础设施能够加速创新成果的转化。数字基础设施驱动建设数字技术供需对接机制，搭建全产业链创新平台，可进一步缩短科技创新研发生命周期，减少资源的浪费和冗余，加快技术成果转化效率[②]。

城市技术创新水平能够通过创新成果共享和市场信息对接为城乡融合带来广阔发展空间。一方面，城市的技术创新成果能够通过科技交流与技术转移迅速扩散到农村地区，提升农村产业的技术含量和科技附加值，推动农村产业现代化，形成与城市优势互补的产业合作格局。另一方面，城市技术创新水平的提升，尤其是数字技术的应用，打破了城乡信息壁垒，

① 许露元．数字新基建、高技术产业集聚与区域创新绩效［J］．技术经济与管理研究，2023（10）：6－9．

② 李涛，沙玮华．数字经济对地区全要素能源效率的影响研究：基于市场贸易的中介效应分析［J］．财经理论与实践，2022（03）：120－127．

如电商平台和物流发展能够精准匹配城乡供需，提升市场整合效率，优化城乡资源配置，从而释放生产力，推动城乡高质量融合。

根据以上分析可知，数字基础设施通过降低创新成本、推动技术融合和加速成果转化提升城市技术创新水平，从而以创新成果共享和市场信息对接带动城乡高质量融合发展。

基于此，提出假设2：数字基础设施能够通过提升技术创新水平促进城乡高质量融合发展。

二、人力资本积累的作用机制

人力资本积累在经济发展和社会进步中具有极其重要的作用，人力资本积累不仅是经济增长的重要驱动力，也是推动城乡融合、实现共同富裕的关键因素。数字基础设施的发展能够打破空间和距离限制，增加人力资本积累。具体表现为教育提质与人才集聚两个方面。首先，数字基础设施提升了地区的教育质量。数字基础设施的建设使得大量的知识信息汇聚于网络平台，大大降低了知识的获取门槛，有助于知识的传播、扩散与再生产，优化了知识的获取环境①；提高了数字技术在教育领域的不断渗透，促进教育资源在不同区域间有效地流动，使不同地区内的教育资源得到良好整合，实现优势互补，促进教育公平②；提升全民数字素养，改善地区的人力资本水平③，为劳动力的灵活性和适应性提供了支持。其次，数字基础设施能够提升人才集聚水平。数字基础设施提升人力资本流动便利度、能够实现跨区人力资本共享同时，新型就业模式，如线上招聘和远程面试，大幅降低了城市间劳动力流动就业的成本，为高技能人才集聚创造了有利条件④。

人力资本积累通过优化人才供需和提供智力支持两方面为城乡融合提

---

① 王奇，牛耕，李涵．数字基础设施建设与金融包容性发展：中国经验［J］．财贸经济，2023，44（07）：91－107．

② 郭文良，戴念秋．技术赋能基础教育高质量发展的价值意蕴、限度审视与优化路径［J］．西南大学学报（社会科学版），2024，50（05）：194－203．

③ 温永林，张阿城．信息基础设施建设能促进创业吗？——基于“宽带中国”示范城市建设的准自然实验研究［J］．外国经济与管理，2023，45（07）：138－152．

④ 魏宇萌，李娟伟．数字基础设施对城市经济韧性的影响研究——基于中国278个地级市的经验证据［J］．科技与经济，2024，37（05）：91－95．

供强大的动力和保障。一方面，随着空间、信息边界的弱化，劳动力市场更加透明，农村和城市的人才供需信息能够更高效地对接，减少了因信息不对称导致的人才供需错配，提高城乡间就业效率；同时，数字基础设施带来的资源流动便利性吸引人才回乡创业，能够进一步弥补城乡发展差距。另一方面，通过数字技术提供的教育和技能培训，农村劳动力能够更加适应当前新业态产业发展，为农村产业创新提供素质基础；另外，高技能人才通过数字技术培训与新兴产业人才的需求达到拟合，能够适应全新的职业要求，实现集聚效应，在此基础上又为新兴产业的发展提供智力支撑，带动城乡高质量融合发展。

根据以上分析可知，数字基础设施通过教育提质和人才集聚实现人力资本积累，从而以优化人才供需和提供智力支持为城乡高质量融合创造了有利的发展条件。

基于此，提出假设 3：数字基础设施通过人力资本积累促进城乡高质量融合发展。

三、产业结构优化的作用机制

产业结构通常包括一个地区三大产业的划分，不仅描述了各产业部门的比重，还反映了产业之间的相互联系和协同关系。根据核心—边缘理论，产业结构优化能够推动区域空间结构的变化，产业结构优化是指产业结构向更高层次、更高质量、更具竞争力的方向发展，从而实现经济的可持续增长和社会福利的提升，有利于增强经济的抗风险能力和经济韧性，为社会的可持续发展奠定基础。

高水平的产业结构不仅能够更充分释放数据要素价值，提高乡村产业附加值，增加居民收入，还能够推动城乡产业协同，加速形成城乡优势互补的分工格局。一方面，高附加值的高新技术产业在城市经济发展产业中比重增加，这意味着城市在技术创新和研发投入方面更具优势，这为数字基础设施的快速发展提供了肥沃的土壤。数字基础设施不仅能够利用数据要素明确各市场主体资源的供需状态，还能通过推进生产要素的快速流动，缓解城乡信息失衡，从而推动乡村振兴战略的深入实施，尤其对于农业经营主体，数据要素所蕴含的信息价值能够以更精准、更高效的方式提升农业生产经营水平[1]，这在本质上是一种产业运营的系统性创新，降低了交易成本并提升了产业附加值，缓解农村产业链经营风险，也增加了农村居民收入。另一方面，高水平的产业结构代表着产业间分工水平的提高，能够强化产业间的互动交流，有利于促进数字资源搭乘数字基础设施平台进行价值创造，为因势而生的新经济、新业态提供动能。此外，城市核心区域的资源和技术逐渐向乡村边缘区域转移，有利于形成扩散效应和协同发展效应：农村通过发展特色产业和承接产业转移，为城市提供给劳动力、农产品，城市则通过技术、资本和市场的支持，带动农村经济发展。综上所述，产业结构优化水平越高，数字基础设施越能够充分释放数据的要素价值，为农村产业带来新的发展活力，最终促进形成城乡优势互补的分工格局，推动城乡高质量融合发展。

基于此，提出假设 4：产业结构优化能够强化数字基础设施对城乡高质量融合发展的促进作用。

四、政府数字经济关注度的作用机制

根据网络效应理论，数字基础设施作为一种公共物品，其价值不仅取决于基础设施本身的建设水平，还依赖用户数量和应用场景的拓展，具有显著的正外部性。数字基础设施建设涉及多个部门和领域，如通信、能源、交通等，数字基础设施建设也需要巨额投资且投资回报融合发展提供重要支撑。

数字基础设施不仅是数字经济政策落地的关键载体，也是推动城乡要素流动、提升公共服务均等化和促进产业协同的重要手段。不同地区的政策差异、数字基础设施建设的重点方向以及数字经济发展的不平衡性，都影响数字基础设施对城乡融合的赋能机制和效果。一个地区若对数字经济的重视程度越高，往往会在数字基础设施建设上投入更多资源，这有助于加快技术创新和迭代速度。不仅如此，在响应国家数字经济发展号召前提下，地区政府根据本地区发展情况及时制定阶段性的发展规划和系统性的政策文件支持，这些统筹规划不仅优化了城乡数字基础设施的布局，还为

① 陈一明．数字经济与乡村产业融合发展的机制创新［J］．农业经济问题，2021（12）：81－91.

城乡融合发展提供了坚实的技术支撑。例如，政府鼓励企业参与数字基础设施建设，通过设立专项基金、税收优惠等方式引导社会资本投入；重视数字共治，推动建设数字政府，缩小了城乡之间公共服务差距，通过“互联网+教育”“互联网+医疗”等为数字基础设施建设营造了良好的社会氛围，也将城市优质教育和医疗资源向农村延伸。综上所述，一个地区政府若对数字经济的关注度越高，则数字基础设施的成本约束和技术迭代约束就能得以缓解，数字基础设施的普惠性与正外部性作用越大，最终能够缩小公共服务差距、经济差距等，提升城乡高质量融合整体水平。

基于此，提出假设5：政府对数字经济关注度能够强化数字基础设施对城乡高质量融合发展的促进作用。

第三节　产业数字化赋能城乡高质量融合发展作用机理

一、劳动力转移的作用机制

产业数字化影响城乡间的劳动力转移①。第一是就业机会的变化，产业数字化推动了新兴产业的发展，为城市创造了更多高技能岗位。同时传统农业和制造业的自动化减少了农村的低技能岗位，导致部分劳动力失业。第二是技能需求发生了变化，产业数字化要求劳动力具备更高的技术能力，城市对高技能人才的需求增加。同时农村劳动力因技能不足，难以适应新需求，面临就业困难。第三是劳动力流动方向的变化，高技能岗位和更好的发展机会吸引农村劳动力向城市转移。同时数字技术使远程办公成为可能，部分劳动力可能选择返回农村，利用低成本优势创业或远程工作。第四是收入差距发生变化，高技能岗位集中在城市，导致城乡收入差距进一步拉大。掌握数字技能的劳动力收入显著高于低技能劳动力。第五

① 郭进，徐盈之，白俊红．产业数字化与大城市工资增长溢价：数字要素规模弹性视角[J]．中国工业经济，2024（11）：118-136.

是社会保障和公共服务的变化，大量农村劳动力涌入城市，对住房、教育、医疗等公共服务提出更高要求。同时产业数字化有助于提升农村的公共服务水平，缩小城乡差距。第六是产业结构发生变化，产业数字化推动城市向高端制造业和服务业转型。同时产业数字化促进农村发展电子商务和乡村旅游等新业态，推动产业多元化。

城乡间劳动力的流动对城乡高质量发展融合带来了机遇。第一是促进了资源优化配置，劳动力流动使人力资源从低效的农村农业部门流向高效的城市工业和服务业，提升了整体经济效率①。同时劳动力流动带动了资本和技术的流动，促进了城乡资源的互补和优化配置。第二是推动了城乡产业结构升级，农村劳动力流入城市，填补了低技能岗位的空缺，支持了城市产业升级和高新技术产业的发展。同时部分回流劳动力带回了资金、技术和经验，推动了农村产业的多元化和现代化。第三是缩小了城乡收入差距，外出务工的农村劳动力通过汇款增加了农村家庭的收入，改善了农村经济状况。收入的增加带动了农村消费市场的扩大，推动了农村经济的发展。基于以上分析，本章提出假设6：产业数字化通过改变城乡间的劳动力流动促进城乡高质量融合发展。

二、信息通信产业的机制作用

产业数字化对信息通信产业的影响深远且广泛，推动了信息通信产业的升级和扩展。第一，信息通信产业是产业数字化的基础支撑。信息通信产业中的5G、物联网、云计算、大数据、人工智能等技术，是产业数字化的核心技术。信息通信产业构建了覆盖广泛的通信网络，包括移动网络、固定宽带网络等，这些网络是连接企业内部各个环节以及企业与外部合作伙伴、客户的桥梁。通过网络，企业可以实现设备之间的互联互通、数据的实时传输和共享，从而打破信息孤岛，实现生产、管理、销售等环节的数字化协同。信息通信产业能够为产业数字化提供数据存储、处理和分析的平台与工具。大数据技术可以对海量的产业数据进行挖掘和分析，为企业决策提供依据；数据中心则是存储和管理企业关键数据的中枢，保

① 江静，郑洁，李宝琦．产业数字化如何影响劳动力就业规模——基于数字要素投入视角的分析［J］．南通大学学报（社会科学版），2025，41（01）：68－85，160．

障数据的安全和高效利用。第二，产业数字化是信息通信产业的重要应用场景和发展动力。产业数字化的推进使得各行业对信息通信技术的需求不断增加，为信息通信产业创造了广阔的市场；不同产业在数字化过程中提出的多样化、个性化需求，促使信息通信产业不断进行技术创新和产品升级；随着产业数字化的深入，信息通信产业从传统的通信服务提供商向综合数字化解决方案提供商转型。信息通信企业不再仅仅提供语音、数据传输等基础服务，而是更多地参与企业的数字化战略规划、系统集成、运营维护等全流程服务中，推动自身业务结构的优化和升级①。

信息通信产业对城乡高质量融合发展有重要影响②。第一是在农业领域，借助信息通信技术可发展智慧农业，实现农产品生产、加工、销售等环节与城市市场的精准对接，如通过电商平台将乡村特色农产品销往城市。在工业和服务业方面，城市的企业可利用信息通信产业构建的网络平台，将业务拓展到乡村，利用乡村的资源和劳动力发展配套产业或特色服务业，推动城乡产业协同发展，同时信息通信产业降低了创业门槛和成本，城乡居民都能借助网络平台开展电商、直播带货、数字内容创作等创业活动。城市的创意人才可以与乡村的文化资源相结合，开发乡村文旅产品等，同时也为城乡居民创造了大量就业机会，包括电商运营、物流配送、网络客服等岗位，促进城乡劳动力的合理流动和就业均衡。第二是在教育领域，通过在线教育平台，城市的优质教育资源可以输送到乡村学校，提升乡村教育质量。在医疗方面，远程医疗系统让乡村居民能享受到城市专家的诊断服务。此外，信息通信产业还能促进城乡养老服务的融合，如通过智慧养老平台，为城乡老年人提供个性化的养老服务。第三是信息通讯产业构建的高速网络打破了城乡之间的地理空间限制，使城乡之间的信息传递和资源共享更加便捷高效。城市的基础设施管理系统可以延伸到乡村，实现城乡基础设施的一体化管理，如城乡供水、供电、供气等系统通过信息化手段实现统一监控和调配。基于以上分析，本章提出假设7：产业数字化通过促进城乡信息通信产业发展进而促进城

---

① 殷天赐，曹泽．信息技术产业集聚、产业结构升级与经济高质量发展［J］．统计与决策，2022，38（04）：129－134.

② 刘伟江，刘冰琪．农村数字基础设施建设赋能乡村振兴的路径——基于数字化与现代农业产业融合的视角［J］．山西财经大学学报，2024，46（10）：72－88.

乡高质量融合发展。

三、财政支出分权的调节效应

财政支出分权作为我国经济体制改革的重要组成部分，被广泛认为是促进产业数字化和城乡融合的重要调节机制。在财政支出分权框架下，地方政府能够结合本地经济发展状况和产业特点，灵活调整财政支出结构，优化资源配置，从而有效促进产业数字化转型。通过加大对数字基础设施、智能制造、电子商务及大数据平台等领域的投资，财政支出分权为地方产业升级提供了有力支撑，推动传统产业向数字经济转型，提高全要素生产率，增强区域竞争力[①]。同时，财政支出分权通过促进产业数字化转型，为城乡融合发展创造了新动力。一方面，地方政府可以利用财政资源引导企业布局数字产业，推动农村电商、智慧农业、在线教育、远程医疗等新兴业态的发展，弥合城乡数字鸿沟，提升农村生产效率和居民生活质量。另一方面，数字产业的发展拓宽了农村居民的就业渠道，使更多劳动力可以通过远程办公、直播带货、数字服务等形式参与经济活动，从而减少对传统农业和务工经济的依赖，缓解城乡收入差距。此外，财政支出分权赋予地方政府更多的自主权，使其能够因地制宜地制定促进城乡要素流动的政策。例如，通过财政补贴和税收优惠措施，鼓励城市企业向乡村延伸产业链，支持农村数字基础设施建设，并提升城乡公共服务均等化水平。这种产业数字化与城乡融合的协同作用，最终推动城乡资源高效配置，加快城乡一体化进程，实现区域经济的协调发展[②]。基于以上分析，本章提出假设 8：财政支出分权能够增强产业数字化对城乡高质量融合的促进作用。

四、高等教育素养的调节效应

在产业数字化推动城乡融合的过程中，高等教育水平发挥了重要的调节作用。高等教育水平不仅影响劳动者对数字技术的适应能力，还决定了

① 刘尚希．刘尚希：数字财政或将重构财政体系［J］．新理财（政府理财），2020（12）：42-43.

② 周业安，李涛．地方政府竞争和经济增长［M］．北京：中国人民大学出版社，2013：437.

产业数字化对城乡融合的促进效果。一方面，产业数字化的发展推动了传统产业升级，催生了智能制造、数字农业、平台经济等新兴业态，为城乡居民提供了更多元化的就业机会。然而，在高等教育水平较高的地区，劳动者能够更快掌握数字技术，适应产业数字化转型，使地方经济更充分地受益于数字产业的发展，实现更高质量的就业与收入增长。相反，在高等教育水平较低的地区，劳动者可能难以有效融入数字化生产体系，导致产业数字化对城乡融合的带动作用受限。另一方面，高等教育水平影响着产业数字化的发展速度和深化程度，从而调节其对城乡融合的作用。高等教育水平较高的地区具备更强的技术创新能力和产业升级潜力，能够加速数字技术在农业、制造业和服务业中的渗透，推动智能制造、智慧农业和数字金融等新兴产业的发展，促进城乡要素的高效流动，提升城乡产业协同发展水平。此外，高等教育水平较高的劳动者更具职业迁移能力，使得城乡之间的劳动力流动更加顺畅，推动城乡就业结构优化，促进城乡经济和人口的深度融合。因此，在高等教育水平较高的地区，产业数字化能够更有效地缩小城乡发展差距，推动城乡融合进程，而在高等教育水平较低的地区，这一促进作用可能受到抑制。由此可见，高等教育水平不仅影响个体在产业数字化进程中的适应能力，还作为调节因素决定了产业数字化在城乡融合中的作用强度和效果。基于以上分析，本章提出假设9：高等教育素养能够增强产业数字化对城乡高质量融合的促进作用。

五、公共服务数字化水平的门槛效应

公共服务数字化水平的发展对城乡高质量融合发展具有显著的门槛效应。城市地区的公共服务数字化水平往往较高，5G 网络、光纤宽带等覆盖广泛。而乡村地区受地理条件、人口密度、建设成本等因素限制，网络覆盖相对薄弱。只有当乡村地区的公共服务数字化水平达到一定程度，实现宽带网络、4G、5G 网络等广泛覆盖，才能为城乡高质量融合发展提供基础支撑，否则会形成数字接入鸿沟，阻碍城乡之间的数据流动、信息共享和资源配置[①]。

---

① 严贝妮，刘婉，宰旭．公共图书馆服务与文化产业数字化耦合协调发展研究［J］．图书馆研究与工作，2025（03）：21－33.

同样地，城市居民在电脑、智能手机等信息终端设备的拥有量和更新换代速度上普遍高于农村居民。农村居民若缺乏必要的信息接收和处理设备，即使网络覆盖到位，也难以充分享受公共服务数字化水平发展带来的便利，无法有效参与线上的经济、文化、教育等活动，限制了城乡之间的互动和融合。基于以上分析，本章提出假设 10：公共服务数字化水平发展对城乡高质量融合发展具有门槛效应。

六、产业升级的门槛效应

产业升级对城乡高质量融合发展具有显著的门槛效应。从经济发展门槛角度来看，当城市经济发展到一定阶段，产业结构向高端化、服务化调整，如发展金融、科技研发、文化创意等产业。这些产业需要大量高素质、高技能的劳动力，对人才的教育背景、创新能力、专业技能等要求较高。如果农村劳动力素质和技能水平无法达到这些产业的要求，就难以进入城市高端产业就业，限制了农村人口向城市的有效转移和城乡人口的融合互动。农村地区若经济发展水平过低，产业基础薄弱，缺乏必要的基础设施和产业配套，即使有产业转移或新兴产业发展的机会，也难以承接和发展。

从要素流动与配置门槛角度来看，产业升级往往伴随着技术进步和生产方式的变革，对劳动力的素质和技能要求不断提高①。城市劳动力在教育资源、培训机会等方面具有优势，能够更好地适应产业结构调整的需求。而农村劳动力整体素质相对较低，可能无法满足新兴产业和高端制造业、服务业的用工需求，导致农村劳动力在向城市流动和在产业间转移过程中面临困难，影响城乡劳动力要素的合理配置和城乡融合发展。产业升级需要大量的资本投入，城市地区由于金融市场发达、投资环境优越，更容易吸引到资本。而农村地区金融服务体系相对薄弱，融资渠道有限，缺乏足够的资本支持产业发展和基础设施建设。此外，农村土地等资产的产权制度不完善，导致其抵押融资难度大，进一步限制了资本向农村流动，不利于城乡产业的均衡发展和融合。

---

① 王沛．电子商务发展对长江经济带物流业效率的影响——基于产业数字化和产业结构升级的中介效应［J］．商业经济研究，2025（03）：105－108.

从基础设施与公共服务门槛角度来看，产业升级需要完善的基础设施作为支撑，城市的交通、通信、能源等基础设施建设相对完善，能够满足产业发展的需求。农村地区基础设施建设相对滞后，交通网络不够发达、宽带网络覆盖不足等问题较为突出，这不仅增加了企业在农村投资和运营的成本，也影响了农村与城市之间的产业联系和协同发展。城市拥有优质的教育、医疗、文化等公共服务资源，能够为居民提供良好的生活和发展环境，吸引人才和产业集聚。农村地区公共服务水平相对较低，教育质量不高、医疗条件有限等问题，导致农村居民生活质量不高，也难以吸引和留住人才，不利于农村产业的升级和发展，拉大了城乡之间的差距，阻碍了城乡高质量融合发展。基于以上分析，本章提出假设11：产业升级对城乡高质量融合发展具有门槛效应。

第四节　本章小结

本章通过数理推导和理论分析，探讨了数字经济赋能城乡融合发展的影响及其作用机制，具体分析了数字基础设施和产业数字化赋能城乡高质量融合发展的作用机理，指出数字基础设和产业数字化提升有助于促进城乡融合发展，重点介绍了数字经济赋能城乡融合的多维作用机理。数字基础设施主要通过技术创新外溢与人力资本积累路径发挥作用：技术扩散降低城乡信息壁垒，促进农村产业融入全国价值链；公共服务数字化则通过知识外溢提升农村人力资本储备。产业数字化则侧重要素重置与结构升级：通过优化城乡分工激发农村三产活力，但受制于城乡公共服务非均等化，其福利提升效应存在空间异质性，基于理论推演，本章分别提出假设，提供理论基础。

第四章　数字经济与城乡高质量融合水平测度及时空演进分析

第一节　数字经济发展和城乡融合发展现状特征

数字经济具有创新能力强、技术水平高、渗透作用较大等特征，经济社会全面网络化、数字化发展对于推动经济高质量发展具有重要意义。2023年，数字经济在国民经济中的地位进一步提升，数字经济成为国民经济的关键支撑和重要动力，有效提升了我国经济发展的韧性和活力。

一、数字经济发展现状

（一）数字经济规模占国内生产总值（GDP）比重情况

近年来，随着大数据、人工智能和5G网络等技术的迅猛发展，我国新型技术创新不断突破，数字经济产业体系逐步完善，数据要素市场建设加快推进，数字经济的全要素生产率也在不断提升，推动了我国新质生产力的积累和壮大。在数字技术与实体经济的深度融合下，不仅加速了传统产业的转型升级，也催生了“移动网络”“互联网医院”等新业态和新产业，进一步促进了产业的数字化和数字产业的快速发展。《中国数字经济发展研究报告（2024年）》指出，2023年我国数字经济规模稳步增长，达到了53.9万亿元，比上年增加了3.7万亿元，增幅进入了相对稳定的区间。在效益提升方面，2023年数字经济占GDP的比重达到了42.8%，较上一年增长了1.3个百分点，数字经济的名义增速为7.39%，高于同期GDP的名义增速（2.76%），并为GDP增长贡献了66.45%。如图4－1所示，2011—2023 年，我国数字经济规模由 9.5 万亿元增长至 53.9 万亿元，数字经济占 GDP 的比重从 19.5% 上升至 42.8%。

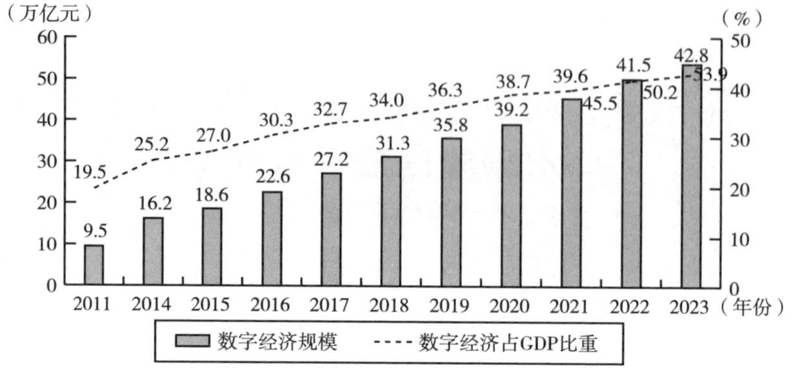

图 4－1　我国数字经济规模及占 GDP 比重

资料来源：《中国数字经济发展白皮书（2024）》《中国数字经济发展研究报告（2023）》。

（二）数字产业化和产业数字化发展水平

数字产业化指的是信息通信产业，包括软件、电子信息制造业、电信业、信息技术服务业等，这些产业都是基于数字技术的创新与应用所衍生出来的。产业数字化则是指传统产业通过应用数字技术所带来的产出增长与效率提升，是推动传统产业在要素优化配置、商业模式与生产模式方面持续变革的过程，旨在实现数字技术与传统产业的深度融合，并引领其向智能化方向转型。这一过程涉及工业互联网、智能制造、车联网、平台经济等新型融合产业和模式。

如图 4－2 所示，2017—2023 年，整体来看我国产业数字化和数字产业化的规模呈逐年递增态势。产业数字化深入推进，数字产业化高质量发展，是国内外数字经济发展的普遍规律。然而，从规模和增速上看产业数字化的表现都远超同期数字产业化。产业数字化方面，产业数字化规模由 2017 年的 21 万亿元增长至 2023 年的 43.8 万亿元，涨幅高达为 109%，约为同阶段数字产业化涨幅的近 2 倍。产业数字化占 GDP 的份额由 25.24% 增长至 34.77%，上升 9.53 个百分点，表明产业数字化发展正步入高质量发展的攻坚期。数字产业化方面，数字产业化规模由 6.2 万亿元增长至 10.1 万亿元，涨幅 63%；数字产业化占 GDP 的比重由 7.45% 增长至8.01%，数字产业化支撑数字经济核心产业进一步逼近“十四五”发展目标。数字经济内部结构中，数字产业化和产业数字化的比重由2012年的约3∶7发展为2023年的约2∶8，产业数字化和数字产业化占数字经济的比重分别为81.3%和18.7%，这表明数字经济的融合能力和赋能作用得到进一步发挥，产业数字化是数字经济增长的主要驱动力，数字技术为传统产业的转型升级注入源动力。

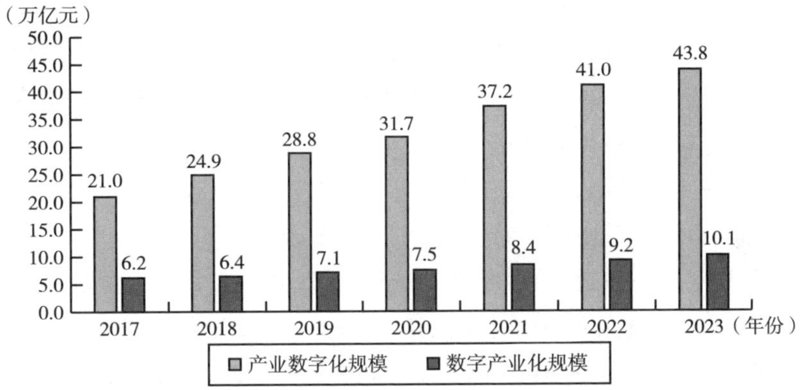

图4-2　我国产业数字化规模和数字产业化规模

（三）数字经济发展对各产业的影响

数字经济优化要素资源配置、提高生产效率和支撑产业转型升级等赋能作用，主要表现数字技术应用推动第一、第二、第三产业全要素数字化转型，数字经济和不同产业深度渗透融合稳步提升，不仅体现在量的合理增长上，也体现在质的有效提升上。党的十八大以来，我国数字经济和各产业融合发展基础进一步夯实，融合程度持续拓展深化。数字经济渗透率是指在各产业发展中，数字经济对各产业的影响渗透程度，也反映出三次产业中数字化经济的重要性和数字技术应用的广泛程度。数字经济对第一产业的渗透作用表现在：通过数字技术实现对农作物生长环境的实时监测和精准调控，提高农业生产的效率和质量；数字经济为农产品提供了更广阔的销售渠道。电商平台、直播带货等新型销售模式，让农产品能够直接面向消费者，减少中间环节，提高农民收入；数字经济推动第一、第二、第三产业融合发展。数字经济对第二产业的渗透作用表现在：数字技术在制造业中的应用，提升生产智能化水平，企业可以通过大数据分析优化生产流程，提高生产效率和产品质量；创新商业模式，数字经济催生了新的商业模式，如个性化定制、服务型制造等。企业可以根据客户的需求进行个性化定制生产，满足消费者多样化的需求；数字平台的发展促进了产业链上下游企业之间的协同合作。企业可以通过数字平台实现信息共享、资源整合和协同创新，提高整个产业链的效率和竞争力。数字技术在金融、物流、旅游、医疗等服务业领域的广泛应用，推动了服务业的数字化转型。数字经济对第三产业的渗透作用表现在：培育新兴服务业态，数字经济催生了一系列新兴服务业态，如共享经济、平台经济等；大数据分析、人工智能等技术的应用，能够为消费者提供更加个性化、精准的服务。同时，数字技术也能够提高服务行业的运营效率，降低成本。

从图 4－3 可看出，2016—2023 年，数字经济渗透率在三次产业中均呈稳步上升趋势，其中第一产业数字经济渗透率由 6.2% 提升至 10.8%，第二产业数字经济渗透率由 16.8% 提升至 25.0%，第三产业数字经济渗透率由 29.6% 提升至 45.6%。从绝对规模来看，2023 年我国三次产业中数字经济渗透率分别为 10.78%、25.03%、45.63%；从相对规模来看，我国第一、第二、第三产业数字经济渗透率同比提升了 0.32%、1.03%、0.91%。近些年第三产业数字经济渗透率增幅与第二产业增幅之间的差距日趋缩小，2023 年第二产业数字经济渗透率增幅首次超过第三产业，第一产业稳步推进、第二产业加速渗透、第三产业纵深拓展成为目前主要的趋势特征。可见，产业数字化转型的活跃区域体现在工业和服务业领域，

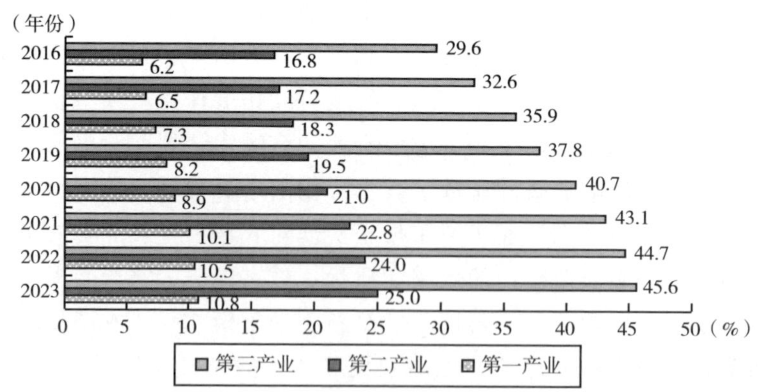

图 4－3　我国三次产业数字经济发展情况

从长远来看，我国数字经济发展的重要潜力所在集中在制造业的智能化转型[①]。

（四）数字基础设施发展现状

1. 互联网普及率不断提高

“宽带中国”战略互联网普及率阶段性发展目标为，到2015年，固定宽带家庭普及率达到50%；到2020年，固定宽带家庭普及率达到70%。我国互联网普及率2015年为50.3%，2020年就已达到70.4%；普及率从2011年的38.3%已经提高到2022年的75.6%。据最新统计，截至2023年12月，互联网普及率上升至77.6%，网民规模达到10.92亿人。互联网接入端口在2014年“宽带中国”战略开始实施后数量急速上升，2015年增速最快，达到42.3%。互联网宽带接入端口从2011年的23239.4万个增长至2022年的107104.2万个，数量实现3.6倍的跃升（见图4-4）。

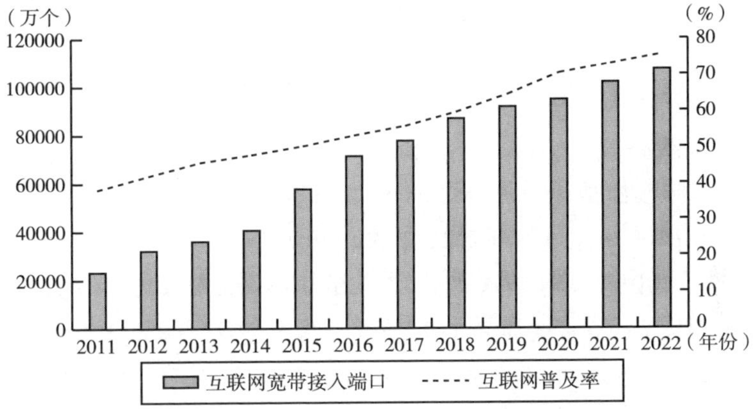

图4-4　2011—2022年我国互联网普及率与互联网接入端口

2. 互联网城乡接入用户数不断增加

从互联网宽带接入用户数量来看，以我国2014年为转折点。2015年，我国互联网宽带接入用户实现自2011年以来第一次较为快速的增长。其中，城市互联网宽带接入用户2022年底为58963.83万户，是2011年15000.1万户的近4倍。其中，城市宽带接入用户从2011年的11691.4万

① 史丹. 数字经济条件下产业发展趋势的演变［J］. 中国工业经济，2022（11）：26-42.

户增加至41332.7万户，12年增加3.54倍。农村宽带接入用户从2011年3308.8万户增长到2022年的17632.23万户，12年增加4.32倍。可见，数字基础设施的发展能够大幅地提高乡村的信息化水平，是促进乡村振兴、弥合“数字鸿沟”、推动城乡融合的重要抓手（见图4-5）。

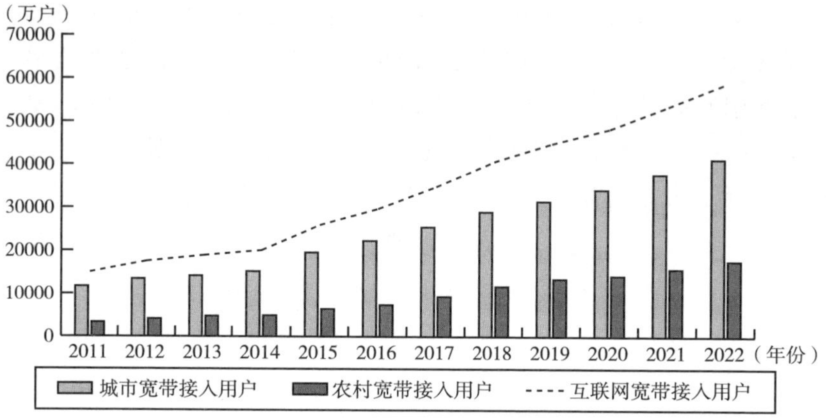

图4-5 2011—2022年我国互联网接入用户数

3. 光缆线路长度、移动电话基站规模不断扩大

我国目前已建成全球最大的光纤和移动宽带网络，光缆线路长度从2011年的1212万公里增加到2022年的5958万公里，增长3.91倍。2011年到2022年，我国移动电话基站从175.23万个增加到1083.40万个，移动电话普及率从73.55%增加到119.25%。其中，自“宽带中国”战略实施后的第二年，我国新增4G基站92.2万个，2015年4G总数已达到177.1万个；据《2022年通信业统计公报》，我国2022年4G基站总数为593.7万个，5G基站为231.2万个。这些成就体现了“宽带中国”战略中对于移动基站建设和覆盖的重视，通过提升移动网络的覆盖和质量，推动了基础设施数字化转型，提升了经济增长质量。

二、我国城乡融合发展现状

（一）我国城镇化水平呈逐年上升态势

城镇化是人类经济社会发展、工业化进程中的客观趋势，同时带来城乡关系的持续演进。实施新型城镇化战略、乡村振兴战略是以习近平同志为核心的党中央作出的重大决策部署。2024 年我国人口城镇化率为 67%，表明我国城镇化水平已步入成熟期阶段（见图 4－6），我国城镇化发展已进入“下半场”，更加重视质量的提升。总体来看，“十四五”时期以来，我国稳步推进新型城镇化战略、乡村振兴战略，城镇化水平与质量稳步提升，巩固拓展脱贫攻坚成果同乡村振兴有效衔接，乡村全面振兴取得明显进展，营造富有亲和力和归属感的城市生活氛围，不断提高公共安全水平，创造高品质生活，提升市民获得感、幸福感、安全感，大大加快“智慧城市”“数字城市”建设，5G、大数据、人工智能等新技术加速应用，不断改变着城市管理与市民生活方式，城乡关系进入高质量融合发展新阶段。目前城镇化增速放缓，但在提升城镇化质量和水平上，总体来看仍有巨大潜力，继续提升城镇化水平与质量仍是城镇化发展的重要任务。

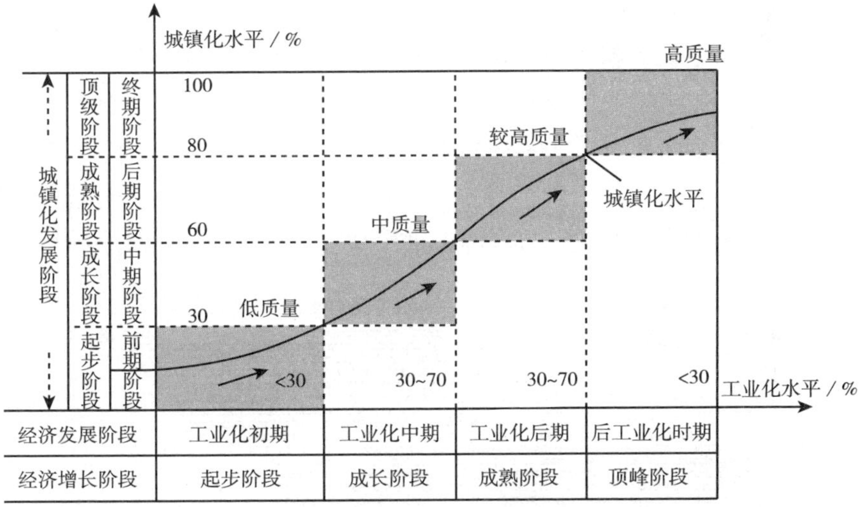

图 4－6　新型城镇化高质量发展的四阶段性规律示意图（引自方创琳）①

① 中国科学院地理科学与资源研究所区域与城市规划设计研究中心主任方创琳教授根据城镇化过程的“S”形曲线，提出新型城镇化高质量发展的四阶段性规律。即在充分考虑城镇化与工业化的同步对应关系的前提下，将“S”形曲线划分为城镇化发展初期（城镇化水平在 1%—30%，为起步期）、城镇化发展中期（城镇化水平在 30%—60%，为成长期）、城镇化发展后期（城镇化水平在 60%—80%，为成熟期）、城镇化发展终期（城镇化水平在 80% 以上，为顶峰期）共四大阶段。他认为，这是新型城镇化高质量发展所要遵循的四阶段性规律或者称四阶段论。

从图 4 –7 和图 4 –8 可以看出，我国城镇化水平持续提升，我国城镇人口占比呈现出稳定的增长。我国我国 2022 年年底常住总人口为 141175 万人，较第六次人口普查增加 3.01%。在“十二五”期间，全国常住人口增加 4235 万人，“十三五”期间，全国常住人口增加 2886 万人。“十四五”规划至今，2023 年，全国常住人口为 140967 万人，较 2021 年略微减少，约 0.21%。自新中国成立以来，我国城乡关系不断演进。从数量上来看，到 2023 年末，全国城市个数达到 694 个，相比新中国成立初期有了显著增加，其中地级以上城市 297 个、县级市 397 个，建制镇也增加到 21421 个。1949 年末全国城市人口共 3949 万人，2023 年末我国地级以上城市常住人口达到 6.7 亿人，比 1949 年末增长了 16 倍。常住人口超过 500 万人的城市有 29 个，超过 1000 万的城市有 11 个，城市的人口吸纳能力不断增强。1981 年全国城市建成区面积仅 7438 平方公里，到 2023 年全国城区实体地域面积达到 62038 平方公里，增加了 54600 平方公里，增长了 7.3 倍。城市建成区的不断扩大，为城市的进一步发展提供了空间基础。从人口流动角度看，2000—2020 年，我国流动人口从 1.21 亿人增加到 3.8 亿人，平均约每 4 个人中就有一人是流动人口。这不仅为城市的建设和发展提供了丰富的劳动力资源，也推动了城市的消费市场不断扩大。

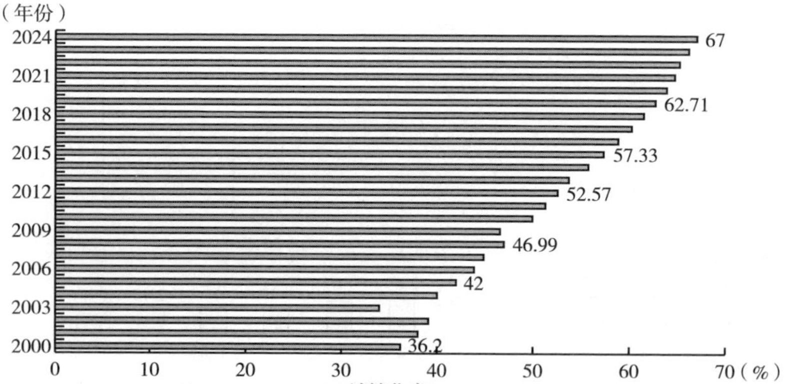

图 4 –7　我国人口城镇化水平

资料来源：根据《中国统计年鉴》各年整理而得。

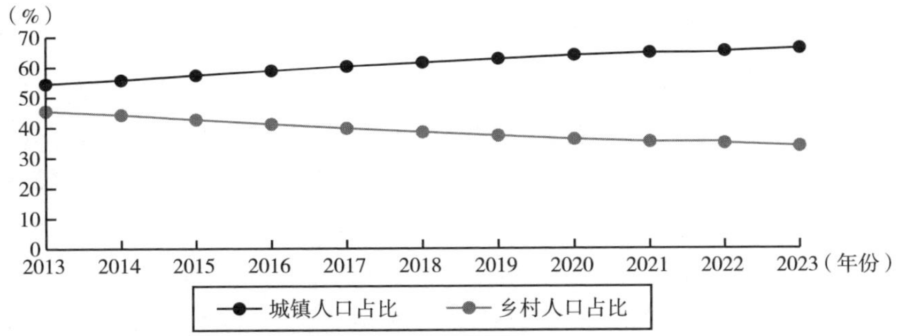

图 4-8　我国城乡人口占比变化

资料来源：根据《中国统计年鉴》各年整理而得。

（二）城乡收入差距缩小

我国城镇居民可支配收入从 2002 年的 7652 元上升到 2023 年的 51821 元，农村居民可支配收入从 2002 年的 2529 元上升到 2023 年的 21691 元，分别提高 6.77 倍和 8.58 倍，我国城乡居民可支配收入均显著提高。从图 4-9 来看，2013—2023 年，我国城乡居民人均可支配收入比呈下降趋势，由 2013 年的 3.03 降到 2023 年的 2.39，2023 年城镇居民人均可支配收入增长 5.1%，而农村居民人均可支配收入增长 7.7%。这表明我国城乡居民的收入差距一直在缩小，这得益于我国出台了一系列的政策支持，我国一直致力于乡村振兴战略和脱贫攻坚战略。截至 2020 年，我国实现了全面脱贫，不仅为脱贫人员不返贫提供了基本保障，也对于实现我国城乡融合具有重要的意义。

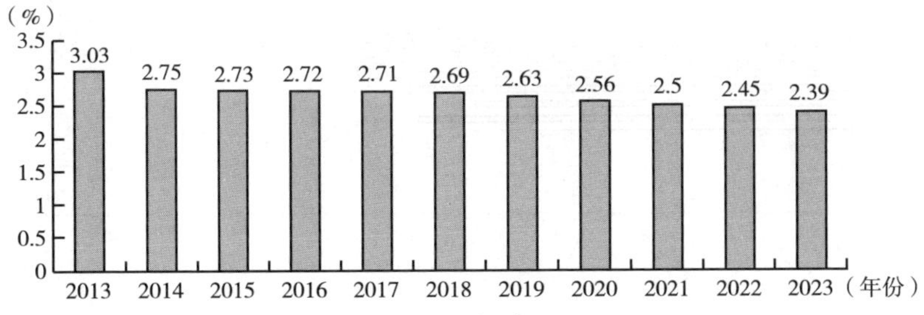

图 4-9　我国 2013—2023 年城乡居民人均可支配收入比变化情况

资料来源：根据《中国统计年鉴》各年整理而得。

进入21世纪以来，我国城乡居民生活水平有了明显改善。在收入内部构成方面，2023年，城镇居民可支配收入中，工资性收入占比60.4%、经营净收入占比18.8%、财产净收入占比17.2%、转移净收入占比29.4%。农村居民可支配收入中来源于工资性收入占比42.2%、经营净收入占比34.3%、财产净收入占比2.5%、转移净收入占比21%。城乡居民收入日益多样化，收入构成来源于多种渠道。在日常消费结构方面，城乡居民恩格尔系数整体呈下降趋势（见表4－1），从日常消费结构来看，2023年我国城镇居民恩格尔系数和农村居民恩格尔系数分别为28.8%和32.4%，分别比2002年下降7.6个和12.5个百分点，表明我国城乡居民生活水平明显改善。目前，我国正乘势而上开启全面建设社会主义现代化国家新征程、向第二个百年奋斗目标迈进，城乡居民生活水平提高的前提下，仍然存在城乡发展不均衡、农村发展不充分等问题，这也正是研究如何进一步发展的潜力所在。

表4－1　　我国城乡居民2002—2023年恩格尔系数

年份	城镇居民恩格尔系数（%）	农村居民恩格尔系数（%）	年份	城镇居民恩格尔系数（%）	农村居民恩格尔系数（%）
2002	36.4	44.9	2013	30.1	34.1
2003	35.5	43.9	2014	30	33.6
2004	35.8	45.3	2015	29.7	33
2005	34.5	43.3	2016	29.3	32.2
2006	33.3	40.7	2017	28.6	31.2
2007	33.6	40.5	2018	27.7	30.1
2008	34.5	40.9	2019	27.6	30
2009	32.9	38	2020	29.2	32.7
2010	31.9	37.9	2021	28.6	32.7
2011	32.3	37.1	2022	29.5	33
2012	32	35.9	2023	28.8	32.4

（三）城乡协同发展进一步推进

1. 在城乡要素融合方面

第一，从城乡资本流动来看，金融机构向乡村地区的高效延伸能够有效促进城乡资本要素的流通，进而推动城乡资本市场融合发展。从人均农村金融机构网点数来看，2012—2021 年，全国人均农村金融机构网点数呈现出稳步增长的态势，从 1.22 个/万人增长到 1.69 个/万人。2022 年略微降低，为 1.66 个/万人（见图 4-10）。从人均农业贷款余额来看，2012—2022 年，全国人均农业贷款余额呈现出逐年增长的趋势，从 2.75 万元/人增长到 9.96 万元/人，增长了约 2.6 倍（见图 4-11）。这说明随着国家对于农业扶持力度的加大，城乡资本流动中流向农业和农村的资金也在增加。第二，从城乡劳动力流动来看，城乡劳动力流动主要表现在产业部门间的流动，即从第一产业向第二、第三产业转移。这也是城乡劳动力流动和转移的普遍规律之一，用第二、第三产业就业人数与第一产业就业人数的比值作为劳动力流动指标测度。2012—2021 年，全国第二、第三产业就业人数与第一产业就业人数的比值呈现出持续增长的趋势，从 1.81 增长到 3.37，2022 年稍有下降（见图 4-12），表明劳动力从第一产业向第二、第三产业的转移在持续进行。第三，从城乡土地流动来看，2012—2017 年，全国的农村土地流转率呈稳步上升的趋势，从 21.24% 增长到 36.98%。2018 年略有下降，降至 36.79%。随后在 2019 年继续下降到 35.9%，2020 年下降至近年来的最低点，为 34.08%。从 2021 年开始，土地流转率有所回升，达到 35.37%，并在 2022 年进一步增长至 36.73%（见图 4-13），这表明"十四五"以来，土地流转政策或市场环境在逐渐改善。第四，从城乡技术流动来看，人均农业机械总动力是指农业机械总动力与第一产业就业人数的比值，它能够反映农业生产中农业机械的普及程度和使用效率。随着农业机械化和农村电气化的推进，城乡之间的技术流动不断加强，为农业生产提供了更加先进的技术支持，同时也促进了农村经济的发展和农民生活水平的提高。全国人均农业机械总动力从 2012 年的 1.62 千瓦/人增加到 2015 年的 1.90 千瓦/人，2016 年出现下降，为 1.70 千瓦/人，而后逐步上升，到 2022 年达到 2.25 千瓦/人，显示了国家对农业现代化发展的重视以及农业机械化的普及。这种增长不仅有助于提高农业生产效率，也能够有效带动农村经济发展。

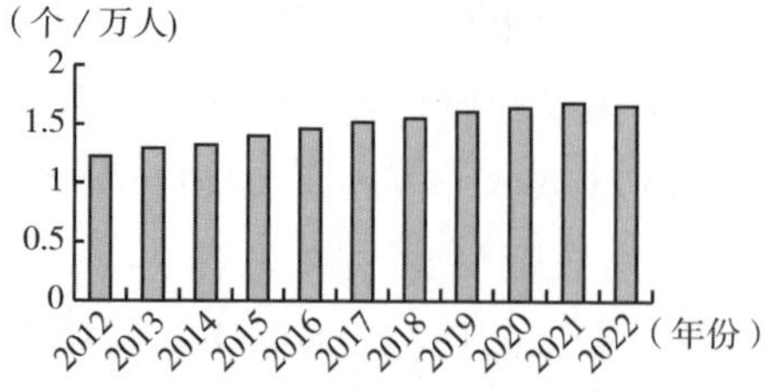

图 4-10 2012—2022 年人均农村金融机构网点数

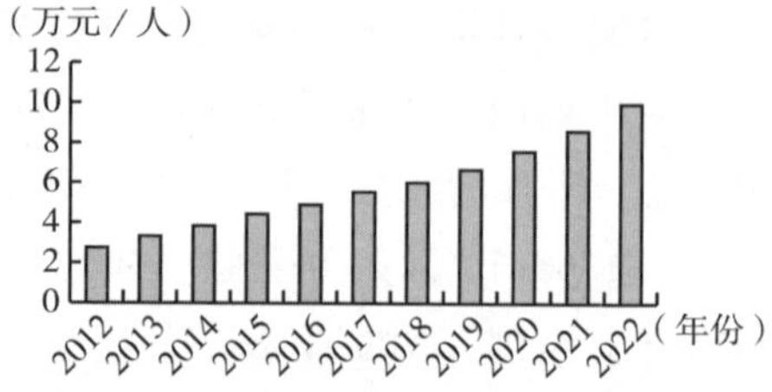

图 4-11 2012—2022 年人均农业贷款余额

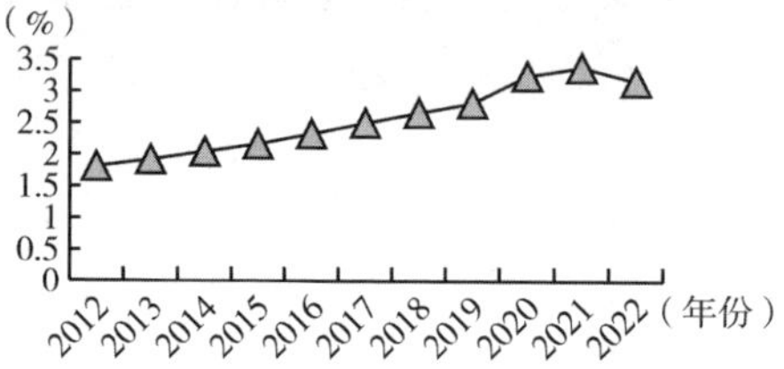

图 4-12 2012—2022 年城乡劳动力流动

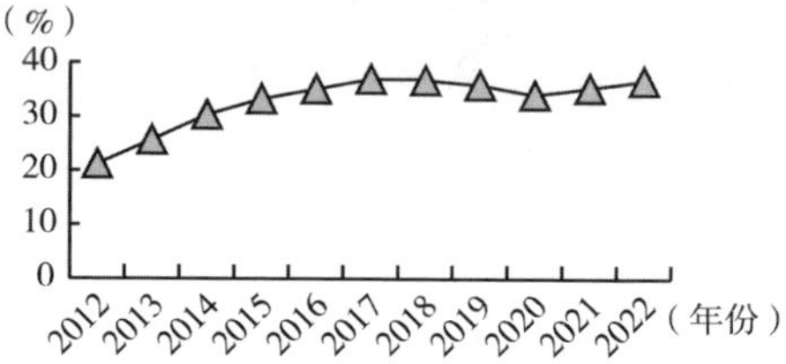

图 4-13 2012—2022 年土地流转率

2. 在城乡产业协同方面

产业协同可以通过提高资源配置效率、促进产业链优势互补、推动多领域创新等实现多维度、高效率、可持续的发展，是城乡融合的重要支撑。二元对比系数是衡量农业与非农产业生产率差距的重要指标，通过计算农业部门和非农业部门的比较劳动生产率，可以得到二元对比系数。二元对比系数理论上处于 0 至 1 之间，当为 0 时，表明第一产业比较劳动生产率为 0，经济二元性最显著；而为 1 时，第一产业和第二、第三产业的比较劳动生产率相同，二元经济完全转变成了一元经济，经济的二元性消失。通常来说，发展中国家的二元对比系数通常为 0.31—0.45，发达国家一般为 0.52—0.86。该指标与经济结构二元性的强度呈反向变动的关系，二元对比系数越大，两部门的差别越小；反之则两部门的差别越大。二元对比系数在理论上的最大值为 1，但通常总是低于 1。从表 4-2 来看，2022 年，浙江、海南和黑龙江的二元对比系数分别为 0.559、0.543 和 0.472，全国 31 个省份（不包含香港、澳门、台湾）中排名前三，这表明这三个省份的农业和非农业之间的协同发展程度相对较高。从产业协同集聚指数来看，从第一、第二产业协同集聚指数来看，2022 年安徽第

一、第二产业协同集聚指数为 3.11，排名第 1，这表明安徽在农业和工业的协同发展方面有明显成效。海南的第一、第三产业协同集聚指数最高，为 3.491，这表明海南在农业和服务业的协同发展方面取得了较好成果。天津的第二、第三产业协同集聚指数[①]最高，为 3.443，说明天津在工业和服务业的协同发展方面也取得了一定较好的成效。

表 4-2　2022 年各省二元对比系数、第一和第二、第一和第三、第二和第三产业协同集聚指数

地区	二元对比系数		第一和第二产业协同集聚指数		第一和第三产业协同集聚指数		第二和第三产业协同集聚指数	
	数值	排名	数值	排名	数值	排名	数值	排名
浙江	0.559	1	2.008	28	1.623	30	3.430	2
海南	0.543	2	2.171	27	3.491	1	2.059	31
黑龙江	0.472	3	2.613	21	3.345	5	2.206	28
河北	0.391	4	2.972	7	2.912	21	3.002	8
福建	0.386	5	2.386	25	2.370	25	3.267	5
广西	0.373	6	3.065	3	3.033	18	2.727	18
广东	0.369	7	2.214	26	2.116	27	3.333	4
江西	0.368	8	2.744	16	2.626	24	3.105	7
湖南	0.324	9	2.923	11	3.033	17	2.930	10
天津	0.303	10	1.730	29	1.793	29	3.443	1
青海	0.301	11	2.695	19	3.192	9	2.638	20
贵州	0.283	12	3.052	5	3.076	14	2.649	19
江苏	0.281	13	2.506	23	2.234	26	3.216	6
河南	0.275	14	3.056	4	2.978	20	2.893	12

① 产业协同集聚指数采用区位熵的方法进行计算，具体公式如下：

$$agg_{x,i,t} = \frac{l_{x,i,t}}{\sum_i l_{x,i,t}} \Big/ \frac{L_{i,t}}{\sum_i L_{i,t}} \qquad Coagg_{i,t} = \left(1 - \frac{|agg1_{i,t} - agg2_{i,t}|}{agg1_{i,t} + agg2_{i,t}}\right) + |agg1_{i,t} + agg2_{i,t}|$$

其中，$agg_{x,i,t}$ 表示 x 产业 i 地区第 t 年的区位熵，$Coagg_{i,t}$ 表示产业协同集聚指数。$l_{x,i,t}$ 表示 x 产业 i 地区第 t 年的就业人数，$L_{i,t}$ 表示 i 地区第 t 年的就业人数，$\sum_i l_{x,i,t}$ 表示 x 产业全国第 t 年的就业人数，$\sum_i L_{i,t}$ 表示第 t 年全国的就业人数。

续表

地区	二元对比系数		第一和第二产业协同集聚指数		第一和第三产业协同集聚指数		第二和第三产业协同集聚指数	
	数值	排名	数值	排名	数值	排名	数值	排名
新疆	0.271	15	2.446	24	3.423	2	2.081	30
安徽	0.256	16	3.110	1	2.883	22	2.928	11
湖北	0.255	17	2.961	8	3.043	16	2.838	15
山东	0.245	18	3.093	2	2.838	23	2.933	9
重庆	0.239	19	2.800	14	3.018	19	2.853	14
辽宁	0.231	20	2.760	15	3.168	11	2.636	22
四川	0.228	21	2.926	10	3.114	13	2.637	21
宁夏	0.225	22	2.805	13	3.130	12	2.731	17
内蒙古	0.221	23	2.698	18	3.279	6	2.338	24
吉林	0.219	24	2.640	20	3.363	3	2.147	29
云南	0.198	25	2.960	9	3.262	8	2.271	25
陕西	0.186	26	2.744	17	3.191	10	2.572	23
甘肃	0.177	27	3.027	6	3.266	7	2.248	26
山西	0.168	28	2.855	12	3.067	15	2.866	13
西藏	0.157	29	2.570	22	3.348	4	2.222	27
上海	0.137	30	1.306	30	1.550	31	3.425	3
北京	0.119	31	0.940	31	1.918	28	2.794	16

3. 城乡基础设施

基础设施是经济社会发展的重要支撑和必备条件。全国交通网密度在2012—2022年略有下降，从0.456千米/平方千米降至0.452千米/平方千米。相较之下，中部和山西交通网密度明显提升，且始终高于全国平均水平。中部地区从2012年的1.146千米/平方千米增加至2022年的1.412千米/平方千米。从城乡人均道路面积来看（见图4－14、表4－3），以山西为例，2022年山西城市人均道路面积为18.71平方米，低于全国平均的19.28平方米。县城人均道路面积为17平方米，低于全国的20.31平方米。建制镇人均道路面积为14.84平方米，低于全国的17.21平方米。乡人均道路面积为19.54平方米，低于全国的23.95平方米。村人均道路面积为 43.67 平方米，高于全国的 40.07 平方米。这反映出山西在城市、县城、建制镇、乡的人均道路面积仍然有待提高。

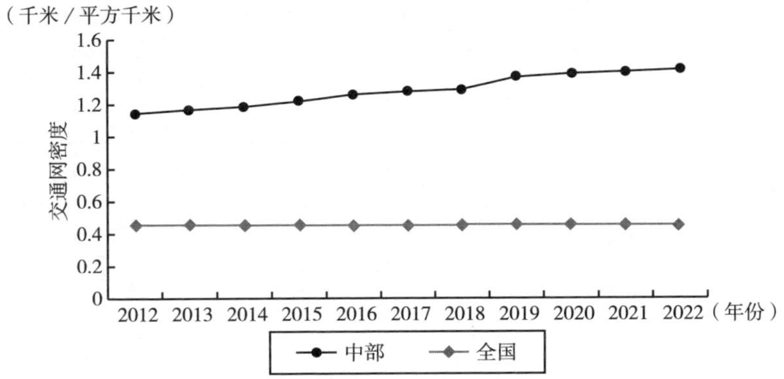

图 4-14　2012—2022 年全国交通网密度

表 4-3　2022 年城乡人均道路面积　单位：平方米

地区	城市	县城	建制镇	乡	村
全国	19.28	20.31	17.21	23.95	40.07
北京	8.04		13.28	24.36	23.94
天津	16.11		14.85	19.56	34.73
河北	21.2	25.46	12.46	17.32	29.41
山西	18.71	17	14.84	19.54	43.67
内蒙古	24.57	33.97	20.24	28.55	48.72
辽宁	19.37	16.12	16.55	26.79	30.12
吉林	17.15	17.77	17.77	25.2	42.55
黑龙江	16.63	14.53	17.91	24.77	35.19
上海	5		8.21	41.53	14.96
江苏	25.66	22.87	20.32	25.02	41.89
浙江	19.6	25.63	17.78	30.63	35.27
安徽	24.57	25.15	20.54	25.11	43.22
福建	21.96	19.86	17.15	23.82	27.76
江西	25.92	25.27	18.29	22.55	32.96
山东	26.45	22.83	17.08	23.98	44.61
河南	16.86	18.68	18.01	22.21	35.48

续表

地区	城市	县城	建制镇	乡	村
湖北	19.67	19.5	20.03	26.17	76.37
湖南	20.35	14.83	14.27	21.6	43.03
广东	15.02	14.92	16.6	25.91	37.45
广西	24.4	21.79	20.17	25.34	24.87
海南	25.27	34.43	17.27	33.34	30.75
重庆	16.64	11.82	9.55	18.4	20.75
四川	18.28	15.1	17.74	18.99	50.20
贵州	26.69	21.25	20.94	31.97	59.01
云南	17.4	19.26	16.59	19.96	34.70
西藏	22.03	17.16	31.57	44.14	55.63
陕西	18.11	16.07	17.33	28.76	30.22
甘肃	22.21	15.49	18.44	20.25	35.18
青海	19.58	23.24	21.61	19.08	42.33
宁夏	28	24.64	17.49	30.11	74.14
新疆	22.51	23.98	32.99	36.54	56.07

从城乡宽带接入用户数来看（见表4－4），总体增长趋势较为明显。城市数字基础设施发展速度较快。农村宽带接入用户数也继续增加，农村地区数字基础设施水平不断提升。从供水普及率和燃气普及率来看（见表4－5），2022年，全国城市、县城、建制镇、乡、村供水普及率分别为99.39%、97.86%、90.76%、84.72%、86.02%。从燃气普及率来看，2022年全国城市、县城、建制镇、乡、村燃气普及率分别为98.06%、91.38%、59.16%、33.54%和39.93%。

表4－4　　2015年、2020年、2022年城乡宽带接入用户数

地区	城市宽带接入用户（万户）			农村宽带接入用户（万户）		
	2015年	2020年	2022年	2015年	2020年	2022年
安徽	655.5	1290.9	1720.8	257.8	802.1	945.9
北京	406	652.9	802.7	85.9	94.4	74.6
福建	702.6	1253.5	1382.5	342.2	577.6	762.8

续表

地区	城市宽带接入用户（万户）			农村宽带接入用户（万户）		
	2015 年	2020 年	2022 年	2015 年	2020 年	2022 年
甘肃	241.9	595.4	675.9	60.8	336	416.8
广东	2104.9	2873	3529.1	577.8	1017	1099.6
广西	562	950.2	1174.3	153.8	700.7	879.9
贵州	313.9	778.1	953.4	72.8	224.3	430.7
海南	107.3	240.3	303.4	42.2	111.2	204.8
河北	890.8	1495.4	1779.7	426.5	1038.9	1212.8
河南	1070	2189.2	2825.2	419	901.7	1109.6
黑龙江	436.6	722.1	936.4	82.9	164.2	194
湖北	859.5	1299.9	1590	154.9	570.3	700.8
湖南	734.5	1411.5	1656.7	176	701.6	818.4
吉林	357.8	541.6	634.5	69.4	112.6	144.6
江苏	1464.5	2340.4	3004.3	881.8	1416.4	1447.3
江西	508	992	1337.7	202.9	518.5	620.5
辽宁	679.4	1254.3	1384	181	77	185.8
内蒙古	281.4	635.7	777.5	84.3	87.3	90.5
宁夏	84.6	221.9	273.9	7.8	61.7	75.5
青海	72.9	131.9	162.6	8.3	50.1	87.2
山东	1379.2	2374.7	3116.8	601.7	1070.9	1147.9
山西	602	1018.5	1209.6	121.9	233.6	261
陕西	571.4	1022.4	1226.9	118.5	346.6	533.6
上海	566.4	916.2	1052.8	2.4	2.7	18.4
四川	961.4	1866.2	2012.9	462.6	1109.2	1553.2
天津	244.3	481.8	590.9	5.5	52.8	40.2
西藏	29.6	71.6	104.4	4.3	24.8	25.9
新疆	296.8	648.2	775.3	112.7	235.6	399.4
云南	445.5	874.1	1105.4	91.8	404	521.8
浙江	1403.3	2046.1	2178.2	503.6	892.7	1221.9
重庆	513.1	975.4	1054.8	89.6	253	406.7

表4-5　　　　2022年城乡供水、燃气普及率

地区	供水普及率（%）					燃气普及率（%）				
	城市	县城	建制镇	乡	村	城市	县城	建制镇	乡	村
全国	99.39	97.86	90.76	84.72	86.02	98.06	91.38	59.16	33.54	39.93
北京	99.81		92.9	98.07	94.54	100		73.7	62.27	53.54
天津	100		96.24	84.38	96.59	100		89.07	71.96	82.44
河北	100	100	93.13	83.64	93.73	99.55	98.97	76.93	61.94	71.59
山西	98.66	94.66	82.1	75.63	88.15	97.56	81.25	35.3	19.84	20.86
内蒙古	99.7	98.83	82.94	74.4	74.4	97.96	92.61	28.16	18.16	13.47
辽宁	98.99	96.83	81.25	57.38	72.52	97.73	88.3	30.93	14.41	17.52
吉林	96.46	96.74	93.22	87.48	83.68	96.54	87.8	50.98	32.76	13.7
黑龙江	99.1	94.79	86.68	89.08	86.92	93.22	60.41	17.21	8.23	5.77
上海	100		93.25	100	93.65	100		76.74	78	78.44
江苏	100	100	98.71	99.53	98.36	99.92	100	94.36	96.01	87.5
浙江	100	100	91.9	85.88	88.11	99.97	100	57.14	50.48	51.24
安徽	99.76	97.67	86.52	91.1	81.45	99.42	96.72	54.39	45.83	42.34
福建	99.97	99.6	93.23	93.75	92.54	99.67	98.6	70.62	64.28	61.99
江西	99.37	97.95	85	84.51	70.55	98.82	97.13	45.34	43.34	31.41
山东	99.92	98.79	93.35	95.29	96.17	99.47	98.07	73.33	63.44	57.78
河南	99.3	97.68	86.95	85.27	84.38	98.21	93.69	37.48	32.9	27.37
湖北	99.93	97.95	89.51	84.96	81.05	99.5	97.96	49.67	47.39	34.27
湖南	99.01	98.26	82.78	75.4	68.1	97.7	94.52	43.63	32.95	28.39
广东	99.74	99.21	94	100	92.17	98.61	97.99	79.46	52.67	70.98
广西	99.91	99.59	91.57	94.12	86.06	99.44	99.21	78.35	65.22	60.55
海南	99.95	99.56	86.12	96.39	91.98	99.53	96.68	78.42	90.19	74.29
重庆	98.57	99.41	96.6	90.09	87.86	98.82	98.14	75.96	43.57	33.16
四川	97.18	96.52	89.59	86.76	77.83	96.55	90.63	70.09	31.32	36.72
贵州	98.88	97.2	90.05	84.57	84.83	93.26	82.72	14.75	11.74	5.22
云南	99.01	95.4	95.27	94.08	88.47	71.75	60.66	13.53	9.93	4.97
西藏	99.7	84.36	60.65	40.06	86.4	74.26	58.25	23.75	12.57	12.27
陕西	98.25	96.49	90.05	78.29	88.83	99.03	90.72	30.61	17.02	18.08
甘肃	99.5	96.84	90.76	93.05	88.8	96.93	77.02	14.48	10.6	6.03
青海	99.57	96.43	92.58	65.14	96.39	94.72	63.95	29.71	3.36	4.6

续表

地区	供水普及率（%）					燃气普及率（%）				
	城市	县城	建制镇	乡	村	城市	县城	建制镇	乡	村
宁夏	99.99	99.56	97.54	95.52	96.85	98.48	77.35	52.54	15.88	11.88
新疆	99.7	99.54	90.52	92.12	94.02	98.97	97.53	24.09	12.13	7.21

第二节　数字经济与城乡高质量融合发展水平测度

一、指标体系构建的原则

通过构建综合评价指标来测算数字经济和城乡高质量融合发展水平两个指标，立足高质量发展视角开展数字经济和城乡高质量融合的评估，为能够最大限度地反映两大指数的真实情况，在选择指标的过程中要尽可能选择可以定量化处理、便于计算和分析的指标，尽量选取可以反映客观事实的指标，具体包括如下原则。

（一）科学性原则

无论是指标体系的构建、具体指标的选取，还是权重大小的确定，都需要确保客观性和科学性。指标在选取时要体现关于数字经济和城乡高质量融合发展的构想，既要考虑两者的核心内涵及特征事实，也要与数字转型、经济、社会、生态等方面相联系。同时在指标数量方面要讲究适度，如果在测算过程中选择的指标太多或太少，会造成研究结果的偏差。因此，选取的指标应在统计范围和统计口径上具有持续性，能够持续跟踪数字经济的发展变化，因此指标选取的数量应该全面且不宜过多，最后选取的数据应该便于收集和处理，同时计算口径应该尽可能没有较大的变化。

（二）系统性原则

构建指标体系时要注重系统间的内在逻辑联系，要权衡选取较为恰当的指标，能够相互替代的指标要进行剔除。如果选择的指标未能全面涵盖总指数的具体内容，就要着手增加新指标，从而提高指标体系构建的合理性和科学性。构建的指标要系统性体现高质量发展内涵，高质量的指标数据是进行城乡高质量融合评价结果具有分析价值的前提。选取的指标要能在测算年度内获得相关数据，同时选取的指标要能够真实有效地反映高质量发展。同时，由于数字经济指数和城乡高质量融合发展是相对概念，因此可以通过比较指数的高低来比较各省市的数字经济和城乡高质量融合发展情况。因此，对于选取的指标的度量方法需要保持一致，尽可能地收集一些简单明了、代表性较强、具有一定的可操作性和可比性的指标。因此，在构建指标体系的时候，要选择适中、全面且具有代表性的指标。

（三）层次性原则

不管是数字经济指数还是城乡高质量融合发展指数，都是一个综合且复杂的系统，涵盖着较多的指标。因此，在指标构建的过程中要有间隔层次性原则，根据数字经济和城乡高质量融合发展的概念内涵和特征进行不同维度科学合理划分，再将不同维度细分为二级指标甚至三级指标。这样将庞大的维度细化有利于科学确定各指标的权重。在细化指标基础上进行测度及评价，测度方法应具有实用性，有明确、可操作的步骤和流程，便于理解和使用。通过提供清晰、直观的测度结果，能够提供更加科学、合理的建议，为政策制定、产业发展、企业经营等方面提供有价值的参考。在实际应用中，应充分考虑数字经济和城乡高质量融合的动态化发展现状，不断完善和优化测度方法。

（四）可操作性原则

在指标选取中除了要考虑数字经济和城乡高质量融合的核心内涵和特征事实，还要与客观现实相联系，既要考虑所选取的指标能够进行量化研究，还要考虑数据的可得性。也许在选取中有些指标在理论上非常契合数字经济和城乡高质量融合发展的内涵特征，但是由于界定模糊和数据的缺失等，可能会导致指标无法量化，此时也只能果断放弃这些指标，这样才能有效避免数据问题对研究成果的可信度造成影响。

二、评价指标体系的构建

（一）指标的构建

1. 数字经济评价指标体系的构建

本章在构建数字经济评价指标体系时，结合数字经济概念核心内涵界定基础上，借鉴葛和平等①学者的研究成果，同时考虑数据的可获得性以及局限性，从数字经济的基础设施条件、数字产业化、产业数字化、数字创新和数字治理 5 个方面构建数字经济发展水平指标体系，并根据其科学概念及数据可得性共选取了 18 个基础指标。其中数字基础设施选取移动电话普及率、长途光缆线路长度、互联网宽带接入用户数、互联网接入端口数和互联网域名数来衡量；数字产业化选取软件业务收入占 GDP 比重、信息传输、软件和信息技术服务业城镇单位就业人数、电信业务总量占 GDP 比重、电子商务交易活动企业比例来衡量；产业数字化选取每百家企业拥有网站数、企业每百人使用计算机数、数字普惠金融指数来衡量；数字创新选取规模以上工业企业 R&D（研发）经费支出、规模以上工业企业 R&D 项目（课题）数、技术市场成交额来衡量；数字治理选取专利申请数、R&D 经费投入强度和信息传输软件和信息技术服务业法人单位数来衡量。具体指标详见表 4－6。

表 4－6　　数字经济发展水平指标体系

二级指标	基础指标	含义	单位	指标属性
数字基础设施	移动电话普及率	—	部/百人	正
	长途光缆线路长度	—	万公里	正
	互联网宽带接入用户数	—	百万户	正
	互联网接入端口数	—	百万个	正
	互联网域名数	—	百万个	正
数字产业化	软件业务收入占 GDP 比重	（软件业务收入÷GDP）×100		正
	信息传输、软件和信息技术服务业城镇单位就业人员	—	万人	正
	电信业务总量占 GDP 比重	（电信业务收入÷GDP）×100		正
	电子商务交易活动企业比例	（电子商务企业数量÷企业总数）×100		正

① 葛和平，吴福象．数字经济赋能经济高质量发展：理论机制与经验证据［J］．南京社会科学 2021（01）：24－33.

续表

二级指标	基础指标	含义	单位	指标属性
产业数字化	每百家企业拥有网站数	—	个	正
	企业每百人使用计算机数	—	台	正
	数字普惠金融指数	—		正
数字创新	规模以上工业企业 R&D 经费支出	—	十亿元	正
	规模以上工业企业 R&D 项目（课题）数	—	千项	正
	技术市场成交额	—	百亿元	正
数字治理	专利申请数	—	万件	正
	R&D 经费投入强度	R&D 经费投入 ÷ GDP × 100%	%	正
	信息传输软件和信息技术服务业法人单位数	—	百个	正

2. 城乡高质量融合发展评价指标体系的构建

在构建城乡高质量融合发展指标体系时，依据《意见》中对于城乡融合发展的五项要求进行划分，参考姚毓春等①对城乡融合发展的指标体系的构建，从城乡人口转移高效化、乡村经济发展多元化、城乡空间融合紧密化、城乡基本公共服务均等化来衡量城乡高质量融合发展水平，并根据其科学概念及其数据可得性共选取了 15 个基础指标。其中城乡人口转移高效化选取户籍人口城镇化率、城市人口密度来衡量；乡村经济发展多元化选取二元对比系数（农业强大的程度）、城乡居民人均消费支出差距、城乡居民人均收入差距来衡量；城乡空间融合紧密化选取公里总里程、人均拥有道路面积、建成区面积来衡量；城乡基本公共服务均等化选取教育支出、城乡养老保险参保人、参加失业保险人数、城镇居民医疗保险参保人数、单位 GDP 电力消费量、城市生活垃圾无害化处理率、城市污水处理率来衡量。具体指标如表 4 - 7 所示。

① 姚毓春，张嘉实，赵思桐．数字经济赋能城乡融合发展的实现机理、现实困境和政策优化［J］．经济纵横，2022，445（12）：50 - 58.

表 4-7　　城乡高质量融合发展水平指标体系

二级指标	基础指标	含义	单位	指标属性
城乡人口转移高效化	户籍人口城镇化率	城镇户籍人口/总人口数量	%	正
	城市人口密度	城市人口数量/土地面积	千人/平方公里	正
乡村经济发展多元化	二元对比系数	—		正
	城乡居民人均消费支出差距	城镇居民人均消费支出/农村居民人均消费支出		负
	城乡居民人均收入差距	城镇居民人均可支配收入/农村居民人均可支配收入		负
城乡空间融合紧密化	公路总里程	—	万公里	正
	人均拥有道路面积	—	平方米/人	正
	建成区面积	—	万平方公里	正
城乡基本公共服务均等化	教育支出	—	百亿元	正
	城乡养老保险参保人数	—	百万人	正
	参加失业保险人数	—	百万人	正
	城镇居民医疗保险参保人数	—	百万人	正
	单位 GDP 电力消费量	—	千瓦小时/元	负
	城市生活垃圾无害化处理率	—	%	正
	城市污水处理率	—	%	正

（二）数据来源及处理

数字经济发展水平指数（E）所涉及的面板数据基本来自国家统计局官方网站、各省统计年鉴、国务院发展研究中心信息网、中国信息通信研究院发布的各项调研报告以及其他公开资料。城乡高质量融合发展水平指数（CC）所涉及的面板数据基本来自国家统计局官方网站、各省统计年鉴、中国产业信息网等公开资料。

在对指标体系全面性与数据可得性进行权衡的前提下，选择 2012—2022 年作为的研究样本区间，搜集全国 30 个省份（不包含西藏）的数字经济以及城乡高质量融合发展的相关数据，并对存在的少部分缺失数据和反映数字经济影响力、城乡融合程度的数据进行如下的数据处理：前者使用线性插值法补充缺失的资料；后者以原始指标为基础，计算出这些指标所占整体的比例，例如，软件业务收入占 GDP 比重。通过对全国 30 个省份数字经济相关数据的收集与处理，最后得到涵盖全国各省份（不包含西藏）30 个省份，时间跨度从 2012 年到 2022 年的数字经济均衡面板数据。

（三）测度方法选取

在确定数字经济发展水平综合指数以及城乡高质量融合发展指数时，除了需要设置具体的可用指标外，还必须为各个指标赋予权重。由于不同地区在经济和社会发展方面的差异，如何为指标体系中的各项指标分配权重成为一个关键问题。通常，赋权方法可以分为主观赋权法和客观赋权法两大类。主观赋权法中，常见的有德尔菲法和层次分析法。德尔菲法通过匿名的方式广泛征询专家意见，并经过多轮信息交流与反馈修正，最终达成专家意见的一致，从而确定权重。这种方法充分考虑了专家的知识与经验，但主观性较强。而层次分析法则通过将复杂问题分解成多个层次，建立层次结构模型，依次构建判断矩阵、计算权重向量，并进行一致性检验，来确定各层次元素的权重。这一方法在处理复杂的经济决策问题时具有较好的效果，但同样也依赖专家的主观判断。

在客观赋权法方面。主要包括主成分分析法、熵权法以及离差及均方差法。其中主成分分析法通过线性变换将多个指标转化为少数几个相互独立的综合指标，从而简化问题并提高分析的效率。特征值反映了各个指标的重要性，特征向量则表示了各个指标的权重。主成分分析法能够客观地确定权重，但可能会忽略一些实际的经济意义，且对数据预处理的要求较高。熵权法则是根据指标的变异程度来确定指标的权重。在信息论中，熵是对系统无序程度的一种度量，熵值越大，表示系统的无序程度越高，所含的信息量越少；反之，熵值越小，系统的有序程度越高，所含的信息量越大。在综合评价中，指标的熵值越小，说明该指标的变异程度越大，提供的信息量越多，在综合评价中所起的作用也就越大，其权重也就越高。

而离差及均方差法基于数据的离散程度来确定权重，认为指标取值差异越大的指标，越能反映被评价单位的差距，其权重应越大。该方法计算相对简单，但可能过于依赖数据的波动情况，对于一些特殊情况的适应性可能较差。

数字经济发展水平的测度及时空演进分析。所以经过全面的思考，为了避免因主观赋权而导致指数测度的不准以及考虑到客观赋权的数据要求，这里用客观赋权法的熵值法来赋予指标权重。

1. 指标数据预处理

在科学研究、工程技术以及经济管理等领域，常常需要对不同量纲的物理量或指标进行比较和综合分析。由于不同指标单位不同，无法进行比较，因此在进行评价之前，为了消除计量单位不同对测量准确度的影响，使不同量纲的数据之间存在可比性，需要对所有指标进行无量纲化预处理。通过无量纲化处理，可以将这些指标转化为无量纲的相对值，使其具有可比性，从而更方便地进行比较和排序。在正式进行长江经济带数字经济发展水平测度之前，首先使用极值法对长江经济带数字经济发展水平指标进行无量纲化预处理。极值法可以将所有指标数值都换算到0—1范围，最小值0，最大值1，从而可以对各指标值分别赋权并计算权重系数。此外，为了数据处理具有实际意义，需要把无量纲化的所有指标平移到最小单位值，以达到运算要求。极值法公式为：

对于正向指标，按如下公式处理：

$$x'_{ij}=\frac{x_{ij}-\min\{x_j\}}{\max\{x_j\}-\min\{x_j\}} \tag{4-1}$$

对于负向指标，按如下公式处理：

$$x'_{ij}=\frac{\max\{x_j\}-x_{ij}}{\max\{x_j\}-\min\{x_j\}} \tag{4-2}$$

式（4-1）、式（4-2）中，$\max\{x_j\}$是该指标x_j在2012—2022年中的数量最大值，$\min\{x_j\}$是该指标x_j在2012—2022年中的数量最小值，x'_{ij}是对原始数据x_{ij}进行无量纲化处理的最终结果。

2. 熵权法处理

本书借鉴黄庆华等学者的方法，采用熵权法进行评价模型进行测算。要得出全国各省数字经济发展水平评价指数，对原始数据进行无量纲处理后还需要对各评价指标进行赋权。指标权重的大小直接决定指标的重要性，影响全国各省数字经济发展水平的最终评价结果。本书采用熵值法对全国各省数字经济发展水平进行评价赋权，根据客观数值之间内在联系，计算获得指标权重赋权方法。主要计算过程如下：

第一，对无量纲处理后的数据，计算第 i 年，第 j 项指标的特征比重或贡献度 w_{ij}：

$$w_{ij} = \frac{x'_{ij}}{\sum_{i=1}^{n} x'_{ij}} \tag{4-3}$$

第二，m 为评价年度，计算第 j 项指标的信息熵 e_j

$$e_j = -\frac{1}{\ln m}\sum_{i=1}^{n} w_{ij}\ln(w_{ij}),0 \leqslant e_j \leqslant 1 \tag{4-4}$$

第三，计算信息熵冗程度 d_j：

$$d_j = 1 - e_j \tag{4-5}$$

第四，确定评价指标权重 φ_j：

$$\varphi_j = \frac{d_j}{\sum_{j=1}^{m} d_j} \tag{4-6}$$

第五，在进行了标准化后的指标 x'_{ij} 以及测算的指标权重 φ_j 基础上，利用多重线性函数的加权得出全国各省数字经济发展水平指数（E）以及城乡高质量融合发展指数（cc）。

$$E_{ij}(cc_{ij}) = \sum_{j=1}^{m} \varphi_j \times w_{ij} \tag{4-7}$$

通过上述公式计算出数字经济发展水平综合指数以及城乡高质量融合发展指数，其中 E_{ij} 表示 i 省在 j 年的数字经济发展综合指数。E_{ij} 越大，则表示数字经济发展水平越高；反之，E_{ij} 越小，则数字经济发展水平越低。cc_{ij} 表示 i 省在 j 年的城乡高质量融合发展指数。cc_{ij} 越大，则表示城乡高质量融合发展水平越高；反之，cc_{ij} 越小，则城乡高质量融合发展水平越低。

第三节　数字经济和城乡高质量融合发展水平测度结果及时空演进分析

总体来看，我国数字经济和城乡高质量融合发展水平呈上升态势，表明数字经济对城乡高质量融合发展的正向赋能效果，数字经济与城乡高质量融合发展相配合，促进了城乡融合发展进度加快，帮助实现农业农村现代化。但不同省份地区之间发展差异较大，造成各地数字经济水平与城乡高质量融合发展水平差异较大。

一、数字经济发展水平测度结果及时空演进分析

（一）数字经济发展水平测度

运用熵值法计算得出我国2012—2022年30个省份数字经济发展水平综合指数（E）。数字经济发展水平存在着明显的时空异质性，总体呈现出“东高西低”的特征。总体上看全国各省（市）数字经济发展平均水平由2012年的9.2上升到24.8，年均增长率10.42%，各省发展水平显著提高。具体来看，2022年广东省、江苏省与浙江省在数字经济发展水平上走在前列，同时广东省、江苏省和浙江省的年平均增长率也较高，保持着强劲的发展势头，均在40%以上，站在数字经济发展顶尖之列。但无可否认，省际发展差距仍比较突出，2022年广东省数字经济发展水平综合指数约为青海省数字经济发展水平综合指数的8.9倍。如表4-8所示，2012年江苏数字经济指数达24.8，约是甘肃（4.8）、青海（4.0）、宁夏（4.3）等地6倍左右，我国数字经济指数均值仅为9.2，标准差为5.81。到了2022年，我国数字经济指数均值增长到24.8，但标准差增长到16.92，增长程度较高，这表明我国各省份数字经济发展尽管整体实现增长，但省际初始差异较大，且有进一步扩大的趋势。从时间维度来看，排名中段的省份对排名前列的省份追赶趋势明显，但还存在不小差距。

在此基础上，从全国各省份的所处区域进行分析，将全国各省份分为三个主要地区：东部地区、中部地区和西部地区。发现三大区域的数字经济发展水平综合指数呈逐年递增之趋势，其中东部地区数字经济评价指数的年均增长率最快为34.3%，中部地区次之，增长率为28.9%，西部地区以23.9%的增长率排在最末，是相比之下增长速度最慢的区域。而在具体数字经济发展水平方面，仅从2022年来看，东部地区的平均水平达到25.3。其次是中部地区，为18.5。西部地区则达到15.8。可见，东部地区发展水平存量较大，同时东部地区的发展速度最快。如何促进数字经济发展，提高数字技术利用程度，提升大众对数字经济的认知和优化

数字经济创新环境是当前数字经济影响城乡融合发展需要解决的关键问题之一。通过前文的结论可知，数字基础设施和产业数字化对城乡融合发展的影响程度较大。数字经济发展为城乡融合高质量发展带来了新的机遇。

表 4-8　　　　我国各省份数字经济发展指数

省份	2012 年	2013 年	2014 年	2015 年	2016 年	2017 年	2018 年	2019 年	2020 年	2021 年	2022 年
北京	19.4	22.0	23.7	25.7	26.9	29.3	31.9	34.2	37.3	39.8	40.5
天津	9.2	10.5	11.6	12.6	13.2	13.2	14.5	15.9	18.6	17.7	18.6
河北	7.7	9.4	10.2	11.5	12.8	14.5	16.5	18.4	19.8	21.2	22.8
山西	5.8	7.2	7.7	8.3	8.9	10.2	11.3	11.8	13.1	13.1	13.6
内蒙古	5.9	7.2	7.4	8.1	8.7	9.4	9.8	10.7	11.6	11.9	12.3
辽宁	10.2	12.0	12.8	12.8	13.2	14.0	15.1	16.4	17.7	18.2	19.0
吉林	5.8	7.3	7.7	8.5	8.5	9.5	10.3	11.4	12.2	11.4	11.6
黑龙江	6.3	7.6	8.3	9.5	9.6	9.9	10.4	11.6	12.5	12.4	13.0
上海	13.9	16.2	18.1	19.2	19.8	21.9	24.3	26.3	28.9	31.7	34.7
江苏	24.8	27.7	29.7	32.7	35.3	39.1	43.8	48.7	54.4	60.1	63.6
浙江	18.5	21.3	22.9	26.6	28.4	31.9	36.0	40.3	46.0	49.4	52.3
安徽	7.8	9.7	10.9	12.4	13.6	15.7	17.6	20.1	22.6	25.0	28.0
福建	9.6	11.2	12.2	14.0	15.0	17.3	20.0	21.2	22.3	23.9	25.4
江西	5.2	6.6	7.6	8.9	9.7	11.2	13.4	15.1	16.9	17.6	18.6
山东	17.3	20.9	22.7	24.9	27.3	30.5	31.3	31.0	37.0	42.7	48.2
河南	8.1	10.3	11.5	13.2	14.6	16.3	18.6	21.1	23.7	25.0	27.1
湖北	8.5	10.7	12.1	13.9	14.9	16.5	18.7	21.0	22.9	25.1	27.3
湖南	8.0	9.5	10.5	11.6	12.4	14.2	16.4	19.0	21.5	23.8	27.4
广东	24.1	28.5	30.8	33.9	38.0	44.2	51.5	58.5	67.1	74.8	79.2
广西	6.0	6.3	7.1	7.7	8.4	9.5	11.2	12.6	14.0	14.9	14.8
海南	4.8	6.0	6.6	7.6	7.8	8.8	10.2	11.0	11.3	10.6	10.1
重庆	6.4	8.0	9.2	10.4	11.4	13.1	14.9	15.9	17.5	17.8	19.3
四川	8.3	10.6	11.8	13.4	14.5	16.9	19.6	21.8	23.8	25.0	26.4

续表

省份	2012 年	2013 年	2014 年	2015 年	2016 年	2017 年	2018 年	2019 年	2020 年	2021 年	2022 年
贵州	4.5	5.5	6.3	7.3	7.9	9.3	10.9	12.1	13.2	12.5	13.2
云南	5.0	6.4	6.9	8.1	8.8	10.1	11.2	12.5	13.8	13.4	14.1
陕西	7.7	9.4	10.7	11.8	12.1	13.2	15.1	17.2	18.9	19.9	20.9
甘肃	4.8	6.0	6.7	7.3	7.4	8.5	9.7	11.0	11.9	11.0	11.3
青海	4.0	4.9	5.1	5.9	6.1	7.2	8.5	9.2	10.0	8.8	8.9
宁夏	4.3	5.3	6.0	6.7	7.0	8.1	9.2	10.0	10.7	9.9	10.2
新疆	5.0	6.2	6.6	7.4	7.6	8.4	9.6	10.6	11.6	11.1	11.3

（二）数字经济发展水平的时空演进分析

1. 基于 Dagum 基尼系数的数字经济水平空间非均衡分析

通过分析测度结果可以得出我国数字经济在不同区域间的发展呈现出显著的非均衡性特征。在此基础上借助前文计算得到的各地区数字经济综合评分，运用了 Dagum 基尼系数模型，对 2012 年至 2022 年间我国整体及三大区域（东部、中部、西部）内部和之间的数字经济发展不均衡程度进行了量化评估，并进一步探讨了这种差异的具体数值及其根源。具体测算结果如表 4 –9 所示。

表 4 –9　　数字经济发展水平的基尼系数分解结果

年份		2012	2014	2016	2018	2020	2022
总体基尼系数		0.305	0.287	0.289	0.287	0.296	0.335
地区内差异	东部	0.252	0.241	0.250	0.264	0.281	0.303
	中部	0.096	0.102	0.119	0.130	0.142	0.177
	西部	0.130	0.137	0.141	0.139	0.146	0.182
地区间差异	东中部	0.373	0.338	0.333	0.331	0.333	0.359
	东西部	0.450	0.422	0.420	0.405	0.412	0.461
	中西部	0.147	0.159	0.169	0.170	0.184	0.239
贡献率	地区内	22.614	23.174	24.027	25.225	26.010	26.060
	地区间	73.172	71.706	70.163	67.324	65.553	64.069
	超变密度	4.214	5.120	5.810	7.451	8.437	9.871

资料来源：本表根据原始数据由 STATA 计算得出。

（1）总体差异及其演变。在数字经济领域，整体基尼系数表现出较高的数值特征，且在研究的时间段内存在一定的不均衡性。然而，整体上呈现出逐步趋同的发展趋势，且波动幅度相对较小。这表明，我国在数字经济初期阶段，地区间的发展差距较为明显。随着政策逐步聚焦于推动区域间的数字经济均衡发展，这一差距逐渐缩小。然而，2022 年整体基尼系数仍高于 0.3，表明目前各地区间的发展差距依然较大，且发展平衡性有待进一步提高。

（2）区域内差异以及演变。从整体格局来看，东、中、西部三大区域内部的数字经济发展均低于全国层面的整体差异，进一步细分按照基尼系数由高到低排列这三大区域的均衡发展性，首先是东部地区；其次为西部地区、中部地区。东部地区之所以呈现出最大的内部差异性，可能是由于该区域内部分省市如北京、上海等在数字经济领域的发展水平显著高于海南、辽宁等地，这种区域间的显著差距构成了东部地区内部发展不均衡的重要原因。从动态演变的角度分析，东部地区的基尼系数经历了先下降后上升的过程，其数值范围在 0.24 至 0.31 的区间内波动；中部地区数字经济发展的基尼系数在研究时段内体现出一直增加的变化模式。具体分析，在 2012 年至 2022 年期间，该地区的基尼系数从初始值 0.096 上升至 0.177。虽然中部地区的差异近年来有上升的趋势，但其内部的不均衡性程度仍低于东西部地区，说明中部地区在数字经济领域的发展比起其他地区相对均衡；西部地区的数字经济基尼系数在考察期内显示出了先上升后下降再上升的模式，具体来说在 2012 年至 2016 年这一阶段，该系数从 0.130 逐渐上升至 0.141；此后该系数下降至 0.139，再然后到 2022 年上升至 0.182。反映出西部地区数字经济发展差异总体上经历了一个递增的过程。

（3）区域间差异及演变。整体来看，区域间差异高于区域内差异，三大区域间基尼系数从大到小的关系依次排列为东部—西部、东部—中部、中部—西部。东部与其他区域间存在显著的数字鸿沟，其中中部和西部间差异较小，但研究期内差异仍呈现上升的趋势。东部—中部间基尼系数差异较为稳定；东部—西部地区间基尼系数数值在研究时段内呈现先下降后上升的态势。

（4）区域差异来源及贡献率。我国数字经济水平的不均衡性主要源自不同地区间的发展差异。在 2012 年至 2022 年这一区间内，地区内部平均贡献率从原有水平逐渐攀升至 26.06%，呈现出一种持续增长的趋势，而地区间平均贡献率为 64.07%，整体上表现出下降走势。通过数据之间的对比，表明我国数字经济发展水平的不均衡性主要源自不同地区之间的差距。

2. 基于 Kernel 密度估计的数字经济水平差异动态演进分析

在 Dagum 基尼系数的基础水平上引入了更为精细的方法论工具——核密度估计技术，以对这一演进过程进行分析。依据前文计算获得的各地区数字经济发展水平得分，采用高斯核函数这一工具，通过 Stata 软件对全国层面数字经济发展水平分布的核密度进行有效估算，为了清晰呈现不同时期的发展特征，选取 2012 年至 2022 年每隔两年的关键时间节点数据进行展示与分析。具体如图 4 - 15 所示。

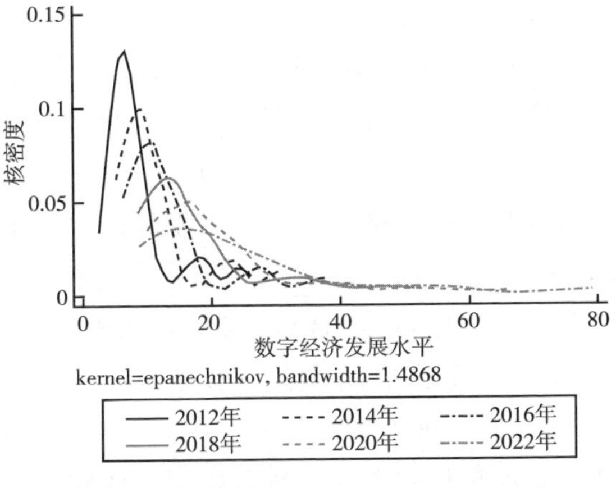

图 4 - 15 数字经济 Kernel 密度估计图

资料来源：本图根据原始数据由 STATA 计算得出。

图 4 - 15 显示，随着时间的推移，曲线呈现出向右平移的趋势，表明我国数字经济发展水平在各年度呈现出一种稳步发展的状态。从分布形态演变的角度分析，在 2012 年至 2022 年观测期内，主峰值逐渐下滑，主峰宽度稍稍变宽，并伴随着峰宽的微幅扩张以及右侧尾部的延长趋势，这些变化特征显示出我国 30 个省份之间的数字经济发展水平差异在不断扩大，实际上反映了各地区间发展速度的相对差异加大，即那些发展水平较高的

省市与相对滞后的省市间绝对差距不断拉伸。

二、城乡高质量融合发展水平的测度结果及时空演进分析

（一）城乡高质量融合发展水平测度

运用熵值法计算得出我国2012—2022年间30个省份城乡高质量融合发展水平指数（CC）。从时间维度来看，各省份的城乡高质量融合水平从整个研究期看大体呈上升发展趋势，但近年来增速有所放缓。各省份城乡融合发展水平均值由2012年的12.64上涨至19.18，增速则由2013年的2.04%下降至2021年的0.84%。增速放缓源于过去城乡融合发展的动力主要依赖对农村贫困地区的脱贫工作。过去十年，通过开展精准扶贫，我国绝大部分贫困县都摘了帽子，将近1亿农村贫困人口摆脱了贫困，绝对贫困问题得到历史性的破解，补上城乡融合发展中的最短板。乡村振兴与城乡融合发展已成为当前各地政府城乡工作的重点任务和主要目标。近年来，城乡融合发展进入了一个全新的阶段：一方面，城乡关系的界定发生了转变，不再是传统的“以城带乡”模式，而是更加强调城乡地位的平等与优势互补；另一方面，城乡融合的范围已超越单纯的经济层面，其内涵得到了进一步丰富与拓展，推动城乡融合发展的方向也从“提速”转向“提质”，使我国城乡融合高质量发展的步伐有所放缓。

从空间维度来看，我国城乡融合高质量发展水平在不同地区存在较大差异。2022年城乡融合高质量发展水平前三的为广东（38.16）、山东（34.17）、河南（33.53），而海南（9.0）、宁夏（8.59）和青海（8.21）城乡融合高质量发展水平相对靠后。从东中西分区域来看，2022年东部（20.48）和中部地区（20.88）城乡融合高质量发展水平略有差异，标准差分别为8.26和7.23，而西部地区均值为19.61与东中部相差不大，总体标准差为8.09，总体来看，各省份增长态势进一步分析发现：一是落后省份城乡融合高质量发展水平增速显著，但由于存量过低，如宁夏、青海，仍与靠前省市有较大差距；二是部分省份城乡融合高质量发展水平由于增速较低正在不断被赶超（见表4－10）。

表 4 - 10 我国各省城乡融合高质量发展指数

省份	2012 年	2013 年	2014 年	2015 年	2016 年	2017 年	2018 年	2019 年	2020 年	2021 年	2022 年
北京	11.22	11.45	11.72	11.80	12.19	12.52	13.06	13.37	13.48	13.19	13.30
天津	9.24	9.43	9.53	9.58	9.65	9.73	9.75	9.96	10.07	10.18	10.26
河北	14.98	15.23	15.52	15.95	23.39	24.05	24.44	24.75	25.24	25.67	25.85
山西	10.87	11.22	11.39	11.65	11.79	14.93	15.26	15.51	15.73	15.86	15.96
内蒙古	10.10	10.40	10.61	10.87	11.22	13.00	13.09	13.28	13.47	13.63	13.70
辽宁	12.94	13.17	13.28	13.49	13.50	13.53	16.07	16.09	16.26	16.32	16.23
吉林	9.13	9.51	9.70	10.04	10.14	10.05	12.03	12.07	12.23	12.30	12.37
黑龙江	10.76	11.13	11.29	11.43	11.60	13.55	13.80	13.92	14.03	14.05	14.03
上海	10.81	10.90	11.07	11.21	11.96	12.07	12.19	12.32	12.42	12.56	12.65
江苏	19.23	19.34	20.10	20.85	21.07	26.57	26.96	27.60	28.25	28.63	28.84
浙江	15.23	17.43	18.74	19.22	19.41	20.04	20.60	21.18	21.62	21.97	22.18
安徽	14.83	15.09	15.40	15.80	15.98	16.95	23.05	24.26	24.56	24.63	24.69
福建	11.40	11.66	11.88	12.18	12.38	16.25	16.59	16.81	17.07	17.41	17.68
江西	11.82	12.08	12.32	12.71	13.34	17.90	18.24	18.78	19.22	19.30	19.49
山东	21.12	22.45	23.29	31.24	31.43	31.86	32.38	32.87	33.51	33.93	34.17
河南	18.74	19.21	19.54	19.80	20.26	32.23	32.68	32.91	33.32	33.57	33.53
湖北	14.36	14.63	14.94	15.30	15.66	21.12	21.34	21.75	21.98	22.59	22.78
湖南	16.05	16.45	16.63	17.36	17.67	24.00	24.27	24.34	24.73	24.98	24.86
广东	27.38	30.17	31.55	32.69	33.27	34.18	35.26	36.23	37.09	38.11	38.16
广西	10.25	10.54	10.84	11.23	11.51	17.62	17.90	18.47	19.41	20.24	20.41
海南	6.69	6.81	6.79	6.93	7.09	7.36	8.21	8.39	8.59	8.96	9.00
重庆	13.47	13.72	13.96	14.26	14.46	14.64	14.96	15.29	15.55	15.78	15.85
四川	16.37	17.06	17.45	17.90	21.76	25.96	27.88	28.52	29.19	29.40	29.45
贵州	9.08	9.79	10.17	11.02	11.40	11.74	16.74	17.04	17.53	17.80	18.08
云南	11.59	12.04	12.44	12.67	13.03	17.89	18.49	18.78	19.43	19.56	19.85
陕西	11.83	12.22	12.35	12.45	12.59	12.81	16.79	17.30	17.37	17.58	17.42
甘肃	8.28	8.57	8.98	9.28	9.61	12.69	12.95	13.29	13.53	13.68	13.72
青海	5.86	5.86	6.04	6.14	6.57	7.34	7.64	7.95	8.08	8.16	8.21
宁夏	6.52	6.88	7.19	7.30	7.55	7.68	7.80	8.18	8.41	8.47	8.59
新疆	9.05	9.33	9.56	9.66	9.92	10.47	12.75	13.29	13.67	13.70	14.04

（二）城乡高质量融合发展水平的时空演进分析

1. 基于 Dagum 基尼系数的城乡高质量融合发展空间非均衡分析

通过分析测度结果可以得出我国城乡高质量融合发展在各区域间存在显著不均衡的结论。在此基础上运用 Dagum 基尼系数模型，借助前文计算得到的各地区城乡高质量融合发展综合评分，对 2012 年至 2022 年我国整体及三大区域（东部、中部、西部）内部和之间的城乡高质量发展不均衡程度进行了量化评估，并进一步探讨了这种差异的具体数值及其根源。具体测算结果如表 4 – 11 所示。

表 4 – 11　城乡高质量融合水平的基尼系数分解结果

年份		2012	2014	2016	2018	2020	2022
总体基尼系数		0. 193	0. 202	0. 223	0. 225	0. 225	0. 225
地区内差异	东部	0. 213	0. 234	0. 258	0. 251	0. 254	0. 256
	中部	0. 127	0. 124	0. 125	0. 174	0. 174	0. 173
	西部	0. 157	0. 153	0. 168	0. 186	0. 185	0. 187
地区间差异	东中	0. 181	0. 197	0. 227	0. 221	0. 223	0. 224
	东西	0. 236	0. 248	0. 276	0. 251	0. 251	0. 252
	中西	0. 179	0. 172	0. 176	0. 216	0. 213	0. 211
贡献率	地区内	30. 816	31. 014	30. 821	31. 696	31. 869	31. 942
	地区间	41. 296	41. 832	42. 327	27. 565	25. 760	24. 884
	超变密度	27. 888	27. 154	26. 852	40. 740	42. 370	43. 174

资料来源：本表根据原始数据由 STATA 计算得出。

（1）总体差异及其演变。在城乡高质量融合发展领域，其发展水平的总体基尼系数展现出先升高后稳定的数值特征。具体而言，全国层面的城乡高质量融合发展总体基尼系数在 2012 年为 0. 193，并由 2018 年上升至 0. 225，随后维持 0. 225 的水平。这一变化趋势表明，我国在城乡高质量融合的初期阶段经历了差距逐渐拉大的过程，而在后期阶段，政府加大了对城乡协同发展的关注和干预力度。通过制定并实施一系列推动城乡要素平等交换、资源合理配置以及基础设施共建共享的政策，有效缩小了城乡之间在高质量融合发展方面的差距。

（2）区域内差异及演变。从全局视角考察，我国三大区域内城乡高质量融合发展基尼系数呈现出由高至低的序列：东部地区居首位，其次为西部地区，最后为中部地区。值得注意的是东部地区内部基尼系数数值超过了全国总体基尼系数水平，而中部、西部区域则表现出区域内差异程度均低于全国平均水平的现象。东部地区之所以展现出较大的内部差异性，一个可能的解释在于该区域内诸如北京、上海等与海南等地在城乡高质量融合发展方面的水平存在显著差距。根据发展趋势的分析，东部区域内部城乡融合发展差异性呈现出逐渐加剧的趋势，在 2012 年至 2022 年期间，该区域内基尼系数从初始值 0. 213 增长至最终数值 0. 256。与此同时，中部地区在研究时段内经历了先降后升最后趋于稳定的变化模式：其内部基尼系数自 2012 年的 0. 127 起始，于 2014 年下降至最低点 0. 124，随后上升并在 2020 年稳定在 0. 174 左右。同样地，西部地区在考察期内的基尼系数呈现出了先下降后上升最后趋于稳定的特点，从 2012 年的 0. 157 减少至 2014 年的 0. 153，随后上升至 2018 年的 0. 186 并趋于稳定。

（3）区域间差异及演变。整体来看，区域间差异略高于区域内差异，东部—中部、东部—西部、差异较大，中—西部间差异较小。六大区域间基尼系数从大到小依次排列为东部—中部、东部—西部、中部—西部。其中，东部—中部间差异最大。东部—中部、东部—西部间基尼系数均在研究时段内先上升后下降。

（4）区域差异来源及贡献率。我国城乡融合发展水平的不均衡性，在很大程度上源于不同地理区域间的显著差异，具体指东部、中部、西部三大地区之间的比较。在 2012 年至 2022 年这一时间段内，我国城乡融合发展水平差异的变动中，地区内部平均贡献率占 31% 左右，并且整体上呈现出一种平稳趋势；在 2012 年至 2022 年期间，我国城乡融合发展水平差异的变化中，地区间贡献的比例总体上表现出明显的下降趋势，并且这一降幅较为显著。在所分析的时间段内，地区间超变密度由初始的 27. 888% 显著上升至 43. 174%。这一趋势表明我国城乡高质量融合发展水平的主要差异来源在于三大区域间的不均衡状况。

2. 基于 Kernel 密度估计的城乡高质量融合发展差异动态演进分析

图 4 - 16 呈现的是一幅反映全国 30 个省份城乡高质量融合发展水平分布特征的核密度图。通过观察该图可以发现，曲线位置的整体变动幅度相对有限。从时间序列上看，2012 年至 2022 年，曲线主峰呈现出逐渐下

滑的趋势，并伴随主峰宽度发生微妙变化，这种形态上的演进显示了一种由“多峰”向“单峰”形态过渡的迹象。这一转变意味着我国 30 个省份之间的城乡融合发展水平差距趋于减小，并且整体差异在逐年收缩。

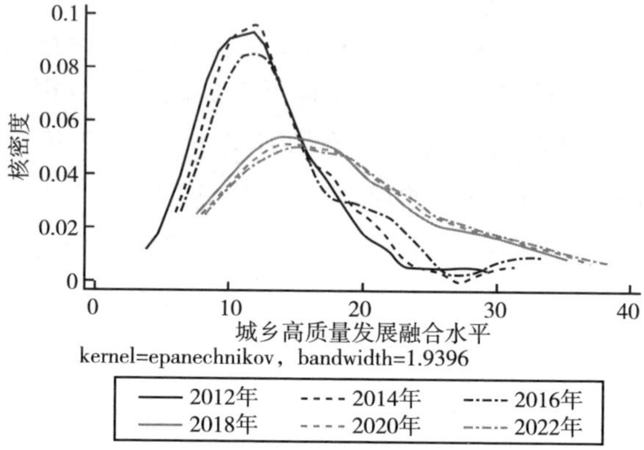

图 4－16 城乡高质量融合发展 Kernel 密度估计图

资料来源：本图根据原始数据由 STATA 计算得出。

三、产业数字化水平的测度结果及时空演进分析

（一）产业数字化水平测度

根据熵权法测算结果（见表 4－12），图 4－17 直观呈现了 2022 年全国各省市产业数字化水平空间分异特征。上海、广东、北京以显著优势位列前三，江苏、浙江、福建紧随其后，形成东部沿海领先梯队。全国产业数字化指数均值为 146.8，仅有 9 个省份高于该水平且集中于东部地区，中西部地区整体发展水平相近但普遍低于均值，区域梯度差异显著。

从空间分布看，产业数字化水平呈现“东高西低”的典型格局。东部沿海省份依托数字经济先发优势，在工业互联网平台建设、智能制造渗透率等维度表现突出。例如，长江三角洲地区的上海市、江苏省、浙江省形成协同创新集群，珠江三角洲地区的广东省、福建省通过产业链数字化整合提升产业附加值。中西部地区虽在局部领域有所突破，但受限于数字基础设施覆盖率较低、传统产业转型滞后等因素，整体发展动能不足，与东部省份存在代际差距。这种区域分化反映出我国产业数字化进程与区域经济基础、技术储备的深度关联性。

表 4－12　　　　　我国各省份产业数字化测度结果

省份	2012 年	2013 年	2014 年	2015 年	2016 年	2017 年	2018 年	2019 年	2020 年	2021 年	2022 年
北京	85.9	109.6	118.4	132.9	138.4	153.5	167.7	178.0	186.9	197.4	169.4
天津	62.3	81.2	90.0	103.3	108.0	119.9	131.3	142.0	169.8	144.6	149.8
河北	46.2	65.8	71.0	84.9	91.8	107.7	122.6	129.0	119.3	130.8	135.1
山西	47.1	65.0	72.8	85.7	97.7	109.7	117.1	115.1	122.9	136.2	139.3
内蒙古	50.5	70.3	74.4	89.0	94.4	103.7	101.9	111.3	118.4	132.5	139.1
辽宁	56.7	75.6	85.8	99.0	100.9	101.3	111.3	120.0	125.3	142.4	146.1
吉林	54.6	72.1	82.0	95.6	84.3	99.4	109.2	115.0	122.0	133.8	136.1
黑龙江	53.8	71.7	81.2	107.3	104.8	103.5	110.8	119.5	125.7	139.2	144.4
上海	77.2	101.0	110.5	125.7	128.2	147.9	163.3	174.4	183.5	192.8	195.0
江苏	83.9	78.8	86.2	100.0	103.7	118.8	131.4	142.1	149.0	160.1	163.7
浙江	66.7	86.5	92.7	106.2	108.2	124.4	138.0	149.4	157.9	166.9	161.5
安徽	49.2	68.2	79.2	89.6	96.4	110.4	121.8	131.2	139.2	142.1	145.6
福建	57.2	76.6	83.2	97.0	98.5	114.4	132.8	140.6	138.2	149.8	154.9
江西	46.6	63.5	74.3	85.9	91.1	105.8	115.2	118.4	127.1	139.2	142.0
山东	50.7	70.5	78.5	92.3	96.7	108.5	111.8	121.2	128.6	139.3	142.5
河南	47.7	68.4	77.9	91.3	97.8	104.0	114.6	124.4	131.3	137.5	141.9
湖北	49.8	71.5	80.0	92.6	93.6	109.8	122.3	133.6	139.7	151.4	154.1
湖南	55.0	74.3	79.8	93.1	94.4	103.7	112.6	120.7	128.3	138.3	142.5
广东	63.1	82.2	88.5	103.7	107.0	123.9	136.5	147.0	154.7	164.9	167.9
广西	60.2	62.1	70.6	80.7	86.9	100.0	111.5	120.1	126.5	137.0	139.5
海南	60.1	80.0	88.6	105.4	106.7	122.3	131.8	138.0	142.1	152.0	140.9
重庆	48.5	69.1	77.5	90.6	95.1	110.7	119.3	128.3	142.5	138.9	143.3
四川	51.7	70.2	77.7	91.3	94.6	110.2	118.5	126.7	125.3	136.6	141.0
贵州	43.1	59.5	70.5	83.7	91.3	106.1	114.9	112.8	119.4	132.1	134.1
云南	48.8	67.6	74.8	88.3	93.3	106.4	108.0	117.8	126.7	138.9	142.4
陕西	58.8	74.6	85.9	99.5	89.6	103.2	114.0	128.1	136.4	147.7	150.5
甘肃	51.9	69.7	79.9	85.9	86.5	98.0	106.3	114.3	119.8	132.3	134.8
青海	41.9	60.5	63.7	79.9	83.4	96.5	105.8	112.3	117.4	129.0	129.0
宁夏	48.9	66.0	75.4	91.7	91.7	106.0	111.7	119.4	125.2	136.7	140.3
新疆	49.8	69.9	78.0	91.8	92.8	107.0	114.6	122.1	126.3	137.3	137.6

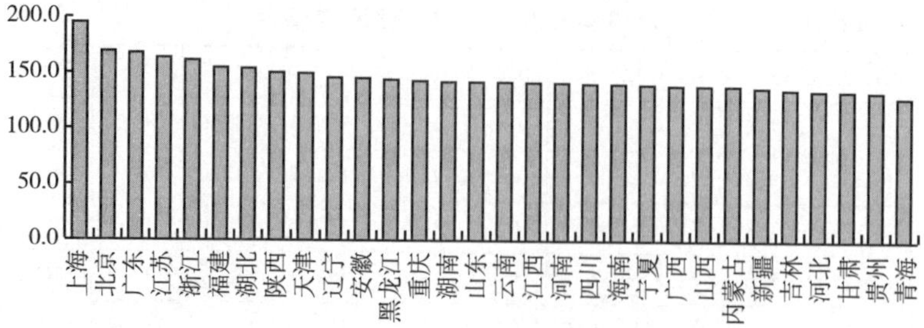

图 4－17　2022 年我国各省份产业数字化指数

（二）产业数字化水平的时空演进分析

1. 基于 Dagum 基尼系数的数字经济水平空间非均衡分析

通过分析测度结果可以得出我国数字经济在不同区域间的发展呈现出显著的非均衡性特征。在此基础上借助前文计算得到的各地区数字经济综合评分，运用了 Dagum 基尼系数模型①，对 2012 年至 2022 年间我国整体及三大区域（东部、中部、西部）内部和之间的数字经济发展不均衡程度进行了量化评估，并进一步探讨了这种差异的具体数值及其根源。具体测算结果如表 4－13 所示。

表 4－13　产业数字化的 Dagum 基尼系数分解结果

年份		2012	2014	2016	2018	2020	2022
总体基尼系数		0.099	0.067	0.058	0.063	0.068	0.045
地区内差异	东部	0.106	0.074	0.062	0.067	0.082	0.056
	中部	0.036	0.021	0.031	0.022	0.027	0.018
	西部	0.056	0.04	0.022	0.027	0.031	0.021
地区间差异	东中部	0.131	0.08	0.07	0.082	0.087	0.055
	东西部	0.135	0.097	0.087	0.096	0.097	0.064
	中西部	0.05	0.036	0.034	0.028	0.033	0.023
贡献率	地区内	26.075	26.018	24.227	23.536	26.288	26.885
	地区间	59.938	63.993	69.576	69.935	62.068	62.756
	超变密度	13.987	9.99	6.197	6.529	11.644	10.359

资料来源：本表根据原始数据由 STATA 计算得出。

① 孙志娟，陈佳祥，海晶晶．数字普惠金融驱动农村三产融合的区域差异及时空演变——基于 Dagum 基尼系数分解和核密度估计的实证检验［J］．金融经济，2024（11）：46－56.

（1）总体差异及其演变。在产业数字化领域，其总体基尼系数展现出较低的数值特征，在研究的时间区间内，存在一定的不均衡性，但整体上呈现出逐步趋同的发展态势，且波动幅度相对较小。表明了我国在产业数字化发展的初期阶段地区间的发展差异相对显著，随后我国政策开始着力于各区域间的产业数字化均衡发展，使其差距逐渐收窄。

（2）区域内差异以及演变。从整体格局来看，东部产业数字化发展高于全国层面的整体差异，中西部的产业数字化发展低于全国层面的整体差异，进一步细分按照基尼系数由高到低排列这三大区域的均衡发展性，首先是东部地区，其次为西部地区、中部地区。东部地区之所以呈现出最大的内部差异性，可能是由于该区域内部分省市如北京、上海等在产业数字化领域的发展水平显著高于海南、辽宁等地，这种区域间的显著差距构成了东部地区内部发展不均衡的重要原因。从动态演变的角度分析，东部地区的基尼系数经历了先下降后上升再下降的过程，其数值范围在 0. 056 至 0. 106 的区间内波动；中部地区数字经济发展的基尼系数在研究时段内呈现出波动下降的变化模式。具体分析，在 2012 年至 2022 年期间，该地区的基尼系数从初始值 0. 036 下降至 0. 018。虽然中部地区的差异近年来有下降的趋势，但其内部的不均衡性程度仍低于东西部地区，说明中部地区在产业数字化领域的发展比起其他地区相对均衡；西部地区的数字经济基尼系数在考察期内显示出了先下降后上升再下降的模式，具体来说在 2012 年至 2016 年这一阶段，该系数从 0. 056 逐渐下降至 0. 022；此后该系数上升至 0. 031，再然后到 2022 年下降至 0. 021。反映出西部地区产业数字化发展差异总体上经历了一个下降的过程。

（3）区域间差异及演变。整体来看，区域间差异高于区域内差异，三大区域间基尼系数从大到小的关系依次排列为东部—西部、东部—中部、中部—西部。东部与其他区域间存在显著的数字鸿沟，其中中部和西部间差异较小，且研究期内差异呈现下降的趋势。东部—中部间基尼系数差异近年来快速缩小；东部—西部地区间基尼系数数值在研究时段内呈现先稳定后下降的态势。

（4）区域差异来源及贡献率。我国产业数字化发展水平的不均衡性主要源自不同地区间的发展差异。在 2012 年至 2022 年这一区间内，地区内部平均贡献率基本稳定在 27% 以下，而地区间贡献率先上升后下降，整体上表现出下降走势，通过数据之间的对比，表明我国数字经济发展水平的不均衡性主要源自不同地区之间的差距。

2. 基于 Kernel 密度估计①的数字经济水平差异动态演进分析

在 Dagum 基尼系数的基础水平上引入了更为精细的方法论工具——核密度估计技术，以对这一演进过程进行分析。依据前文计算获得的各地区产业数字化发展水平得分，采用高斯核函数这一工具，通过 Stata 软件对全国层面数字经济发展水平分布的核密度进行有效估算，为了清晰呈现不同时期的发展特征，选取 2012 年至 2022 年每隔两年的关键时间节点数据进行展示与分析。

图 4－18 显示，随着时间的推移，曲线呈现出向右平移的趋势，表明我国数字经济发展水平在各年度呈现出一种稳步发展的状态，但是在 2018 年和 2020 年主峰值下滑，说明在这个时间段内我国产业数字化发展水平在不断扩大。从分布形态演变的角度分析，在 2012 年至 2022 年观测期内，主峰值先下滑后上升，主峰宽度先变宽后变窄，并伴随着右侧尾部有延长趋势。这些变化特征显示出我国 30 个省份之间的产业数字化发展水平差异先减小后扩大，实际上反映了各地区间发展速度的相对差异加大，即那些发展水平较高的省市与相对滞后的省市间绝对差距在近年来不断扩大。

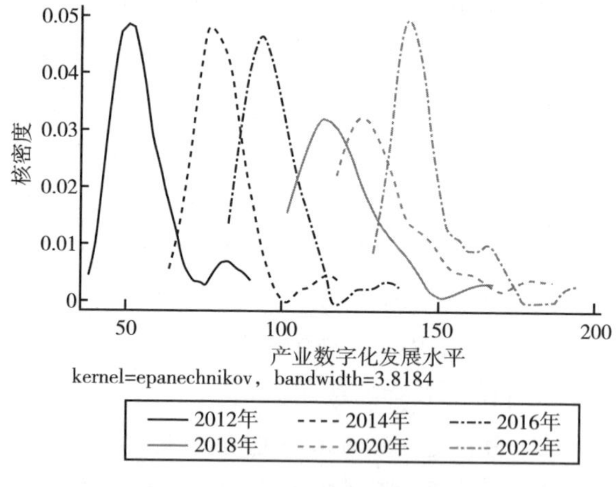

图 4－18 产业数字化发展水平核密度图

① 李强谊，钟水映．我国财政医疗卫生支出的空间差异及分布动态演进——基于 Dagum 基尼系数分解与 Kernel 密度估计的实证研究［J］．财经论丛，2016（10）：19－28.

第四节　本章小结

本章综合运用统计测度与空间计量方法，系统评估我国数字经济与城乡高质量融合发展水平，揭示其时空演进规律。研究基于多维度指标体系的构建，结合 Dagum 基尼系数与 Kernel 密度估计法，刻画了数字经济、城乡融合及产业数字化水平的区域差异与动态演进特征，为理解两者互动关系提供实证依据。

首先，研究明晰了数字经济发展与城乡融合的现状特征。数字经济规模持续扩大，占 GDP 比重逐年攀升，其中数字产业化与产业数字化呈现"双轮驱动"态势。数字技术对农业、制造业及服务业的渗透呈现梯度差异，农业领域的数字化应用相对滞后。在基础设施方面，东中西部数字基建水平呈现"阶梯式"分布，光纤覆盖率与5G 基站密度存在显著空间异质性。其次，通过构建多维度评价体系，本章量化测度了数字经济与城乡高质量融合的发展水平。指标体系遵循科学性、可操作性原则，涵盖数字经济规模、技术应用、基础设施，以及城乡经济协同、公共服务共享、生态共治等核心维度。进一步时空演进分析揭示了动态演变规律。基于 Dagum 基尼系数的分解表明，数字经济水平的区域差异呈"先扩大后收敛"趋势，其中东部内部差异是总体差异的主要来源。Kernel 密度估计显示，数字经济发展从"单峰分布"逐步向"多极分化"转变，部分中西部省份通过"技术追赶"形成次级增长极。

第五章　数字基础设施赋能城乡高质量融合发展实证分析

根据城乡一体化理论与我国城乡融合现状表明，城乡融合是以城乡生产要素双向自由流动和公共资源合理配置为重点，最终形成城乡有机协调、功能互补、利益共享的复合系统。城乡融合是一个动态过程，城市与乡村相互影响、相互渗透。随着国家政策推动、经济发展、新技术的广泛应用以及数字经济的发展，城市与乡村逐渐打破城乡二元结构壁垒，城乡融合不断达到新的水平。由此可知，城乡融合既是一个过程又是一种过程状态，是城市与乡村之间协调发展的趋同或收敛现象。本章从数理视角探讨数字基础设施对城乡融合发展的影响，并对其传导机制进行理论分析；测度我国地级市层面 2011—2022 年 246 个地级市的城乡高质量融合发展水平。在此基础上，将“宽带中国”战略视为一项准自然实验，构建多期双重差分模型，剖析数字基础设施对城乡高质量融合发展的影响效果。最后，进一步讨论了技术创新水平和人力资本积累的传导效应，并从产业结构优化和政府数字经济关注度两个方面探讨了其对数字基础设施赋能城乡融合发展的调节效应，并从城市区位与城市规模两方面进一步进行异质性分析，为推动我国城乡高质量融发展提供实证证据。

第一节　“宽带中国”战略提出背景

当前，中国正处于加快转变经济发展方式、全面建成小康社会的关键时期。在这一阶段，宽带网络作为重要的信息基础设施，其在经济、社会、科技发展中的作用日益凸显。一方面，宽带网络的普及和升级能够有效促进消费升级，扩大内需，满足当前经济社会发展的现实需求；另一方面，从长远来看，构建一个高速、稳定、普惠的宽带信息基础设施，对于塑造新时期国家发展的新优势具有重要的战略意义，是推动经济高质量发展、提升国家竞争力的关键举措。然而，当前宽带网络发展仍存在区域发展不平衡、服务质量参差不齐、基础设施维护成本高、技术更新与网络升级压力等问题。为应对这些诸多挑战，国务院于 2013 年印发了“宽带中国”战略及实施方案的通知。根据《工业和信息化部办公厅发展改革委办公厅关于开展创建“宽带中国”示范城市（城市群）工作的通知》，工业和信息化部联合国家发展和改革委员会在 2014 年至 2016 年的三个阶段中，选取了 119 个城市作为示范点，着重改善这些城市的数字基础设施。在目标驱动与政策倾斜的双重作用下，“宽带中国”战略试点城市与其他城市相比，数字基础设施的服务能力大幅度提高，云计算、物联网及大数据等新兴业态蓬勃发展，这也为评估数字基础设施建设的政策效果提供了良好的准自然实验契机。

第二节　数字基础设施赋能城乡高质量融合发展实证分析

本节以地级市为单位，以“宽带中国”战略作为一项准自然实验，基于我国 246 个地级市 2011—2022 年的面板数据，构建多期双重差分模型，实证检验数字基础设施建设对城乡融合发展的影响，并从城市区位与城市规模两方面进一步进行异质性分析，为推动我国城乡高质量融合发展提供实证证据。

一、研究设计

（一）模型构建

本章以 2014—2016 年国家先后批准通过的“宽带中国”战略试点城市为准自然实验，以其中属于“宽带中国”战略试点城市的设为处理组，其他城市为控制组，由于“宽带中国”战略分三批批复 109 个试点城市，考虑到传统的双重差分法只能适用于单一试点的政策评估，参考袁航和朱承亮（2022）[①] 的做法，运用多期双重差分方法展开“宽带中国”战略对城乡高质量融合发展的政策效果评估，具体模型设定如下：

$$Uri_{it} = \alpha_0 + \alpha_1 Bro_{it} + \sum \beta Control_{it} + \mu_i + \nu_t + \varepsilon_{it} \quad (5-1)$$

式（5－1）中，Uri 为被解释变量，及第 i 个城市在 t 年的城乡融合发展水平，核心解释变量 Bro 表示“宽带中国”战略的虚拟政策变量，是 $TIME$ 和 $TREAT$ 的交互项。其含义为：若城市 i 在第 t 年被选为“宽带中国”战略试点城市，则第 t 年及以后均取值为1，否则取值为0。$Control$ 为一系列控制变量，包括金融发展水平（Fin）、居民消费活力（Con）、教育支出水平（Edu）、科学技术水平（$Tech$）、固定资产投资水平（Inv）；μ_i 为地区固定效应，ν_t 为时间固定效应，ε_{it} 为误差扰动项。

（二）变量定义和选取

1. 被解释变量：城乡高质量融合发展（Uri）

被解释变量为城乡高质量融合发展，经前文所构建的指标体系，鉴于数据的可获得性，以全国地级市为研究对象，从城乡人口转移高效化、乡村空间融合紧密化、城乡基本公共服务均等化四个方面选取指标，并且运用熵权法计算2011—2022年各地级市城乡融合发展水平。

2. 核心解释变量：数字基础设施建设（Bro）

核心解释变量是数字基础设施建设，借鉴汪亚美[②]、陆凤芝[③]等学者，以“宽带中国”战略作为代理变量。若城市当年为“宽带中国”战略试点城市，则当年及以后取值为1，否则取值为0。剔除了部分数据缺失较为严重的地级市样本，最终获得246个城市样本，其中“宽带中国”试点城市为98个。

3. 控制变量

为准确识别数字基础设施建设与城乡融合发展间的因果关系，尽可能

① 袁航，朱承亮．数字基础设施建设加速中国产业结构转型升级了吗？——基于“宽带中国”战略的准自然实验［J］．经济问题探索，2022（10）：118－133.

② 汪亚美，余兴厚．数字基础设施对城市碳排放的时空动态效应——基于“宽带中国”准自然实验的证据［J］．重庆大学学报（社会科学版），2025（01）：100－116.

③ 陆凤芝，王辉，景光正．网络基础设施建设与绿色高质量发展——来自宽带中国战略的准自然实验［J］．统计研究，2024，41（08）：112－125.

地减少遗漏变量造成的回归结果偏误，借鉴苏春红①、王克强②、刘红梅③等学者的研究成果，在计量模型中引入金融发展水平（*Fin*）、居民消费活力（*Con*）、教育支出水平（*Edu*）、科学技术水平（*Tech*）、固定资产投资水平（*Inv*）等控制变量。

金融发展水平（*Fin*），一般来说，一个地区的金融发展对城乡融合以及经济高质量发展具有积极作用，是促进城乡要素流动的动力之一，可以通过促进城市规模扩大、增加金融服务的普惠性等来弥合城乡发展差距，以金融机构存贷款余额占地区 GDP 的比重来表示。

居民消费活力（*Con*），城乡融合视域下，扩大居民消费的空间主要在农村，城乡内需联动、居民潜在消费需求的释放是促进城乡融合的重要推动力。采用人均社会消费品零售总额占地区生产总值的比重来衡量各地级市居民的消费活力。

教育支出水平（*Edu*）体现当地政府对教育的重视程度，教育规模、结构和质量是不仅是促进城乡融合发展的重要路径，也是影响国民经济增长的重要因素。以教育支出占地方财政支出的比重来衡量。

科学技术水平（*Tech*）能够促进城乡要素的合理流动和产业的融合发展，政府重视科技投入，能够激活农村发展的潜力和后劲，促进城乡之间资源和机会的均等化，以科学技术支出占地方财政支出的比重来衡量。

固定资产投资水平（*Inv*），固定资产投资额的增加有利于增强城市提供生产和服务的能力，同时增加就业岗位，吸引城乡劳动力就业。使用全社会固定资产投资额占 GDP 比重来衡量城市固定资产投资水平。

（三）数据来源以及描述性统计

本章的研究范围为我国地级市，原始数据来源于各年份《中国城市统计年鉴》《中国城市建设数据库》《中国能源统计年鉴》、中国工业和信息化部网站、EPS 数据库以及各地级市统计年鉴。考虑到数据的全面性、

---

① 苏春红，李真．数字经济促进城乡融合发展了吗？——基于中国 285 个地级市的实证研究［J］．经济社会体制比较，2023（03）：27－39.

② 王克强，杨亚炫，刘红梅，等．集体经营性建设用地入市影响城乡融合发展研究［J］．农业技术经济，2023（02）：45－63.

③ 刘红梅，张忠杰，王克强．中国城乡一体化影响因素分析——基于省级面板数据的引力模型［J］．中国农村经济，2012（08）：4－15.

可获得性和准确性，删去个别缺失值较为严重的地级市，对数据进行筛选、清理，个别缺失值采用线性插值法进行填充，最终以我国246个地级市为研究样本，整理成我国2011—2022年的面板数据，其各变量的描述性统计如表5－1所示。

表5－1　描述性统计结果

变量名称	样本量	均值	标准差	最小值	最大值
Uri	2952	0.1312	0.056	0.0145	0.5316
Bro	2952	0.2646	0.441	0	1
Fin	2952	2.5744	1.185	0.7318	12.5079
Con	2952	0.3855	0.104	0.0000	0.7739
Edu	2952	0.1793	0.037	0.0357	0.3562
Tech	2952	0.0187	0.018	0.0008	0.2068
Inv	2935	7.2298	0.945	1.5041	10.7331

二、实证结果及分析

（一）平行趋势检验

本章的基础回归采用的是采用多期双重差分模型，而控制组和实验组要满足平行趋势假定是其必要的前提条件，即验证控制组和对照组在政策实施之前是否具有相同的趋势。这一假设是双重差分法有效性的核心前提，只有在满足平行趋势假设的情况下，才能认为控制组和对照组在政策实施前是可比的，从而确保政策实施后的差异可以被合理地归因于政策本身，而不是其他潜在因素。参照焦豪等（2023）[①]学者的研究，构建了平行趋势检验模型，验证“宽带中国”战略实施前控制组与实验组之间是否存在显著差异，以及评估政策实施后实验组的动态变化效果。

$$Uri_{it} = \gamma_0 + \sum_{y \geq -5}^{8} \gamma_y Bro_{it} + \sum \beta Control_{it} + \mu_i + \nu_t + \varepsilon_{it} \quad (5-2)$$

① 焦豪，崔瑜，张亚敏．数字基础设施建设与城市高技能创业人才吸引［J］．经济研究，2023（12）：150－166．

式（5－2）中，核心解释变量 *Bro* 表示“宽带中国”战略的虚拟政策变量，是 *TIME* 和 *TREAT* 的交互项，其含义为：若城市 i 在第 t 年被选为“宽带中国”战略试点城市，则第 t 年及以后均取值为 1，否则取值为 0。其余变量解释也均与式（5－1）相同。本部分主要关注 *Bro* 的系数 γ_y 的大小，当 $Y<0$ 时，γ_y 系数不显著，即表明政策实施前试点城市与非试点城市对城乡融合未表现出显著性的影响；当 $y>0$ 时，γ_y 系数显著为正，即表示政策实施后试点城市与非试点城市对城乡融合开始体现出显著不同的影响，即为平行趋势检验通过。选取“宽带中国”政策实施的当期为政策时点，平行趋势检验图如图 5－1 所示。

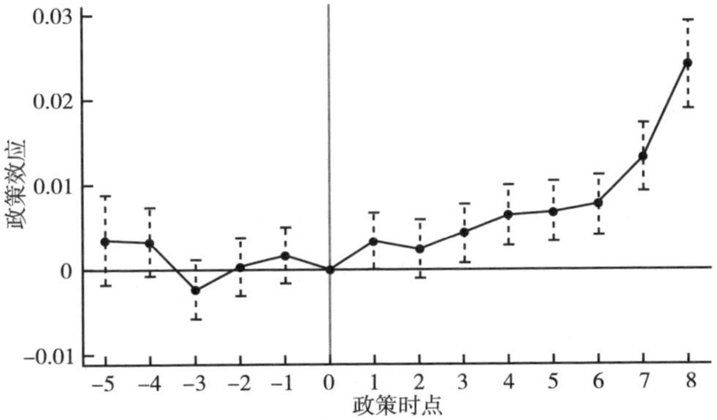

图 5－1　平行趋势检验

图 5－1 为“宽带中国”战略实施期间的平行趋势检验结果。选取“宽带中国”战略实施的当期为政策时点，从政策动态效应来看，政策实施前 5 期政策效应均不显著，说明政策实施前实验组与控制组不存在显著差异。在政策实施以后，数字基础设施经过了两年左右的创建期①，后期呈现出显著的上升态势，说明“宽带中国”战略的试点城市，即试点城市数字基础设施的发展对于城乡高质量融合有显著的促进作用，通过平行趋势检验。由此证明以多期双重差分模型进行检验是可行的。

① 冯苑，聂长飞，张东．宽带基础设施建设对城市创新能力的影响［J］．科学学研究，2021（11）：2089－2100.

（二）基准回归

接下来，本章利用多期双重差分方法进行基础的回归分析。由表 5－2 第（1）列基准回归结果可知“宽带中国”战略虚拟变量对城乡融合发展的系数为 0.0045，通过 1% 水平的显著性检验，呈现显著正相关关系。第（2）至第（6）列为依次加入控制变量金融发展水平、居民消费活力、教育支出水平、科学技术水平、固定资产投资水平后的逐步回归，随着控制变量的逐步加入，可见核心解释变量对被解释变量的系数和显著程度基本没有较大变动，根据第（6）列可知，数字基础设施水平的提升显著促进了城乡融合发展。至此，假设 1 得以验证。

从基准回归的控制变量来看，金融发展水平与居民消费活力对城乡融合产生负向影响，金融发展水平影响为负的可能原因有金融发展效率的不足、农村金融服务的不足以及城乡金融发展的不平衡性，金融发展的规模不平衡和效率不平衡都在一定程度上拉大了城乡收入差距，这可能很大程度上会影响城乡融合水平①；从居民消费角度来说，其负向影响很可能是居民对消费预期的不确定性、户籍制度的限制以及消费习惯改变等多种因素的共同作用，消费预期的不确定性可能导致居民减少消费，进而对城乡融合进程产生不良影响②。教育支出水平对城乡融合的影响显著为正，这说明政府对教育的支出会在一定程度上推进城乡间的教育资源合理化分配、为农村教育吸引人才和资金创造更好的外部环境，从而缩小城乡教育差距，提高农村居民教育水平和收入水平，促进城乡融合。科学技术水平对城乡融合的影响显著为正，这是因为政府对科技创新的投资能够扩大科技创新的辐射范围，丰富应用场景，强化城乡产业创新的协同效应，且其系数为 0.1335，对城乡融合发展影响最大。固定资产投资水平对城乡融合影响显著为正，这是因为固定资产具备能够打破城市和农村之间相互分割的壁垒的功能，能够为促进城乡生产要素市场的统一，实现土地、劳动力等资源要素在城乡之间双向流动和优化组合，从而提高资源配置效率提供坚实的设施基础。

---

① 孙君，张前程．中国城乡金融不平衡发展与城乡收入差距的经验分析［J］．世界经济文汇，2012（03）：108－120.

② 韦森，张翼驰，胡锡琴．收入视角下城镇化质量对中国居民消费的影响［J］．北京理工大学学报（社会科学版），2023，25（04）：173－181.

表 5-2　　基准回归结果

	(1)	(2)	(3)	(4)	(5)	(6)
	Uri	Uri	Uri	Uri	Uri	Uri
Bro	0.0045*** (4.83)	0.0047*** (5.10)	0.0047*** (5.11)	0.0045*** (4.91)	0.0042*** (4.63)	0.0043*** (4.67)
Fin		-0.0046*** (-7.78)	-0.0045*** (-7.71)	-0.0046*** (-7.86)	-0.0042*** (-7.18)	-0.0036*** (-6.03)
Con			-0.0045 (-1.05)	-0.0058 (-1.36)	-0.0078* (-1.83)	-0.0087** (-2.05)
Edu				0.0558*** (4.08)	0.0582*** (4.29)	0.0590*** (4.35)
Tech					0.1622*** (6.55)	0.1335*** (5.27)
Inv						0.0040*** (6.14)
_cons	0.1136*** (147.85)	0.1229*** (86.92)	0.1243*** (62.93)	0.1145*** (36.86)	0.1115*** (35.74)	0.0846*** (15.69)
N	2952	2952	2952	2952	2952	2935
时间固定效应	控制	控制	控制	控制	控制	控制
地区固定效应	控制	控制	控制	控制	控制	控制
R^2	0.958	0.959	0.959	0.959	0.960	0.961

注：*、**、*** 分别表示 10%、5% 和 1% 的显著性水平。

（三）稳健性检验

1. 安慰剂检验

为了确保研究结果的稳健性，排除其他不可观测因素对估计结果的潜在干扰，借鉴了刘瑞明①的研究方法，进行了安慰剂检验。具体操作是随机选取与实际“宽带中国”战略试点城市数量相同的其他城市作为处理

① 刘瑞明，毛宇，亢延锟．制度松绑、市场活力激发与旅游经济发展：来自中国文化体制改革的证据［J］．经济研究，2020（01）：115-131.

组，构造一个虚拟的政策变量，并使用与原模型相同的回归方程进行估计。这一过程重复进行了500次，最终绘制出了虚拟变量估计系数的核密度图（见图5-2），以直观展示虚拟政策变量的估计结果分布情况。如果城乡融合发展水平的提升的确是由于“宽带中国”战略的推行所导致，那么真实的变量估计系数应与虚拟变量估计系数有明显差别，即为通过安慰剂检验，数字基础设施促进城乡融合发展水平的提升不太可能是由其他未观测因素引起的。

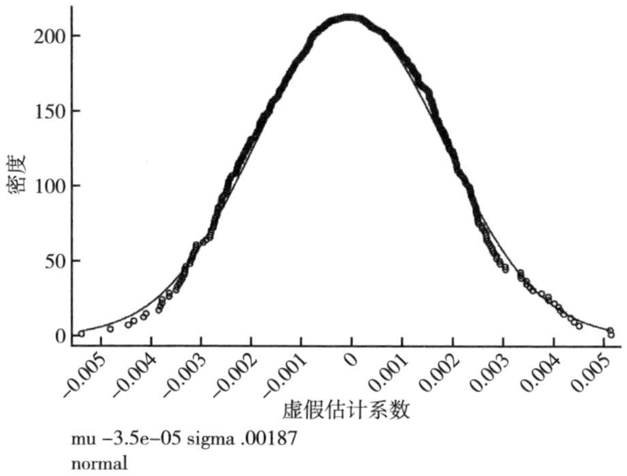

图5-2 安慰剂检验

安慰剂检验的核密度图显示，在随机情况下，虚拟变量估计系数的分布接近0，与真实的正向基准回归系数0.0042有显著差异。这一结果验证了“宽带中国”战略对城乡融合的正向影响是真实且稳健的，不太可能是由随机因素引起的。

2. 倾向得分匹配

本部分将倾向得分匹配（PSM）与双重差分模型（DID）结合，先通过PSM对可观测变量进行匹配，使处理组和对照组在可观测特征上更相似，然后再利用DID模型，通过时间上的双重差分来控制不可观测变量的影响，这种结合能够更全面地消除各种偏差因素，使研究结果更加准确地反映出政策或处理措施的真实效果。因此，进行倾向得分匹配有助于减少内生性偏误，进一步验证和确保研究结果的稳健性。本章参考彭文斌(2024)①、牛子恒（2022)② 等学者的研究，使用倾向得分匹配方法，将控制变量作为匹配变量，为每一个实验组寻找趋势评分满足平衡性的控制组，对基准模型进行重新估计。

具体做法为，先通过 LOGIT 模型和基于 1∶1 的近邻匹配算法对样本进行筛选和匹配，确保匹配后的样本在控制变量上是平衡的（见表 5－3），然后再对这些平衡后的样本进行回归分析，以减少偏差并提高研究结果的可靠性。

表 5－3　　平衡性检验结果

控制变量		均值				
		实验组	控制组	标准误差	T 值	P 值
Fin	匹配前	0.172	0.210	－39.30	－10.41	0.000
	匹配后	0.172	0.189	－17.50	－4.590	0.000
Con	匹配前	0.393	0.380	12.60	3.350	0.001
	匹配后	0.393	0.395	－1.200	－0.290	0.769
Edu	匹配前	0.173	0.183	－26.40	－7.080	0.000
	匹配后	0.174	0.174	－1.300	－0.310	0.753
Tech	匹配前	0.0245	0.0149	53.10	14.73	0.000
	匹配后	0.0243	0.0253	－5.300	－1.00	0.319
Inv	匹配前	7.524	7.035	53.30	14.16	0.000
	匹配后	7.523	7.518	0.600	0.150	0.882

首先，如平衡性检验所示，五个控制变量除金融发展水平（*Fin*）以外，居民消费活力（*Con*）、教育支出水平（*Edu*）、科学技术水平（*Tech*）、固定资产投资水平（*Inv*）四个控制变量在匹配前的 P 值均在 1% 的水平上显著，匹配以后均不显著，说明匹配后的实验组与控制组不存在显著性差异。其次，通过观察匹配前后两组样本的倾向得分值的核密

① 彭文斌，曹笑天．数字基础设施建设对城市碳生产率的影响研究——来自“宽带中国”的经验证据［J］．经济纵横，2024（08）：94－105.

② 牛子恒，崔宝玉．网络基础设施建设与劳动力配置扭曲——来自“宽带中国”战略的准自然实验［J］．统计研究，2022，39（10）：133－148.

度分布情况，如图 5－3 所示可以发现，在匹配之前，控制组的倾向得分均值明显低于处理组，这表明两组样本在初始状态下存在显著差异。然而，在进行倾向匹配之后，两组样本的概率分布逐渐趋于一致。这说明通过倾向匹配的方法，能够有效消除样本选择过程中可能存在的偏误，使得两组样本在匹配后具有更好的可比性。因此，可以认为在匹配后，四个控制变量在两组样本中的分布已经达到了较为平衡的状态。最后，利用倾向得分匹配与双重差分结合的方法进行回归，从回归结果表 5－4 可以看出，无论是否引入控制变量，“宽带中国”战略虚拟变量的系数始终为正值，并且在 1% 的显著性水平下通过了检验。这说明即使在考虑或不考虑其他控制变量的情况下，政策变量的影响方向和显著性均保持一致，从而进一步验证了基准回归结果的稳健性。

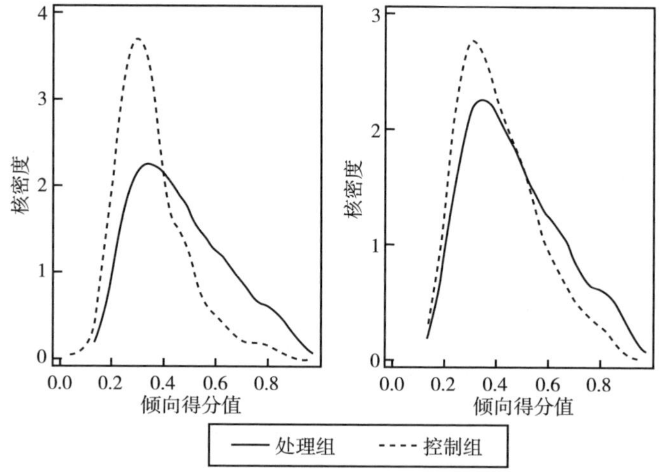

图 5－3　匹配前后倾向得分值的核密度分布

表 5－4　　PSM－DID 回归结果

变量	(1)	(2)
Bro	0.0044*** (4.7073)	0.0043*** (4.7368)
控制变量	不控制	控制
N	2934	2917

续表

变量	(1)	(2)
时间固定效应	控制	控制
地区固定效应	控制	控制
R^2	0.493	0.518

注：*** 表示 10% 的显著水平。

3. 剔除特殊城市

中国国土广袤，不同城市在经济发展程度、资源条件以及政策偏好等方面呈现出显著的多样性，这些因素导致了“宽带中国”战略在各地实施的效果存在差异。考虑到直辖市的特殊性，对 4 个直辖市样本进行剔除，排除特殊城市的干扰，将剩余 242 个城市的样本重新进行回归，回归结果如表 5－5 所示。

表 5－5　　剔除特殊城市的回归结果

	(1)	(2)	(3)	(4)	(5)	(6)
Bro	0.0031*** (3.98)	0.0032*** (4.24)	0.0032*** (4.24)	0.0030*** (3.99)	0.0027*** (3.57)	0.0027*** (3.60)
Fin		−0.0041*** (−8.62)	−0.0041*** (−8.59)	−0.0042*** (−8.78)	−0.0038*** (−7.90)	−0.0031*** (−6.48)
Con			−0.0013 (−0.37)	−0.0025 (−0.71)	−0.0047 (−1.37)	−0.0057* (−1.66)
Edu				0.0523*** (4.69)	0.0553*** (5.04)	0.0561*** (5.14)
Tech					0.1897*** (9.50)	0.1602*** (7.89)
Inv						0.0040*** (7.81)
_cons	0.1122*** (177.84)	0.1205*** (105.35)	0.1209*** (75.49)	0.1117*** (44.10)	0.1082*** (42.94)	0.0809*** (18.78)

续表

	(1)	(2)	(3)	(4)	(5)	(6)
时间固定效应	控制	控制	控制	控制	控制	控制
地区固定效应	控制	控制	控制	控制	控制	控制
N	2904	2904	2904	2904	2904	2887
R^2	0.5639	0.5758	0.5758	0.5793	0.5931	0.5988

注：*、**、*** 分别表示10%、5%和1%的显著性水平。

综上所述，剔除特殊城市样本后的回归结果显示，核心解释变量“宽带中国”的虚拟变量的系数均为正且在1%的显著性水平下显著，表明“宽带中国”战略对城乡融合发展具有显著的促进作用。即使在加入不同的控制变量后，这种促进作用依然稳健。

4. 排除极端值影响

为了确保研究结果的准确性，不受样本中潜在的离群值影响，对控制变量实施了1%的双边缩尾处理，从而调整了样本容量。随后，利用调整后的数据重新对基准回归模型进行了估计。如表5－6的列（2）所示，重新估计的结果显示，各变量的显著性水平和系数大小与原始基准回归模型［列（1）］相比，没有出现显著性的变化。这一发现进一步验证了研究结果的稳健性和可靠性。

5. 增加控制变量

为避免遗漏变量偏误导致估计结果不准确，参考学者赵华平①，增加控制变量进行回归，增加政府干预程度（*Gov*）作为一项控制变量，结果见表5－6中的列（4）。与基准回归列（1）和未加控制变量的列（3）对比，数字基础设施对城乡融合的正向效应与显著性并未发生明显改变，本章结果稳健。

① 赵华平，袁方玉，孟宏玮．数字基础设施赋能城乡融合发展的机制研究［J］．城市问题，2023（12）：16－28.

表 5-6 排除极端值与增加控制变量的回归结果

	(1)	(2)	(3)	(4)
Bro	0.0043 *** (4.67)	0.0043 *** (4.76)	0.0045 *** (4.83)	0.0038 *** (4.12)
Fin	-0.0036 *** (-6.03)	-0.0039 *** (-6.10)		-0.0023 *** (-3.61)
Con	-0.0087 ** (-2.05)	-0.0097 ** (-2.12)		-0.0096 ** (-2.26)
Edu	0.0590 *** (4.35)	0.0694 *** (4.72)		0.0348 ** (2.41)
Tech	0.1335 *** (5.27)	0.2057 *** (6.25)		0.1277 *** (5.06)
Inv	0.0040 *** (6.14)	0.0052 *** (5.74)		0.0035 *** (5.39)
Gov				-0.0453 *** (-4.70)
_cons	0.0846 *** (15.69)	0.0743 *** (10.48)	0.1136 *** (147.85)	0.0976 *** (16.15)
时间固定效应	控制	控制	控制	控制
地区固定效应	控制	控制	控制	控制
N	2935	2935	2952	2935
R^2	0.961	0.5228	0.958	0.5231

注：*、**、*** 分别表示 10%、5% 和 1% 的显著性水平。

（四）异质性分析

我国幅员辽阔，不同地区在自然资源、政策环境、文化地理以及经济成长等方面呈现出明显的差异性，这些差异性逐渐导致了区域发展的不均衡。在研究中国各城市的发展情况时，除了在基础回归模型中已经考虑的变量，城市的区位和规模可能也是影响数字基础设施对城乡一体化进程贡献的关键因素。由于各地区的基础条件和具体情况不同，“宽带中国”战略对于推动城乡一体化的成效可能会随着地区不同而有所区别。因此，将从城市区位和城市规模两个维度进行差异化分析，以揭示不同城市特征对数字基础设施促进城乡高质量融合的具体影响。

1. 基于城市区位

基于我国东部、中部、西部发展不均衡的事实，参考学者汪亚美等(2024)[①]、周佳宁等（2019)[②] 的研究思路，将样本划为东部、中部、西部三个区域，对“宽带中国”战略影响碳排放的区域异质性进行分析，回归结果如下。

由表5-7可以看出，核心解释变量 *Bro* 的系数在东部地区与中部地区通过了1%的显著性检验，且系数为正，这代表了“宽带中国”战略的提出，促进了城乡融合的发展，且东部地区的影响系数0.011，远大于西部地区的0.002；西部地区数字基础设施对城乡融合的影响不显著。究其原因可能有以下三个方面：第一，经济发展水平和基础设施建设的基础方面的差异。东部地区由于较早开始经济发展，其经济增长速度较快，因此在数字基础设施的建设和发展方面具有更为坚实的基础。此外，东部地区在吸引和集聚各种生产要素以及整合资源方面的能力也比中部和西部地区更强，这为实现城乡融合发展提供了有利条件。中部地区拥有较为扎实的工业基础，并且随着数字技术的持续应用和创新，产业结构的不断转型，处于数字经济发展的第二阶段[③]，与西部地区相比，中部地区的经济发展水平较高。因此，数字基础设施的建设对于推动城乡一体化发展具有积极的效果；相比之下，西部地区的产业发展相对单一，主要依赖于资源的开采，而新兴产业的发展则相对不足。在全国范围内，西部地区的数字技术应用和创新能力也较为落后，这导致数字基础设施对于该地区城乡高质量融合的促进作用相对较弱。第二，城乡数字鸿沟程度上存在差异。西部地区存在城乡数字鸿沟大、财政资源有限、科技水平低和人口流动不均等问题，总体上表现为可用资源和所需资源的明显不对称，这增加了西部地区为数字治理创造数字环境的困难，影响了数字基础设施建设对城乡融合发展的促进作用；东部地区与中部地区虽然也存在数字鸿沟，但相对于西部

---

① 汪亚美，余兴厚．数字基础设施对城市碳排放的时空动态效应——基于“宽带中国”准自然实验的证据［J］．重庆大学学报（社会科学版），2025（01）：100－116.

② 周佳宁，秦富仓，刘佳，等．多维视域下中国城乡融合水平测度、时空演变与影响机制［J］．中国人口·资源与环境，2019，29（09）：166－176.

③ 陈晓东，刘冰冰．区域数字经济协调发展的实现路径［J］．开放导报，2021（06）：71－80.

地区，数字基础设施建设和数字技术应用水平较高，乡村居民接受能力与应用能力强于西部地区。第三，政策推进的时间差异也可能会对影响效果产生一定影响。本身具有雄厚资源禀赋与科技创新水平的东部地区城市，在“宽带中国”第一批试点后，更增加了明显的时间优势，使得这些城市较中西部地区，更容易抓住发展数字基础设施和推动城乡高质量融合的机遇，因此，政策效应的显现也会有所差异。

表 5－7　　基于城市区位的异质性分析

	(1)	(2)	(3)
	东部地区	中部地区	西部地区
Bro	0.011***	0.002**	－0.001
	(5.80)	(2.01)	(－0.61)
Fin	－0.008***	0.001	－0.005***
	(－7.10)	(1.24)	(－4.76)
Con	0.003	－0.021***	0.012
	(0.47)	(－2.99)	(1.63)
Edu	0.098***	0.049**	0.023
	(3.39)	(2.56)	(1.21)
Tech	0.146***	0.144***	0.212***
	(2.89)	(4.83)	(4.41)
Inv	0.004***	0.008***	0.004***
	(3.38)	(6.36)	(4.23)
_cons	0.087***	0.053***	0.083***
	(7.19)	(6.57)	(11.32)
时间固定效应	控制	控制	控制
地区固定效应	控制	控制	控制
N	1116	939	880
R^2	0.531	0.625	0.576

注：*、**、*** 分别表示 10%、5% 和 1% 的显著性水平。

2. 基于城市规模

据 2014 年国务院发布的关于调整城市规模划分标准，将城市划分为五类七档，本章将其进行简化，将城区常住人口小于 300 万人的城市划分为中小型城，300万人到500万人之间的城市划分为大城市，大于500万人的城市划分为超大型城市，以此采用2022年常住人口的数据进行分组并进行回归，回归结果如下。

从改革开放起始至2023年以来，我国经济年均增长8.9%，远高于同期世界经济3%的平均增速，经济增长以劳动力、土地投入为主要驱动力，带来了对土地资源的强烈需求，推动了城市空间规模的迅速扩大。城市规模的扩大主要产生两种效应：一种是正向的集聚效应；另一种是负向的挤出效应。集聚效应可以为创新提供了更多的机会和资源，带动城市的产业发展，提高劳动生产力和经济增长水平；挤出效应指大量的人口聚集在有限的空间内，使得人均享用的公共服务数量下降，导致公共服务供给不足，使得社会问题加剧，为城市的可持续发展带来负向影响。从回归结果看，由“宽带中国”战略所表征的数字基础设施对城乡融合的作用在中小型城市表现出负向的挤出效应，即负向显著，通过10%的显著性水平检验，而对大城市与超大城市表现出显著的正向效应，分别通过5%与1%的显著性水平检验，且对超大城市的正向影响系数最大（见表5－8）。原因可能为，对于规模大的城市来说，由于其交通、位置、设施等条件相对较好，可以更有效地搭建城乡“数字桥梁”，使得城乡之间的信息要素交互共享，破除城乡要素流动障碍；同时，大规模城市因其较高的要素集聚程度和庞大的市场规模，能够为数字基础设施的效能发挥提供肥沃土壤，加速了区域技术创新与知识扩散，促进了城市产业结构的优化升级，形成了正向反馈机制，持续增强城市的经济韧性，促进城乡融合。而规模小的城市，由于市场规模较小，要素集聚程度较低，数字基础设施的积极作用可能发挥不够充分，面临的挑战更大，包括技术创新能力、人力资本水平、资源配置效率等方面的限制，这些因素共同作用导致其对城乡融合的促进作用相对较小。

表5－8　　基于城市规模的异质性分析

	(1)	(2)	(3)
	中小型城市	大城市	超大城市
Bro	−0.0021*	0.0028**	0.0067***
	(−1.74)	(2.35)	(3.51)

续表

	(1)	(2)	(3)
	中小型城市	大城市	超大城市
Fin	-0.0041*** (-5.94)	-0.0000 (-0.02)	-0.0107*** (-6.46)
Con	0.0068 (1.47)	-0.0108* (-1.94)	-0.0215** (-1.98)
Edu	-0.0052 (-0.32)	0.0683*** (4.18)	0.1392*** (4.01)
Tech	0.0658** (2.18)	0.0292 (0.85)	0.0920 (1.64)
Inv	0.0027*** (4.25)	0.0084*** (8.34)	0.0008 (0.45)
_cons	0.092*** (17.72)	0.039*** (5.29)	0.131*** (7.73)
时间固定效应	控制	控制	控制
地区固定效应	控制	控制	控制
N	1072	849	1014
R^2	0.949	0.958	0.964

注：*、**、*** 分别表示10%、5%和1%的显著性水平。

第三节　影响机制检验

一、数字基础设施赋能城乡高质量融合发展的传导机制检验

（一）模型构建与数据说明

先前的分析已经确认了数字基础设施建设对城乡高质量融合发展的积极影响。在此基础上，一个更值得关注的问题是如何具体发挥数字基础设施建设在城乡高质量融合中的作用。根据前面的理论探讨，数字基础设施建设可能通过促进技术创新和人力资本积累来提升城乡高质量融合发展水

平。具体来说，数字基础设施的完善可能通过增强技术创新能力和提升人力资本，进而推动城乡一体化发展。这一小节借鉴江艇①、胡海川等②的研究，通过核心被解释变量对机制变量回归进行检验，模型构建如下：

$$M_{it} = \alpha_0 + \alpha_1 Bro_{it} + \sum \beta Control_{it} + \mu_i + \nu_t + \varepsilon_{it} \tag{5-3}$$

式（5－3）中 M 为机制变量，表示技术创新（Inn）或者人力资本积累（HCM）；核心解释变量 Bro 表示“宽带中国”战略的虚拟政策变量，是 $TIME$ 和 $TREAT$ 的交互项，指若城市 i 在第 t 年被选为“宽带中国”战略试点城市，则第 t 年及以后均取值为 1，否则取值为 0。其余变量解释均与式（5－1）相同。结合现有研究和数据可得性，对中介变量测度方式的选取如下：

技术创新（Inn），数字基础设施能够通过降低创新成本、减少信息不对称和缩短研发时间来提升地区的创新水平，为促进城乡融合发展提供关键的技术支持，参考以往学者华连连等③，采用专利申请授权数作为技术创新的代理变量。

人力资本积累（HCM），促进城乡融合迫切需要高水平的劳动力。人力资本积累越高，理论上城乡融合发展的动力越充足，参考何菊香等④，采用普通高等学校在校学生数占户籍人口总数的比重来衡量。

（二）传导机理实证结果与分析

1. 技术创新

如表 5－9 所示，从技术创新的回归结果来看，核心虚拟解释变量“宽带中国”战略对提高技术创新不论是否加入控制变量，均通过 1% 的显著性水平检验，说明数字基础设施能够通过提高技术创新，从而促进城乡融合发展。

---

① 江艇．因果推断经验研究中的中介效应与调节效应［J］．中国工业经济，2022（05）：100－120.

② 胡海川，贾振婷，冯丽丽．市场准入管制放松与企业绿色转型——基于“市场准入负面清单制度”试点的准自然实验［J］．经济问题，2025（01）：79－90.

③ 华连连，张涛嘉，王建国，等．全球绿色技术专利创新演化及布局特征分析［J］．科学管理研究，2020，38（06）：149－158.

④ 何菊香，赖世茜，廖小伟．互联网产业发展影响因素的实证分析［J］．管理评论，2015，27（01）：138－147.

数字基础设施建设具有强渗透性和广覆盖性，使得城乡间的自主创新能力能够低成本、快速地转移和溢出，推动资本、劳动力和自然资源等生产要素优化配置，促使城市创新主体可以更具针对性地开展技术研发活动，助推技术创新水平整体提升。这为城乡间协同合作与资源共享提供重要动力，从而能够带动城乡之间的经济、社会、空间和生态多方面的融合。至此，假设 2 得以验证。

表 5－9　　基于技术创新的中介效应回归结果

	(1)	(2)
	Inn	Inn
Bro	0.4204 *** (6.32)	0.3756 *** (5.75)
Fin		0.1439 *** (3.39)
Con		－1.5088 *** (－4.96)
Edu		4.4448 *** (4.58)
Tech		17.9311 *** (9.90)
Inv		0.0035 (0.08)
时间固定效应	控制	控制
地区固定效应	控制	控制
N	2952	2935
R^2	0.2296	0.2703

注：*、**、*** 分别表示 10%、5% 和 1% 的显著性水平。

2. 人力资本积累

高水平的人力资本在城乡融合的过程中发挥着不可或缺的作用。从回归结果来看（见表 5－10），“宽带中国”战略每提高 1 个单位，促进人力资本积累提高 0.0013 个单位，且在是否加入控制变量前后系数均通过 1% 的显著性水平检验。数字基础设施降低了人力资本的交流成本，提升了人力资本的数字化技能，能够推动城乡人力资本结构升级。首先，其为人力资本交流建立了新的联系方式，降低了信息交流的成本，使得人力资本能够大规模参与和低成本交流，这种交流可以促进知识的传播和创新思维的碰撞，从而提升人力资本的创新能力和质量；其次，这有助于提升全民的数字素养与技能，增强人力资本积累，推动人力资本结构优化和升级。因而，数字基础设施能够显著提升人力资本的质量，为城乡融合和社会进步提供强有力的支持。至此，假设3得以验证。

表5-10　　　　基于人力资本积累的中介效应回归结果

	(1)	(2)
	Hcm	Hcm
Bro	0.0013*** (3.60)	0.0013*** (3.54)
Fin		0.0000 (0.02)
Con		-0.0000 (-0.00)
Edu		-0.0052 (-0.94)
Tech		0.0381*** (3.70)
Inv		-0.0007*** (-2.59)
时间固定效应	控制	控制
地区固定效应	控制	控制
N	2914	2899
R^2	0.2367	0.2396

注：*、**、***分别表示10%、5%和1%的显著性水平。

二、数字基础设施赋能城乡融合发展的调节效应检验

（一）模型构建与数据说明

调节效应描述了调节变量如何改变自变量对因变量的影响。前文理论

分析认为，市场结构优化与政府数字经济关注度在数字基础设施对城乡融合发展中发挥调节作用，交互项模型是对调节效应进行建模的主要方式（江艇，2022），笔者借鉴刘合光等（2025）① 的研究，设立调节变量与核心解释变量的交互项进行回归，构建调节效应模型，探究是否存在调节效应。模型构建如下：

$$Uri_{it} = \delta_0 + \delta_1 Bro_{it} + \delta_2 Mod_{it} + \delta_3 Mod_{it} \times Bro_{it} + \sum \beta Control_{it} + \mu_i + \nu_t + \varepsilon_{it} \quad (5-4)$$

式（5－4）中 *Mod* 为机制变量，表示产业结构优化（*Ois*）或者政府数字经济关注度（*Dep*）；核心解释变量 *Bro* 表示“宽带中国”战略的虚拟政策变量，是 *Time* 和 *Treat* 的交互项，指若城市 i 在第 t 年被选为“宽带中国”战略试点城市，则第 t 年及以后均取值为 1，否则取值为 0；$Mod_{it} \times Bro_{it}$ 为调节变量与“宽带中国”虚拟变量的交互项；其余变量解释均与式（5－1）相同。结合现有研究和数据可得性，对调节变量测度方式的选取如下：

产业结构优化（*Ois*）是指产业结构向更高层次、更高质量、更具竞争力的方向发展，是一个动态调整的过程，笔者参考吴昱等（2024）② 的做法，采用第三产业增加值占第二产业增加值的比重来衡量，此值越高，说明产业结构优化程度越好。

政府数字经济关注度（*Dep*）借鉴金灿阳等（2022）③ 的做法，利用 PYTHON 软件收集 2011—2022 年各地级市政府工作报告数字经济相关词汇的词频数量来表征政府对数字经济关注的重视程度。

（二）调节效应实证结果与分析

1. 产业结构优化

由前面的理论分析可知，高水平的产业结构不仅能够充分释放数据要素的价值，发挥数字基础设施对社会经济发展的作用，还能进一步促进形

---

① 刘合光，齐心，陈珏颖．数字经济对城乡融合发展的影响及其作用机制——基于 903 个县域的实证研究［J］．中国流通经济，2025，39（02）：3－15.

② 吴昱，张峰．数字经济对区域绿色创新效率的影响研究——基于中介效应和门槛效应的双重审视［J］．生态经济，2024，40（10）：47－57.

③ 金灿阳，徐蔼婷，邱可阳．中国省域数字经济发展水平测度及其空间关联研究［J］．统计与信息论坛，2022，37（06）：11－21.

成城乡优势互补的分工格局，促进城乡融合。因此，笔者将产业结构优化作为调节变量，具体实证结果如表 5 - 11 列（1）所示。

可知，在加入产业结构优化这个调节变量以后，核心解释变量“宽带中国”战略虚拟变量系数为 0.0019，通过 10% 的显著性水平检验，同时，核心解释变量与产业结构的交互项系数为正，通过 5% 的显著性检验。这说明，产业结构优化在数字基础设施建设促进城乡高质量融合中存在着显著的正向调节作用，产业结构优化程度越高，数字基础设施促进城乡融合发展水平越明显，至此，假设 4 得以验证。

2. 政府数字经济关注度

政府对数字经济的重视程度也影响着数字基础设施作用的发挥，对优质资源向农村延伸起到引导和支持作用，进而提升城乡融合发展水平。为验证这一猜想，将政府对数字经济的重视程度量化为数字经济相关词频数量并将其作为调节变量，具体结果在表 5 - 11 的第（2）列。可以看出，在加入政府数字经济关注度这个调节变量以后，核心解释变量与政府数字经济关注度的交互项系数为 0.0003，在 1% 的置信水平下显著，这说明各地政府对数字经济的关注程度，显著影响了数字基础设施在城乡融合中的促进作用，有助于更好地发挥其普惠性和正外部性。至此，假设 5 得以验证。

表 5 - 11　　　　调节效应回归结果

	(1)	(2)
	Uri	Uri
Bro	0.0019** (2.14)	0.0026*** (2.78)
Bro × Ois	0.0134*** (12.34)	
Bro × Dep		0.0003*** (6.08)
控制变量	控制	控制
时间固定效应	控制	控制
地区固定效应	控制	控制

续表

	(1)	(2)
	Uri	Uri
N	2935	2935
R^2	0.303	0.466

注：*、**、*** 分别表示 10%、5% 和 1% 的显著性水平。

第四节　本章小结

研究结果从基准回归来看，核心虚拟解释变量“宽带中国”战略对城乡融合发展具有显著的正向影响，验证了前文数字基础设施对城乡融合发展具有正向影响的假设；同时，金融发展水平和居民消费活力对城乡融合产生负向影响，而教育支出水平、科学技术水平和固定资产投资水平对城乡融合产生正向影响。经过一系列稳健性检验结果得知，核心解释变量的正向影响依然稳健。这一影响在不同城市区位和规模下存在异质性。

在此基础上，对数字基础设施对城乡融合发展影响进行了实证层面的机制检验，由实证结果表明，数字基础设施通过促进技术创新和人力资本积累对城乡融合发展产生积极影响，并且产业结构优化和政府数字经济关注度在这一过程中发挥了重要的调节作用。这些结论验证了前文的剩余假设，并且为推动城乡融合发展提供了理论支持和政策建议方向。

第六章　产业数字化赋能城乡高质量融合发展实证分析

产业数字化是以新一代数字技术为支撑，以数据为关键要素，通过全产业链的数字化升级重构价值创造体系的过程①。从技术应用层面看，其本质是将大数据、人工智能、物联网等技术深度嵌入传统产业的生产运营环节，如在制造业通过设备互联实现预测性维护，在农业借助传感器实现精准施肥，推动生产智能化转型②。这种技术渗透进一步驱动业务流程再造，打破传统线性模式，形成自动化、协同化的新型业务生态——金融业依托大数据风控重构信贷审批流程，旅游业借助数字平台整合资源实现一站式服务，均体现了业务流程的数字化重塑。更深层次的变革则表现为产业边界的消融与跨界融合，智能制造融合制造与信息技术催生新型工业体系，“互联网＋农业”打通产业链形成智慧农业生态，这种融合创新不仅催生新业态，更重构全球价值链分工。在此过程中，数据要素发挥核心驱动作用，通过对海量市场信息与生产数据的挖掘分析，企业实现精准决策与资源优化配置，同时数据资产化交易开辟了新的价值空间③。

① 王俊豪，周晟佳．中国数字产业发展的现状、特征及其溢出效应［J］．数量经济技术经济研究，2021，38（03）：103－119.

② Acemoglu D，Restrepo P. The Race Between Machine and Man：Implications of Technology for Growth，Factor Shares and Employment［J］．American Economic Review，2018（06）.

③ 刘冬文，苗哲瑜，周月书．数字化“金融＋产业”模式：农业社会化服务创新的机理与案例分析［J］．农业经济问题，2023（09）：96－109.

第一节 产业数字化指数测算

(一) 产业数字化的测度方法

目前产业数字化的测度方法主要有以下几种:

1. 构建全面指标体系①

从多个维度选取指标来综合反映产业数字化程度。如从基础支撑、场景应用、政策支撑三个层面构建产业数字化水平指标体系,基础支撑包括网络基础设施、数据中心等;场景应用涉及各行业利用数字技术实现的创新应用场景;政策支撑衡量相关政策的力度和落实情况。

2. 分析产业关联

通过投入产出表②,分析数字技术产业与其他产业之间的投入产出关系,计算产业间的直接消耗系数、完全消耗系数等,以衡量数字技术在各产业中的渗透程度和产业数字化的关联效应。比如,若某产业对数字技术产业的直接消耗系数较高,说明其在生产过程中较多地使用了数字技术产品和服务,产业数字化程度可能较高。

3. 考虑要素异质性

将生产函数中的资本要素③等进行细分,如区分为传统资本和数字资本等不同类型,系统考虑资本要素的异质性,详细给出资本要素服务价值的测算步骤,通过增长核算框架来测算产业数字化对经济增长的贡献,进而反映产业数字化程度。

---

① 史宇宏,蹇洁,杨柠境. 民族地区产业数字化进程测度与空间关联研究 [J]. 内蒙古民族大学学报(哲学社会科学版),2025,51 (01).

② 潘磊,方春妮. 我国体育产业与数字经济产业融合发展的水平测度 [J]. 体育与科学,2023,44 (03).

③ 耿成轩,魏佳慧. 数字化背景下科创产业要素市场化配置的水平测度与动态演进 [J]. 浙江工商大学学报,2023 (05):113-127.

4. 挖掘相关数据

收集和分析互联网平台数据、企业生产经营数据、行业统计数据等多源大数据①。例如，通过分析电商平台上各行业的交易数据、数字化营销数据，了解各行业的数字化销售情况；利用企业生产设备的物联网数据，评估企业生产过程的数字化水平。

5. 问卷调查

设计针对企业、行业协会等的调查问卷，了解产业数字化的现状、应用情况、投入产出等方面的信息。例如，询问企业在数字技术研发、设备采购、人才培养等方面的投入，以及数字化转型带来的生产效率提升、成本降低等效果，然后对问卷数据进行统计和分析，以评估产业数字化程度。

（二）产业数字化的测度结果

按照前文所建指标体系构建指标体系，运用熵值法计算得出我国2012—2022年30个省份产业数字化指数。全国各省份产业数字化指数由2012年的55.6上升到146.8，年均增长率16.4%，各省份发展水平明显得以提升。具体来看，如前图4-18所示，上海、广东、北京三地的产业数字化水平位居全国前三。总体上，2022年我国产业数字化水平基本呈现东高西低的分布态势。其中，处于均值之上的有9个省份，且大多为东部沿海地区，其他中部、西部地区的产业数字化水平较为相近，普遍低于全国平均水平。但无可否认，省际发展差距仍比较突出，2022年广东数字经济发展水平综合指数约为青海数字经济发展水平综合指数的8.9倍。无可否认，2022年上海产业数字化指数约为青海产业数字化指数的1.3倍。我国各省份产业数字化指数尽管整体实现增长，但省际初始差异较大。

① 张鹏，周恩毅，刘启雷．装备制造企业数字化转型水平测度——基于陕西省调研数据的实证研究［J］．科技进步与对策，2022，39（07）：64-72.

第二节　产业数字化赋能城乡高质量融合发展实证分析

一、研究设计与模型的构建

（一）研究设计

本章以2012—2022年我国30个省份作为研究对象。产业数字化水平指标数据来源于《中国统计年鉴》《中国科技统计年鉴》以及北京大学数字金融研究中心发布的数字普惠金融指数；城乡高质量融合发展指数源自前文测度结果。同时为了避免异常值给实证结果带来影响，进一步对全部连续变量进行缩尾处理。最终得到我国30个省份2012—2022年连续的数据。

（二）变量选取及定义

1. 被解释变量

本章的被解释变量为城乡高质量融合发展指数（Hiur）。对于城乡高质量融合发展水平的衡量，不同的文章所构建的指标体系不同。本章所用到的指数是前面章节所构建的指标体系得出的指数。

2. 解释变量

本章的核心解释变量为产业数字化水平（Lnidl）。由于学术界尚未形成统一的产业数字化水平评价体系，所以核心解释变量由前文所构建的产业数字化指标体系测算结果取自然对数得出。

3. 控制变量

为了进一步提高研究准确性，尽量减小遗漏变量所带来的内生性问题。参考李军等①（2023）、王雨晨②（2023）等的研究，对地区人均生

① 李军，舒季君．要素流动视角下数字经济对城乡融合的影响研究［J］．科技与经济，2023，36（06）：16－20.

② 王雨晨．我国数字经济、产业结构升级与全球价值链攀升［D］．长沙：湖南大学，2023：65－73.

产总值（perGDP）、工业化程度（Lnindus）、对外开放程度（Lnfdi）、科技发展水平（Lnteah）、政府支农程度（Lnfarm）进行控制，具体变量如表6－1所示。

表6－1　变量定义

变量属性	变量符号	变量名称	变量说明
被解释变量	Hiur	城乡高质量融合发展指数	前文测算结果
解释变量	Lnidl	产业数字化水平	本章测算结果的对数
控制变量	Lnpergdp	地区人均生产总值	—
	Lnindus	工业化程度	工业增加值的对数
	Lnfdi	对外开放程度	外商直接投资额的对数
	Lnteah	科技发展水平	地方财政科学技术支出的对数
	Lnfarm	政府支农程度	地方农林牧渔支出的对数
机制变量	Ltr	劳动力转移率	第二、第三产业就业人数/总就业人数
	Mppr	移动电话普及率	每百人拥有的电话机数量
调节变量	Lnfin	财政支出分权	各地占全国的比重的对数
	Lnedu	高等教育水平	研究生在校生数的对数
门槛变量	NIP	互联网接入端口数	—
	NIU	互联网宽带接入用户数	—
	IR	产业升级	第二产业占比/第二产业就业占比

（三）模型设定

1. 基准回归模型

为了探讨产业数字化对城乡高质量融合发展的影响，并进一步考察产业数字化提高城乡高质量融合发展水平的机制，回归模型1设计如下：

$$Hiur_{i,t} = \alpha_0 + \alpha_1 Lnidl_{i,t} + \alpha_j Control_{i,t} + year_t + city_i + \varepsilon_{i,t} \qquad (6-1)$$

式（6－1）中，下标 i 代表各个研究样本省份，下标 t 则代表年份。$Hiur_{i,t}$ 为省份在 t 期的城乡高质量融合发展水平；$Lnidl_{i,t}$ 为省份在 t 期的产业数字化水平。$Control_{i,t}$ 代表所有的控制变量，$year_t$ 代表时间固定效应，$city_i$ 代表省份固定效应，$\varepsilon_{i,t}$ 为残差项。

2. 中介回归模型

为进行将劳动力流动作为中介变量的机制检验，在模型1的基础上，参考温忠麟和叶宝娟（2014）的研究，补充构建模型2，见式（6－2）和模型3，见式（6－3）。

$$Ltr_{i,t}=\beta_0+\beta_1 Lnidl_{i,t}+\beta_j Control_{i,t}+year_t+city_i+\varepsilon_{i,t} \tag{6-2}$$

$$Hiur_{i,t}=\gamma_0+\gamma_1 Lnidl_{i,t}+\gamma_2 Ltr_{i,t}+\gamma_j Control_{i,t}+year_t+city_i+\varepsilon_{i,t} \tag{6-3}$$

式（6－2）、式（6－3）中，$Ltr_{i,t}$代表省份 i 在 t 期的劳动力转移率，其余变量与模型 1 相同。在回归模型 2 和回归模型 3 中，产业数字化对城乡高质量融合发展的总效应等于$\gamma_1+\gamma_2\times\beta_1$，$\gamma_1$是考虑了中介效应后产业数字化对城乡高质量融合的直接效应，γ_2、β_1均显著的情况下，$\gamma_2\times\beta_1$为中介效应，即产业数字化对城乡高质量融合发展的间接效应。

同样地，为进行将信息通信产业发展水平作为中介变量的机制检验，在模型 1 的基础上，补充构建模型 4，见式（6－4）和模型 5，见式（6－5）。在检验信息通信产业发展水平的中介效用时，将移动电话普及率作为信息通信产业发展的代表。

$$Mppr_{i,t}=\delta_0+\delta_1 Lnidl_{i,t}+\delta_j Control_{i,t}+year_t+city_i+\varepsilon_{i,t} \tag{6-4}$$

$$Hiur_{i,t}=\theta_0+\theta_1 Lnidl_{i,t}+\theta_2 Mppr_{i,t}+\theta_j Control_{i,t}+year_t+city_i+\varepsilon_{i,t} \tag{6-5}$$

式（6－4）、式（6－5）中，$Mppr_{i,t}$代表省份 i 在 t 期的移动电话普及率，其余变量与模型 1 相同。在回归模型 4 和回归模型 5 中，产业数字化对城乡高质量融合发展的总效应等于$\theta_1+\theta_2\times\delta_1$，$\theta_1$是考虑了中介效应后产业数字化对城乡高质量融合的直接效应，θ_2、δ_1均显著的情况下，$\gamma_2\times\beta_1$为中介效应，即产业数字化对城乡高质量融合发展的间接效应。

3. 调节效应模型

为将财政支出分权作为调节变量进行调节效应研究，在模型 1 的基础上，参考高兆祥和温涛①（2025）的研究，补充构建模型 6，见式（6－6）。

$$Hiur_{i,t}=\pi_0+\pi_1 Lnidl_{i,t}+\pi_2 Lnidl_{i,t}\times lnfin_{i,t}+\pi_j Control_{i,t}+year_t+city_i+\varepsilon_{i,t} \tag{6-6}$$

式（6－6）中，下标 i 代表各个研究样本省份，下标 t 则代表年份。$Hiur_{i,t}$为省份在 t 期的城乡高质量融合发展水平；$Lnidl_{i,t}$为省份在 t 期的产业数字化水平。$lnfin_{i,t}$为省份在 t 期的财政支出分权，$Lnidl_{i,t}\times lnfin_{i,t}$为产

① 高兆祥，温涛．数字金融使用与农村居民消费不平等［J］．太原：山西财经大学学报，2025，47（02）：57－70.

业数字化水平与财政支出分权的交互项。为避免多重共线性，计算交互向前对相关变量已进行中心化处理。$Control_{i,t}$代表所有的控制变量，$year_t$代表时间固定效应，$city_i$代表省份固定效应，$\varepsilon_{i,t}$为残差项。

同样的，为将高等教育算有素养作为调节变量进项调节效应研究，在模型1基础上，补充构建模型7，见式（6－7）。

$$Hiur_{i,t} = \mu_0 + \mu_1 Lnidl_{i,t} + \mu_2 Lnidl_{i,t} \times lnedu_{i,t} + \mu_j Control_{i,t} + year_t + city_i + \varepsilon_{i,t} \quad (6-7)$$

式（6－7）中，下标 i 代表各个研究样本省份，下标 t 则代表年份。$Hiur_{i,t}$为省份在 t 期的城乡高质量融合发展水平；$Lnidl_{i,t}$为省份在 t 期的产业数字化水平。$lnedu_{i,t}$为省份在 t 期的高等教育素养，$Lnidl_{i,t} \times lnedu_{i,t}$为产业数字化水平与高等教育素养的交互项。为避免多重共线性，计算交互向前对相关变量已进行中心化处理。$Control_{i,t}$代表所有的控制变量，$year_t$代表时间固定效应，$city_i$代表省份固定效应，$\varepsilon_{i,t}$为残差项。

4. 门槛效应模型

基于理论分析，参考王善高（2025）设定双门槛模型①来检验产业数字化发展水平对城乡高质量融合发展水平的门槛效应，以信息通信产业发展水平和产业结构调整情况作为门槛变量，在模型1的基础上补充构建模型8，见式（6－8）。

$$Hiur_{i,t} = A_0 + A_1 Lnidl_{i,t} \times I(z_{it} < \gamma_1) + A_2 Lnidl_{i,t} \times I(\gamma_1 < z_{it} < \gamma_2) + A_3 Lnidl_{i,t} \times I(z_{it} > \gamma_2) + A_4 X_{it} + \varphi_{it} \quad (6-8)$$

式（6－8）中，下标 i 代表各个研究样本省份，下标 t 则代表年份。$Hiur_{i,t}$为省份在 t 期的城乡高质量融合发展水平；$Lnidl_{i,t}$为省份在 t 期的产业数字化水平。z_{it}为门槛变量，包括互联网接入端口数 NIP、互联网宽带接入用户数 NIU、产业结构调整情况 IR，γ 为待检门槛值，X_{it}为控制变量，φ_{it}为随机干扰项，I 为指标函数。

5. 空间效应模型

由于主要探究的是产业数字化水平对城乡高质量融合发展水平的影响及其空间溢出作用，所以选取空间计量模型进行实证分析。构建的具体空

① 王善高．数字乡村建设对农村居民共同富裕的影响研究［J］．统计与决策，2025，41(02)：48－53.

间估计模型如下：

$$Hiur_{i,t} = \delta\sum_{j=1}^{n} w_{ij}\,Hiur_{i,t} + \alpha\,Lnidl_{i,t} + \gamma\,Contr_{i,t} + \beta\sum_{j=1}^{n} w_{ij}\,Lnidl_{i,t} + \xi\sum_{j=1}^{n} w_{ij}\,Lnidl_{i,t} + u_i + \nu_t + \mu_{it} \quad (6-9)$$

$$\mu_{it} = \lambda\sum_{j=1}^{n} w_{ij}\,\mu_{jt} + \varepsilon_{it} \quad (6-10)$$

式（6－9）、式（6－10）中，$Hiur_{i,t}$ 为城乡高质量融合发展水平，w_{ij} 为空间权重矩阵 W 的（i，j）元素，δ、α、γ、β、ξ、λ 为待估参数，u_i 为个体效应项，ν_t为时间效应项，μ_{it}、ε_{it}为随机误差项。$Lnidl_{i,t}$为产业数字化水平，$Contr_{i,t}$ 为各控制变量。

（四）变量描述性统计

由表6－2可知，城乡高质量融合发展指数（Hiur）最小值为5.86，最大值为38.16，均值为16.25，说明我国各省份间城乡高质量融合发展程度存在差异。产业数字化指数（Lnidl）最小值为3.74，最大值为5.29，均值为4.64，由此推断我国不同省份产业数字化发展水平差异较大，与已有研究结果基本一致。劳动转移率（Ltr）的最小值为0.44，最大值为0.98，表明我国各省份城乡间劳动转移存在较大差距。从控制变量的角度来看，人均生产总值的均值为9204.27，最小值为755.9，最大值为28802.6，说明我国不同省份间的经济实力差距过大。

表6－2　　　　变量描述性统计

变量名称	样本数	均值	标准差	最小值	最大值
Hiur	330	16.2475	7.1560	5.8567	38.1649
Lnidl	330	4.6387	0.3216	3.7358	5.2853
LnperGDP	330	10.9038	0.4072	10.2786	11.7066
Lnindus	330	11.5449	1.3606	8.9451	13.9978
Lnfdi	330	4.4455	1.0075	2.5494	6.2291
Lnteah	330	6.2643	0.5336	5.0815	6.9810
Lnfarm	330	10.9038	0.4072	10.2786	11.7066
Ltr	330	0.7123	0.1253	0.4374	0.9844
Mppr	330	105.1972	24.2516	57.3000	189.4600

续表

变量名称	样本数	均值	标准差	最小值	最大值
Lnfin	330	2.8210	1.3648	0.5589	7.4806
Lnedu	330	10.9062	1.0326	7.9448	13.0635
NIP	330	24.1031	18.8364	1.0558	98.9221
NIU	330	11.9043	9.7183	0.4992	46.2872
IR	330	0.4642	0.2972	-0.2391	1.1757

工业化程度（Lnindus）、对外开放程度（Lnfdi）最大值和最小值间存在差距，可能与其地理位置有关系。而科技发展水平（Lnteah）和政府支农程度（Lnfarm）差距不大且标准差较小，说明我国各省（市）对科技和农业的重视程度基本相当。财政支出分权（Lnfin）和高等教育水平（Lnedu）的最大值和最小值之间差距较大，表明我国各省（市）间政府分权程度和高等教育水平差异化较大。

二、实证结果及分析

（一）基准回归分析

本章运用回归模型 1 对产业数字化与城乡高质量融合发展之间的关系进行检验，回归结果如表 6-3 所示。

表 6-3　基准回归结果

	(1)	(2)	(3)	(4)	(5)	(6)
	Hiur	Hiur	Hiur	Hiur	Hiur	Hiur
Lnidl	0.379*** (0.1283)	0.382** (0.1484)	0.364** (0.1501)	0.357** (0.1432)	0.292* (0.1477)	0.293* (0.1478)
LnperGDP		-0.009 (0.1582)	-0.056 (0.1858)	-0.018 (0.1923)	-0.108 (0.1892)	-0.102 (0.1846)
Lnindus			0.268 (0.2883)	0.255 (0.3008)	0.116 (0.3091)	0.110 (0.3107)
Lnfdi				0.118 (0.1404)	0.035 (0.1521)	0.033 (0.1532)
Lnteah					0.389*** (0.1223)	0.385*** (0.1274)

续表

	(1)	(2)	(3)	(4)	(5)	(6)
	Hiur	Hiur	Hiur	Hiur	Hiur	Hiur
Lnfarm						0.024 (0.1344)
_cons	-0.717*** (0.1480)	-0.702* (0.3441)	-0.692* (0.3588)	-0.859* (0.4212)	-1.038** (0.4133)	-1.004* (0.5013)
时间固定效应	Yes	Yes	Yes	Yes	Yes	Yes
省份固定效应	Yes	Yes	Yes	Yes	Yes	Yes
样本量	330	330	330	330	330	330
R^2	0.927	0.926	0.927	0.928	0.936	0.936

注：括号内为标准误，"***"、"**"、"*"分别表示模型估计系数在1%、5%和10%的水平上显著。

表6-3中第（1）列是在未加入控制变量且未对时间和省份进行固定得出的回归结果，产业数字化水平的系数为0.348，且在1%水平上显著。表明产业数字化与城乡高质量融合发展之间存在显著的正相关关系，即产业数字化水平越高，城乡高质量融合发展水平越高，与理论预期保持一致。为确保产业数字化对城乡高质量融合发展的正向促进关系是可信的，本章采用逐步加入控制变量且对时间和省份进行固定的回归结果进行呈现。从表6-3中第（2）至第（6）列的回归结果可见，在逐步加入控制变量并对时间和省份进行固定的过程中，两者之间的正相关关系依然在10%的置信水平上高度显著，说明相关回归分析的结果是稳定的，故本章的假设1得到验证。从控制变量的结果来看，整体上与预期一致。其中，科技发展水平（Lnteah）的系数显著为正，说明科技投入与发展会提升城乡高质量融合发展水平；政府支农程度（Lnfarm）的系数不显著，说明政府农业投入不能够显著影响城乡高质量融合发展水平。

（二）稳健性检验

在本章的研究中，为确保所得结果的可靠性与稳定性，进行稳健性检验至关重要。回归结果如表6-4所示。

表 6－4　稳健性回归结果 1

	(1)	(2)	(3)	(4)
	Ur	Hiur	Hiur	Hiur
Lnidl	0. 322 ** (0. 1514)		0. 264 * (0. 1511)	0. 362 ** (0. 1621)
Lndfii		0. 673 *** (0. 2354)		
LnperGDP	－0. 069 (0. 0745)	－0. 010 (0. 1584)	0. 056 (0. 2166)	－0. 083 (0. 1884)
Lnindus	0. 108 (0. 0966)	0. 102 (0. 3166)	0. 069 (0. 3758)	0. 080 (0. 3363)
Lnfdi	－0. 005 (0. 0427)	0. 029 (0. 1576)	0. 108 (0. 2209)	0. 095 (0. 1436)
Lnteah	0. 127 ** (0. 0486)	0. 342 *** (0. 1189)	0. 313 ** (0. 1324)	0. 294 ** (0. 1180)
Lnfarm	0. 002 (0. 0985)	0. 022 (0. 1237)	0. 037 (0. 1537)	0. 216 (0. 1524)
_cons	2. 144 *** (0. 2512)	－0. 383 (0. 5707)	－1. 255 ** (0. 5769)	0. 600 * (0. 3278)
时间固定效应	Yes	Yes	Yes	Yes
省份固定效应	Yes	Yes	Yes	Yes
样本量	330	330	240	275
R^2	0. 987	0. 938	0. 928	0. 928

注：括号内为标准误，“ *** ”、“ ** ”、“ * ” 分别表示模型估计系数在 1%、5% 和 10% 的水平上显著。

本章采取了多种方法进行稳健性检验。首先，在变量调整方面，通过更换自变量或因变量，重新估计模型。表 6－4 中（1）列是将因变量替换为城镇化率（Ur），结果显示，产业数字化水平的回归系数为 0. 322，且在 1% 的水平上显著，与原模型结果一致，表明产业数字化发展提高了城镇化率，研究结果在因变量变化的情况下具有稳健性。表 6－4 中（2）

列是将自变量替换数字普惠金融指数（Lndfii），结果显示，产业数字化水平的回归系数为0.673，且在1%的水平上显著，与原模型结果一致。表明数字普惠金融的发展可以大幅促进城乡高质量融合发展，研究结果在因变量变化的情况下具有稳健性。表6-4中（3）列是考虑到新冠疫情对我国经济造成的冲击，为了剔除疫情的影响，将数据年份保留在2012—2019年进行回归。结果显示，产业数字化水平的回归系数为0.264，且在10%水平上显著，与原模型结果一致。表明在没有疫情的影响下，产业数字化对城乡高质量融合发展的影响仍显著，研究结果表明在疫情影响的情况下具有稳健性。表6-4中（4）列是为了剔除部分产业数字化水平明显较高的省份的影响，将北京、上海、江苏、浙江、广东剔除后进行回归。结果显示，产业数字化水平的回归系数为0.362，且在5%的水平上显著，与原模型结果一致。表明产业数字化对城乡高质量融合发展在一般省份的影响也是显著的，研究结果在剔除部分产业数字化水平明显较高的省份的影响的情况下具有稳健性。

同时，本章进行回归使用的均为省份层面的聚类稳健标准误。为进行时间趋势分析，接下来本章将改变聚类标准误层面，将省份聚类标准误改为年份聚类标准误进行分析，具体回归结果如表6-5所示。

表6-5　　　　稳健性检验结果2

Variables	(1)	(2)	(3)
	Hiur	Hiur	Hiur
Lnidl	0.348*** (0.0345)	0.379*** (0.0969)	0.293** (0.115)
LnperGDP			-0.102 (0.0579)
Lnindus			0.110* (0.0560)
Lnfdi			0.0325 (0.0266)
Lnteah			0.385*** (0.0510)

续表

Variables	(1)	(2)	(3)
	Hiur	Hiur	Hiur
Lnfarm			0.0235 (0.0503)
_cons	0 (0.0331)	-0.717 *** (0.124)	-1.004 *** (0.141)
时间固定效应	No	Yes	Yes
省份固定效应	No	Yes	Yes
样本量	330	330	330
R^2	0.121	0.936	0.945

注：括号内为年份聚类标准误，“ *** ”、“ ** ”、“ * ” 分别表示模型估计系数在 1%、5% 和 10% 的水平上显著。

表 6-5 中（1）列表示在不添加控制变量和时间固定效应和省份固定效应的情况下的回归结果。结果显示，产业数字化水平的回归系数为 0.348，且在 1% 水平上显著，与原模型结果一致，表明产业数字化发展在年份层面聚类的情况下提高了城乡高质量融合发展，研究结果在替换聚类标准误层面的情况下具有稳健性。表 6-5 中（2）列为加入时间固定效应和省份固定效应的回归结果。结果显示，产业数字化水平的回归系数为 0.379，且在 1% 的水平上显著，与原模型结果一致，表明产业数字化发展在对时间和省份固定后仍对城乡高质量融合发展具有显著的正向影响。表 6-5 中（3）列表示在加入时间和省份固定效应后继续添加控制变量的回归结果。结果显示，产业数字化水平的回归系数为 0.293，且在 5% 的水平上显著，与原模型结果一致，表明产业数字化水平对城乡高质量融合发展的作用仍是显著的。

（三）异质性检验

在本章中，基准回归分析已初步揭示了产业数字化水平对城乡高质量融合发展水平的影响。然而，现实经济环境复杂多样，不同个体、群体或情境下，这种影响可能存在显著差异。因此，进行异质性分析旨在深入探究产业数字化水平对城乡高质量融合发展水平的作用在不同条件下的变化情况，以更全面、细致地理解两者之间的关系。回归结果如表 6-6 所示。

表 6－6　　异质性回归结果

	(1)	(2)	(3)	(4)	(5)	(6)	(7)
	Hiur	Hiur	Hiur	Hiur	Hiur	Hiur	Hiur
Lnidl	0.543 (0.3528)	0.392* (0.1932)	0.159 (0.2253)	0.246** (0.0989)	0.233 (0.1432)	0.045 (0.1882)	0.376** (0.1714)
LnperGDP	-0.315 (0.2809)	-0.235 (0.1948)	-0.068 (0.2658)	0.059 (0.3784)	-0.155 (0.2019)	0.194 (0.1493)	0.090 (0.2184)
Lnindus	-0.031 (0.3375)	0.476 (0.3371)	-0.032 (0.6763)	-0.060 (0.3635)	-0.062 (0.2447)	-0.187 (0.3116)	0.036 (0.4827)
Lnfdi	0.105 (0.1841)	0.217 (0.1691)	-0.150 (0.0949)	0.051 (0.0732)	0.493*** (0.0932)	0.078 (0.2048)	0.122 (0.1573)
Lnteah	0.382 (0.2167)	0.056 (0.1239)	0.442** (0.1937)	0.458** (0.1778)	0.001 (0.1146)	0.270 (0.1816)	0.238* (0.1211)
Lnfarm	-0.153 (0.1322)	0.472** (0.2169)	-0.175 (0.2190)	0.001 (0.1503)	0.474* (0.2489)	-0.055 (0.2371)	0.145 (0.1790)
_cons	-1.553 (0.9794)	0.795 (0.4603)	-1.313** (0.5262)	-0.207 (0.5920)	0.458 (0.3602)	-1.555*** (0.4567)	0.795** (0.3414)
时间固定效应	Yes	Yes	Yes	Yes	Yes	Yes	Yes
省份固定效应	Yes	Yes	Yes	Yes	Yes	Yes	Yes
样本量	143	187	121	88	121	132	198
R^2	0.919	0.907	0.953	0.924	0.933	0.956	0.933

注：括号内为标准误，“***”、“**”、“*”分别表示模型估计系数在1%、5%和10%的水平上显著。

本章采取了多种分类方法进行异质性检验。首先，数字基础建设的发展提升了生产效率，降低了运营成本，同时推动技术创新。因此，不同的数字基础设施建设水平对产业数字化的影响可能存在差异。本章通过前文所得的数字基础设施建设水平指数将我国30个省份划分为建设程度高的省份和其他省份，重新估计模型。表6－6中第（1）、第（2）列是据此得出的结果，结果显示，其他省份产业数字化水平的回归系数仍为正且较显著，与原模型结果一致。可能的原因是在数字基础设施发展一般的地区，数字基础设施的建设可以更好地弥合数字鸿沟并激活要素流动，且数字基础设施的建设可以通过平台化整合产业链，使城乡产业能够共享技术、市场资源，降低了交易成本并促进了产业协作。但数字基础设施建设程度高的省份回归系数为正且不显著。可能的原因是农业生产受自然条件等因素制约大，难以像工业那样快速实现数字化转型。即便数字基础设施完善，传统农业生产环节的数字化改造难度仍较大，如复杂地形下的农业机械化、智能化作业难以推行。同时，农村产业多以小规模、分散经营为主，数字化投入成本高，规模效益难以体现，导致产业数字化对城乡融合的拉动力不足。表6－6中第（3）、第（4）、第（5）列是将我国30个省份按照区域划分为东、中、西三个区域①进行回归的结果。结果显示，中部地区的数字产业化水平显著影响城乡高质量融合发展水平。可能的原因是中部地区在产业数字化发展过程中，通过数据这一新型生产要素，显著提高了劳动、资本、土地等传统要素的配置效率，并贯通在生产、分配、流通等环节中。而东部不显著的原因可能是东部城市的数字化产业多集中在高端制造业、金融科技、互联网等领域，对人才、资金、技术等要素吸引力强，导致农村地区的优质要素不断向城市流动，农村产业数字化发展面临要素短缺困境，如农村的年轻劳动力、技术人才大量流入城市，使得农村产业数字化缺乏人力支持，难以与城市产业形成协同发展，阻碍了城乡高质量融合。西部地区不显著的原因可能是西部地区整体经济基础较弱，财政收入有限，对产业数字化的投入相对不足。相比东部地区，用于支持农村产业数字化的资金、技术和人才等资源匮乏，导致农村产业数字化发展缓慢，难以与城市产业形成有效的互动和融合。GDP作为衡量我国经济发展的重要指标，其数值大小可以反映地区间发展程度的不同。将我国30个省份2022年GDP取平均数后，认为高于平均数的省份为发达地区，低于平均数的省份为欠发达地区。表6－6中第（6）、第（7）列是据此得出的回归结果。结果显示，欠发达地区的数字产业化水平显著影响城乡高质量融合发展水平，可能的原因是数字化改变了其传统的经济发展模式，打破了与其他地区的要素流动限制，催生了新业态，新业态的发展带给欠

① 汪亚美，余兴厚．数字基础设施对城市碳排放的时空动态效应——基于“宽带中国”准自然实验的证据［J］．重庆大学学报（社会科学版），2025，31（01）：100－116．

发达地区蓬勃的活力。而发达地区不显著的原因可能是发达地区农村虽有一定特色产业，但农业生产受自然条件等因素制约，数字化改造难度大。农产品生产周期长、标准化程度低，与工业产品数字化生产管理差异大，且农村小规模、分散经营模式，使数字化投入成本高、收益慢，限制了产业数字化对城乡融合的促进作用。

（四）内生性分析

产业数字化能够显著影响城乡高质量融合发展，且城乡高质量融合发展也有助于加快产业数字化转型，因此两者间可能存在互为因果的内生关系。本章使用前一年信息服务收入（isr）作为工具变量 1（IV1）。进一步使用 1984 年邮局数①和前一年信息服务收入的交乘项（Nopo（1984）×isr）作为工具变 2（IV2）。具体回归结果如表 6－7 所示。在列（1）—列（4）中，isr 和 Nopo（1984）×isr 的影响系数均显著为正，且产业数字化水平对城乡高质量融合发展水平的影响系数也显著为正。工具变量均通过不可识别检验和弱工具变量检验，表明在考虑内生性问题后，产业数字化依然能够显著促进城乡高质量融合发展。

表 6－7　　　　工具变量回归结果

Variables	(1)	(2)	(3)	(4)
	first	second	first	second
	Lnidl	Hiur	Lnidl	Hiur
isr	0.534*** (14.62)			
Nopo (1984) × isr			0.333*** (4.125)	
Lnidl		0.384*** (4.105)		1.059*** (3.803)
Lnindus	−0.424*** (−8.635)	0.579*** (6.121)	−0.720*** (−7.420)	1.025*** (4.460)

① 苏培，贺大兴．数字经济发展对就业的影响——基于 279 个地级市面板数据的分析［J］．上海经济研究，2024（10）：53－74.

续表

Variables	(1)	(2)	(3)	(4)
	first	second	first	second
	Lnidl	Hiur	Lnidl	Hiur
Lnfdi	0.159*** (4.445)	0.103 (0.791)	0.314*** (4.568)	-0.143 (-0.841)
Lnteah	0.177** (2.151)	0.271** (2.413)	-0.0410 (-0.291)	0.331* (1.796)
LnperGDP	0.348*** (5.238)	-0.511*** (-4.180)	0.644*** (6.097)	-0.982*** (-3.760)
Lnfarm	0.264*** (5.270)	0.0944 (1.234)	0.447*** (5.104)	-0.343 (-1.570)
K-PLM		15.237*** (0.000)		12.395*** (0.000)
Cragg-Donald Wald F Statistic		298.106 (16.38)		59.494 (16.38)
样本量	330	330	330	330
R^2		0.770		0.575

注：括号内为标准误，“***”、“**”、“*”分别表示模型估计系数在1%、5%和10%的水平上显著。

为防止遗漏变量带来的研究偏差，将行政区面积（Aa）、城镇单位就业人员数量（Nepu）引入模型进行回归，结果如表6-8所示。

表6-8　　遗漏变量回归结果

	(1)	(2)
	Hiur	Hiur
Lnidl	0.293* (0.1478)	0.283* (0.1508)
LnperGDP	-0.102 (0.1846)	-0.094 (0.1783)

续表

	(1)	(2)
	Hiur	Hiur
Lnindus	0.110 (0.3107)	0.115 (0.3098)
Lnfdi	0.033 (0.1532)	0.034 (0.1522)
Lnteah	0.385 *** (0.1274)	0.387 *** (0.1274)
Lnfarm	0.024 (0.1344)	0.031 (0.1406)
Aa	0.195 (0.1220)	0.190 (0.1265)
Nepu		-0.048 (0.1275)
_cons	-0.851 * (0.4295)	-0.870 * (0.4265)
时间固定效应	Yes	Yes
省份固定效应	Yes	Yes
样本量	330	330
R^2	0.936	0.936

注：括号内为标准误，“ *** ”、“ ** ”、“ * ” 分别表示模型估计系数在 1%、5% 和 10% 的水平上显著。

表 6-8 中第（1）列是加入控制变量行政区面积（Aa）得出的回归结果，与理论预期保持一致，产业数字化与城乡高质量融合发展之间存在显著的正相关关系。表 6-8 中第（2）列为加入行政区面积（Aa）和城镇单位就业人员（Nepu）的回归结果，可见，两者之间的正相关关系依然在 10% 的置信水平上高度显著，说明相关回归分析的结果是稳定的。

第三节 影响机制检验

一、机制分析

前面的分析已经验证产业数字化水平可以促进城乡高质量融合发展，而更需关注的问题是产业数字化如何赋能城乡高质量融合发展。书中理论分析认为，产业数字化对劳动力流动与信息通信产业的影响是提升城乡高质量融合发展水平的可能路径。这一小节借鉴江艇[①]（2022）、胡海川等[②]（2024）的研究，通过核心被解释变量对机制变量回归进行检验。

（一）劳动力转移

采用非农就业即第二、第三产业就业人员站总就业人员的比重表征劳动力流动。比值为劳动力转移率。回归结果如表6-9所示。从回归结果来看，产业数字化对提高劳动转移率不论是否加入控制变量，均显著为正。而刁江燕[③]（2024）论证了城乡间的劳动力流动影响了城乡融合发展。说明产业数字化能够通过提高劳动转移率，从而促进城乡高质量融合发展。

表6-9　　基于劳动力转移的机制分析

Variables	(1)	(2)
	Ltr	Ltr
Lnidl	0.3214*** (3.1245)	0.2735** (2.6366)
Lnindus		0.0403 (0.3720)

① 江艇．因果推断经验研究中的中介效应与调节效应［J］．中国工业经济，2022（05）：100-120.

② 胡海川，贾振婷，冯丽丽．市场准入管制放松与企业绿色转型——基于“市场准入负面清单制度”试点的准自然实验［J］．经济问题，2025（01）：79-90.

③ 刁江燕．农业劳动力转移与城乡融合发展的空间交互影响研究［D］．泰安：山东农业大学，2024.

续表

Variables	(1)	(2)
	Ltr	Ltr
Lnfdi		0.0466 (0.8243)
Lnteah		0.1702* (1.9969)
Lnfarm		0.0285 (0.3375)
LnperGDP		-0.0014 (-0.0143)
时间固定效应	Yes	Yes
省份固定效应	Yes	Yes
样本量	330	330
R^2	0.981	0.983

注：括号内为稳健 T 值，“***”、“**”、“*”分别表示模型估计系数在 1%、5% 和 10% 的水平上显著。

（二）信息通信产业

将移动电话普及率作为衡量信息通信产业发展水平的指标，并以此研究产业数字化通过信息通信产业对城乡高质量融合发展的机制作用。回归结果如表 6-10 所示。从回归结果来看，产业数字化对提高信息通信产业发展水平不论是否加入控制变量，均显著为正。而郑素芳、凌文斌[①]（2024）论证了信息通信产业对城乡高质量融合发展的促进作用。说明产业数字化能够通过提高信息通信产业发展水平，从而促进城乡高质量融合发展。

表 6-10　　　基于数字基础设施建设水平的机制分析

Variables	(1)	(2)
	Mppr	Mppr
Lnidl	0.4324* (1.9877)	0.5222* (2.0262)

① 郑素芳，凌文斌．数字基础设施对长江经济带城镇化高质量发展的影响研究——基于“宽带中国”战略的准自然实验［J］．统计理论与实践，2024（08）：22-29.

续表

Variables	(1)	(2)
	Mppr	Mppr
Lnindus		0.2456 (0.7339)
Lnfdi		0.1680 (1.4847)
Lnteah		0.0252 (0.2075)
Lnfarm		-0.0579 (-0.4419)
LnperGDP		-0.4712* (-2.0368)
时间固定效应	Yes	Yes
省份固定效应	Yes	Yes
样本量	330	330
R^2	0.931	0.940

注：括号内为稳健 t 值，“***”、“**”、“*”分别表示模型估计系数在 1%、5% 和 10% 的水平上显著。

二、调节效应分析

根据前文中的理论分析梳理，财政支出分权和高等教育水平可以调节产业数字化与城乡高质量融合的关系。为检验财政支出分权和高等受教育水平的调节效应，在模型 1 的基础上，分别引入中心化处理后的财政支出分权和高等教育水平与产业数字化的交互项，并分别进行回归分析。

（一）财政支出分权

回归结果如表 6-11 所示，结果表明，产业数字化对城乡高质量融合发展具有显著的正向影响，并且这一关系在控制财政支出分权①的调节作用后依然稳健。具体而言，第（1）列的回归结果显示，在未加入交互项的情况下，产业数字化对城乡融合发展的促进作用与理论预期保持一致，

① 郭露，王蕾．数字经济、技能匹配与农民工就业质量［J］．山西财经大学学报，2025，47（02）：29-42.

表明数字技术的广泛应用能够推动城乡要素流动、优化产业结构，并缩小城乡发展差距。在第（2）列加入财政支出分权与产业数字化的交互项（$Lnidl_{i,t} \times lnfin_{i,t}$）后，产业数字化的主效应仍然在10%的置信水平上显著，表明即使考虑财政支出分权的影响，产业数字化仍然能够显著促进城乡融合。此外，交互项的系数与产业数字化的主效应符号一致，并在10%的置信水平上显著，表明财政支出分权在产业数字化与城乡融合之间起到了正向的调节作用。这一结果表明，财政支出分权能够强化产业数字化对城乡融合的促进效应。可能的机制在于，财政分权赋予地方政府更大的财政自主权，使其能够因地制宜地引导产业数字化发展，例如加大对城乡数字基础设施的投资、提供税收优惠政策以吸引数字企业入驻、推动农村地区数字经济发展等，从而进一步增强产业数字化对城乡融合的带动作用。此外，财政支出分权可能提升地方政府对公共服务的供给能力，使城乡居民能够更均等地享受数字经济发展带来的红利，从而强化城乡融合进程。

表6-11　　财政支出分权调节效应回归结果

Variables	(1)	(2)
	Hiur	Hiur
Lnidl	0.273***	0.280***
	(0.0658)	(0.0613)
Lnfin	0.044	-0.016
	(0.0985)	(0.0923)
LnperGDP	0.481***	0.549***
	(0.0662)	(0.0624)
Lnindus	0.138**	0.208***
	(0.0568)	(0.0539)
Lnfdi	0.253***	0.203***
	(0.0740)	(0.0694)
Lnteah	0.156**	0.151**
	(0.0671)	(0.0625)
Lnfarm	-0.000***	-0.000***
	(0.0000)	(0.0000)

续表

Variables	(1)	(2)
	Hiur	Hiur
Interactl		0.183 *** (0.0261)
_cons	0.988 *** (0.1336)	1.103 *** (0.1256)
样本量	330	330
R^2	0.776	0.805

注：括号内为稳健 T 值，“ *** ”、“ ** ”、“ * ” 分别表示模型估计系数在 1%、5% 和 10% 的水平上显著。

（二）高等教育水平

回归结果如表 6 - 12 所示，结果表明，产业数字化对城乡高质量融合发展具有显著的正向促进作用，并且这一关系在控制高等教育水平①的调节作用后依然稳健。具体而言，第（1）列的回归结果显示，在未加入交互项的情况下，产业数字化对城乡融合的促进作用与理论预期一致，说明数字技术的应用能够优化城乡资源配置、推动产业升级，并加速城乡要素流动，从而缩小城乡发展差距。在第（2）列加入高等教育水平与产业数字化的交互项后，产业数字化的主效应仍然在 10% 的置信水平上显著，表明即使考虑高等教育水平的影响，产业数字化依然是促进城乡融合的关键因素。此外，交互项的系数与主回归系数的符号一致，并在 10% 的置信水平上显著，说明高等教育水平对产业数字化与城乡融合之间的关系具有正向的调节作用。这一结果表明，高等教育水平的提升能够增强产业数字化对城乡融合的促进效应。可能的机制在于，高等教育水平较高的地区具备更强的技术创新能力和人才储备，使得数字技术更容易渗透各产业，加速传统产业的数字化升级，从而推动城乡融合发展。此外，高等教育水平较高的劳动者更容易掌握数字技术，提升其在数字经济中的适应能力和生产效率，促进城乡劳动力市场的一体化，进一步推动城乡融合进程。此

① 郭露，王蕾．数字经济、技能匹配与农民工就业质量［J］．山西财经大学学报，2025，47（02）：29 - 42.

外，高等教育水平还可能影响城乡之间的人才流动和知识溢出效应。具备较高教育水平的人才更容易在城乡之间流动，并带动技术扩散，使农村地区能够更快融入产业数字化进程[①]。这不仅促进了城乡经济协同发展，也提高了农村地区的生产力和收入水平，从而进一步缩小城乡发展差距。综上所述，高等教育水平作为关键的调节因素，能够强化产业数字化对城乡高质量融合的积极影响。政策上，应进一步加强高等教育发展，提高城乡居民的教育水平，以更好地释放产业数字化的潜能，加速城乡融合的进程。

表 6－12　　高等教育水平调节效应回归结果

Variables	(1)	(2)
	Hiur	Hiur
Lnidl	0.222***	0.284***
	(0.0450)	(0.0461)
Lnedu	-0.308***	-0.286***
	(0.0448)	(0.0439)
LnperGDP	0.543***	0.600***
	(0.0579)	(0.0580)
Lnindus	0.214***	0.236***
	(0.0529)	(0.0518)
Lnfdi	0.338***	0.298***
	(0.0597)	(0.0589)
Lnteah	0.247***	0.211***
	(0.0467)	(0.0463)
Lnfarm	-0.000***	-0.000***
	(0.0000)	(0.0000)
interact2		0.110***
		(0.0258)

① 刘在洲，汪发元，袁珂．高等教育赋能乡村振兴的效应与机制——基于省级面板数据的实证［J］．统计与决策，2024，40（19）：67－72．

续表

Variables	(1)	(2)
	Hiur	Hiur
_cons	0.785*** (0.1257)	0.934*** (0.1273)
样本量	330	330
R^2	0.804	0.814

注：括号内为稳健T值，“***”、“**”、“*”分别表示模型估计系数在1%、5%和10%的水平上显著。下同。

综上所述，高等教育水平作为关键的调节因素，能够强化产业数字化对城乡高质量融合的积极影响。政策上，应进一步加强高等教育发展，提高城乡居民的教育水平，以更好地释放产业数字化的潜能，加速城乡融合的进程。

三、门槛效应

（一）门槛值检验

门槛效应的检验结果如表6-13所示。当信息通信产业发展水平或产业结构调整情况作为门槛变量时，无论是单一门槛还是双重门槛的检验，都至少在10%的水平上显著。然而，多重门槛检验未通过显著性检验，说明在这三个门槛变量的影响下，产业数字化发展水平对城乡高质量融合发展的作用存在双重门槛效应。

表6-13　　门槛效应检验结果（自举次数为300）

自变量	门槛变量	假设检验	RSS	MSE	F统计量	P值
Lnidl	NIP	单一门槛	702.0416	2.2008	118.04	0.0000
		双重门槛	625.4700	1.9607	39.05	0.0000
		三重门槛	573.9378	1.7992	28.64	0.3100
Lnidl	NIU	单一门槛	702.0461	2.2008	118.04	0.0000
		双重门槛	601.5825	1.8858	53.27	0.0000
		三重门槛	539.8636	1.6924	36.47	0.6033

续表

自变量	门槛变量	假设检验	RSS	MSE	F 统计量	P 值
Lnidl	IR	单一门槛	827.9594	2.5955	51.57	0.0233
		双重门槛	748.8668	2.3475	33.69	0.0667
		三重门槛	713.9212	2.2380	15.61	0.6200

（二）公共服务数字化水平

表 6－14 是将互联网接入端口数作为公共服务数字化水平的表征得出的回归结果。从回归估计结果可以看出，产业数字化发展对城乡高质量融合发展的影响呈现显著的门槛效应，调节曲线表现为边际递增的非线性特征。当互联网接入端口数处于（0，25.37]、（25.37，37.28］和（37.28，＋∞）三个区间时，产业数字化发展水平对乡村振兴的影响系数分别为 1.467、1.870 和 2.651，且均在 10% 的水平上显著。这表明，随着互联网接入端口数的增加，产业数字化发展对城乡高质量融合发展的促进作用逐渐增强。这一发现揭示了城乡高质量融合发展中“隐性阈值”的存在，即只有当互联网接入端口数突破特定门槛时，产业数字化的技术渗透与效用转化才能实现突破。其内在机理在于：对于产业数字化而言，充足的互联网接入端口数是产业数字化转型的硬件基础。更多的端口意味着企业和产业能容纳更多的设备联网、数据传输和信息交互，为实现生产设备的智能化改造、供应链的精准管理、销售渠道的线上拓展等提供可能。同时丰富的互联网接入端口能使产业更广泛地应用大数据、人工智能、物联网等数字技术。从产业角度看，互联网接入端口数的增加可以摊薄企业接入互联网的成本。同时，更多的端口意味着网络的稳定性和可靠性更高，降低了因网络故障等带来的生产中断、数据丢失等风险，使企业更有信心和动力进行数字化转型投资。而对于城乡高质量融合发展而言，足够的互联网接入端口数能够打破城乡之间的信息壁垒，使城市和农村地区的居民、企业、政府等主体可以更便捷地进行信息交流①。互联网接入端口为城乡产业协同发展提供了桥梁。一方面，城市的数字产业可以通过网络向农村延

① 崔凡，朱新武．数字农业新质生产力、农村劳动力转移与城乡收入差距［J］．统计与决策，2025，41（05）：25－30.

伸，带动农村电商、数字农业、乡村旅游等新产业新业态的发展；另一方面，农村的传统产业也可以借助网络与城市的研发、设计、营销等环节对接，实现产业升级。如农村的农产品加工企业可以通过网络与城市的电商平台合作，拓展销售渠道，提升品牌影响力。

表 6－14　以互联网接入端口数为门槛变量回归估计结果

变量/参数	回归系数	T 值	稳健标准误
Lnidl（NIP≤25.37）	1.4675*	1.82	0.8043
Lnidl（25.37＜NIP≤37.28）	1.8699**	2.35	0.7967
Lnidl（NIP＞37.28）	2.6509***	3.62	0.7324
_cons	－23.6949*	－1.92	12.3475
N		330	
R^2		0.780	

同样地，表 6－15 是将互联网宽带接入用户数作为公共服务数字化水平的表征得出的回归结果。从回归估计结果可以看出，产业数字化发展对城乡高质量融合发展的影响呈现显著的门槛效应，调节曲线表现为边际递增的非线性特征。当互联网宽带接入用户数处于（0，11.45]、（11.45，18.31] 和（18.31，+∞）三个区间时，产业数字化发展水平对乡村振兴的影响系数分别为 2.067、2.588 和 3.384，且均在 1% 的水平上显著。这表明，随着互联网宽带接入用户数的增加，产业数字化发展对城乡高质量融合发展的促进作用逐渐增强。其内在机理在于：对于产业数字化而言，更多的互联网宽带接入用户数意味着有更多的企业和产业参与者能够接入网络，为大数据、人工智能、物联网等数字技术在产业中的广泛应用提供了可能。大量的设备和系统得以联网，实现数据的实时采集、传输和分析。同时充足的宽带接入用户数可以促进产业内的创新和转型。企业能够更便捷地获取外部的创新资源和信息，加强与产业链上下游的合作与协同创新。互联网宽带接入用户数的增加有助于打破产业内的信息孤岛，实现信息的快速流通和共享。企业之间可以更高效地进行供应链管理、生产

协作和市场交易，降低信息不对称和交易成本，提高产业的整体运行效率①。对于城乡高质量融合发展而言，大量的互联网宽带接入用户能够使城市和农村地区的居民、企业、政府等主体之间的信息交流更加便捷和频繁。城市的先进技术、理念和市场信息可以更快地传递到农村，农村的特色资源、农产品等信息也能更广泛地被城市所知，促进城乡之间的资源共享和优势互补，为城乡产业协同、公共服务共享等奠定基础。同时，足够的宽带接入用户数有利于推动城市优质公共服务资源向农村延伸和覆盖。通过在线教育、远程医疗、数字文化等平台，农村居民能够享受与城市居民同等水平的教育、医疗、文化等公共服务，提高农村居民的生活质量和幸福感，缩小城乡公共服务差距，促进城乡社会的融合发展。

表 6 – 15　以互联网宽带接入用户数为门槛变量回归估计结果

变量/参数	回归系数	T 值	稳健标准误
Lnidl（NIU≤11.45）	2.0674 ***	3.17	0.6515
Lnidl（11.45 < NIU≤18.31）	2.5876 ***	3.80	0.6801
Lnidl（NIU > 18.31）	3.3839 ***	4.87	0.6952
_cons	−14.7151	−1.21	12.1707
N		330	
R^2		0.805	

（三）产业升级

表 6 – 16 是将第二产业占比和第二产业就业占比之比作为产业升级的表征得出的回归结果。从回归估计结果可以看出，产业数字化发展对城乡高质量融合发展的影响呈现显著的门槛效应，调节曲线表现为边际递减的非线性特征。当第二产业占比和第二产业就业占比之比处于（0，0.3283］、（0.3283，0.5009］和（0.5009，+∞）三个区间时，产业数字化发展水平对乡村振兴的影响系数分别为 2.529、1.790 和 1.320，且均在 10% 的显著性水平上显著。这表明，随着第二产业占比和第二产业就业占比之比的升高，产业数字化发展对城乡高质量融合发展的促进作用逐渐减弱。其内在机理在于：对于产业数字化而言，随着经济发展，数字技

① 陶锋，翟少轩，王峤．数字经济政策与传统企业跨界数字创新［J］．中国工业经济，2025（02）：118 – 136.

术在产业中的应用重点逐渐从第二产业向第三产业转移。第三产业如服务业的数字化发展迅速，电商、数字金融、数字文旅等新兴业态不断涌现，吸引了大量的数字技术投入和人才资源。相比之下，第二产业数字化的增速和对城乡融合的边际贡献相对放缓，使得第二产业相关比例通过产业数字化对城乡融合的作用被削弱。在经济发展的初期和中期，第二产业往往是经济增长的主导力量，第二产业占比和就业占比相对较高，其数字化对城乡融合的推动作用明显，如工业互联网的发展能带动农村劳动力转移、促进城乡产业联系。但到了经济发展的后期，产业结构逐渐向以服务业为主的方向转变，第二产业占比和就业占比的重要性相对下降，其通过产业数字化对城乡高质量融合发展的作用也就逐渐减弱。而对于城乡高质量融合发展而言，早期城乡产业协同更多依赖第二产业的梯度转移和产业链延伸，第二产业占比和就业占比高有利于城市工业向农村地区扩散，带动农村工业化和城镇化①。但随着城乡融合发展的深入，城乡产业协同模式更加多元化，除了工业，农业现代化、农村电商、乡村旅游等第一产业和第三产业领域的融合发展对城乡高质量融合的作用越来越重要，第二产业占比和第二产业就业占比之比的影响力相对降低。同时，产业数字化使城乡之间的要素流动不再局限于劳动力从农村向城市第二产业的单向流动。如今，人才、资本、技术等要素在城乡之间双向流动更加频繁，城市的人才和资本向农村的第一产业和第三产业领域流动，推动农村产业的数字化和现代化，农村的劳动力也不再仅仅局限于进入城市第二产业就业，还可以在农村的新兴产业中就业，这使得第二产业占比和第二产业就业占比之比对城乡融合的作用不再像过去那样突出。

表 6-16　以第二产业占比和第二产业就业占比之比为门槛变量回归估计结果

变量/参数	回归系数	T 值	稳健标准误
Lnidl（IR≤0.3283）	2.5286**	2.68	0.9444
Lnidl（0.3283＜IR≤0.5009）	1.7897**	1.95	0.92004

① 朱红根，席玮，陈翩．乡村振兴驱动城乡经济融合的理论机理与效应［J］．安徽大学学报（哲学社会科学版），2024，48（04）：177-188.

续表

变量/参数	回归系数	T 值	稳健标准误
Lnidl（IR > 0.5009）	1.3204 *	1.54	0.8584
_cons	−9.4159	−1.21	12.1707
N		330	
R^2		0.765	

第四节　空间效应分析

一、空间自相关检验

本节运用2012—2022年涵盖我国30个省份的产业数字化水平指数，基于邻接矩阵、空间经济距离矩阵以及空间经济地理权重矩阵①，通过Stata软件计算得出2012—2022年我国的全局莫兰指数。具体结果如表6－18至表6－20所示。表6－17为基于邻接矩阵得出的全局莫兰指数，结果显示，2012—2022年我国全局莫兰指数值均为正，且在5%的水平上显著。这一结果表明，产业数字化发展水平并非呈现随机状态，而是存在显著的正相关性。具体而言，这些正的莫兰指数意味着产业数字化发展水平相似的地区在空间上趋于集聚。

表6－17　　　　基于邻接矩阵得出的全局莫兰指数

年份	I	E（I）	Sd（I）	Z	P－value
2012	0.3011	−0.0345	0.1182	2.8384	0.0045
2013	0.2398	−0.0345	0.1139	2.4076	0.0161
2014	0.2024	−0.0345	0.1137	2.0829	0.0373
2015	0.2096	−0.0345	0.1161	2.1022	0.0355

① 张策，吕王勇，张萍，等．基于Moran's I的多变量空间自相关研究与应用［J］．四川师范大学学报（自然科学版），2024，47（06）：818－829.

续表

年份	I	E (I)	Sd (I)	Z	P - value
2016	0.2511	-0.0345	0.1130	2.5275	0.0115
2017	0.3506	-0.0345	0.1136	3.3913	0.0007
2018	0.4365	-0.0345	0.1161	4.0551	0.0001
2019	0.4255	-0.0345	0.1173	3.9222	0.0001
2020	0.4168	-0.0345	0.1188	3.7993	0.0001
2021	0.2648	-0.0345	0.1141	2.6229	0.0087
2022	0.3182	-0.0345	0.1131	3.1194	0.0018

为进一步直观展示空间自相关的分布特征，绘制了莫兰散点图（见图6-1）。图6-1左侧为2012年我国30个省份的莫兰指数散点图，右侧为2022年我国30个省份的莫兰指数散点图。莫兰散点图以产业数字化发展指数标准化为横坐标，以基于空间权重矩阵的产业数字化发展指数标准化值的空间滞后项为纵坐标。图6-1左侧，第一象限（HH）代表高观测值地区，被高观测值地区所包围的空间集聚模式，反映产业数字化发展水平较高的区域在空间上的集聚现象，这些区域可能形成了经济增长极，对周边地区产生较强的正向辐射带动作用；第三象限（LL）表示低观测值地区被低观测值地区环绕，意味着产业数字化发展相对滞后的区域在空间上呈现集聚分布，这类区域可能面临要素外流、发展动力不足等困境，与周边地区陷入低水平循环。第二象限（LH）和第四象限（HL）分别代表低观测值地区被高观测值地区包围以及高观测值地区被低观测值地区包围的情况。这两种象限中的散点相对较少，反映在研究区域内，这种产业数字化发展水平差异较大的相邻关系并非空间分布的主导模式。整体来看，莫兰散点图的分布形态与全局莫兰指数所揭示的空间自相关特征相互印证，进一步揭示了我国产业数字化发展水平的空间分布规律及其潜在的空间溢出效应，为后续分析区域产业数字化发展差异及影响因素提供了重要的空间视角依据。

表6-18为基于空间经济距离矩阵得出的全局莫兰指数，结果显示，2012—2022年我国全局莫兰指数均为正，且在1%的水平上显著。这一结

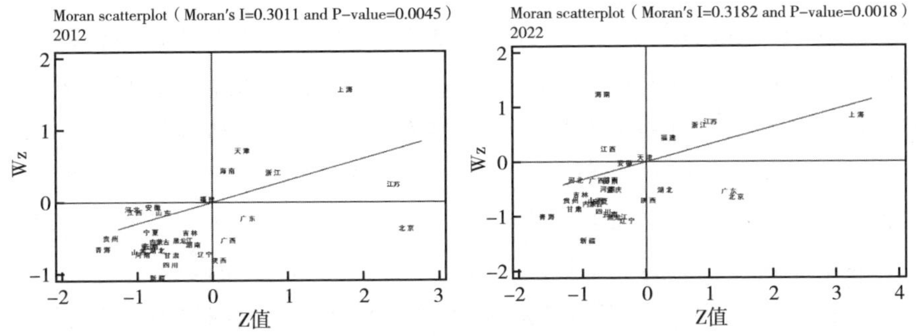

图 6－1　基于邻接矩阵得出的莫兰指数散点图

果表明，产业数字化发展水平并非呈现随机状态，而是存在显著的正相关性。与基于邻接矩阵得出的结果一致。这些莫兰指数着产业数字化发展水平相似的地区在空间上趋于集聚。

表 6－18　　基于空间经济距离矩阵得出的全局莫兰指数

年份（year）	I	E（I）	Sd（I）	Z	P－value
2012	0.3448	－0.0345	0.0942	4.0267	0.0001
2013	0.3910	－0.0345	0.0908	4.6870	0.0000
2014	0.3640	－0.0345	0.0906	4.3969	0.0000
2015	0.2954	－0.0345	0.0925	3.5662	0.0004
2016	0.3304	－0.0345	0.0900	4.0522	0.0001
2017	0.3814	－0.0345	0.0905	4.5962	0.0000
2018	0.3821	－0.0345	0.0925	4.5022	0.0000
2019	0.3897	－0.0345	0.0934	4.5399	0.0000
2020	0.3952	－0.0345	0.0946	4.5410	0.0000
2021	0.3854	－0.0345	0.0909	4.6195	0.0000
2022	0.3491	－0.0345	0.0901	4.2572	0.0000

同样地，为进一步直观展示空间自相关的分布特征，绘制了莫兰散点图（见图 6－2）。图 6－2 左侧为 2012 年我国 30 个省份的莫兰指数散点图，图 6－2 右侧为 2022 年我国 30 个省份的莫兰指数散点图。莫兰散点图以产业数字化发展指数标准化为横坐标，以基于空间权重矩阵的产业数

字化发展指数标准化值的空间滞后项为纵坐标。图 6 - 2 左侧，第一象限（HH）代表高观测值地区，被高观测值地区所包围的空间集聚模式，反映产业数字化发展水平较高的区域在空间上的集聚现象，这些区域可能形成了经济增长极，对周边地区产生较强的正向辐射带动作用；第三象限（LL）表示低观测值地区被低观测值地区环绕，意味着产业数字化发展相对滞后的区域在空间上呈现集聚分布，这类区域可能面临要素外流、发展动力不足等困境，与周边地区陷入低水平循环。第二象限（LH）和第四象限（HL）分别代表低观测值地区被高观测值地区包围以及高观测值地区被低观测值地区包围的情况，这两种象限中的散点相对较少，反映在研究区域内，这种产业数字化发展水平差异较大的相邻关系并非空间分布的主导模式。整体来看，莫兰散点图的分布形态与全局莫兰指数所揭示的空间自相关特征相互印证。

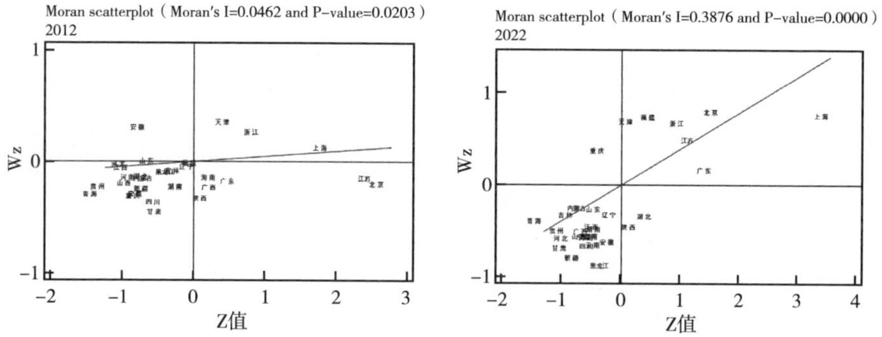

图 6 - 2　基于空间经济距离矩阵得出的莫兰指数散点图

表 6 - 19 为基于空间经济地理权重矩阵得出的全局莫兰指数，结果显示，2012—2022 年我国全局莫兰指数均为正，且在 5% 的水平上显著。这一结果表明，产业数字化发展水平存在显著的正相关性。与前文得出的结果一致。这些莫兰指数与产业数字化发展水平相似的地区在空间上趋于集聚。

表 6 - 19　基于空间经济地理权重矩阵得出的全局莫兰指数

年份（year）	I	E（I）	Sd（I）	Z	P - value
2012	0. 0462	- 0. 0345	0. 0348	2. 3216	0. 0203
2013	0. 0545	- 0. 0345	0. 0335	2. 6540	0. 0080

续表

年份（year）	I	E（I）	Sd（I）	Z	P - value
2014	0.0487	-0.0345	0.0335	2.4861	0.0129
2015	0.0511	-0.0345	0.0341	2.5067	0.0122
2016	0.0593	-0.0345	0.0332	2.8218	0.0048
2017	0.0648	-0.0345	0.0334	2.9716	0.0030
2018	0.0781	-0.0345	0.0341	3.2970	0.0010
2019	0.0846	-0.0345	0.0345	3.4530	0.0006
2020	0.1012	-0.0345	0.0349	3.8866	0.0001
2021	0.0440	-0.0345	0.0336	2.3371	0.0194
2022	0.0856	-0.0345	0.0333	3.6100	0.0003

同样地，为进一步直观展示空间自相关的分布特征，绘制了莫兰散点图（见图6-3）。图6-3左侧为2012年我国30个省份的莫兰指数散点图，图6-3右侧为2022年我国30个省份的莫兰指数散点图。莫兰散点图以产业数字化发展指数标准化为横坐标，以基于空间权重矩阵的产业数字化发展指数标准化值的空间滞后项为纵坐标。图6-3左侧，第一象限（HH）代表高观测值地区，被高观测值地区所包围的空间集聚模式，反映出产业数字化发展水平较高的区域在空间上的集聚现象，这些区域对周边地区产生较强的正向辐射带动作用；第三象限（LL）表示低观测值地区，被低观测值地区环绕，意味着产业数字化发展相对滞后的区域在空间上呈现集聚分布，这类区域可能面临要素外流、发展动力不足等困境，与

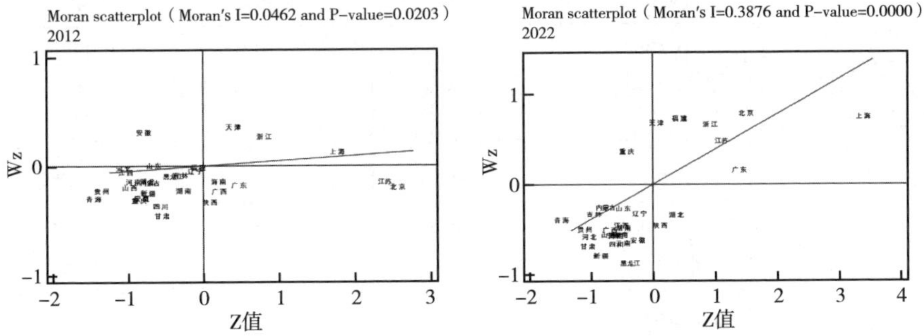

图6-3　基于空间经济地理权重矩阵得出的莫兰指数散点图

周边地区陷入低水平循环。第二象限（LH）和第四象限（HL）分别代表低观测值地区被高观测值地区包围以及高观测值地区被低观测值地区包围的情况，这两种象限中的散点相对较少，反映出在研究区域内，这种产业数字化发展水平差异较大的相邻关系并非空间分布的主导模式。

二、空间效应分析

为验证产业数字化对城乡融合发展的影响机制，采用空间杜宾模型（SDM）进行实证检验，具体回归结果如表 6－20 所示。模型（1）采用个体固定效应，控制区域异质性后发现，产业数字化（Lnidl）的本地效应为 0.389，空间溢出效应（WLnidl）为 0.309，表明数字技术对城乡融合的促进作用在控制地区特征后仍然稳健。模型（2）引入时间固定效应，结果显示产业数字化的本地效应提升至 0.486，但空间溢出效应（WLnidl）减弱为 0.276，暗示宏观政策冲击可能削弱区域协同效应。模型（3）联合控制个体与时间固定效应，产业数字化的本地效应与空间溢出效应保持显著。模型（4）未施加固定效应，产业数字化的本地效应与空间溢出效应仍显著，但控制变量系数出现方向逆转，证实忽略区域异质性将导致估计偏误。这表明数字技术通过打破城乡地理阻隔，优化生产要素跨区域配置，既强化了本地城乡互动，也催生了区域协同发展效应。

表 6－20　SDM 模型的回归结果

	(1)	(2)	(3)	(4)
Lnidl	0.389*** (4.69)	0.486*** (5.51)	0.354*** (4.30)	0.395*** (4.65)
Lnindus	−0.436*** (−3.05)	0.567*** (8.15)	−0.410*** (−2.98)	0.127 (0.83)
Lnfdi	−0.010 (−0.16)	0.173** (2.15)	0.037 (0.61)	−0.011 (−0.17)
Lntech	−0.031 (−0.31)	−0.085 (−0.51)	0.068 (0.64)	−0.052 (−0.48)
Lnfarm	0.165** (2.26)	0.097 (1.55)	0.106 (1.42)	0.232*** (3.13)

续表

	(1)	(2)	(3)	(4)
LnperGDP	0.341*** (2.61)	−0.440*** (−5.15)	0.339*** (2.62)	0.101 (0.76)
_cons				0.152 (1.47)
W × Lnidl	0.309** (2.41)	0.276 (1.56)	0.327** (2.40)	0.301** (2.23)
W × Lnindus	0.086 (0.30)	−0.243 (−1.40)	0.371 (1.28)	−0.293 (−1.37)
W × Lnfdi	−0.041 (−0.36)	0.612 (1.60)	0.349* (1.69)	−0.026 (−0.21)
W × Lntech	0.223 (1.53)	0.134 (0.69)	0.208 (1.37)	0.157 (1.04)
W × Lnfarm	−0.131 (−1.05)	−0.074 (−0.55)	−0.211 (−1.36)	−0.035 (−0.28)
W × LnperGDP	0.003 (0.02)	−0.877*** (−4.92)	0.160 (0.57)	0.091 (0.47)
个体固定效应	Yes	No	Yes	No
时间固定效应	No	Yes	Yes	No
rho	0.183** (2.45)	0.162** (1.97)	0.003 (0.03)	0.182** (2.45)
sigma2_e	2.451*** (12.80)	9.657*** (12.84)	2.244*** (12.85)	2.862*** (11.56)
N	330	330	330	330
R^2	0.085	0.761	0.093	0.5809

注：括号内为标准误，“***”、“**”、“*”分别表示模型估计系数在1%、5%和10%的水平上显著。

三、分解效应分析

由于空间交互效应的复杂性，通过偏微分方法分解产业数字化对城乡融合发展的空间效应，表6－21结果显示，产业数字化的直接效应在个体固定模型与双固定模型中均呈现1%的显著性水平，表明数字技术通过重构城乡要素配置渠道，能够显著提升本地融合发展水平。具体而言，产业数字化打破城乡信息壁垒，加速技术、资本等要素的跨区域流动，使农业生产效率提升与城市数字基建延伸形成正向循环。当城乡要素流动受阻时，数字平台可通过精准匹配劳动力供需、优化土地资源配置，增强城乡经济系统的自适应能力，从而巩固本地融合发展的内生动力。

产业数字化的空间溢出效应呈现显著的模型依赖性，其间接效应在个体固定模型中达到0.351，但在纳入时间固定效应后衰减为0.210。这表明数字技术的区域协同效应受到宏观政策周期的调节——短期政策刺激更易强化本地效应，而跨区域数字基建网络的协同需要中长期制度保障。值得注意的是，产业数字化总效应在三类模型中持续显著，印证数字技术具有“本地创新—区域扩散”的双重提升机制。数字产业集群通过跨区域技术外溢，能够重构城乡产业链空间布局，促使邻近地区共享数字红利，最终实现融合发展效应的空间倍增。

表6-21　产业数字化影响城乡高质量融合发展的空间效应分解

LR_Direct			
Lnidl	0.400*** (5.04)	0.489*** (5.72)	0.352*** (4.42)
Lnindus	-0.441*** (-3.23)	0.559*** (8.36)	-0.416*** (-3.12)
Lnfdi	0.010 (0.17)	0.194*** (2.63)	0.043 (0.75)
Lntech	-0.030 (-0.30)	-0.056 (-0.31)	0.072 (0.66)
Lnfarm	0.161** (2.33)	0.097 (1.58)	0.106 (1.50)
LnperGDP	0.350*** (2.75)	-0.478*** (-5.79)	0.346*** (2.71)
LR_Indirect			
Lnidl	0.351** (2.33)	0.246 (1.26)	0.210 (1.55)

续表

LR_Indirect			
Lnindus	0. 011 (0. 04)	-0. 181 (-0. 91)	0. 371 (1. 38)
Lnfdi	0. 371 ** (2. 53)	0. 357 * (1. 73)	0. 337 ** (2. 50)
Lntech	-0. 057 (-0. 48)	0. 690 (1. 44)	0. 347 (1. 59)
Lnfarm	-0. 128 (-0. 93)	-0. 066 (-0. 41)	-0. 221 (-1. 46)
LnperGDP	0. 062 (0. 26)	-1. 098 *** (-5. 27)	0. 163 (0. 59)
LR_Total			
Lnidl	0. 750 *** (4. 62)	0. 735 *** (3. 38)	0. 562 *** (3. 90)
Lnindus	-0. 430 (-1. 39)	0. 378 * (1. 76)	-0. 045 (-0. 17)
Lnfdi	0. 381 ** (2. 36)	0. 551 *** (2. 82)	0. 381 *** (2. 62)
Lntech	-0. 087 (-0. 91)	0. 634 (1. 11)	0. 419 * (1. 69)
Lnfarm	0. 033 (0. 22)	0. 030 (0. 16)	-0. 115 (-0. 68)
LnperGDP	0. 412 (1. 63)	-1. 576 *** (-6. 43)	0. 510 * (1. 71)
个体固定效应	Yes	No	Yes
时间固定效应	No	Yes	Yes

注：括号内为标准误，“ *** ”、“ ** ”、“ * ” 分别表示模型估计系数在 1%、5% 和 10% 的水平上显著。

第五节　本章小结

本章立足数字经济与城乡融合协同发展的时代背景，聚焦产业数字化转型对城乡融合发展的调节效应及其作用机制。基于本章以 2012—2022

年我国 30 个省（市）面板数据作为研究对象，通过双向固定效应模型和门槛回归分析发现：产业数字化进程通过重构城乡要素配置模式，对缓解收入分配失衡产生结构性影响。具体而言：第一，产业数字化进程不仅直接驱动城乡融合发展水平提升，同时通过优化要素配置效率形成重要传导路径，证实“技术革新—要素重组—空间融合”的递进作用机制。第二，要素配置效率的促进作用呈现非线性特征，当产业数字化突破特定发展阈值后，其边际效应显著增强，表明数字化成熟度与要素配置效能存在协同提升关系。第三，区域异质性检验显示，中部地区数字产业化对城乡融合的驱动效应尤为突出，同时，在工业化基础薄弱及科技投入不足区域，产业数字化转型的融合效应更具显著性。第四，数字技术通过打破城乡地理阻隔，优化生产要素跨区域配置，既强化了本地城乡互动，也催生了区域协同发展效应。这些发现为“因地制宜推进农业新质生产力”提供了理论支撑，揭示数字化进程通过重构要素流动机制、优化城乡产业分工，为破解二元结构难题开辟了新路径。

第七章　国内外数字经济赋能城乡高质量融合发展先行探索

作为城乡融合发展和乡村振兴的必经之路，数字经济赋能城乡高质量融合发展并非是中国特有的发展方式。许多发达国家较早对数字经济赋能城乡融合发展进行了各类的探索和尝试，并通过出台一系列的政策建立起数字经济促进城乡高质量融合发展的机制与体制。基于此，本章以美国、日本和芬兰三个国家为例[①]，详细梳理各国在数字经济赋能城乡融合发展过程中的政策历程和成功经验，从而为我国数字经济赋能城乡高质量融合发展提供可借鉴的经验。同时，我国数字经济发展相对较晚，在借鉴发达国家成功经验基础上，我国一些地区也总结出一些数字经济赋能城乡高质量融合发展的经验。本章以广西恭城、黑龙江和河南为例，梳理数字经济赋能城乡融合发展各个阶段发展侧重点，国外和国内的经验可为我国数字经济赋能城乡高质量融合发展提供参考。

第一节　国外数字经济赋能城乡高质量融合发展先行探索

一、美国：乡村全方位数字化带动城乡融合发展

20 世纪初期，美国出现了城市人口规模迅速扩张的现象，致使大批城市居民向乡村地区转移，促进了城乡之间的有机融合发展，美国是当时

① 张嘉实. 数字经济赋能城乡融合发展研究 [D]. 长春：吉林大学，2023.

世界范围内初步实行城乡融合策略的国家之一。目前，美国的城乡融合模块已经进入了高度一体化的发展阶段，要求实现城乡基本公共设施一体化，城乡基础公共服务一体化，城乡农业经济发展一体化。在美国城乡全方位一体化进程中，数字经济以及城乡数字互联成为确保美国农村经济繁荣发展的关键。自 20 世纪 90 年代起，美国不断创新改进数字农业技术，包括能够检测和预报农作物生长过程的遥感技术、能够处理和分析农业生产数据的 GIS 技术等。美国农业部为中小型社区提供加强宽带服务，每年投入超过 7 亿美元，在远程教医疗建设和远程教育方面提供超过 2900 万美元的专用款，并在美国所有农村地区连接了 4G 网络。

（一）美国数字经济赋能城乡融合发展历程

长期以来美国政府推行政策支持推动数字化政府治理。美国的粮食产量和农产品出口量能够在世界市场上占据举足轻重的地位，离不开美国政府长期以来对政府治理的数字化转型的积极推行。自 1933 年起，美国每五年会通过一次农业法案，对农业进行全面的政策规划。近年来，农业法案在促进农业数字化方面逐步纳入新的内容，例如鼓励农业技术创新、数据共享和数字工具的使用。特别是《2018 年农业法案》强调了农业技术、数据使用和网络连接的重要性，推动了农业物联网（IoT）、无人机（drone）、大数据和人工智能（AI）等数字技术在农业生产中的应用。在 1936 年出台的《农村电气化法》之后，美国又相继出颁布了一系列乡村数字化推进法案，从农业升级、乡村发展、乡村医疗数字化升级、乡村政府治理等乡村生产生活的各个方面对乡村数字化治理和数字化升级提出了进一步的要求。政府的宏观调控、各类城乡融合政策的积极推行，都使美国的农业产业体系、生产体系、经营体系和基础设施现代化建设不断加速推进（见表 7－1）。

表 7－1　　美国数字经济赋能城乡融合发展政策

时间	政策	主要内容
2002 年	农业安全与农村投资法案	增加对农业尤其是农产品和价格的补贴，对包含农产品、环境保护、贸易援助等 10 项内容进行总计超过 700 亿元财政补贴

续表

时间	政策	主要内容
2009 年	开放政府战略	通过开放政府数据库获得农业与工业的数据信息整合
2011 年	联邦医疗信息化战略规划（2011—2015）	重点加快乡村医疗体系数字化建设，构建医疗大数据体系，完善城市与乡村的医疗数据信息统一发展
2012 年	数字政府战略	提高应用于政务处理的数据质量，发挥政府数据库作用，推动美国政府办公的数字化改革
2014 年	美国医疗信息化战略规划（2015—2020）	推进医疗数字化改革进程，以居民实际医疗需求角度出发，提高数字化医疗普及率
2018 年	2018 农业进步法案	进一步提高乡村宽带覆盖面积，为更广泛地区农民提供宽带服务
2020 年	数字农业技术研究（2020 年及以后）	美国农业部在 2020 年及以后的年度预算中增加了对农业科技研究的资助，包括人工智能和大数据的应用
2020 年	美国就业计划	强调对农村宽带基础设施的投资，旨在确保所有美国人都能获得高质量的互联网服务
2021 年	气候智能型农业政策	美国农业部推出了气候智能型农业倡议，鼓励农民采用数字工具监测气候变化的影响
2021 年	支持创新创业	美国农业部通过小型企业管理局（SBA）及相关项目，提供资金支持农业科技初创企业
2022 年	数据隐私和安全政策	美国农业部开始关注农民数据的隐私和安全，推出相关指导方针，旨在保护农民的数字信息

（二）乡村全方位数字化转型带动城乡融合发展

美国在发挥数字经济促进城乡融合发展主要体现在乡村农业数字化转型、乡村基本公共服务数字化、乡村基本公共设施数字化改革等方面。

1. 数字经济赋能美国乡村农业现代化转型发展

美国乡村农业的现代化转型起步较早，尤其从第二次世界大战结束到 20 世纪末，这一时期成为推动农业数字化和城乡融合的关键阶段。在此过程中，农业生产的数字化转型、城乡资源的互通互补成为美国农业转型的重要特征。这些因素共同促进了农业机械化的深化与农业社会服务体系的完善，推动了城乡融合的进程，为农业数字现代化奠定了坚实基础。美国与中国均为农业大国，但美国仅有大约800万人的农业人口，约占美国总人口的2.58%，远远少于我国农业人口数量。在耕地面积方面，美国963万平方公里的国土中超过五分之一的面积都用于农业，在全球耕地面积中占13.14%，位于世界首位。全球的粮食产出有五分之一都来自美国，除满足自身需求外，更多的粮食产出是用于在国际市场出口。美国每年出口粮食和其他农产品的出口额超过1300亿美元，多类农产品出口量均为世界第一，逐渐成为全球主要农产品出口国。美国在数字经济发展方面位于全球领先地位，随着互联网、人工智能、大数据和物联网等新一代信息技术的发展与农业的深度融合，美国农业实现了“快车道”发展。美国农业数字化发展一跃成为世界领先水平，农业产出和经济效益也遥遥领先于世界其他农业的大国，成为其他国家发展现代农业的“标杆”。从产业体系、生产体系和经营体系来看，美国的城乡农业经济发展已取得显著成就。

（1）产业体系方面：数字经济推进农业产业一体化发展。美国以领先世界数字技术为基础，构建起了现代化的农业产业体系。企业运用现代物流和数字化技术，将农产品的生产、加工和销售有效衔接，实现农业产业的纵向一体化，延长了价值链。例如，加利福尼亚州的德尔·蒙特公司建设38个数字化农牧场、54个智能加工厂和13个罐头厂，并开设数字化物流运输系统，大力推动农业生产、运输和销售向一体化、自动化方向发展。一方面，农业产业运用物联网联合不同企业和农场，施行高效的分工合作模式，实现农业产业的横向一体化发展。美国的嘉吉、邦吉、ADM公司是世界排名前三的粮食加工、存储、运输、粮油贸易的大型跨国公司，全球十大食品加工公司，美国占6个，前十的食品零售商，美国占5个[①]。这些大型农产品加工、销售公司利用资金、技术研发、营销和信息等优势，顺应数字经济的发展潮流，应用互联网、云计算和大数据等数字技术，深入加工农产品以提升附加值。他们促进资源整合，推动美国农业与工业一体化发展，生产与销售一体化发展，提高了农业生产效率和综合竞争力，并且拓展了国际农业市场，加速了美国农业产业体系的现代

① 资料来源：http：//www.sohu.com/a/233274917_762607.

化进程。另一方面，在数字技术的推动下，形成了以合作社为媒介的农业生产合作体系。个体农民为了实现自身的产销利益，主动组织形成了美国农业合作社。作为市场与家庭农场之间的中介组织，农业合作社在数字经济发展的推动下，其功能得到了显著扩展。其一，它在利用数字化工具和智能设备为农场主进行生产、加工和销售的同时，也通过新型电商平台为生产和销售提供社会化服务。其二，农业合作社通过互联网和数字平台，促成工商企业与农场主之间建立紧密而稳定的合作关系①，从而加速美国农业与工业的一体化进程。

（2）生产体系方面：数字经济实现农业生产全过程数字化。推动先进数字技术在农业生产中的应用，是美国实现农业生产体系现代化的重要基础。美国的农业科研领域不断深入研究计算机模拟技术在农业中的多种应用，重点关注不同规模和特性的农业系统。这种研究不仅有助于获取精准、全面和权威的农业数据，还能有效支持决策制定，提升生产效率与可持续性，从而为农业现代化提供有力保障。目前，美国已构建多元化的农业模拟系统，基本实现了从宏观农业经济发展趋势到微观光合作用等各类农业问题的全面覆盖②。此外，美国农业现代化的推进过程中，数字农业与精准农业的快速发展依赖农机产品市场与农业数字技术配套供应市场的健全与完善。其中，“绿色之星”在美国农业生产中得到广泛应用，而斯凯公司研发的先进农业系统同样对农业生产体系的现代化发挥了重要作用。美国农业绿色发展的演进历经两个阶段：首先，从 20 世纪 60 年代起，美国开始由“石油农业”向“低投入农业”转型；其次，进入 21 世纪后，进一步向“有机农业”替代“转基因农业”过渡。由于第二次世界大战后机械化大生产以及农药、化肥的过度使用，导致美国农业生态环境严重恶化，因此联邦及州政府开始重视可持续发展，相继出台了一系列政策，重点关注土壤保护、水资源管理以及农药化肥使用控制等方面，从

---

① 罗鸣，才新义，李熙，等．美国农业产业体系发展经验及其对中国的启示［J］．世界农业，2019（04）：43－46.

② 资料来源：http：//baijiahao. baidu. com/s？ d = 1702869495880102408&wfr = spider&for = pc。例如，美国 GERES 模型不仅可以模拟随着农作物的生长其土壤中养分的变化情况，同时，也能通过系统模拟得出较为准确的农作物发芽日期等细节信息。棉花生产关系系统（COSSYM－COMAX）就是通过以完备的农业模拟系统和智能化的操作与管理系统为内核，开发出来的农作物管理系统产生了良好的经济效益，该系统已经成为效果最成功、应用最广泛的市场决策系统。

而成功推动农业向绿色可持续方向转型。在这一过程中，转基因技术发挥了至关重要的作用，既保障了农作物产量，又减少了农药和化肥的使用，使美国成为全球转基因作物种植面积最大的国家。然而，这项技术也引发了广泛的食品安全争议。在这种背景下，美国消费者对有机食品的需求大幅增长，但供给相对滞后。为解决这一问题，自 2002 年以来，美国政府在每次修订农业法案时，都大幅增加对有机农业的资金支持，以推动相关研究、教育、补贴及数据收集等活动的开展。

在农业生产的各个环节中融入智能化与数字化的农业机械和技术已经成为美国实现农业现代化的必由之路。美国在农业生产过程中，将人工智能、互联网和大数据等数字技术广泛应用于大豆、玉米、甜菜等作物的种植。这些技术的应用实现了农产品全生命周期的数据共享，使播种、施肥、灌溉及病虫害防治等环节能够在智能决策下进行，并随时进行优化调整。例如，物联网技术在农业中的应用可以实时监控作物生长过程中土壤状况和生长环境（如二氧化碳浓度、空气湿度、光照强度等），结合红外成像系统和卫星云图来观察农作物的生长情况。通过生物量地图系统对作物营养缺乏等问题进行分析后，这些数据被传送至化肥生产商，以便制定最优肥料配方，从而实现耕作过程中肥料和水分等生产要素的动态精准投入。美国在农业流通过程中较早地引入了电子商务技术，为其流通模式的持续变革提供了有力支撑。为增强农产品的定价能力和安全追溯水平，农资电商与农产品电商均建立了线上直销体系，实现了生产者与消费者的直接联通。其中，农产品电商通过企业对消费者（B2C）与企业对企业（B2B）双重模式，与种植养殖主体建立联系，从根本上颠覆了传统农业流通渠道。例如，美国在农业领域融入了“个性化定制”的电商思维，推出了“食物社区”的团购模式，旨在将周边消费者与当地中小农场紧密连接，实现产销的精准匹配，推动消费者与生产者实现互利共赢。随着电子商务的蓬勃发展，农业相关经营者能够借助互联网实时掌握农产品市场动态，根据市场行情与价格变化灵活调整生产的种类与规模，从而加快“智慧农业”的发展步伐。

（3）经营体系：数字技术推动农业资源优化配置。美国依托大数据、物联网和人工智能等数字技术，成功实现了资源的优化配置。农民首先将耕地、能源、市场、劳动力等资源信息以及农业生产参数（如天气、农药、土壤等）输入数字化分析系统，然后利用数字设备进行数据处理，以确定最优的种植和养殖方案。通过评估土壤状况和天气变化等实际条件，可以科学规划农作物的种植过程。在不同生长阶段，还能够精准调控水量、肥料和农药的投入，形成高效的农业生产循环。牲畜养殖领域同样应用这些技术，从而有效降低农业成本，提高农业资源的利用率，并进一步推动资源配置的优化，加速农业经营的现代化进程。同时，银行等金融机构借助数字化工具制定精确的信贷策略，实现与农业经营主体的精准匹配，确保其获得充足的资金支持，这对提升农业现代化水平起到了积极促进作用。

2. 数字技术强化乡村基本公共服务数字化

在乡村基本公共服务的数字化建设方面，美国持续推进农业生产基本公共服务和数字化教育的改革。为提高乡村教育质量，美国教育部于2015年提出了“面向未来框架”（Future Ready Frameworks），旨在为乡村地区的教育数字化改造提供创新路径。次年，教育部进一步发布了国家教育科技计划，推动未来教育向数字化方向转型，并重新定义教育的核心定位，系统探讨数字技术对教学模式和学习方式的深远影响，同时强调数字教育在促进城乡教育公平方面的关键作用。基于2015年提出的理论框架，2017年，美国教育部发布了为期5年的乡村基础教育数字化发展战略——《成功指南：农村学校个性化学习实施策略》。该指南强调数字信息技术在提升教育公平性方面的重要作用，有效应对乡村基础教育数字化发展的挑战，对提高乡村人才的数字素养、加快教育数字化进程以及缩小城乡基础教育差距具有重要意义。

3. 数字技术促进乡村基本公共设施数字化

在乡村数字化基本公共设施建设方面，美国早在20世纪70—80年代便认识到城乡数字基础设施存在差距，并由此引发了数字鸿沟，这种差距主要由于乡村地区人口密度低、增长缓慢以及部分区域位置偏远所致①。进入90年代后，美国政府每年拨款至少10亿美元，推动乡村农业数字网络基础设施的建设以及在线应用的普及。2009年，美国政府再次投入72亿

① Whitacre, B. E. and B. F. Mills. Infrastructure and the Rural - urban Divide in High - speed Residential Internet Access [J]. International Regional Science Review, 2007, 30 (3): 249 - 273.

美元，扩大乡村宽带和无线互联网的覆盖范围，确保所有美国居民都能使用宽带服务。2015 年，美国联邦通信委员会（FCC）在《2015 年宽带项目报告》中明确表示，从 2015 年至 2020 年，将通过“连接美国基金”[①]提供 100 亿美元资金，以弥补城乡宽带建设的差距。

（三）美国数字经济赋能城乡融合发展评价

整体来看，美国依托数字经济推动城乡融合发展，有效缓解了城乡发展失衡的现象，缩小了城乡之间的差距，并在一定程度上率先实现了两者的深度融合。在美国城镇化发展的过程中，虽然城市面临“城市病”的困境，乡村地区也因地广人稀以及发展不均等问题而遭遇挑战，但数字经济凭借其强大的赋能能力，成功缓解了这些城乡发展难题。在这一过程中，数字经济不仅为城乡发展注入了强大动力，还承担起消除城乡壁垒的重要使命。这一举措不仅助力乡村经济模式顺利转型，也有效防止了部分大城市的过度衰退，促进了城乡间的深层次融合。实际上，数字经济的成长特性与城乡融合的发展进程并不完全同步，尽管可以通过政策和制度手段强行推进两者的结合，但由于城乡发展阶段存在差异，这种方式往往会引发一定程度的矛盾。美国通过快速发展数字技术，改变了乡村的生产和生活方式，不仅满足了城乡融合的客观需求，还成功打通了城乡资源要素的数据化流通渠道，从而在一定程度上实现了数字经济赋能城乡融合发展的目标。启示如下：

1. 增强政策赋能数字经济发展能力

政府应制定明确的数字经济发展战略，设定清晰的短期和长期目标。这包括促进技术创新、提升产业竞争力、支持小微企业和促进区域协调发展等。同时要开展大规模的数字技能培训项目，帮助劳动者尤其是农村和低收入群体掌握数字技术。这不仅能够提升他们的就业竞争力，还能促进数字经济的包容性发展。此外，政府还可以通过政策引导，鼓励企业在人工智能、区块链、物联网等新兴技术领域进行创新。通过增强政策赋能，政府不仅能够推动数字经济的发展，还能促进城乡经济的全面转型与升

① 美国联邦通信委员会（FCC）2014 年提出该基金资助计划，从 2015 年开始的 5 年间，每年支取普遍服务基金中 18 亿美元的传统电话补贴，用于宽带补贴，以降低在农村等地区建设网络的高昂成本。

级。政府的政策支持将为城乡的数字化转型提供有力保障，实现经济的可持续增长。

2. 结合我国国情全方位加速农业现代化

农业现代化不仅涉及农业生产本身，还涵盖了产前、产中和产后各个环节，涉及农业生物科技研发、农业机械化、农产品加工与全球贸易，以及农业信息服务等多个领域。农业现代化需要构建一整套完善的发展体系，所有环节必须紧跟时代要求，掌握核心技术，才能确保农业生产从研发到销售不受外界限制，最终实现农业强国的目标。要结合我国国情发展现代农业，首先，考虑到美国的土地制度和农业资源条件，盲目追求经营规模的扩大并不适合我国的国情和农情。因此，对于东北和西北地区，可以依托农垦系统和新疆生产建设兵团，加速建设现代农业大基地、大企业和大产业，以率先实现农业物质装备的现代化、经营管理的现代化以及资源的可持续利用。其次，坚持“以人为本”是中国共产党全心全意为人民服务的根本宗旨，即使生物科技的进步对推动农业发展转型至关重要，但其发展必须以确保食品安全和生态安全为前提，对于安全性存疑的农业科技成果，应谨慎应用。此外，绿色转型政策是我国长期以来坚持的方针政策，习近平总书记提出的“绿水青山就是金山银山”也早已深入人心。因此，在进行城乡融合的过程中，尤其是农业转型过程中也要坚持绿色发展。要用绿色、科学的眼光去看待转基因食品的选择与发展。

3. 提高乡村数字化基本公共服务体验

为实现城乡融合协同发展，在城乡基本公共服务和城乡基础公共设施建设方面，数字经济要提供充足均等化发展机会，进一步缩小城乡发展差距。要积极支持乡村地区数字化转型发展，政府要加大资金投入，确保乡村地区数字化转型的物质基础，积极提高乡村地区信息技术能力，缩小城乡数字鸿沟并改善城乡生产生活环境。

二、日本：政策引导与信息支持联动型发展模式

日本的农业发展与数字经济和城乡融合紧密结合，形成了推动乡村振兴和农业现代化的强大动力。面对劳动力短缺、土地资源有限和农业生态环境恶化等问题，日本通过积极引入数字技术和创新模式，推动农业与数字经济深度融合。近年来，智能农业技术、物联网、大数据等数字工具在

农业生产中的应用，使得生产效率大幅提升，同时降低了对劳动力的依赖，帮助农民在土地管理、作物种植、病虫害防治等方面实现精细化和智能化。此外，日本通过促进城乡融合，推动了产业的多元化发展，并为乡村带来了新的经济活力。特别是在“造村运动”中，通过发展数字化和信息化的基础设施，推动了城市与乡村之间的资源流动和信息共享。这一过程中，乡村不仅作为农业生产的基地，还逐渐转型为承载多种产业功能的综合体，促进了农业、制造业和服务业的深度融合。例如，农协（JA）在数字化转型方面也发挥了积极作用。通过数字平台，农民能够更方便地获取市场信息、进行线上交易、优化生产计划，同时也能通过农协平台共享农业资源和技术支持，推动了农业的高效和可持续发展。农业与数字经济的结合，使得传统农业向现代化、智能化方向转型，也为乡村振兴注入了源源不断的动力。总的来说，日本在农业现代化过程中，通过促进数字经济与城乡融合，不仅有效解决了农业发展中的诸多问题，也为乡村振兴提供了新的发展思路，推动了经济、社会和环境的协调发展。

（一）日本数字经济赋能城乡融合发展的政策历程

20 世纪末，在农村生产生活领域日本政府非常重视数字基础设施建设，1999 年发布《21 世纪农林水产领域信息化战略》，为日本农村信息化基础设施建设做了详细规划且指明了方向，并解决了城乡基础设施建设发展差距大的问题。21 世纪后，日本政府除了重视乡村基础设施建设外，加强乡村基本公共服务数字化改革，在政务建设、数字化医疗和数字化教育方面分别实施了 E－Japan、I－Japan 和 U－Japan 等计划①。日本通过基本公共服务和数字化基础设施建设，帮助日本乡村获得了与城市相同的发展速度和发展机会。从 2000 年以来，日本的数字经济政策不断演进，初期聚焦于 ICT 基础设施的建设与普及，后来逐步推进到智慧城市、数字乡村等具体领域，并通过各种战略措施赋能城乡融合发展。随着技术的不断发展，数字化已成为推动城乡融合的重要引擎，推动了乡村经济、社会、治理等方面的全方位转型（见表 7－2）。

① E－Japan 指的是 electric japan，即数字化日本；U－Japan 指的是 ubiquitous japan，即（数字技术）无所不在的日本；I－Japan 指的是智能化日本。

表 7－2　　日本数字经济赋能城乡融合发展政策

时间	政策	主要内容
1999 年	21 世纪农林水产领域信息化策略	加强农村基础通信设施建设
2000 年	信息通信技术基本法	日本制定首部信息通信技术基础法，推动信息通信技术（ICT）基础设施的建设与普及，特别是在乡村地区推广
2001 年	E－Japan 计划	加强网络设施与数字化政府建设，实现政府网络数字连接
	U－Japan 计划	加强全国数字设施建设，减少地区间差异
2006 年	乡村振兴战略	提出利用 ICT 技术促进农业、渔业、林业等乡村产业的发展，缩小城乡差距
	教育信息化指南	加强教育数字化改造
2010 年	智慧城市概念提出	日本政府开始提出智慧城市（Smart City）的建设，推动包括农村地区在内的地区全面数字化
2015 年	I－Japan 计划	加强数字医疗、智能政务、数字教育服务
2016 年	地方创生综合战略	强调利用数字技术解决地方经济发展瓶颈，推动 ICT 技术在乡村振兴中的应用，支持数字化农业与农村电商等项目
2018 年	数字乡村战略	提出建设"数字乡村"，通过 5G、物联网、大数据等技术手段推动农业现代化，提升乡村治理能力
2020 年	数字厅设立	设立数字厅（Digital Agency），统一协调数字化转型工作，特别是在乡村和地方经济发展的数字赋能方面
2021 年	数字化农田与乡村发展计划	推动农业与农村的数字化改造，依托人工智能、大数据、物联网等技术提升农业生产效率，助力乡村经济复兴
2022 年	数字化区域社会构建计划	通过数字化技术改进区域社会结构，推动城乡一体化发展，特别是在老龄化社会背景下，使用远程医疗等技术提升服务水平
2023 年	5G 与物联网促进城乡融合发展	推动 5G 网络与物联网技术的在乡村地区的应用，支持乡村电商、远程教育、数字医疗等服务的普及

续表

时间	政策	主要内容
2024 年	数字经济国家战略	明确提出数字经济国家战略，推动城乡融合，强调通过数字化赋能乡村振兴，提高乡村经济与城市联系与互动

（二）政策引导与信息支持的联动型发展模式

日本的土地资源有限，乡村地区的资源相对匮乏。为了推动城乡融合发展，日本政府在数字经济领域采取了措施，旨在最大化和优化资源利用，特别关注政策的合理性以及数字化信息技术如何支持城乡联动发展。政府意识到，政策的设计对农业和农村发展具有重要影响，日本政府制定了一系列针对不同乡村发展需求的农业政策，并通过顶层设计构建起从国家到地方的数字化乡村发展框架。这些政策不仅关注农业生产的数字化转型，也强调数字化在乡村基础设施和公共服务中的应用，确保政策的全覆盖和精准实施。在政策框架下，政府推动数字技术在乡村地区的基础设施建设，如网络信息设施、物联网设备、智能农业技术等。这些技术的应用为乡村提供了更加高效的生产方式和管理手段，同时也促进了乡村地区电子商务和网络平台的快速发展。数字技术的应用则能够显著提高资源使用效率，推动数字农业高效发展。基于这一认识，日本逐步形成了政府信息与数字信息相结合的发展模式。具体而言，首先通过制定适应不同乡村发展的农业政策，构建从国家到地方的数字化乡村发展框架，并推动农业部门与其他相关部门的合作，促进财政、土地和数字信息的协同发展。其次，在政策执行过程中，政府发挥主导作用，推进数字技术基础设施建设与公共服务在乡村的布局，形成乡村网络信息与电子商务体系相互配合的数字化联动模式。

1. 数字基础设施建设方面

从数字经济与生产要素融合的角度来看，日本乡村数字化进程起步较早，并不断探索数字经济与科技相结合的实践模式。早在 1990 年，日本就已建成农业与农村发展的数字基础设施，并成功实现了城乡一体化互联网在现代农业信息传播中的应用，推出了电信公司管理系统（DRESS）。该系统将农业气象数据、温室自动监测、数字化农业生产以及个人电脑系统等多项功能集成在一个统一的数字平台上，通过互联网为农民提供精准的信息服务，涵盖农业气象、生产管理、病虫害防治以及农产品市场价格波动等多方面内容，为农业生产和农民生活提供了全面的支持。如今，日本各地乡村已普及 DRESS 系统，为农民提供便捷的信息互联服务。此外，农民还可以借助 GLS 农业系统，实时在线查询农业生产的相关信息，并根据不同作物种类和区域特点上传和共享农业数据。这些系统的推广进一步加快了乡村数字化的发展步伐，为农业生产提供了强有力的信息保障。

日本政府将数字化信息基础设施作为核心支撑，制定了一系列政策措施，推动数字经济助力城乡融合发展。具体而言，2001 年至 2005 年，日本实施了"E－Japan"数字化战略，目标是在 2005 年建成全球领先的互联网系统，并为超过 3000 万个家庭提供高速、低成本的网络服务，从而提升城乡数字化与信息化基础设施水平。随后，为进一步推动宽带网络建设及物联网技术的普及，日本政府于 2004 年至 2010 年期间推出了"U－Japan"计划，将数字经济与物联网技术相结合，解决城乡发展过程中面临的各种问题，包括乡村网络通信、农产品生产与销售以及乡村数字化物流体系等多个领域。到了 2009 年，日本政府再度发布"I－Japan"计划，强调数字经济与互联网技术的深度融合，推动数字化技术在社会生活的各个方面得到广泛应用，尤其是建立数字化政务体系和地方自治模式。该计划的核心目标是扩大数字技术在社会各领域的应用场景，让所有公民都能享受到数字化发展带来的便利与积极效应。

2. 数字公共服务建设方面

随着互联网技术的广泛应用，为进一步促进数字化互联网的普及，日本政府相继出台了一系列法律法规，推动城乡地区实现互联网、电话网络和广播电视网络的三网融合。早在 2001 年，日本政府就颁布了《电信业务放送法》和《广电经营电信业务法》，通过这两项法规规范城乡电信业务的推广与普及，并在实施过程中放松了对国家通信卫星和有线广播电视管理的相关限制，促进了电视行业与通信行业的协调发展。为了进一步推动电信与互联网业务的融合，2002 年，日本政府发布了《促进开发通信广电融合技术法》，明确规定数字企业及数字经济从业者在技术研发中的职责，为数字技术与通信技术的持续进步奠定了法律基础。2019 年，日本总务省再次修订《电信事业法》等相关法规，并提出符合数字经济发展新阶段的法律要求，例如降低农民使用互联网通信的成本、调整手机资费等政策措施，进一步支持数字经济助力乡村发展的各类需求。

3. 数字经济提升农业现代化效率方面

日本国土面积约 37.8 万平方公里，其中耕地面积仅约 8.2 万亩，占比不足千万分之一。此外，农业人口规模较小，不到 200 万人，占全国 1.3 亿总人口的比例极低。总体而言，日本四面环海，地震与火山等自然灾害频繁发生。同时，山地广布、耕地资源有限，68% 的国土被山地覆盖，这种地形特征在一定程度上与我国的云南、川贵及陕南等山区相似。与此同时，日本还面临着严峻的人口老龄化问题，这些不利因素共同对农业发展形成了巨大挑战。即便面临诸多困难，日本仍成功克服阻碍，推动农业向规模化、机械化和现代化发展。具体来看，日本的农业现代化始于第二次世界大战后，并结合自身国情，探索出了一条有别于欧美发达国家的特色发展道路。

（1）农业领域的数字化。近年来，随着全球数字经济的迅猛发展，日本已成为数字经济的重要推动力量。早期，日本便意识到数字经济在农业生产中的潜力，成功推动了农业向自动化、数字化、智能化的转型。这一进程得到日本政府的大力支持，数字经济在农业领域的应用成为日本克服农业发展挑战、实现高质量农业发展的关键因素。伴随着数字技术的广泛应用，日本农业正逐步从机械化向更高层次的自动化、数字化和智能化发展，取得了显著成效。数字技术在农业中的深入应用为日本农业的高质量发展提供了有力推动，这也使得日本能够在耕地有限和人口老龄化问题严峻的情况下，在全球农业发展中占据领先地位。

（2）“第六产业”赋能经济发展。随着数字技术在农业领域的广泛应用，日本农业产业体系的现代化不断加速，推动了农业的高质量发展。具体而言，互联网、大数据、云计算和区块链等技术的快速发展促进了产业结构的优化和经济的优质增长。数字经济与农业的深度融合催生了农业科技创新的新模式，其中“第六产业”模式是一个重要的代表，具有深远的影响力。该模式由日本农业学者今村奈良臣首次提出，核心理念是将农业、工业与服务业有机结合，对低附加值的农产品进行深加工，通过多样化的营销渠道提升附加值，从而扩大市场份额。“第六产业”模式不仅充满活力，还强调合作与区域性特点。通过加强农民与其他农业相关利益方的紧密合作，推动产业链的纵向延伸，实现农业第一、第二、第三产业的紧密融合，并借此扩展价值链，农民也因此能够分享现代农业发展带来的成果。一方面，农民收入显著提高，城乡收入差距逐渐缩小；另一方面，农产品附加值低的状况得到改善，通过增加农产品的附加值，激发了农业发展的新活力。从区域联动和协同效应的视角来看，“第六产业”模式将全国各地的优势产业紧密联系，构建了跨区域、多产业融合的纵向产业体系，不仅提升了农业的协同效应，还推动了日本农业资源的优化配置。数字经济的广泛应用为“第六产业”的发展注入了强大动力，催生了农业新型业态，并推动了农村第一、第二、第三产业的深度融合。以日本为例，ATR（国际电信通信基础技术研究所）将新一代信息技术与 IT 研发能力相结合，融入共享经济理念，与高校和农业企业协同合作，有效推动了共享农业的兴起，吸引了年轻人、女性以及老年人积极参与农业生产。此外，NTT 通过引进农业预警技术和共享经济模式，以农民参股的方式降低了生产经营成本，从而鼓励年轻人返乡创业或投身农业发展。

整体而言，数字经济在农业领域的广泛应用，不仅加快了农村第一、第二、第三产业的深度融合，拓宽了农业的产业链和价值链，还推动了农业产业的横向扩展，促进了跨区域协同发展。这些措施为构建现代农业产业体系、推动农业高质量发展奠定了坚实基础，同时也大幅提升了农民收入和农村经济的整体发展水平。

（三）日本数字经济赋能城乡融合发展评价

总体来看，日本依托政策与数字信息的协同发展模式，有效推动了数字经济赋能城乡融合，不仅大幅缩小了城乡差距，也促进了乡村振兴的实现。首先，由于资源短缺和人口老龄化问题的严重性，日本亟须解决数字乡村与智慧农业发展的现实难题。在意识到数字经济在提升乡村生产力和改善生产关系中的关键作用后，日本政府积极将数字企业的成功经验转化为农业数据应用，降低了数字技术在农业和农村领域的应用门槛。同时，与数字企业的合作有效减少了乡村数字化改造过程中对人才和资金的需求。其次，日本政府与数字企业紧密合作，共同研发并推广的数字农业平台有效应对了乡村人口结构性问题，特别是在留守人口稀缺和老年人口较多的背景下。数字技术与农业的深度融合不仅减少了对农业生产和管理人员的依赖，还释放了大量劳动力，并有效降低了农业生产成本。最后，在政企合作的过程中，政府不断完善相关政策，确保企业的稳步发展，同时发挥引导作用，避免过度干预乡村发展决策，从而有效保障农民的利益。启示如下：

第一，构建全方位的数字基础设施。日本在数字经济发展过程中，特别注重数字基础设施的建设。例如，通过“E－Japan”战略推动全国范围内的宽带和高速互联网普及，为城乡数字化奠定了基础。我国也应继续加大对农村数字基础设施的投资，提升乡村地区的网络连接和数据传输能力，为数字经济的全面普及创造条件。

第二，增进政策引导与数字技术的深度融合。日本政府通过一系列有针对性的政策，如《电信业务放送法》和《促进开发通信广电融合技术法》，在法律层面支持数字技术的发展，并促进其与农业、通信等行业的深度融合。在我国，政策的引导作用同样至关重要，政府应出台更多支持乡村数字化转型的政策，并在农业、农村产业、数字技术等领域加大协调力度，推动数字经济与各行业的融合发展。

第三，加强数字化政务与公共服务。日本通过数字化政务和地方自治体系的建设，提高了政策执行效率，减少了城乡发展中的行政成本和资源浪费。这为我国城乡融合发展提供了启示。

我国应加快推进数字政务建设，利用大数据和云计算等技术提升政府服务效率，特别是在乡村地区提供便捷、高效的公共服务，确保城乡居民能够平等享受数字化带来的便利。

三、芬兰：智慧村庄和社会包容项目

在数字经济时代，芬兰通过“智慧村庄”和“社会包容”项目积极推动城乡融合发展，探索以数字化赋能乡村振兴和社会包容的新路径。作为欧洲农村数字化改革的重要推动者，芬兰不仅顺应欧盟的政策框架，还结合本国的具体情况，提出了一系列创新性举措。在智慧村庄项目中，芬兰致力于通过数字基础设施建设，缩小城乡之间在信息获取、网络服务和数字技术应用上的差距，确保乡村地区能够享受到与城市相同的数字经济便利。此外，芬兰在社会包容项目中，特别关注弱势群体的数字技能提升，尤其是老年人、移民和农村青年，通过系统的数字培训和教育支持，使这些群体能够更好地融入数字经济，实现社会的全面包容与公平。芬兰

的这些项目不仅推动了数字技术在乡村的广泛应用，也为乡村居民创造了更多的就业机会，提升了他们的生活质量，进一步促进了城乡之间的劳动力流动。通过智慧村庄和社会包容项目，芬兰实现了城乡之间的资源共享与互联互通，为其他国家在推进数字经济与城乡融合方面提供了有力的借鉴。这些举措也充分展示了数字经济如何为社会发展提供动力，同时在解决城乡差距、社会排斥等问题上发挥了重要作用。

（一）芬兰智慧村庄项目策略分析

芬兰的“智慧村庄（Smart Villages）”项目是一个旨在通过数字化和创新技术促进乡村振兴的战略计划。这个项目的核心目标是利用现代技术和创新模式来提升乡村地区的生活质量、推动地方经济发展，并应对农村地区面临的挑战，如人口流失、老龄化、资源匮乏等问题。智慧村庄项目不仅关注技术应用，还强调社区的参与与可持续性，力求实现乡村的智能化、绿色化和可持续发展。芬兰智慧村庄项目由芬兰各级政府主导，地方农村发展合作社作为实践单位，共同探索该地区乡村数字化改革的方向。该项目的主要任务是普及和完善数字经济基础设施，同时提升村民的数字素养。

1. 智慧村庄基础设施数字化

芬兰于 2013 年至 2018 年间着重开展了系统性光纤网络在东部贫困地区和北部偏远区域的部署，尤其是在库莫西北部的村庄和奎图阿波霍伊森北都地区。通过与地方农村发展合作社的合作，芬兰为这些乡村地区提供了数字网络服务，并实施了数字宽带网络建设，显著提升了网络传输速度，确保了贫困和偏远地区的农民能够享受高速互联网带来的便利。此系列基础设施建设不仅促进了信息的广泛传播，还增强了乡村居民的信息获取能力和远程工作的可能，从而有效弥合了城乡信息差距，推动了农村产业的数字化进程，为乡村转型奠定了坚实的物质基础。

此外，地方政府也针对芬兰北部拉普兰地区的传统驯鹿养殖业实施了数字化改革。拉普兰作为芬兰的主要驯鹿养殖基地，其驯鹿养殖业是当地经济的重要支柱之一。然而，在智慧村庄项目启动前，该地区面临着信息流通不畅和高昂的网络费用等问题。为了解决这些挑战，芬兰政府于 2016 年至 2017 年间，为该地区建立了具备高速数据传输能力的数字网络，帮助驯鹿养殖户实现数字化管理，进而提高了养殖效率。此外，政府还组织专家走访养殖户，并建立了一个以数字化养殖为核心的专用网络系统，不仅完善了乡村的数字基础设施，也显著提升了当地的整体数字化发展水平。

2. 智慧村庄居民素养数字化

在提升乡村基本公共服务质量方面，芬兰政府特别重视提高居民的数字素养。芬兰作为典型的北欧国家，人口数量少和人口老龄化都是亟待解决的问题。因此，如何提升老年群体的数字技能，成为通过数字经济促进城乡融合的关键问题之一。为了确保芬兰乡村地区的老年人能够平等享受与城市居民相同的数字化权益，芬兰政府于 2017 年在北部地区的索德尼米启动了 Digi Hub 数字计划。该计划旨在为乡村老年人提供技术培训与支持，帮助他们提升使用数字设备的技能，确保他们能够积极参与数字经济和社会活动。这不仅加快了数字技术的普及，也增强了老年人的社会参与感和归属感。该项目从老年人的日常需求出发，聚焦提高乡村及城市周边老年人的数字素养，体现了对老年人群体的深厚关怀。具体措施包括：首先，在当地的公共图书馆设立数字咨询中心，聘用专人向老年人讲解数字设备的使用方法，帮助他们解决一些在使用过程中遇到的困难。其次，项目还邀请了银行、医院等社会机构，在乡村地区举办数字化讲座和信息推广活动，促进数字技术与传统公共服务的结合，从而提升乡村地区数字经济的赋能效果。

3. 智慧村庄建设促进劳动力要素流动

在智慧村庄的框架下，数字化技术的普及极大地促进了劳动力要素的流动。芬兰政府和企业鼓励远程工作和灵活就业模式。这种模式不仅改善了城市与乡村之间的劳动力流动，还为乡村地区的人们提供了更多的就业机会。尤其是在芬兰的乡村地区，数字技术使得劳动力能够不受地理位置限制，参与城市的工作和服务行业，促进了城乡之间的劳动力平衡。乡村居民，尤其是年轻人，通过互联网和远程工作的机会，能够在不离开家乡的情况下，参与城市及全球市场的劳动。这种劳动力的“远程流动”不仅提升了乡村居民的就业机会，还帮助吸引了城市青年到乡村创业和工作，缓解了乡村地区的劳动力短缺问题。

4. 智慧村庄是机遇也是挑战

尽管智慧村庄项目带来了诸多积极影响，但在实施过程中也面临一些挑战，尤其是资金不足、技术人才缺乏、乡村居民数字技能不高等问题。此外，如何确保项目的可持续性，避免技术过度依赖，确保乡村地区的自然和社会环境的多样性，也是需要长期关注的问题。总的来说，芬兰的智慧村庄项目通过引入数字技术和创新手段，不仅改善了乡村的生活条件和经济发展潜力，还为乡村振兴提供了可持续的路径。随着技术的不断进步和政策的持续支持，芬兰的智慧村庄项目有望成为全球乡村发展转型的典范。

（二）芬兰社会包容项目策略分析

芬兰的社会包容项目策略旨在确保所有公民，无论其社会背景、年龄、性别、种族或经济状况，都能平等享有社会福利、教育、就业和医疗等基本服务。这些策略不仅关注促进弱势群体的社会融入，还通过政策、技术和创新等手段，推动整个社会朝着更加公平、可持续的方向发展。随着数字经济在芬兰日益普及，如何利用数字经济促进社会包容已成为推动乡村发展的关键议题。芬兰的社会包容策略特别重视数字包容，尤其是在城乡差距和老年人群体的数字化挑战方面。芬兰政府采取了一系列措施来确保数字技术和互联网的普及，使得所有公民，无论年龄、地理位置或经济条件，都能够享受数字化服务。数字社会包容指的是为乡村农民提供广泛的数字化服务，建设数字网络，确保城乡各个群体都能够平等享受数字经济带来的便利，从而实现城市与乡村之间数字经济发展的均衡。

芬兰的社会包容项目包括多个关键举措，旨在推动乡村地区的移民融合、青年参与以及代际合作等方面，同时探索数字经济与劳动力要素的结合。具体而言，这些项目包括移民融合项目（Immigrant Integration in Rural Areas）、农村青年可见性项目（Making Rural Youth Visible）和凝聚社会群体项目（Iloinen Konkkaronkka—The Happy Bunch），三个项目相互协作，推动社会包容和城乡融合。

1. 创建一体化平台以增强社会包容性

针对欧盟内人口流动性强、跨国迁徙频繁的特点，欧洲农村发展网络在 2017 年提出建议：在欧洲各国建立跨国一体化网络，创建数字学习平台，帮助不同国家的移民了解欧盟文化和地域差异，从而更快融入当地社会。芬兰响应这一提议，着手建设城乡、国家之间的互联互通数字系统，为本国乡村地区提供便捷的数字服务，确保农民能够方便地使用数字应用，提升他们的生活质量和社会参与感。移民融合项目通过数字化手段促进了各国移民的文化融合，帮助移民在数字经济中找到立足点。增强了城乡和国家间的社会包容性。通过为移民提供数字教育和职业培训，项目不仅改善了他们的生活质量，还推动了劳动力市场的多样化和灵活性。

2. 帮助青年融入城市化进程并缩小数字鸿沟

芬兰政府通过调研发现，农村青年在城乡融合过程中面临社会排斥，成为影响城乡融合的重要障碍。为了帮助农村青年更好地融入城市化进程，芬兰于2017年创办了刊物《在公海上》（*On the Open Sea*）。该刊物通过全球青年优秀案例，鼓励农村青年在数字经济时代积极思考并提出自己的见解，为乡村青年提供了更多关于数字经济的知识和发展机会，激发了他们在社会中的参与热情，并为数字经济的进一步发展注入了活力。针对农村地区的老龄化问题以及老年人与青年之间的数字鸿沟和信息隔阂，芬兰政府于2017年在南部的Romse村开展了小范围的社区数字化包容活动，在乡村地区设立了多个数字咨询中心，为老年人和低收入群体提供数字技能培训，帮助他们提升使用数字设备和在线服务的能力。通过这种方式，芬兰有效地缩小了城乡、老少之间的数字鸿沟。通过这些活动，芬兰希望帮助老年人通过数字技术重新融入社会，获取日常生活所需的信息，增强他们的社交能力，从而提升生活质量和幸福感，同时消除城乡之间的数字信息差距。

芬兰的社会包容项目策略通过数字经济的推动，积极促进城乡融合和社会公平。数字化不仅为弱势群体提供了平等的机会，还通过创新和技术的应用，缩小了社会之间的差距。无论是通过数字基础设施的普及、移民和青年融入、老年人数字技能培训，还是推动跨代合作和绿色经济，芬兰的数字经济为社会包容性提供了有力的支撑。芬兰的经验表明，数字经济不仅是经济增长的动力，也是促进社会公平、包容与可持续发展的重要工具。

（三）芬兰数字经济赋能城乡融合发展经验总结

具体来说，在推动数字经济赋能城乡融合发展的过程中，芬兰充分发挥了欧盟及欧洲资源的优势。首先，芬兰依据欧盟委员会农业和农村发展总局的政策指导，结合自身发展需求，围绕欧盟共同农业政策（CAP）框架，推动了智慧村庄和社会包容等项目的实施。与此同时，芬兰积极参与欧洲数字化乡村发展，并借鉴其他欧洲国家的经验，不断更新和完善本国的发展战略。在此过程中，芬兰充分利用了欧盟提供的政策支持和资金保障，成功申请了补贴和政府贷款。例如，2019 年芬兰获得了 14.04 亿欧元的农业补贴，其中芬兰政府自筹了 3.19 亿欧元，占总额的 22.7%。通过这些资金的支持，芬兰顺利度过了数字基础设施建设的初期阶段，确保了乡村地区数字基础设施的不断建设和完善。其次，在推广数字经济技能的过程中，芬兰始终坚持以人为本的理念。不仅依靠基础设施建设和技术普及，芬兰还通过深入调研，了解乡村居民，尤其是青年和老年人的实际需求，进而根据这些需求制定相关政策。欧洲农村发展网络的年度报告指出，农村青年流失和素质较低是导致乡村发展滞后的主要原因之一。为了解决这一问题，芬兰在乡村推出了“农村意见倡导与发展”项目（Rural Opinions, Advocacy and Development），组织了 14 场活动和 9 场网络研讨会，积极鼓励乡村青年表达他们对数字经济发展的看法和建议。通过这种方式，芬兰不仅增强了乡村青年的归属感和责任感，还激发了他们在推动智慧乡村与数字化转型中的积极作用。

总体而言，芬兰在数字经济时代探索城乡关系新模式的过程中，积极推动了智慧村庄项目和社会包容项目，这两项数字赋能城乡融合的重要社会实践，均属于欧洲农村数字化改革网络框架的重要组成部分。其中，智慧村庄项目侧重于弥合城乡在数字基础设施建设方面的差距，而社会包容项目则旨在缩小城市与乡村、老年人与青年群体之间的数字技能鸿沟。芬兰在推进这些项目的过程中，充分考虑了自身的地理特点以及经济社会发展状况，并取得了显著成效。在智慧村庄项目中，芬兰重点关注农村和贫困地区在数字基础设施方面的严重短板，着力加强这些区域的数字网络建设，确保数字化网络实现全面覆盖，从而为农村地区提供基础性的数字经济应用保障，为数字经济促进城乡融合发展奠定了坚实的物质基础。在社会包容项目中，芬兰政府积极应对数字经济时代的人口结构变化问题，尤其注重提升乡村老年群体的数字素养。政府提供了从技能培训到后续支持的全方位数字化服务，将数字技能培训纳入公共服务体系，使数字技术的普及成为社会的基础性应用，推动了社会整体包容性水平的提升。芬兰在数字经济赋能城乡融合发展的过程中，通过构建数字基础设施、提升数字技能、整合城乡劳动力市场等多项举措，成功促进了城乡之间劳动力要素的合理流动。芬兰加大对乡村和贫困地区数字基础设施的投入，确保这些地区的居民能够公平享有数字服务，为乡村劳动力提供了远程工作和在线就业的机会，从而有效减少了城乡劳动力的流失。同时，芬兰通过数字技能培训提升了乡村劳动力的竞争力，进一步推动了城乡劳动力市场的一体化，尤其是通过数字平台打破地域限制，促进了城乡之间劳动力的互动与协作。此外，芬兰还注重提升社会包容性，为老年人和移民等弱势群体提供数字技能培训，帮助他们适应数字经济环境，顺利融入劳动力市场，从而进一步增强了劳动力流动的灵活性。总体来看，芬兰通过数字经济促进了城乡融合，提升了劳动力要素的有效流动，推动了社会的公平、包容和可持续发展，为其他国家在数字经济时代实现城乡融合提供了宝贵的经验。启示如下：

第一，加快数字基础设施建设，缩小城乡数字鸿沟。芬兰在数字经济赋能城乡融合的过程中，重点加强了农村地区的数字基础设施建设，确保乡村地区能够享受与城市相同的网络服务和数字应用。中国在推进城乡融合时，应加大对乡村尤其是贫困地区的数字基础设施投资，特别是宽带网络、5G 基站等基础设施的建设，确保农村地区能够全面接入高速互联网，提供稳定的数字经济发展环境。这不仅能促进乡村经济的发展，还能为乡村劳动力提供更多的就业和创业机会，尤其是在远程工作和在线教育等领域。

第二，推动数字技能培训，提升乡村劳动力素质。芬兰通过提升乡村劳动力的数字技能，推动了劳动力市场的流动和融合。中国在推动城乡融合时，必须注重提升乡村居民，尤其是年轻人和老年人的数字素养。政府和社会各界应加大对乡村的数字技能培训力度，通过线上与线下结合的方式，提供包括数字办公、在线教育、数字农业技术等方面的培训，使乡村劳动力能够适应新兴行业的要求。通过系统的培训，乡村劳动力不仅能够在本地找到更多适应数字经济发展的工作，还能够通过远程工作等方式与城市劳动力市场进行对接，促进城乡之间的劳动力流动。

第三，构建跨地域的数字劳动力市场，促进劳动力要素自由流动。芬兰通过数字平台和数字经济促进了城乡劳动力市场的融合，使得劳动力无论身处乡村还是城市，都能够平等地获得就业机会。中国可以借鉴芬兰的做法，建立更加完善的数字劳动力市场，推动数字平台的建设，帮助城乡劳动力实现更加灵活的流动。例如，可以建设跨地域的就业信息平台，为乡村劳动力提供更多与城市企业对接的机会，并通过线上技能认证等方式，打破地域限制，使劳动力可以根据自身能力自由选择工作地点，促进城乡之间的劳动力自由流动。

第四，推动乡村数字化转型，创造更多就业机会。芬兰的智慧村庄项目通过提升乡村的数字化水平，推动了乡村产业的转型，创造了新的就业机会。中国应借鉴这一思路，推动农村产业的数字化转型，发展数字农业、电子商务、远程医疗等新兴行业，为乡村居民提供更多的就业机会。通过数字化的手段，不仅能够提高农业生产效率，还能帮助农民发展乡村电商，拓宽收入来源，增强农村经济的可持续发展能力，同时为农村劳动力提供更多本地化的就业选择，减少大规模外出打工的需求。

第五，重视社会包容，促进弱势群体的数字技能提升。芬兰通过社会包容项目，特别关注乡村老年人、移民和其他弱势群体的数字技能提升，确保这些群体能够参与到数字经济中。中国在城乡融合过程中，应重视弱势群体，尤其是乡村老年人的数字技能提升。通过开展针对性的培训和支持项目，帮助他们克服数字鸿沟，融入数字社会，从而增加他们的就业机会和社会参与度。此外，还应加强对乡村女性、残障人士等群体的数字能力提升，确保社会包容性，为乡村地区提供更加均衡的劳动力资源。

综上所述，中国应加快数字基础设施建设，提升乡村劳动力的数字技能，推动跨地域数字劳动力市场的建设，促进乡村产业的数字化转型，并注重社会包容和弱势群体的数字能力提升。这些举措不仅能够推动城乡之间劳动力的自由流动，还能促进乡村经济的持续发展，推动城乡融合实现更加均衡、可持续的发展。

第二节　国内数字经济赋能城乡高质量融合发展先行探索

一、广西恭城：数字乡村的“恭城模式”

2020 年 10 月，广西恭城县获批成为国家数字乡村试点地区，标志着这一地区在数字乡村建设方面迈出了重要步伐。近年来，恭城紧紧抓住数字化发展的机遇，通过引入和应用现代信息技术，特别是在农业产业、乡村治理和公共服务等方面进行深度探索与创新，逐步总结出一条具有本地特色的数字乡村建设路径，被业内称为“恭城模式”①。该模式是基于数字化技术的广泛应用，尤其在农业产业、教育、医疗、乡村治理等领域的融合创新，成为推动乡村振兴的有力引擎。这一模式不仅突出了数字技术在推动农业现代化、提升乡村治理效率、优化公共服务体系等方面的关键作用，还展现了数字技术如何促进城乡融合、加速城乡资源互通互连的可行路径。具体来说，恭城的数字乡村建设路径呈现出三个鲜明的特点：一是推动农业产业数字化转型，构建了智能农业、农产品溯源、电商直销等多个环节的数字化体系，助力农民增收并提升了农业的整体效益；二是通过数字化手段重塑公共服务体系，尤其是在教育、医疗等领域，通过远程服务平台的建设，使农村居民能够平等享受到城市优质的资源，缓解了城乡之间长期存在的服务不均问题；三是加强数字化乡村治理，依托信息化手段实现了基层治理模式的创新，提升了基层政府的服务效率与社会治理能力。恭城模式的成功实践，充分证明了数字技术不仅能在经济和产业上为乡村振兴提供强大的动力，还能通过信息化提升治理效能，最终实现资源的最优配置与可持续发展。随着国家和地方政府对数字乡村建设的重视与支持，“恭城模式”也为其他地区，尤其是民族地区的数字乡村建设提供了可复制、可推广的经验。这一模式的探索不仅为恭城本地的发展注入了新的活力，也为全国范围内乡村振兴战略的实施提供了具有实践意义的示范样本。

（一）农业产业数字化：构建智能农业生态系统

恭城在推进农业产业数字化的过程中，积极引入先进的数字技术，促进农业现代化，不仅提高了农业生产的效率，也增强了农民的经济收益，推动了农业产业链的全面升级。

1. 打造智能农业种植体系

物联网（IoT）、大数据、人工智能（AI）等技术的广泛应用，使恭

① 今日恭城．广西恭城：数字赋能点亮乡村振兴梦，http：//www.gongcheng.gov.cn/jrgc/zhxw/202111/t20211117_2167310.html，2021－11－17.

城的农业种植已逐步从传统的人工耕作模式向智能化、精细化管理转型。以“智慧农业”为代表的种植体系，能够通过安装传感器、无人机、自动化设备等手段实时监控土壤湿度、气温、作物健康状况等数据，帮助农民根据实时数据进行精准施肥、灌溉、病虫害防治等操作。这不仅提高了农业生产效率，还减少了资源浪费，降低了农药化肥的使用量，从而实现了绿色农业的目标。

2. 建设农业产品溯源体系

溯源体系利用区块链、物联网等技术记录农产品的从种植到消费的全过程，确保每一件农产品都有可追溯的来源。这种透明度不仅提高了消费者对本地农产品的信任度，也帮助农民打破了传统农产品营销模式的瓶颈，增加了产品的市场竞争力。例如，恭城的“瑶山脐橙”通过溯源系统向消费者展示其从种植到采摘的全过程，这种透明化的信息不仅打破了市场对传统农产品质量的质疑，也促进了本地农产品的品牌化建设。

3. 采用电商直销体系

通过与电商平台的深度融合，恭城实现了农产品的线上销售，尤其是通过直播电商等新兴销售模式，进一步拓宽了市场渠道。这些平台让恭城的农产品可以直接面向全国甚至国际市场，减少了中介环节，提升了农民的收益。例如，当地的瑶族特色农产品如瑶山脐橙、瑶药等通过电商平台和直播推广，在短时间内获得了大量消费者的关注，突破了传统市场的限制，拓展了品牌的影响力。

4. 打造高效物流体系

高效物流体系的建设为恭城的农业电商提供了坚实的后勤保障。恭城利用大数据、人工智能等技术优化物流配送，提升了农产品的运输效率。通过智能物流平台，农民可以精准匹配运输资源，实现农产品的快速配送，不仅降低了运输成本，也避免了农产品因长时间存放而发生损坏。此外，数字化物流管理还能够实时追踪物流状态，减少物流中的信息差和运输延误，确保农产品能够及时、安全地送达消费者手中。通过这些措施，恭城不仅提升了农业的生产效率，也促进了农业产业链的数字化转型，提高了农业的整体经济效益。

（二）数字化公共服务体系：提升城乡服务均等化

恭城在推动数字乡村建设过程中，特别注重通过数字技术来提升农村公共服务的质量和可及性，尤其是在教育、医疗等领域，借助数字技术的力量缩小城乡差距，推动社会资源的均衡配置。

1. 远程医疗破除医疗资源不均等

远程医疗服务体系是恭城数字公共服务的一个重要创新。借助5G技术的高带宽低延迟特性，恭城实现了远程医疗诊疗服务的普及，使得偏远山区的居民能够通过视频诊疗、在线问诊等形式，享受高质量的医疗服务。恭城通过与大型医院、医学专家团队的合作，将医疗资源和技术优势向农村地区延伸，解决了因地理、交通等原因导致的医疗资源短缺问题。村民只需要通过智能手机或电脑，便可通过远程医疗平台与城市医生进行交流，进行疾病咨询、健康管理甚至诊断治疗。这一服务大大提高了农村居民的就医效率和医疗质量，尤其对于老年人群体和行动不便的患者，远程医疗提供了极大的便利。

2. 云端教育破除教育资源不均等

云端教育体系也是恭城推动数字化公共服务的关键环节。通过互联网、云计算和大数据，恭城实现了城乡教育资源的共享，减少了教育资源分布的不均衡现象。通过在线教育平台，恭城的学生能够访问国内外顶级的教育资源，参加视频授课、互动讨论等学习活动。特别是对于偏远地区的学校，云端教育打破了师资不足的问题，优秀教师可以通过远程教学与学生互动，提供个性化指导。恭城还通过大数据分析学生的学习进度和薄弱环节，帮助教育部门及时调整教学内容和方法，推动个性化教育的发展。

3. 智慧政务破除民生服务不均等

智慧政务服务的推进，使得农村居民能够更加便捷地享受政府服务。恭城通过数字化平台实现了政务服务的在线办理，农民可以通过手机或电脑进行社保查询、税务申报、土地审批等事务的处理，大大节省了办事时间和成本。政府部门通过数字平台实现了政务信息的透明化和公开化，提高了行政效率，减少了不必要的中介环节和行政成本。同时，这种数字化管理方式也增强了民众的参与感和信任度，推动了社会治理的现代化。

4. 数字信息平台破除社会福利不均等

在社会保障和福利领域，恭城的数字化公共服务系统通过大数据和信息共享，优化了社会保障资源的分配和管理。通过建立统一的社保信息平台，城乡居民可以方便地查询自己的社保信息、领取养老金、申请失业救济等，享受到了与城市居民几乎相同的社会保障服务。特别是对于偏远乡村的居民，数字化平台不仅使他们能够迅速了解自己应得的福利，还确保了福利发放的透明性和公平性，避免了过去传统模式下可能存在的资源分配不公和服务不到位的问题。

恭城模式中的数字化公共服务体系，不仅提升了服务的便捷性、透明度和效率，还通过智能化的服务手段实现了资源的精准匹配。在传统服务模式中，许多服务往往是标准化、“一刀切”的，无法根据个人和家庭的实际需求提供个性化服务。然而，借助数字化技术，恭城能够通过大数据、人工智能等手段，深入分析居民的需求，提供更加精准和个性化的服务。例如，在医疗领域，通过健康大数据分析，恭城能够根据居民的健康历史和生活习惯，定制个性化的健康管理和预防方案；在教育领域，通过数据分析，能够识别学生的学习需求，提供针对性的教学资源和学习指导。通过这些创新手段，恭城的数字化公共服务体系实现了服务的精准化、个性化和智能化，有效提升了城乡服务的均等化程度。这一模式不仅促进了农村居民的生活质量提升，也为城乡融合提供了重要的支撑和保障。总的来说，恭城模式中的数字化公共服务体系通过信息化、智能化的手段，打破了城乡公共服务的“壁垒”，在医疗、教育、社保、政务等多个领域实现了城乡公共服务资源的共享与均等化。这不仅使乡村居民享受到了与城市居民相等的服务待遇，也有效提升了政府服务的效率和透明度，推动了城乡之间的公平与融合。通过恭城模式的实践，我们看到数字化公共服务体系不仅能够解决传统服务模式中的问题，还为未来城乡一体化、区域协调发展提供了可借鉴的路径和经验。

（三）数字化乡村治理体系：提升基层治理能力

恭城通过数字技术的引入，建立了一个更加高效、透明、智能的乡村治理体系，推动了地方社会治理的创新，为构建现代化乡村社会提供了新的思路[①]。

① 谢璐，韩文龙．数字技术和数字经济助力城乡融合发展的理论逻辑与实现路径［J］．农业经济问题，2022（11）：96－105.

1. 数字化安全监控体系保障乡村安全

数字化安全监控体系是恭城乡村治理的基础之一。通过广泛部署摄像头、传感器等设备，恭城在全县范围内建设了智能安全监控系统。这些监控设备能够实时记录公共区域的动态，为公安等部门提供数据支持，及时预警潜在的社会治安风险。例如，通过物联网技术，恭城能够实时监测环境污染、水质安全、灾害天气等信息，及时向居民发布预警通知。通过数字技术，恭城能够提前识别并处理突发事件，提高了乡村的安全保障水平。

2. “三心三治一守”[①] 促进良性互动

“三心三治一守”社会治理模式是恭城乡村治理的重要创新之一。具体来说，“三心”指的是“爱心、责任心、服务心”，“三治”指的是“自治、法治、德治”，而“一守”则是指“守护乡村”的目标。这一模式融合了自治、法治和德治，旨在通过数字化技术促进社会各方面的良性互动与协调。

3. 数字平台助力基层自治

恭城通过数字平台提升了村民参与社会治理的积极性，通过数据共享、透明化管理和社会动员等手段，增强了乡村自治的能力。同时，数字化平台也推动了法治和德治的有效实施，例如通过电子政务平台发布法律法规和公民守法情况，通过网络平台进行道德模范的宣传，进一步加强了社会的凝聚力。数字化村务管理也成为恭城乡村治理的重要组成部分。通过数字化管理平台，恭城的村务管理实现了信息化、透明化。村委会通过数字平台处理村民事务，如财务公开、会议记录、民生项目审批等，提高了管理效率和透明度。村民通过数字化平台参与村务决策、了解村务动态和监督村委会工作，减少了权力滥用和腐败现象，提升了基层治理的公平性和透明度。这些数字化治理措施不仅提升了恭城的基层治理能力，也为其他乡村的治理模式创新提供了宝贵经验。

（四）基于数字经济特性的“恭城模式”的有效性

恭城模式在推动城乡融合和数字经济发展的过程中，展现了其独特的有效性，并为其他地区提供了宝贵的经验。通过一系列切实可行的数字化举措，有效地打破了城乡发展不平衡的壁垒，推动了数字经济的深度赋能

① “三心三治一守”具体是指“忠孝心、敬畏心、互助心”“自治、德治、法治”“守规矩”。

和城乡融合。

1. 基础设施建设是恭城模式成功的核心支撑

恭城注重加快数字基础设施的建设，尤其是在宽带网络、5G 基站、物联网等技术设施的铺设上取得了显著进展。随着信息化基础设施的不断完善，城乡之间的数字鸿沟得到了有效缩小，城乡居民的信息流通和沟通变得更加畅通。这不仅为数字经济的发展提供了技术支持，也为农民和城市居民平等享受数字经济带来的红利奠定了基础。恭城的经验表明，完善的数字基础设施是推动城乡融合和数字经济发展的关键。

2. 农业数字化转型是恭城模式的亮点之一

恭城通过物联网、大数据、云计算等现代信息技术的应用，推动了农业的精准化、智能化管理，帮助农民提升生产效率、减少资源浪费、优化种植结构，显著提高了农产品的品质和产量。通过精准农业服务平台，农民可以实时获取天气、土壤、气候等重要数据，做到科学种植和精细化管理。例如，恭城的农业大数据平台帮助农民预测天气变化，指导农作物的种植和收获，最大化地提高了农业生产的效益。农业生产的数字化不仅增强了农民的收入水平，也提升了农业的可持续发展能力，为乡村经济注入了新的活力。

3. 公共服务数字化是恭城模式有效的基础

当地政府通过建设数字政务平台，推动了政务服务、医疗、教育等公共服务的数字化改革。借助电子政务平台，城乡居民可以在线办理各种政府事务，减少了排队和交通成本，提高了行政效率。尤其是在农村，借助互联网技术，村民可以通过远程医疗系统享受与城市居民相同的医疗服务，学生也能通过在线教育平台接受优质教育资源。这一方面有效提高了乡村居民的生活质量，另一方面也促进了城乡公共服务的均衡发展，缩小了城乡差距。

（五）数字乡村的“恭城模式”经验启示

1. 加强数字基础设施建设，促进城乡信息流通

恭城模式表明，建设完善的数字基础设施是数字经济与城乡融合的基础。对其他地区来说，推动城乡数字化基础设施的对接和均衡布局，尤其是乡村地区的网络覆盖和信息接入，能够促进信息流动，使城乡居民能够平等地享受数字经济带来的红利。

2. 推动农业与数字技术结合，提高农业生产效率

数字农业是恭城模式的亮点之一，其他地区可以借鉴恭城推动农业数

字化的经验，利用物联网、大数据、人工智能等技术帮助农民获取精准的气候、土地等数据，实现精细化种植和智能化管理，提升农业的产值和竞争力，推动农业产业化。恭城模式强调数字乡村经济的发展，尤其是电子商务和互联网+农业的结合。其他地区可以通过建立电商平台、支持农村创业等方式，打通城乡市场，帮助农产品进入城市市场，同时促进农村产业升级，带动当地经济增长。

3. 促进城乡公共服务数字化，提高居民的获得感

恭城通过政务服务数字化改革，推动了公共服务的均等化。其他地区可以借鉴这种经验，开发集成的数字政务平台，让城乡居民都能享受到便捷的社会保障、医疗、教育等公共服务，解决城乡公共服务的不均衡问题。恭城不仅关注智慧城市建设，也注重智慧乡村的建设，推动城乡数字经济的互动融合。其他地区可以借鉴这种模式，推动智慧城市与智慧乡村相互连接，打破城乡发展的数字鸿沟，实现城乡共同发展。

4. 强化数字技能培训，提升农村居民的数字素养

恭城模式的成功离不开数字素养的提升。为确保农村居民能够适应数字化转型，其他地区应加强对农村居民的数字技能培训，尤其是在农业生产、电子商务、网络营销等领域的培训，使其能够熟练运用数字工具，提高生产力和收入水平。恭城模式成功的另一个原因是政府的多方协调合作，通过政策支持推动数字经济与城乡融合。在其他地区，也可以借鉴恭城的经验，加强政府各部门之间的合作，制定有力的政策支持，包括资金、技术、人才等方面的支持，推动数字经济与城乡融合发展。

二、黑龙江：数字乡村战略下的城乡融合

数字乡村建设有助于促进城乡融合发展。随着互联网普及率的不断提高，到2023年底，我国互联网用户已达10.92亿户，覆盖率达到77.5%，数字化生活已成为常态。城乡差距是国家现代化进程中的一大挑战，黑龙江省便是一个典型例子，在改革开放后，黑龙江逐步打破了城乡二元结构，努力构建新型工农城乡关系。农业数字化转型帮助黑龙江省发展现代农业，提高农民生活水平，并为乡村基础设施建设和社会保障的完善提供了技术支持。通过数字技术，不仅可以提升农业生产效率，还可以改善农村公共服务，提升城乡居民的生活质量。数字技术有助于合理配置城乡公

共资源，尤其在教育和医疗领域，通过数字教育平台和远程医疗技术，城乡居民可以共享优质的教育资源和医疗服务，缩小城乡在教育和健康领域的差距。

此外，数字乡村建设有助于促进城乡空间的深度融合。随着数字技术的不断发展以及交通基础设施的逐步完善，传统的城乡二元经济结构正被逐渐打破。数字技术为城乡交通治理提供了新的解决方案，有效改善了农村地区的交通条件，提高了乡村居民的出行便利性，加快了乡村基础设施建设的步伐。数字技术在城乡交通以及公路、铁路建设中的广泛应用，有利于促进城乡要素的有序流动，逐步实现城乡市场的一体化。与此同时，数字化的土地管理系统能够实时监测土地利用情况，优化城乡土地资源的合理配置，推动乡村旅游和农业休闲产业的发展，助力城乡空间的有机整合。在黑龙江省，随着大中城市的快速发展，城市面临着资源紧张和公共服务压力等问题。数字技术打破了城市空间的限制，通过建立数字化生产体系，能够有效缓解城市发展带来的压力，同时为乡村创造新的产业机会。数字经济不仅能够增强县城服务大中城市的能力，建设智慧型卫星城，还能促进乡村与城市之间的经济互动，提升县城对乡村的辐射效应。乡村居民可以选择在县城就业和居住，从而提高收入水平，实现城乡经济的良性互动与共同发展。

（一）完善乡村“数字底座”

乡村“数字底座”是数字乡村建设的核心支撑，涵盖了多方面的基础设施建设，包括现代化的网络通信设施、信息服务设施、传统基础设施的数字化转型，以及大数据平台的搭建等[①]。到 2021 年底，黑龙江省全省行政村 4G 网络和光纤的覆盖率已经分别达到了 99% 和 99.8%，而贫困村早已实现了 100% 全覆盖。此举显著提升了农村地区的网络通信能力，为数字化转型提供了强有力的基础。此外，黑龙江省还积极推进农村信息服务的普及，已建设了 8857 个益农信息社，实现了全省行政村的信息服务全覆盖，极大地方便了农民获取农业技术、市场信息以及生活服务。与此同时，农村电网巩固提升工程稳步推进，进一步提升了农村地区的电力

---

① 王林伶，许洁，陈蕾．宁夏数字乡村建设的现状、问题及策略研究［J］．宁夏党校学报，2023，25（01）：121－129.

供应能力，保证了农业生产和生活需求的顺利进行。

在水利基础设施方面，黑龙江省全面推进了省级农村饮水安全电子台账建设，确保了全省农村居民的饮水安全，并结合水利资源建设了“黑龙江省大中型灌区管理系统”和“黑龙江水利一张图基础平台”，使得水资源管理更加智能化和高效化。值得一提的是，黑龙江省还成立了全国首个省级农业大数据中心，极大促进了农业数据的整合与应用。该大数据中心汇聚了来自农业生产、农机调度、植保管理、养殖监控、土地流转、农业金融等各个领域的海量数据，累计收集农业数据资源高达20亿条，历史数据整合量达到90TB。其中，农业生产相关数据占比达42%，农业生产数据占33%，而农产品销售数据则占据了25%的比例。这些数据资源的整合和有效利用，不仅为农业生产提供了有力的决策支持，也推动了农业产业现代化进程的加速。

通过上述措施的落实，黑龙江省的数字乡村建设已取得显著进展，基础设施的数字化和大数据资源的集成应用为农民提供了更多的生产和生活便利，也为未来数字乡村的发展奠定了坚实的基础。这些成果不仅提升了农村地区的数字化水平，也为推进乡村振兴战略和农业现代化提供了宝贵的经验和示范。

（二）加快乡村产业数字化建设

黑龙江省积极推动数字技术在农业生产、经营和监管等各个环节的深度渗透，不仅有效提升了农业的生产效益，还加速了乡村数字经济的发展，推动了农业现代化的步伐①。

1. 数字技术助理农业生产

黑龙江省在农业生产领域深入应用数字技术，推动了农业生产方式的智能化升级。为提升农业生产效率，省内研发了北斗卫星导航与GPS双模农机智能终端，并成功建立了农机管理与指挥调度系统。目前，全省大型农机累计安装了6.6万台智能监测终端，为跨区作业提供精准的数据支持。过去3年，通过这些设备监测到的跨区作业面积达到2268万亩，而2021年，监测到的深松作业面积为1747.6万亩，秸秆还田的面积则达到

① 王伞伞．数字经济助力乡村振兴：必要性、困境和实践路径［J］．农业经济，2022（12）：22－25.

了3377.79万亩。此外，黑龙江省在推动农业精准作业方面也取得了显著成效，特别是在无人机的使用上。通过统防统治作业的无人机数字化监管系统，全省已开展了2.08亿亩次的喷药施肥作业，成为全国无人机应用领域的领军者。黑龙江省的无人机保有量和作业面积均位居全国首位，这一创新举措大大提高了农业作业的精确度和效率。

2. 数字技术增强农业经营竞争力

在农业经营领域，黑龙江省的数字化建设同样取得了显著成果。2021年，省内农村网络零售总额达到172.4亿元，其中农产品的网络零售额为73.5亿元，较上一年增长了超过9%。这一增长不仅证明了电商平台在推动农业产品流通中的重要作用，也反映了乡村经济在数字化驱动下的蓬勃发展。为了支持农村电商发展，黑龙江省在县区级建立了341个物流配送中心，覆盖了全省的快递物流网络。省内共有快递物流企业1995家，其中271家县级自建物流体系的商贸流通企业，极大提升了农业产品的配送效率。同时，社会快递服务网络的覆盖率已达到84.1%，这些举措促进了农产品的广泛流通。此外，黑龙江省的电子商务产业园建设也取得了丰硕成果，至今已建成52个县域电子商务产业园，进一步加强了地方电商平台与农业生产的深度融合。在阿里巴巴平台上，黑龙江省的农产品零售额高达7.9亿元，排名全国第15位，这也展示了黑龙江农业在全国电商市场中的竞争力。

3. 数字技术保障农业监管

黑龙江省在农业监管领域的数字化创新同样值得关注。为确保农产品质量安全，黑龙江省开发了省级农产品质量安全追溯管理系统。这一系统为新型农业经营主体提供了全程可追溯的服务，涵盖了从田间到餐桌的各个环节。目前，黑龙江省的农产品质量追溯管理覆盖面积已达到4500万亩，入驻追溯系统的农业企业达2500家，确保了全省农产品的质量监管。得益于这一系统的有效运行，黑龙江省的农产品质量安全监测合格率稳定在98%以上，大大提升了消费者对本地农产品的信任度，也促进了农业产业的健康发展。这一数字化监管平台不仅提升了农业产品的质量追溯能力，也为农产品的市场竞争力提供了强有力的保障。

（三）持续深化乡村服务数字化

黑龙江省致力于推动教育、医疗、环境、金融等公共服务领域的数字化转型，力求实现城乡之间数字服务的均衡配置，缩小城乡差距，为乡村振兴和农村居民的生活质量提升提供有力支撑①。

1. 实施乡村教育数字化

黑龙江省在推动乡村教育数字化方面取得了显著进展。全省行政村中的中小学网络接入率已达到100%，多媒体教室的覆盖率达88%，极大改善了农村学校的教育资源条件。此外，省内积极将“黑龙江教育资源公共服务平台”纳入国家数字资源服务体系，推动数字教育资源的共享和普及。为了提升乡村教育质量，黑龙江省开展了省级精品在线开放课程的认定，特别注重农业相关知识的普及，提升农民子女的教育水平。与此同时，部分县区已经开始搭建中小学生课后服务网络平台，试点项目正在顺利推进，为乡村学生提供更多课外辅导和学习资源，进一步丰富他们的教育体验。

2. 实施乡村医疗数字化

在医疗健康领域，黑龙江省持续深化远程医疗服务，通过建设省级远程医疗会诊系统，使得全省96%的医疗机构和9325名医生实现了信息化接入，为乡村居民提供更加便捷的医疗服务。乡村远程医疗服务的覆盖率已达到31%，这为偏远地区的居民解决了看病难、就医不便的问题。同时，绥棱县在推进县域医共体试点的基础上，积极推行“互联网+分级诊疗”模式，将智慧中医药服务引入乡村，探索通过数字平台实现中医药资源的下沉，进一步提升了乡村医疗服务的可及性和质量。

3. 实施乡村绿色环境数字化

黑龙江省在推进乡村绿色生活数字化方面也取得了重要进展。为了改善农村的生态环境，省内积极开展农村环境综合整治试点建设，争取了中央资金支持2323万元，并在绥化市兰西县、双鸭山市岭东区的8个村实施了“农村生活污水分户治理+数字化控制系统”的一体化建设。这一系统不仅提升了农村污水治理的效率，还通过数字化技术实现了对环境质量的实时监控，确保了农村生态环境的持续改善，助力绿色乡村建设。

---

① 于晓斐．数字乡村建设对农村公共文化服务均等化的影响与作用机制［J］．图书馆界，2022（01）：81-84.

4. 实施乡村金融数字化

黑龙江省在推动乡村普惠金融数字化方面也取得了积极进展。通过加大支付结算服务基础设施的投入，黑龙江省已实现基础金融服务在乡镇的100%全覆盖，确保了农村居民可以方便地进行日常的金融交易。与此同时，省内还推广了“智慧乡村”线上贷款模式，借助数字化技术为农民和小微企业提供更加便捷的金融服务。自推出以来，已有1551.4亿元的贷款成功发放，借款人平均节省了约20%的成本。这不仅降低了农村居民的融资成本，也推动了乡村经济的活力释放，进一步促进了农村经济的发展和农民收入的提高。黑龙江省通过数字化手段推动乡村教育、医疗、环境、金融等多个领域的全面升级，为乡村居民提供了更为高效、便捷的公共服务。这些举措不仅有效缩小了城乡数字鸿沟，还为乡村振兴战略提供了有力的支持，助力农村地区走上可持续发展的道路。随着各项数字化服务的逐步落实，黑龙江省的乡村将迎来更加繁荣和智慧的未来。

（四）加速普及乡村治理数字化

黑龙江省通过将数字技术应用于乡村党建、政务服务和法律服务等多个领域，推动乡村治理能力的提升①。在党建方面，省内创新了农村党员干部的教育方式，建设了“龙江先锋”党建云平台，并将其推广至市级平台13个、县级平台125个，组织开展了157次培训，培训学员人数达到10853人。此外，通过远程教育终端站点开展农村党员干部的在线学习和培训，覆盖了超过1.6万个设备终端。在政务服务方面，黑龙江省深入推进“互联网+政务服务”模式，将农业农村部门的56项审批事项全部纳入政务服务平台，实现了“零接触”办理。通过这一数字化手段，农民和村民能够更加便捷、高效地完成各项行政审批。同时，省级公共法律服务中心的建设也取得了突破性进展，黑龙江省在全国率先实现了省级公共法律服务实体、热线、网络三大平台的融合发展。该平台通过统一协调，提供7×24小时不间断的全业务法律服务，使得乡村居民能够随时随地享受到优质的法律援助。

---

① 刘璐．数字技术赋能乡村治理的困境与破解之策——以贵州省黔西市为例［J］．农村·农业·农民，2023（12）：28－30.

（五）经验启示

黑龙江省通过加快数字基础设施建设、推动数字技术与农业、教育、医疗、法律等领域的深度融合，有效推动了城乡之间的数字服务均衡化发展。通过数字经济的赋能，黑龙江省成功实现了城乡融合的多个层面，促进了乡村振兴和农业现代化的进程。这些经验表明，数字化不仅能够为乡村带来更好的公共服务和治理模式，还能提升乡村经济的整体竞争力，推动城乡一体化发展。因此，其他地区可以借鉴黑龙江省在数字基础设施建设、数字化治理、数字金融等方面的成功经验，加快数字经济与城乡融合发展的步伐。总结黑龙江省的做法，可以归纳为以下几个关键点：

1. 完善数字基础设施，推动乡村公共服务均等化

打通城乡“数字隔阂”。黑龙江省在数字经济发展中注重加强基础设施建设，特别是在网络和信息基础设施的普及上。通过提升 4G 网络和光纤覆盖率，全面推动乡村的数字化服务，极大缩小了城乡在信息技术获取方面的差距。实现行政村 100% 网络接入、光纤和 4G 全覆盖，为数字乡村建设提供了强有力的基础支持。数字化黑龙江省在教育、医疗、法律服务等领域的数字化推进，切实提升了乡村居民的生活质量和公共服务的可及性。在教育方面，利用云平台和远程教育终端，为农村党员干部提供了便捷的学习培训；在医疗方面，通过远程医疗系统，解决了偏远地区的医疗资源不足问题，提升了乡村的医疗服务水平。通过“互联网 + 政务服务”和公共法律服务平台的建设，黑龙江省进一步提升了政府服务效率，缩小了城乡公共服务的差距。

2. 推动数字技术与农业融合，促进农业高效发展

数字技术在农业生产中的广泛应用，为黑龙江省农业提升效益和现代化水平提供了支撑。通过农机智能化管理、远程农业服务平台以及农业大数据中心的建设，农民能够更加精准地进行生产决策，减少资源浪费，提高生产效率。尤其是在智能农机的应用、无人机喷洒、农产品质量追溯等领域的创新，推动了农业的数字化转型，提升了农业的现代化水平和农村经济的整体竞争力。

3. 加强数字经济与乡村治理深度融合

黑龙江省注重将数字技术融入乡村党建和村务管理，利用数字平台提升乡村治理的透明度和效率。通过“龙江先锋”党建云平台和政务服务

平台的建设，基层党组织的管理更加规范，乡村干部的教育培训更加便捷，村民在政务办理中的参与度也大大提高。数字化乡村治理不仅提高了管理效率，也促进了基层民主和法治建设。同时，黑龙江还积极推动数字金融发展，增强乡村经济活力。通过推广“智慧乡村”线上贷款等数字金融服务，黑龙江省大大降低了农村居民的融资成本，并增强了农业生产、农村企业和农民的经济活力。数字金融的普及，不仅拓宽了农民的融资渠道，还促进了农产品的流通和地方经济的增长。

总之，数字技术为乡村振兴提供了创新驱动力，通过其高连接性和强渗透性，数字技术与农业、农村高质量发展的深度融合，推动了城乡融合的各个方面。未来，应继续发挥数字技术的优势，促进乡村产业、社会和空间的全面融合，进一步缩小城乡差距，推动实现城乡一体化的发展目标。

三、河南：数字经济赋能县域城乡融合

县域是推动城乡融合发展的关键区域和重要切入点，县域现代化是中国式现代化的初级阶段和重要组成部分。统筹县域城乡融合发展①既是县域现代化的典型特征，也是实现路径。近年来，数字经济发展之迅速、覆盖领域之广泛、影响程度之深远前所未有，正深刻重塑生产模式、生活方式与治理结构，并逐渐成为推动县域城乡融合发展的关键动力。河南是县域大省、人口大省②，在县域现代化的目标引领下，探索数字经济赋能城乡融合发展的有效路径，对于协调城乡高质量发展、构建城乡融合发展新格局以及推动城乡共同迈向共同富裕的县域现代化，具有重要的理论价值和现实意义。数字经济持续健康发展，为赋能县域城乡融合发展奠定了良好的基础。近年来，河南省大力实施数字化转型战略，相继印发实施《河南省“十四五”数字经济和信息化发展规划》《河南省数字政府建设总体规划（2020—2022 年）》《实施数字化转型战略工作方案》（豫办〔2021〕41 号）等系列政策文件，有力推动了数字经济更好赋能高质量发

① 袁方成．县域城乡融合发展的整体框架及推进路径［J］．人民论坛，2024（02）：44－49.

② 崔理想：河南数字经济赋能县域城乡融合发展的实践路径［J］．山西农经，2024（15）：45－47，51.

展、高品质生活、高效能治理。自 2016 年以来，河南数字经济规模连续 7 年稳居全国前十位，持续保持全国排名前列地位，特别是在 2022 年，河南数字经济增速超过全国平均水平，为近 5 年来首次①。

（一）数字农业与传统农业深度融合

河南省作为中国的农业大省，农业生产对县域经济发展至关重要。随着数字技术的不断推进，传统农业逐渐向现代化、智能化、精准化转型，数字农业成为河南县域城乡融合的核心动力之一。

1. 农业生产过程的智能化管理

随着数字技术的飞速发展，传统农业正逐步走向智能化和精准化。河南省作为中国重要的农业大省，紧跟时代潮流，积极推动农业生产的数字化转型，依托先进的科技手段，提高了农业管理的科学性与精细化水平。通过卫星遥感、大数据分析、物联网技术等高新技术的应用，河南省实现了对农业生产过程的全面监控与智能化管理。具体来说，河南省利用卫星遥感技术，能够实时监测大范围的农业生产状况，获取精准的土壤质量、气候变化以及作物生长数据。同时，借助大数据分析，农业管理者能够对采集到的大量信息进行深度挖掘和分析，为农业决策提供科学依据。这些数据不仅能够帮助农民及时了解天气变化、气候趋势等信息，还能精确掌握作物的生长情况，预测可能的病虫害风险。在农业生产过程中，物联网技术的引入则进一步提升了管理精度。通过智能化传感器，农民可以实时获取土壤湿度、温度、空气质量等环境数据，形成完整的农田数据链。这使得农业管理更加高效和精准。以灌溉为例，农民可以根据实时监测到的土壤湿度情况，自动调节灌溉量，避免了过度用水和浪费，同时也降低了能源和水资源的消耗。在施肥方面，通过智能化设备，农民能够精准控制施肥量和施肥时间，避免了过量施肥造成的环境污染和资源浪费，同时提高了农作物的产量与质量。此外，河南省还通过智能化的农业管理平台，将各项技术和数据整合在一起，为农民提供了一个全方位、实时的决策支持系统。农民不仅可以随时监控自家农田的生产状况，还能根据平台提供的数据和建议，优化农业生产方案，提高工作效率，减少人力成本，提升农业生产的综合效益。总的来说，河南省在农业生产中的智能化管理，不

① 孙静．河南数字经济发展有何新特征［N］．河南日报，2023－11－17（04）．

仅提升了农业生产的精度和效率，也为农民提供了更为科学的决策依据，推动了农业向更加可持续、环保和高效的方向发展。这一转型不仅有助于河南省农业经济的持续增长，也为中国其他地区的农业发展提供了宝贵的经验。

2. 农业产业链的全面数字化

河南省在推动“互联网＋农业”模式的过程中，不仅致力于农业生产环节的智能化和数字化，还通过全方位的数字技术应用，全面提升了农业产业链的效率和效益，助力农业产业链的现代化和全球化。在这一模式下，河南省的农业产业链逐步实现了从生产到销售的数字化管理，帮助农民打破传统农业的局限，拓展市场空间，提高了农产品的竞争力和农民的收入。首先，河南省通过建立农产品电商平台，成功将传统农业生产和现代电商运营深度融合，帮助农民实现了从农村到城市，甚至跨越国界的产品销售。电商平台成为农民与市场之间的桥梁，不仅打破了地理空间的限制，还通过线上交易直接连接了消费者和生产者。这样一来，农民无须依赖传统的中间商，缩短了流通环节，减少了成本和时间，能够以更具竞争力的价格直接进入市场，同时也确保了农民能从中获得更多的收入。在农业生产环节，河南省广泛应用物联网技术、大数据分析和人工智能等数字化手段，实现了精准农业的管理模式。通过智能传感器，农民可以实时监测土壤湿度、温度、光照等环境因素，精确调整灌溉、施肥等农业操作，确保农作物的健康生长和高产。农田的每一项数据都可以通过云平台上传并进行分析处理，为农民提供科学的决策支持。这种基于数据的农业管理，不仅提高了农业生产的精准性和效率，还减少了资源浪费和环境污染，实现了农业的可持续发展。在农产品的质量管理方面，河南省推出了农产品溯源系统，通过数字化手段确保农产品的全程可追溯性。消费者通过扫描二维码等方式，可以快速获得农产品的详细信息，包括种植过程中的环境数据、农药使用情况、采摘时间、运输方式等。这一系统的引入，不仅有效提高了农产品的透明度，也增强了消费者的信任感，提升了河南农产品在市场上的声誉和竞争力。此外，溯源系统还为监管部门提供了实时数据，帮助确保农产品的质量安全，减少了食品安全问题的发生。在销售环节，河南省的农业产业链通过智能化的供应链管理系统得到了极大的提升。借助大数据分析，农业生产、仓储、物流和销售环节的数据可以实时共享和更新，从而优化库存管理、配送路线和供应链各环节的效率。智能化的仓储系统能够根据订单需求自动调整库存，减少了库存积压和农产品的损耗，提升了整体流通效率。而物流配送方面，智能化的系统可以实时追踪货物运输情况，确保农产品能够在最佳状态下快速送达消费者手中，进一步提升了消费者的购物体验。河南省农业产业链的全面数字化，不仅促进了农业生产效率的提升，也使得农产品销售更加精准、高效，极大地拓展了市场空间，提升了农民收入。数字化技术贯穿了从生产到销售的每一个环节，使得农业产业链更加透明、智能和高效。这一转型不仅为河南农业发展注入了新的动力，也为其他地区的农业数字化发展提供了有益的经验和示范，推动了农业现代化进程。

3. 农业的绿色发展

随着数字化技术的快速发展，河南农业生产正迈向精细化、智能化管理的新阶段。这不仅提升了农业生产效率，也为实现绿色发展和可持续发展目标提供了强有力的技术支持。通过智能农业设备的广泛应用，尤其是无人机和自动化灌溉系统的使用，河南省在提高资源使用效率的同时，大大减少了对环境的负面影响，为乡村地区的绿色发展开辟了新路径。首先，无人机技术在河南的农业生产中得到了广泛应用，尤其在农药喷洒、施肥和作物监测等方面，发挥了巨大的作用。传统的人工施肥和喷药方式常常存在过度使用的现象，不仅浪费了宝贵的资源，还可能对环境造成污染。无人机的精准操作能够根据作物的具体需求，精确地将农药和肥料均匀喷洒到田间，避免了过量使用，同时减少了对土壤和空气的污染。通过大数据和智能算法，无人机可以实时监控作物生长情况，及时调整喷洒量，确保施用的农药和肥料达到最优效果，进一步减少了资源浪费和环境负担。在灌溉方面，河南省积极推广自动化灌溉系统，充分利用物联网技术和传感器对土壤湿度、气候变化等进行实时监测，实现精准灌溉。与传统的人工灌溉或固定定时灌溉方式不同，自动化灌溉系统能够根据土壤的实际需求和气候条件，自动调节水量，从而避免了过度灌溉和水资源浪费。河南省的农业水资源普遍紧张，而精准灌溉系统的应用大大提高了水资源的使用效率，减少了不必要的水分浪费，同时确保了作物的生长所需水分充足，推动了农业生产的绿色、可持续发展。此外，智能农业设备和数字化技术的应用还有效降低了农业生产对土壤的破坏。通过精细化管理，农民可以根据作物的生长状况和土壤的质量进行调整，减少了过度耕作和土壤退化的问题。大数据分析帮助农民实时了解土壤肥力和结构的变化，制定出适宜的农业生产方案，既避免了过度施肥对土壤的负面影响，也提高了土壤的健康和可持续利用能力。

河南省的农业数字化转型，不仅提高了农业生产效率，也通过智能化管理减少了对环境的负面影响。精准灌溉、无人机喷洒等技术的广泛应用，不仅提升了农业资源的利用效率，也为农业的绿色发展和可持续发展提供了坚实的技术保障。随着数字化技术的不断普及，河南省正在逐步实现农业的绿色转型，为乡村地区的可持续发展注入新的活力，推动生态环境保护与经济效益的双赢局面。

（二）跨区域数字产业链合作

河南省的数字经济发展并非孤立进行，县域城乡融合的实现离不开跨区域的产业链合作①。河南省通过加强与长江三角洲、珠江三角洲等发达地区的数字产业合作，推动了县域经济的开放与产业升级。跨区域合作的核心在于信息流、资金流和技术流的快速流动，以及产业链上下游的互通有无。首先，河南通过发展“数字产业带”的方式，与其他地区在技术和产业上进行深度对接，促进了区域内企业的协同创新。河南省许多县域在政策和资金的支持下，积极吸引外资和先进技术企业落户，推动了地方产业的数字化转型。比如，河南某些县域的传统制造业通过引入智能制造、物联网技术，成功实现了从“劳动密集型”向“技术密集型”的产业升级。同时，县域的数字企业也能通过与长江三角洲、珠江三角洲地区的企业合作，扩大市场规模，提升竞争力。此外，河南通过推动跨区域数字平台的建设，促进了城乡和区域间的经济互联互通。例如，河南的电子商务平台不仅服务于本地的农民和商家，还与其他省份的供应链企业建立了紧密的合作关系，通过数字化平台实现商品和信息的高效对接，从而带动了本地经济的发展。这种跨区域的数字产业链合作，不仅提升了县域的经济发展水平，也提高了全省经济的整体竞争力。

（三）文化与数字化的深度融合

河南省拥有丰富的历史文化资源，如何利用数字技术传承和弘扬地方

---

①　王红茹．城乡融合发展的“许昌经验”［J］．中国经济周刊，2023（16）：21－26.

文化，是县域城乡融合的重要一环。数字化的文化产品和服务不仅丰富了城乡居民的文化生活，也带动了乡村的文化产业发展，成为河南县域城乡融合的独特优势。

1. 采用“互联网+文化”模式

河南省通过“互联网+文化”模式，充分发挥其深厚的文化底蕴，将丰富的文化资源与前沿的数字化技术深度融合，推动了乡村文化的振兴和传统文化的创新传播。河南作为中华文化的重要发源地，拥有丰富的历史遗产、博物馆、遗址和文物等宝贵的文化资源。通过数字化手段的引入，河南不仅保护了这些文化资源，还打破了时空限制，让更多观众能够跨越地理的障碍，轻松地体验和感受河南文化的独特魅力。首先，河南省通过数字化技术，使得博物馆、历史遗址和文物等文化资源得到了全新的展示方式。利用虚拟现实（VR）、增强现实（AR）等技术，河南的文物和历史遗址得以实现线上展示，并且观众可以通过虚拟的形式深入探索这些珍贵的文化遗产。无论是远在城市的居民，还是身处海外的观众，都能够通过智能设备参与河南文化的体验。虚拟博物馆的建设让更多人可以通过互联网进行文化观光，不仅提升了文化资源的可达性，也拓宽了文化传播的受众群体和覆盖范围。例如，河南的著名文化遗址如龙门石窟、安阳殷墟等，通过3D建模和VR技术的应用，观众不仅可以在线浏览文物的高清图像，还可以身临其境地体验古代文明的辉煌与神秘。除此之外，河南省还通过数字化技术创新了文化展示的互动性和参与感。通过增强现实技术，游客可以使用手机或平板设备扫描博物馆中的实物，触发虚拟信息和三维图像，进行互动式学习。这种全新的互动方式不仅让观众获得了沉浸式体验，还增加了文化传播的趣味性和教育性，提升了文化展示的深度和广度。河南的博物馆和文化遗产不仅是历史的展示平台，也成为现代技术与传统文化交融的示范窗口。

2. 建立数字文化平台

许多县域通过建立数字文化平台，吸引年轻人参与地方特色文化产品的创作和传播，促进了地方文化的创新与传播。例如，河南的非物质文化遗产如剪纸、传统戏曲等通过数字技术的创新，形成了新的文化业态，吸引了大量游客和文化爱好者的参与。通过数字化平台和在线创意市场，河南的传统手工艺、民间艺术、音乐舞蹈等现代文化创意产业得到了新的发展机会。传统的工艺品、戏曲和艺术作品通过电子商务平台进入市场，拓展了销售渠道，吸引了更多年轻人和国际观众的关注。河南省的文化企业和创作者利用数字技术进行文化创意产品的创新设计和传播，打造出了许多具有地方特色的文创产品。这些数字化文化创意产品不仅让河南的传统文化焕发新生，也推动了乡村地区文化产业的发展，带动了地方经济的增长。借助数字化手段，河南的历史文化景区和乡村文化景点通过线上平台得以展示并与游客互动。游客可以通过手机应用提前规划旅游路线，了解景区的历史背景和文化特色，甚至参与虚拟导览，提升了旅游体验的质量和参与度。同时，河南还积极推动线上和线下结合的文化活动，如通过直播平台进行传统艺术表演、民俗节庆等活动的实时传播，让更多的观众能够参与其中，感受河南文化的生动魅力。数字文化不仅推动了河南文化的现代化，还提升了乡村的文化软实力。通过数字化手段，河南的一些县域成功实现了文化自信的塑造，乡村的文化活动得到了更多关注，提升了乡村的凝聚力和文化认同感。数字文化平台成为城乡互动、文化传播和产业发展的重要纽带。河南通过“互联网+文化”模式，成功地将传统文化与现代数字化技术相结合，这一模式不仅提升了河南文化的影响力和传播力，也为其他地区的文化振兴和数字化转型提供了宝贵的经验，展示了数字技术在文化传承与创新中的巨大潜力。通过这一模式，河南的文化资源得到了更广泛的传播和更加深入的保护，也为乡村振兴和地方经济发展提供了强有力的文化支撑。

（四）经验启示

河南省通过推动“互联网+农业”和“互联网+文化”模式，成功实现了数字经济赋能城乡融合发展。通过数字化技术，河南不仅提升了农业生产的精细化管理，推动了绿色发展，还借助电商平台打破了地理限制，帮助农民拓展了市场，实现了收入增长。在文化领域，河南将传统文化资源与现代数字技术结合，利用虚拟现实（VR）、增强现实（AR）等技术实现了文化遗产的线上展示，拓展了文化传播的受众和深度。此外，河南还推动了现代文化创意产业的数字化转型，助力乡村文化振兴。总体来看，河南通过加强数字基础设施建设、推动数字农业与文化产业融合、促进城乡资源共享与互动，为城乡一体化发展提供了有效路径，值得其他地区在数字经济和城乡融合发展过程中借鉴。

1. 强化数字基础设施建设

河南通过加强县域数字基础设施建设，为数字经济的发展奠定了坚实基础。乡村地区的互联网覆盖、数字平台建设和信息化服务的普及，是推动数字农业和数字文化发展的前提。其他地区在推进城乡融合发展时，可以借鉴河南的经验，加强乡村数字基础设施建设，提升数字普惠水平，确保每个区域都能共享数字化带来的红利。

2. 推动数字农业与乡村振兴相结合

河南通过"互联网 + 农业"的模式，利用数字化手段提升农业生产的精细化管理，推动了农业绿色发展和可持续增长。其他地区可以借鉴这一做法，通过精准农业技术的推广，提升农业生产的效率和效益，同时减少资源浪费，推动乡村振兴。推动农民与市场的直接对接，利用电商平台拓展市场，也是值得借鉴的经验。

3. 创新文化产业的数字化传播方式

河南通过"互联网 + 文化"模式，将文化资源与现代数字技术结合，推动了文化创意产业的数字化转型。虚拟现实、增强现实等技术的应用不仅提升了文化遗产的保护效果，还拓展了文化传播的广度和深度。其他地区可以借鉴这一经验，推动当地传统文化的数字化展示与传播，开发符合现代需求的文化创意产品，增强文化自信，助力乡村文化振兴。

4. 促进城乡互动与资源共享

河南的"互联网 + 农业"和"互联网 + 文化"模式有力地促进了城乡之间的资源共享与互动，城乡之间的经济、文化交流更加紧密。其他地区在推动城乡融合发展时，可以借鉴这一模式，建立更加完善的城乡互动平台，促进资源的流动与共享，缩小城乡差距，推动区域协调发展。

四、浙江："未来乡村"战略促进城乡融合发展

浙江省作为我国城乡差距最小的省份之一，自 2003 年由时任省委书记习近平同志主导实施"千村示范、万村整治"工程以来，逐步发展为全国共同富裕示范区建设的先行区。进入新时代，2021 年发布的《浙江高质量发展建设共同富裕示范区实施方案（2021—2025 年）》提出，继续深化"千万工程"，推进未来乡村建设试点，并与未来社区相结合，构建共同富裕的现代化基本单元系统，推动共同富裕和农业农村现代化进程。

2023年，浙江省委、省政府出台《高水平推进乡村全面振兴的实施意见》，明确以“千万工程”为引领，致力于打造“千村引领、万村振兴、全域共富、城乡和美”的新格局，进一步促进城乡融合、提升乡村建设水平。经过20年的实施，浙江在乡村建设方面积累了丰富的实践经验，为探索城乡融合发展和新型乡村建设模式提供了宝贵的借鉴。在国家乡村振兴战略以及宜居宜业和美乡村建设的大背景下，作为全国首个启动“未来乡村”建设试点的省份，如何落实“未来乡村”理念已成为当前浙江乡村振兴工作的核心任务之一[①]。

（一）数字经济引领乡村振兴

浙江省未来乡村建设的最大特点之一就是数字化技术的全面应用。数字经济通过改变传统的生产、生活和治理模式，促进乡村产业、服务和治理的升级，推动乡村走向智能化、信息化的新时代。浙江省尤其注重通过“互联网+”模式，推动数字技术与农业、旅游、教育、健康等领域的深度融合，提升乡村经济的质量和效益。

1. 重视数字农业发展

浙江省积极推动农业生产的智能化转型，充分利用大数据、物联网、无人机、人工智能等现代数字技术，显著提升了农业生产效率，优化了资源配置，推动了精准农业的发展。这些数字技术的应用不仅提升了农业生产的效益，也促进了农业的可持续发展，成为浙江省乡村振兴和农业现代化的重要驱动力。浙江通过大数据技术实时监控农田的环境数据，为精准农业提供了科学依据。借助大数据，农民可以分析气象数据、土壤信息、作物生长状况等多维度信息，从而制订科学的农业生产计划。物联网技术在浙江的农业生产中得到了广泛应用。通过物联网设备，农田的传感器能够实时收集环境数据，包括土壤湿度、温度、光照等信息，并将这些数据上传到云平台进行分析处理。这使得农民能够实时掌握田间的生长状况和环境变化，及时调整农业生产策略。无人机技术在浙江的数字农业中也发挥了重要作用。通过无人机，农民能够对大范围的农田进行精准管理。无人机搭载高清摄像头和多光谱传感器，对作物的生长状态进行空中拍摄，采集数据并传回给农田管理者。这些数据经过分析后，农民可以实时掌握

① 王晓玲．浙江舟山群岛未来乡村实现路径探究［D］．南宁：广西大学，2024.

作物的健康状况，及时采取病虫害防治、施肥和灌溉等措施。无人机还可用于精准施药，通过精确控制药物的喷洒量和范围，减少了农药的使用量，降低了对环境的负面影响。人工智能技术在浙江农业生产中的应用也在不断深化。AI 通过分析来自大数据平台的农业数据，帮助农民优化生产决策。在整个“智慧农业”生态系统中，浙江省不仅依托这些数字化技术提升农业生产效率，还推动了数字农业服务平台的建设，为农民提供全方位的技术支持和信息服务。通过这些平台，农民可以获得关于气候、土壤、市场和农业技术的最新信息，帮助他们作出更加精准的决策。这些平台不仅使农民能够更加高效地管理田地，还促进了农业资源的优化配置，提升了农业经营的整体水平。浙江省的数字农业发展，不仅关注提高产量和生产效率，也注重农业的绿色和可持续发展。通过精准的施肥和灌溉管理，浙江大大减少了肥料和水资源的浪费，降低了农业生产对环境的负面影响。同时，数字农业通过优化农田作物轮作和土地休耕策略，促进了土壤健康，避免了过度耕作对环境造成的破坏。数字技术为绿色农业和生态农业的实现提供了坚实基础，确保了农业的可持续性。随着数字农业技术的不断进步，浙江省的农业生产将继续走向智能化和精准化，为实现农业现代化和乡村振兴目标提供有力支撑。数字农业不仅在提高生产效率方面发挥了重要作用，还为农民提供了更多的收入机会，并促进了农村经济的全面发展。浙江的经验为全国数字农业的推广和应用提供了有益借鉴，推动了农业向更高效、更智能、更绿色的方向发展。

2. 推进产业数字化发展

浙江省在产业数字化发展方面不断创新，通过建设全面数字化的农业产业链条，极大促进了农村特色产品的线上销售，并成功打造了具有地方特色的“电商扶贫”模式。这一模式不仅使农产品打破了传统的市场边界，通过电商平台迅速进入全国甚至国际市场，还极大地提升了农产品的附加值和溢价能力。农民通过数字化渠道直接与消费者对接，不仅降低了中间环节的成本，还实现了更多元化的销售模式，推动了农村经济的快速发展。具体而言，浙江的农业产业数字化发展通过整合现代科技和传统农业，实现了线上与线下的深度融合。许多农产品通过电商平台迅速触及更广泛的市场，尤其是新型农产品如有机食品、地方特色农产品等，借助电商平台的精准推送和大数据分析，实现了个性化的市场定位和精准营销。

以茶叶、干果、农副产品等为代表的浙江特色产品，通过数字化手段提升了品牌影响力，获得了更高的市场溢价和竞争力。此外，浙江省不仅在电商销售上取得了显著成绩，还鼓励农村地区加快数字经济发展，推动农业产业链的升级与扩展。政府出台了一系列政策，支持农村企业和创业者充分利用互联网资源进行产品设计、市场营销、销售渠道的拓展和品牌推广。借助数字化手段，许多传统的农村企业纷纷向现代化、科技化转型，甚至通过线上平台直接面向消费者，实现从生产到销售的全过程数字化管理。通过产业数字化，浙江乡村不仅增强了市场竞争力，也推动了乡村产业的现代化与多元化。农村企业在原有农业产业基础上，不断拓展新的产品线与业务领域，形成了涵盖农业、手工艺、地方特色食品等多个行业的数字化产业集群。乡村不仅成为农产品的生产基地，也逐步向更高附加值的产业链延伸，推动了经济结构的优化升级。总体来看，浙江省通过推动产业数字化，不仅帮助农民增加收入，也加快了乡村振兴的步伐。随着数字技术的深入应用，浙江的农村地区正逐步迈向产业现代化、经济多元化的新时代，为其他地区提供了可复制的经验和示范模式。

（二）数字基础设施建设

为了支撑数字经济的蓬勃发展，浙江省不断加大数字基础设施的建设投入，重点推进"互联网＋"项目，全面提升乡村地区的网络覆盖和信息基础设施水平①。这些举措不仅为乡村居民提供了更为便捷的互联网接入条件，也为数字经济的全面发展奠定了坚实的基础。宽带网络和5G网络的普及，让乡村地区的互联网连接速度和覆盖范围大大提高，极大地促进了线上教育、远程医疗、智慧社区等数字化服务的普及和应用。随着宽带网络和5G网络的加速铺设，乡村居民不再受制于传统的通信设施限制，能够便捷地接入互联网。这为乡村的教育资源优化提供了新的契机，学生可以通过网络平台享受更加优质的在线课程，缩小城乡教育资源差距。同时，远程医疗服务也得到了大力推广，乡村居民可以通过视频通话与专家进行健康咨询和诊疗，解决了交通不便和医疗资源匮乏的问题。智慧社区建设也逐渐在浙江的乡村落地生根，数字化技术的应用使得乡村生

① 王雨豪，冉琰，王译，等．系统论视角下未来乡村建设路径研究［J］．山西农经，2023（22）：53－56，66.

活更加便捷、安全，进一步提升了乡村居民的生活质量。

在“数字乡村”建设方面，浙江省已经在一些县市开展了智慧乡村试点项目，这些项目通过智能硬件、物联网设备和云计算技术的结合，使乡村在环境监测、交通管理、公共安全和能源管理等多个领域实现了智能化管理。例如，智能传感器可以实时监控空气质量、水质、土壤湿度等环境指标，提供数据支持，帮助农业生产者科学管理农田环境，提高生产效益。同时，智能交通系统能够实现对乡村道路交通状况的实时监控和调度，提升道路安全和交通效率。数字基础设施的建设不仅提升了乡村的生活质量，还优化了资源配置和管理。智能化的能源管理系统能够实时监测和调节乡村的电力和水资源使用，避免了资源浪费，推动了绿色、可持续发展。公共安全领域的数字化技术也使乡村的治安管理更加高效，视频监控和大数据分析的应用提高了突发事件的响应速度和处理能力。

浙江省在推进未来乡村建设的过程中，始终把数字基础设施作为关键支撑，推动数字技术与乡村各项事业深度融合。从网络覆盖到智能硬件的部署，再到数字治理体系的构建，浙江省正致力于通过数字化手段提升乡村的综合治理能力和发展水平，打造具有现代化特色的智慧乡村。未来，随着数字基础设施建设的不断完善，浙江省的乡村将不再是传统意义上的农耕社会，而是拥有数字化、智能化和现代化的全新面貌。这不仅为乡村居民提供了更加便捷、高效的生活方式，也为乡村经济的转型升级注入了强大的动力。浙江的数字乡村建设，不仅是对乡村治理体系的深刻变革，也为全国乡村振兴战略的实施提供了可借鉴的经验和创新模式。

（三）打造可持续发展的未来乡村

在未来乡村的建设中，绿色生态的保护与发展被视为核心要素。浙江省秉持生态优先的理念，通过数字化技术的深度融合，积极推动绿色发展，力求在乡村经济快速发展的同时，不断优化生态环境。这一战略不仅为浙江的乡村发展注入了可持续的动力，也为全国的乡村振兴提供了创新的绿色路径。浙江的未来乡村建设注重在推动经济发展的同时，始终将生态环保放在重要位置。通过数字化技术，浙江不仅有效解决了农业生产中的资源浪费问题，也实现了对乡村生态环境的精细化监控与治理，为乡村振兴注入了绿色动力，构建出可持续、宜居、和谐的现代化乡村新格局。这一绿色生态与数字化结合的模式，展示了未来乡村建设的新方向，并为其他地区提供了可借鉴的成功经验。

1. 数字技术推动乡村生态环境的监控与治理

通过布设智能传感器、环境监测设备和无人机等高科技手段，能够实时监控空气质量、水质、土壤健康等关键生态指标。数据采集后，通过大数据分析与云平台管理，地方政府能够及时发现生态环境中的问题，并作出科学决策，实施精准治理。这种基于数字化手段的环境监控系统，不仅能及时预警生态环境的变化，还能为政府提供决策依据，帮助制定更为有效的生态保护措施。

2. 数字技术助力乡村水土保持和灾害预防

通过地质监测、气象预报和洪水监控系统，乡村在自然灾害发生前可以得到预警，及时采取防灾措施，避免生态环境的破坏和资源浪费。此外，数字技术还能够有效监控农村的垃圾分类和处理工作，通过智能垃圾桶和数字化管理平台，提高垃圾分类的准确性和效率，从源头上减少环境污染，推动农村生态环境的全面改善。

这一系列的数字化生态治理措施不仅提高了乡村的环境保护效率，还实现了乡村与生态环境之间的良性互动。在未来乡村的建设中，数字化技术成为了生态保护的“守护神”，通过科学管理和精准治理，确保了环境与经济发展之间的平衡。随着技术的不断发展，浙江省的乡村将逐步形成低碳、绿色、智能化的生态系统，既保护了自然资源，又为乡村的可持续发展提供了强有力的支持。

（四）经验启示

浙江省未来乡村战略通过推动数字化技术应用、绿色生态发展、产业多元化和智慧治理等多维度措施，实现了乡村经济、社会和环境的全面提升。数字化赋能农业现代化，提升生产效率并推动精准农业；智慧治理优化乡村管理，提升公共服务和生态保护效率；多元化产业推动了乡村经济的转型升级，增强了乡村的市场竞争力；城乡融合发展促进了共同富裕，推动了资源的共享与流动。这些经验为其他地区提供了可借鉴的成功模式，尤其在数字技术、绿色发展和乡村振兴方面，具有重要的指导意义。经验启示如下：

1. 数字化推动农业现代化

浙江通过数字农业的推动，有效提升了农业生产的效率和可持续性。

通过物联网、传感器、大数据分析等技术，浙江实现了精准施肥、精准灌溉、病虫害智能预警等功能，减少了资源浪费，并提高了农作物的产量和质量。其他地区可借鉴这一做法，结合本地特色发展数字农业，提升农业科技水平，推动绿色农业的全面发展。

2. 数字治理提升乡村管理水平

浙江通过智慧乡村建设，应用智能传感器、数据分析等技术加强乡村的环境监控、公共安全、交通管理等领域，提升了乡村治理的效能。其他地区可以借鉴浙江在智慧治理方面的做法，推进乡村智能化管理，提升公共服务的效率，并加强生态保护和资源的优化配置。

3. 产业多元化助推乡村经济

浙江通过推动乡村产业多元化，发展农业电商、乡村旅游、文化创意产业等，激发了乡村经济的活力。其他地区可以结合本地的自然资源和文化优势，推动特色产业的多元化，尤其是“农业 + 旅游”“文化 + 创意”“农村电商”等领域，增加农民收入，带动乡村经济持续发展。

4. 绿色生态可持续发展模式

浙江始终坚持“绿色发展”理念，通过数字化技术推动乡村环境监测、生态治理等工作，确保经济发展与生态环境保护同步推进。其他地区可以学习浙江的绿色生态理念，结合数字技术对环境进行精准监控和治理，推动农业与生态的和谐共生，建设生态文明。

浙江在推动城乡融合方面走在前列，通过促进城乡资源、技术、人才的流动，实现了乡村和城市的共同发展。其他地区可以借鉴浙江的做法，推动城乡要素的双向流动，尤其在教育、医疗、公共服务等方面，缩小城乡差距，促进共同富裕的实现。

第三节　本章小结

本章总结了西方国家与我国在数字经济赋能城乡融合发展方面的实践经验，为我国未来推动数字经济助力城乡高质量融合发展提供了有益的启示与借鉴。通过考察美国、日本、芬兰三国在数字经济赋能城乡融合发展过程中的具体实践，归纳出各国不同阶段的发展重点与演变历程。研究结果显示，美国、日本及芬兰等发达国家在推动数字经济赋能城乡融合发展时，主要聚焦于农业数字化升级、数字基础设施建设以及农民数字素养的综合提升，同时结合各自的比较优势和发展特色，探索出符合本国国情的数字经济赋能城乡融合发展路径。未来，我国在推进数字经济赋能城乡融合发展的过程中，应充分借鉴发达国家的成功经验，立足于中国特色社会主义发展道路，探索符合我国实际的发展方向。

第八章　数字经济赋能城乡高质量融合发展的实践路径

党的二十大报告明确提出“坚持农业农村优先发展，坚持城乡融合发展，畅通城乡要素流动”，这一战略部署为数字经济促进城乡融合发展提供了明确指引。当前应重点推进四大核心领域：一是打通城乡生产要素双向流动通道，通过数字技术优化人才、土地、资本等要素的跨区域配置效率，激活乡村振兴内生动力；二是构建数据要素共享共同体，建立城乡数据资源整合机制，提升要素市场化配置水平；三是着力夯实农村数字基础设施，重点突破网络覆盖、智能终端应用等关键环节，筑牢数字乡村发展根基；四是完善城乡基本公共服务均等化体系，推动教育、医疗等民生领域数字化服务向乡村延伸，系统性缩小城乡公共服务差距。这四个维度相互支撑，共同构成数字经济赋能城乡融合发展的实施路径。

第一节　打通城乡生产要素双向流动通道

一、数字经济驱动城乡人才要素双向流动

人才作为核心要素在数字经济推动城乡融合进程中具有关键作用。实施过程中需双轨并进：既要依托数字技术创新人才引入机制，更需着力培育乡村本土数字化专业队伍，形成技术人才与管理人才的协同发展格局。

第一，通过数字技术应用破除城乡户籍分割壁垒，构建全域人才信息监测系统，实时追踪人才流动动态，重点吸纳具备数字农业科技能力的新型职业农民。同步强化线上人才协作平台建设，优化驻村第一书记的桥梁

功能，完善大学生返乡创业支持体系。

首先，当前乡村人才短缺的症结在于长期存在的“重资本投入、轻人才建设”倾向，过度依赖外部资金注入却忽视人力资本培育，导致资源投入与产出效益失衡。破解这一困局需要各级政府转变人才观念：既要避免盲目推崇外来人才而忽略本地人才培养，也要防止地域保护主义阻碍人才引进。需清醒认识到，外部人才输入能够为乡村数字化进程注入创新活力，而本土人才才是实现可持续发展的根本动力。基于此，应建立包含数字化技能培训、精准人才引进、特色项目培育的复合型机制。结合区域特色农业数字化转型需求，设计农产品电商运营、智慧农业管理等实践性培训项目，将本土村民转化为具备数字技能的新型建设主体。其次，针对城乡融合发展领域高端人才稀缺的现状，应创新人才共享机制。采用“专职＋兼职”的弹性用人模式，突破地域限制整合国内外智力资源。重点发展云端人才协作模式，通过远程技术指导、在线项目合作等“柔性引进”方式，构建跨区域人才支撑网络。最后，在人才留存方面，着力推进数字技术与乡村公共服务深度融合，通过远程医疗、在线教育等数字化民生工程消除城乡生活品质差距。同时建立包含薪酬激励、职业发展、社会认同等多维度的保障体系，结合数字经济发展特征设计职业晋升通道，为人才扎根乡村创造物质基础与精神归属。

第二，构建城乡人才数字化信息支撑体系。建设全域性人才数字平台是优化城乡人才资源配置的基础工程。依托大数据、云计算等技术构建智能化管理平台，能够实时追踪城乡人才流动轨迹，精准识别乡村人才缺口，有效破解供需信息错配难题。该体系既可实现对城乡流动人口的动态监测，又能通过智能算法提升人才匹配效率，为城乡融合发展提供实时数据决策支持。

首先，应强化政府主导作用，夯实人才数据基础工程。构建跨城乡的综合信息库需要建立差异化评估标准：针对城市从业者采用职业资历、专业贡献等都市化评价维度，乡村人才则侧重农业产能、产业带动等适配性指标。通过全域普查建立动态更新机制，运用数字技术构建区域联动的数据网络，将乡村人才纳入标准化管理体系。借助智能分析模块，实现从需求发布到精准对接的全流程数字化，形成人才要素双向流动的闭环系统。在此基础上重点升级高层次人才服务功能。针对乡村数字化转型需求，建立专项人才对接模块，通过政产学研协同模式搭建智力资源共享平台。实施“项目引才、人才促产”的良性机制，加大对智慧农业、数字乡村等领域人才项目的政策倾斜，形成以高端人才为核心的技术转化生态。其次，需完善平台运行的法治保障机制。加强信息安全防护体系建设，通过数字普法手段将隐私保护规范融入平台操作流程。在提升乡村数字化基建水平的同时，建立政策信息公开模块，实时更新教育医疗、住房保障等配套措施。通过优化数字化民生服务供给，构建既能保障信息安全、又能满足多元需求的发展环境，切实增强城乡人才生态吸引力。

第三，完善高校数字乡村人才培养体系。高等教育体系的结构性改革是破解数字乡村人才供需矛盾的关键着力点。地方院校亟须构建“数字技术 + 乡村治理”的学科交叉培养体系，重点培育具备数据分析能力、智能装备操作能力和乡村治理知识的复合型人才。通过设立数字乡村发展研究院等新型教学科研机构，开发涵盖农业大数据分析、乡村数字治理、智能农机应用等核心课程模块，形成与区域农业数字化转型需求精准对接的特色专业集群。在教学模式创新中，可引入“数字乡村实验室”概念，构建虚实结合的实践教学场景，利用数字孪生技术模拟乡村规划、农产品电商运营等典型工作场景，强化学生的数字化场景应用能力。校地协同育人机制的深化应成为人才培养体系改革的重要突破方向。建议构建“地方政府 + 涉农企业 + 高等院校”的三元联动培养模式，通过共建产业学院、现代学徒制等载体，将数字农业企业的真实项目转化为教学案例。在实践教学环节设置“乡村数字专员”等特色岗位，要求学生深度参与农村电商运营、智慧农业项目实施等具体工作，形成“课堂学习—项目实训—顶岗实习”的渐进式培养路径。同时建立教师驻村指导制度，组织专业教师团队定点帮扶示范村数字化建设，在技术服务过程中实现教学资源更新与科研成果转化双重目标。人才供给的长效机制建设需注重职业发展通道的贯通性。应构建覆盖职前教育与职后培训的终身学习体系，开发数字乡村建设专项能力认证标准，建立与职称评定、职业晋升相衔接的资格认证制度。针对基层农业技术人员设立数字化能力提升专项计划，通过慕课平台提供智能灌溉系统维护、农业物联网管理等模块化课程。在就业引导方面，可探索设立数字乡村建设特岗计划，对服务基层的数字化人才实施学费补偿、住房保障等激励政策，形成“招生—培养—就业”的良性循环生态，切实解决人才“下不去、留不住”的现实困境。

首先，着力培育学生的“三农”情怀与实践能力。在课程体系设计中深度融合城乡发展要素，例如在乡村电商运营、数字农业生产等专业课程中系统嵌入思政教育模块，强化“知农爱农”的价值导向。同步开展数字经济赋能乡村主题的知识竞赛、创业讲堂等实践活动，组织大学生深入乡村调研，使其在参与数字乡村建设项目过程中，实现理论认知与实践能力的双重提升。通过沉浸式教学引导青年建立扎根乡村的使命感，为基层培养兼具数字技能与乡土情怀的专业力量。其次，系统性优化教学资源配置。重构数字经济相关课程的内在逻辑，科学设计必修课与选修课的衔接体系，重点增强课程设置的实践导向。针对当前高校普遍存在的农业数字化教育短板，建立“双师型”教师培养机制：一方面要求教师掌握智慧农业、数字治理等前沿技术；另一方面通过设立驻村教研基地，推动教师团队参与乡村数字化转型实践。采用“政校合作＋科研立项”模式，促进教师与地方政府、农业企业协同攻关，在解决实际问题中更新教学案例库。同时深化校企联动，选派教师到数字乡村企业挂职交流，带动学生接触真实产业项目。最后，构建校地协同的精准帮扶机制。充分发挥高校多学科交叉优势，建立分类对接体系：综合性院校实施院系对口支援，专业院校开展整校结对帮扶。依托农业科学、食品工程、信息技术等学科资源，为乡村提供精准施肥建模、农产品深加工技术研发等数字化解决方案。通过实验室数据分析指导特色产业升级，将学术成果转化为农产品溯源系统搭建、智慧政务平台开发等具体应用，形成“高校智库支撑—乡村实践验证—农民持续增收”的良性循环。

二、以数字经济保障城乡间土地要素流转安全

在数字技术与农业农村深度融合进程中，土地资源要素释放出巨大发展潜能。以土流网为代表的数字化土地流转平台，通过创新土地要素配置机制，有效破解了城乡土地流转领域的多重现实难题：包括乡村资产闲置碎片化、土地供需信息不对称、交易流程不规范、金融赋能渠道缺失以及农民权益保障不足等系统性障碍。作为占据国内九成市场份额的行业领军者，该平台历经 13 年发展已形成成熟的数据资产运营体系，其核心能力体现在精准用户画像构建与土地资源分级标签化处理，通过智能算法实现

土地供需的精准匹配。通过构建政企协同的生态化平台，土流网成功整合政府监管数据、金融机构资本、科研机构技术以及村集体资产资源，形成土地、资本、技术要素的融合创新机制。平台将政府部门、科研院所、涉农企业等多元主体纳入协同网络，建立起覆盖土地评估、流转交易、金融服务的全链条服务体系。特别是在数据要素应用方面，其开发的智能评估系统已实现土地价值动态监测与风险预警功能。随着数字化进程深入，此类平台面临转型升级新课题：如何深化数据要素与土地要素的协同效应，通过区块链、物联网等新技术提升交易透明度与安全性；怎样优化土地资产证券化等金融创新模式，在保障农民土地权益基础上激活要素市场活力。这需要平台持续完善数据治理体系，探索土地要素数字化增值的新型实现路径。

第一，数字经济驱动农业现代化与城乡融合发展。数字农业作为农业强国建设的核心路径，在党的十九大以来国家系列战略部署推动下，已成为提升乡村生产力、促进三次产业融合的关键抓手。通过全产业链数字化改造，不仅显著提高农业生产流通效率，更推动形成“生产智能管理—流通精准对接—消费数字溯源”的新型业态，为农民增收与农村集体经济发展注入持续动能。

首先，构建全域联动的数字农业基础设施。按照“国家顶层设计—省级统筹实施—市县精准落地”的架构，分级推进农业数据体系建设：国家层面重点完善数据标准规范与共享机制，建立覆盖种植、畜牧、渔业等领域的全品类数据目录，建成国家农业农村大数据中心；省级层面制定差异化实施方案，如东北地区聚焦黑土地数字化保护，黄河流域侧重智慧节水灌溉系统建设；市县层面则着力打通数据“最后一公里”，开发适配本地作物特征的智能监测平台，实现村级生产数据实时归集与跨区域联动分析。其次，创新数据要素市场化应用机制。建立“分级授权+安全共享”的数据流通体系，对土壤墒情、气象预测等公共数据实行全域开放，对涉及新型经营主体隐私的产销数据实施脱敏处理。重点推进政企协同数据治理，在农产品质量追溯、农机共享平台等领域引入区块链存证技术，确保数据使用可追溯。同步探索“政府购买服务+社会资本运营”模式，如在智慧大棚建设中形成“农业部门定标准—平台企业做运维—合作社管生产”的协同范式。最后，实施区域特色化数字农业发展策略。形成

“东部创新引领—中部提质增效—西部追赶跨越”的梯度格局：长江三角洲、珠江三角洲等先发地区重点建设无人农场集群，开发AI育种、智能采摘机器人等前沿技术；中部粮食主产区推广“天空地”一体化监测系统，实现万亩农田墒情精准调控；西部依托“东数西算”工程布局，在云贵高原建设高原特色农产品区块链交易中心，在河西走廊打造智慧节水农业示范区。

第二，数字技术驱动土地要素市场化流转。数构建数字化土地流转体系是激活乡村土地潜能的关键路径。通过“确权数字化—运营集约化—收益共享化”的系统改造，将分散的承包地经营权转化为可量化交易的数字资产，形成“农户入股—集体统筹—市场配置—数字分红”的新型经营模式。该模式有效实现三个转变：产权结构从个体承包转向集体持股、招商方式从线下单一转向线上线下联动、生产形态从碎片耕作转向规模经营，为土地要素市场化奠定数字化基础。

首先，全面推进土地资源数字化确权登记。须系统整合农村土地分类信息，重点针对农用地（涵盖耕地、林地、牧草地等）与四荒地（包括荒山、荒丘等未利用地）建立数字化档案库。通过对接国家基础土地数据库与GIS地理信息平台，构建包含土地用途、权属状态等要素的多维管理模块。针对农户对土地流转存在的误解，需组织村干部开展政策宣讲，着重解释数字化登记并非土地征收，而是通过规范流转实现资产增值。在确权过程中，以土地承包经营权证书为基础，采用无人机航拍测绘与物联网传感器双重校验，当出现面积争议时由村级议事会协商确认。同步开发土质监测、墒情预警、病虫害防治等智慧农业功能模块，形成覆盖土地全生命周期的动态数据库。其次，强化土地数字化流转体系。运用区块链技术构建不可篡改的交易溯源系统，将每宗土地的流转记录实时同步至司法区块链平台，并与国家授时中心进行时间戳认证，确保合同签署、文件存证等环节具备法律效力。线上流转平台的应用使疫情期间交易效率提升40%，城乡土地要素流通时间由15个工作日缩短至3天。通过公开竞价机制，土地产权定价偏差率从18%降至7%，市场监管成本下降28%。特别是零散土地交易可通过移动端完成电子签约，使小型地块流转成功率提升65%。最后，完善土地数字化收益分配机制。实施数字化流转后，农户收入结构呈现多元化特征：土地租金年收益稳定在400元，参与农业企业务工的日薪达200元，较传统耕作收入增长185%。对于入股数字农业企业的农户，年均分红收益可达传统种植收入的3.2倍。建议建立“村集体主导+土地要素入股+人口权益保障”的三维分配模型，按照5∶3∶2的比例协调各方利益。在村镇层面设立数字化专员岗位，重点对接20—50亩规模的新型经营主体，提供项目审批、信贷融资等专项服务。通过将基础信息平台升级为智能决策系统，土地资源配置效率提高45%，带动村集体经济年均增长12.3%，真正实现“资源变资产、农民变股东”的转型目标。

第三，优化数字普惠金融参与机制，维护土地流转安全性。土地流转作为长期动态过程，要实现资源配置优化和稳定发展，需借助社会资本与数字普惠金融机构的协同作用。从直接效益来看，数字普惠金融通过便捷的金融服务通道，帮助农民高效获取土地流转资金支持，显著提升产权交易效率，推动农村土地资源向集约化、数字化、规范化的管理方向转型。从间接影响分析，该机制通过三重路径赋能土地流转：提升农民金融知识水平、改善城乡信息交互质量、促进社会资本跨区域流动，从而有效拓宽农户增收渠道，助力城乡融合发展。

首先，推进数字金融基础设施建设。通过统筹规划城乡数字网络布局，重点加快农村地区千兆光纤、5G网络等新型基础设施与城市同步建设。同步创新土地金融产品体系，培育数字化支付环境，激发乡村数字金融服务内生发展动能。有序推进农地经营权、宅基地使用权等产权抵押融资试点，加大社会资本引入力度，提升乡村产业直接融资比例，加速实现农业数字化转型与数字产业化协同发展。同时引导持牌金融机构依托土地数字平台，开展城乡联动的普惠金融服务，促进金融科技与土地要素市场的深度融合。其次，着力构建城乡联动的信用服务体系。整合农业经营主体信用信息，建立基于数字经济的信用信息共享平台。创新开展信用村户评定工作，鼓励金融机构拓展小额信用贷、农机具抵押贷等特色业务。重点开发契合土地要素特征的专项金融产品，优化信贷结构配置，提升首贷户和信用贷款占比，完善农业信贷风险分担机制。最后，关键保障环节在于创新风险防控体系。完善农业再保险制度框架，试点“保险+期货”模式在土地流转数字化改革中的应用。深化物联网、遥感测绘等数字技术在土地确权、流转监测等环节的集成应用，构建智能化农村土地金融统计系统。同时加强农业农村大数据平台建设，推动数字金融服务向乡村基层延伸覆盖。

三、以数字技术驱动城乡资本要素高效配置

资本要素构成数字经济驱动城乡融合发展的核心动能。通过数字技术破除资本流通壁垒，整合多元化金融机构优势，优化资本下乡市场化路径。在城乡产业融合进程中，应立足区域发展实际，构建“资金引导—支农主力—担保杠杆—数据传导”四位一体的发展模式。依托“政府调控 + 市场运作”双轮驱动机制，既发挥政策导向作用，又遵循市场配置规律，系统性破解城乡资本要素配置难题。

第一，国有政策性银行发挥主导作用。首先，应严格落实国家惠农政策，将保障农户权益作为核心原则，构建长效资金供给机制。通过专项信贷资金引导乡村产业升级，重点强化农业数字化转型能力，着力破解农民增收瓶颈。运用数字技术延伸服务触角，建立覆盖村级单位的数字经济发展服务机构，同步明确地方政府监管职责与风险处置流程。推进农信社数字化改革进程，依托移动互联技术提升金融服务的普惠性与可得性。规范民间资本运作模式，借助区块链与云端存储技术构建可信借贷环境，在引导社会资本参与城乡融合项目时完善穿透式监管体系，实现风险防控与资本引入的平衡。其次，商业性银行应发挥组织架构与风控体系优势，着力破解城乡资金供需矛盾。重点推进小额信用贷款模式创新，整合人才库与土地资源数据库，构建基于信用评估模型的智能授信系统。简化传统背景调查流程，将农户信用评级与经营能力作为核心放贷依据。创新运用土地信息平台，结合经营权市场化政策推行整村授信模式，拓展抵押融资渠道。加速线上服务场景建设，开发专属农村金融 APP，实现从贷款申请、资质审核到资金发放的全流程数字化办理，显著提升金融服务响应速度。最后，政府需构建商业银行与农信社数据共享平台，通过动态利率调节机制缩小机构间服务差距，加大财税优惠政策支持力度。农信社应坚守服务“三农”定位，运用移动终端实时获取农户资金需求，开发具有地域特色的个性化金融产品。重点拓展线上服务场景，通过数字化渠道增强用户黏性，针对性提升对特色农业、土地流转等领域的支持力度。建立城乡联动的金融服务响应机制，实现资金供给与产业需求的精准对接。

第二，推动数字经济引领乡村产业体系重构。首先，构建三次产业融合数字化生态。着力推进农业与现代数字产业深度融合，到 2025 年基本

建成数字化现代乡村产业体系。重点培育“龙头企业 + 产业基地 + 合作社 + 家庭农场 + 农户”创新模式，依托数字平台实现产销精准对接。通过工业互联网延伸农产品加工链条，借助电商平台打通城乡消费供需通道，促进人才、技术、资本等要素向乡村流动。其次，实施差异化数字赋能方案。建立“一村一策”推进机制，分阶段发展特色农产品数字化体系。在种植环节推广智能灌溉与精准施肥系统，在加工环节应用物联网质量追溯技术，在流通环节构建数字化营销网络。加强大数据在产业链各环节的应用，重点突破土地传感管理等核心技术，形成覆盖“生产—加工—流通—消费”全流程的数字技术应用场景。最后，强化数字技术支撑能力。双轮驱动传统产业升级与新兴业态培育：一方面改造提升传统农业，建设智慧农田示范基地，普及环境监测、自动温控等智能装备；另一方面培育数字农业新业态，开发云端农场、可视化管理等创新应用。建立数字技术推广中心，通过示范案例带动技术向全产业链渗透，形成可复制的数字化转型路径。

第三，深化“数字 + 农业”融合模式驱动产业升级。首先，构建全产业链数字化体系。通过政策引导与机制优化，推动大数据、物联网等技术在现代农业的集成应用。重点打通城乡产业协同通道，依托数字平台建立覆盖“生产标准—质量追溯—流通服务”的全链条体系：上游建立种植养殖数字化标准，中游构建全流程溯源系统，下游衔接智慧物流与电商营销，形成城乡联动的数字农业生态圈。其次，实施基础设施数字化改造。政府部门需统筹推进农业数字化与数字产业化双轨发展。重点建设乡村数字基站、冷链物流中心等新型基础设施，按区域产业特征制定差异化数据服务方案。通过建设智慧农田示范基地，推广环境监测、智能灌溉等数字化装备，缩小城乡数字鸿沟。建立可复制的数字化改造模式，参照先进地区经验优化本地实施方案。再次，强化核心技术研发应用。针对我国小农经济特点与数字技术短板，强化共性技术研发投入：一是重点开发适配小规模生产的智能农机装备；二是完善农业数据库开放共享机制。构建“政产学研用”协同创新体系，建立数字农业技术推广中心，通过示范项目带动技术向全产业链渗透，提升数据要素对产业转型的支撑效能。最后，激活生产要素协同效应。拓展数字技术在产销各环节的融合深度，构建城乡要素共享平台：依托物联网技术培育新型农业经营主体，发展订单农业、云农场等创新业态。建设统一的数据要素交易市场，促进数字资源与传统要素有机结合。通过产业链横向整合突破城乡分工壁垒，形成数据驱动、多方共赢的产业升级格局。

四、以数字要素促进乡村数字化改革进程

在推进乡村数字化改革过程中，数字要素的整合作用主要体现在两大层面：其一是构建精准化农业生产体系；其二是培育适应数字化转型的新型农业人才队伍。

第一，在农业生产智能化转型方面，数字要素正推动传统经验农业向精准决策模式转变。通过整合卫星导航、信息遥感等空间信息技术，农业生产逐步形成覆盖全周期的智慧管理系统。从供给侧角度观察，大数据分析已有效替代传统经验判断，显著降低了自然因素带来的不确定性。具体而言，土地要素与数据要素的深度融合构建起可视化信息平台，将土壤肥力、健康状况等关键参数形成动态数据库，既为农户提供种植决策依据，也为城乡土地研究搭建了数据共享桥梁。同时，物联网、5G 等技术的应用推动着生产流程标准化进程，通过建立覆盖种植、流通、销售等环节的数字化规范，有效约束了小农生产的随意性，使农业生产真正实现流程可追溯、操作有标准。

第二，在人力资源培育层面，数字要素的传播特性正加速传统农民向“新农人”转型。首要任务是提升网络应用能力，通过设置针对性数字农业课程，使农民掌握电商运营、直播推广等数字工具使用方法。建立全国性农业教育平台整合优质资源，开发覆盖种植技术、市场分析等模块的精品课程，可系统性满足现代农业知识需求。更重要的是培养数字化思维，通过实操训练提升农民对智能设备的操作熟练度，引导其主动运用数字工具获取市场信息、优化产销衔接。这种能力转型不仅强化了农民在数字农业中的主体地位，更使传统务农群体转变为驱动产业升级的核心力量。

第二节　构建数据要素共享共同体

在中国式现代化建设中，数字城乡融合正成为破解二元结构的重要突

破口。这种融合机制通过重构资源配置模式，为高质量发展开辟了新赛道，同时也为社会主义现代化强国建设注入核心动能。在此过程中，数据要素的基础支撑作用需要依托制度创新实现效能转化，具体应把握两个着力点：既要通过完善数据安全法规构筑制度防线，建立覆盖数据采集、传输、应用全流程的监管框架，也要着力打通要素流通堵点，借助城乡一体化数据交易系统实现产业链各环节高效衔接。值得注意的是，智慧城市与数字乡村的协同发展已形成双向赋能机制——前者为乡村提供技术外溢和模式参照，后者则为城市输送数字化应用新场景。这种以法治筑基、以改革疏堵的实践路径，正逐步构建起具有中国特色的城乡数字化协同生态。

一、加快完善数据产权制度

数据产权界定模糊已成为制约城乡数据要素市场化配置的核心梗阻，需以“分类分级、权益分割”为原则，构建涵盖数据资源持有权、加工使用权与经营权的三元权利结构。通过建立公共数据授权运营机制与农村特色数据确权规则，破解数据流通中的权属争议与收益分配难题，为城乡数据要素跨域共享与价值释放奠定制度基石。

首先，在推进数字城乡融合发展的制度设计中，需建立多层次的权属管理体系。对于涉及国家安全的核心数据，应明确主权级管控清单，重点监管地理空间、生物特征等关键领域；企业经营数据方面，可构建分级产权机制，区分数据资源的持有、加工和经营权限；针对个人敏感信息，推行可动态调整的授权账户制度，保障个体数据权益。同步出台数据分类规范，将公共数据按政务、民生、产业等类别细化管理标准，形成差异化的授权运营体系。其次，技术实现层面需构建可信数据流通环境。通过区块链技术建立权属分置的技术架构，利用智能合约实现数据流转的全程可控。在医疗健康、农产品溯源等具体场景中，部署隐私计算节点网络，确保跨域数据融合时实现“可用不可见”。同时搭建国家级数据交易服务平台，规范数据资产评估、交易撮合等流程，并在县域电商等领域探索数据要素市场化创新模式。再次，制度保障方面需完善法律与监管框架。加快数据产权专项立法进程，明确数据要素确权规则。构建多级联动的监管体系，形成中央统筹、省级协同、市县落地的治理格局。建立数据跨境流动安全评估机制，定期开展重点领域攻防演练。在收益分配环节，创新兼顾数据贡献与价值转化的算法模型，设立专项调节基金保障农民群体合理权益。最后，城乡数据协同应用需打通双向赋能通道。一方面引导城市消费数据反哺乡村，通过商业平台数据分析指导农产品精准生产；另一方面将乡村生态数据纳入城市绿色发展决策系统，形成城乡互补的数据应用闭环。选取典型县域开展创新示范，重点突破农业物联网确权、农村金融数据共享等关键问题，培育具备数据运营能力的市场主体，促进数字技术与乡村振兴深度融合。未来需着重完善网络安全配套机制，构建数据市场信用体系，平衡制度创新与风险防控，确保城乡数字化协同可持续发展。

二、建立健全数智化法律体系

当前地方政府在推进数字化立法进程中，普遍面临制度冗余与协调失效的双重治理困境。这种碎片化立法格局不仅造成公共资源的重复投入，更导致数据要素市场存在规则冲突与监管盲区。基于制度变迁理论视角，破解这一困局需构建全域统一的智能法治框架，通过顶层设计的制度供给优化，实现数据治理效能的帕累托改进。

（一）制度框架的顶层设计重构

中央政府建构“三位一体”的法治框架：首先，制定《政务数据开放促进法》作为基础性法律，明确数据权属界定、开放边界与使用规范三重制度支柱。其次，建立动态调整的国家级数据开放目录，优先释放支撑新型城镇化与乡村振兴的战略性数据集，重点涵盖国土空间规划、农业种质资源等基础性信息。最后，创新分级分类管理制度，根据数据敏感度与公共利益关联度，设计差异化的开放协议与使用规范。这种制度设计既继承了地方立法的实践智慧，又通过中央事权的制度统合规避了规则碎片化风险。

（二）技术标准与安全机制的协同创新

在技术标准化维度，需构建覆盖数据采集、清洗、脱敏全流程的技术规范体系，重点统一元数据格式、接口协议与质量管控标准，消除跨区域数据流通的技术壁垒。安全防护机制则应建立风险分级响应模型，将国家安全审查、商业秘密保护与个人隐私防护纳入统一的风险评估矩阵，对核心数据实施全链条穿透式监管。特别需要强调的是，技术标准与安全机制必须形成动态调适能力，通过建立年度审查与危机模拟测试制度，确保其与数字技术演进步伐保持协同。

（三）制度协同的实施路径优化

既有法律体系的适应性改造是制度落地的关键环节。建议通过《互联网信息服务管理办法》等法规的迭代升级，将算法治理、数据信托等新兴领域纳入规制范畴。同时建立跨部门协同治理机制，在国务院层面设立数据治理协调办公室，统筹解决市场监管、网信管理等部门间的规则冲突问题。在实施策略上，可采取“试点突破—经验总结—立法转化”的渐进式改革路径，选择数字经济发展示范区开展制度创新压力测试，待经验成熟后通过法定程序转化为普遍性规则。

三、构建数据要素有序流转体系

数据要素与实体经济的有机融合正引发系统性变革，推动传统经济形态向数智化、跨维度的融合发展模式转型。在此过程中，劳动对象借助数据采集、处理与应用的价值转化链条，催生出智能制造、智慧农业等新型产业形态。面对传统产业组织形态的数字化重构，亟须建立数据驱动的新型要素配置机制，通过优化要素流通体系破除城乡数字壁垒，充分激活新型生产力发展动能。

实施路径须统筹四个战略维度协同推进：首要任务在于培育数实融合的新兴产业赛道。聚焦新材料、新能源与创新应用三大领域，对接《“数据要素 +”三年行动计划》的十二大重点方向，构建“应用场景牵引—核心技术突破—产业集群培育”的协同发展模式。重点发展工业物联网、智能电网等融合型产业载体，在都市圈建设数字技术集成示范区，在县域培育数字农业创新载体，形成梯次衔接的产业空间布局。同步需要完善要素市场化配置体系，建立覆盖数据确权、流通与交易的全周期制度框架，探索数据资产入表及数据信托等创新模式。依托产业链协同机制优化数据资源配置，支持龙头企业构建产业中枢平台，打造垂直领域的数据共享生态。在城乡过渡区域布局数据流通枢纽，建设农产品质量追溯、乡村旅游服务等专业化数据交易载体。

此外应当强化多元主体的创新协同网络，实施龙头企业引领工程，重点打造 50 家具有国际竞争力的融合型领军企业，配套建设数字转型服务枢纽。创新“数据要素+”产融结合机制，设立专项产业发展基金，引导社会资本投入乡村数字基建与县域数字经济载体。完善中小企业数字化转型支持体系，通过数据赋能推动国家级专精特新企业规模突破万家。关键环节在于构建城乡数字融合基础设施，推进区域算力协同网络建设，布局智能计算中心集群，建立县乡村三级数据服务网络。开展数字技术普惠行动，研发农业专用数据工具包，培育万名乡村数字服务人才。建立城乡数据双向流通机制，促进城市消费数据与农业生产数据的价值互哺，建设百个数智城乡融合示范工程。

该框架通过制度优化、技术创新与生态培育的协同作用，在破除数据要素流动壁垒的同时兼顾城乡发展特质，实现全要素生产效能的整体跃升。这种发展范式既夯实了传统产业升级的数字化基础，又培育出新的经济增长极，为新型生产力发展注入持续动能。

第三节　着力解决农村数字基础建设

数字经济驱动城乡融合发展具有深远的战略价值。在要素配置层面，其通过重构城乡资源交互模式，有效调适传统要素流动的非对称性，促进人力、资本等要素的城乡双向渗透；在公共服务领域，则为缩小城乡服务差距构建了智能化支撑平台。释放数字经济对乡村基础建设的改造效能，必须以乡村传统基建的数字化迭代为突破点。城乡要素自由流动的核心制约在于乡村数字基建的薄弱环节，这不仅关系数据要素在乡村场域的赋能效能，更是推进基层治理数字化升级的基础要件。系统性推进乡村数字基建工程，能够为数据资源在乡村的深度应用创造先决条件，进而加速治理体系与治理能力的现代化进程。具体实践中需注重战略规划与实施路径的有机统一：首要任务是强化乡村信息基建网络，重点突破偏远地区数字覆盖盲区；继而推动交通、水利等传统设施的智能化升级，构建物联感知与智能调控系统；同步搭建综合性数字治理平台，整合网格化管理与智能决策功能；最终培育乡村电商、智慧文旅等新兴业态，形成城乡要素协同配置的创新机制。这种递进式推进策略通过基础设施迭代、治理模式创新与产业形态培育的三维联动，为破解城乡二元结构、实现高质量融合发展提供系统化解决方案。

一、提升传统乡村基础设施建设改造水平

数字经济赋能城乡融合发展对调适城乡要素配置失衡、促进资源双向流动具有关键作用，同时为推进城乡基本公共服务均等化提供实施载体。实现这一目标需以乡村传统基础设施数字化升级为导向，通过强化基础设施数字化建设，打通城乡生产要素流动通道，为数字要素在乡村的深度赋能奠定基础，并推动乡村治理数字化转型的系统性突破。

第一，建设基础设施数字化联通机制，推动传统基建数字化转型。需重点推进乡村公路、铁路、农业生产设施、冷链物流等领域的智能化改造，加快快递进村工程实施①，构建数字经济赋能城乡融合的硬件支撑体系。

首先，强化基础设施数字化建设的顶层规划。围绕数字经济与城乡融合战略，加大乡村道路硬化覆盖率，重点提升人口密集村庄路网质量，逐步推进中小型村庄道路升级。同步构建道路数字化监测与智能养护平台，依托物联网技术实现城乡交通协同管理。在供水领域实施管网扩容与水质数字化监控工程，优化城乡一体化供水体系，通过实时监测保障农村饮用水安全，力争实现全域自来水覆盖与水质达标率提升。电力系统改造方面，推进数字化供电网络建设，淘汰落后设备，建立电力智能分配与安全监控体系，保障城乡电力设施均衡布局与稳定供应。其次，实施差异化建设策略，结合地域特色优化资源配置。依据区域资源禀赋，优先发展光伏、风能等清洁能源设施，推动乡村能源供给结构绿色转型。构建城乡联动的数字化污水处理系统，统一规划排放标准与运维机制。完善垃圾分类数字化管理平台，推行“户分类—村回收—镇转运”的全流程智能处理模式，实现生态保护与资源循环利用的有机结合。最后，创新乡村设施长效管护机制，激活村民自治潜能。明确基础设施维护责任主体，建立“权责对应”的管理数据库，实时录入设施状态、损耗数据及维护信息。强化城乡统筹管理模式，将基础设施数字化养护纳入基层治理能力

---

① 郭斌，杜曙光．新基建助力数字经济高质量发展：核心机理与政策创新［J］．经济体制改革，2021（03）：115－121.

培训体系，提升技术应用与日常维护的协同效能。通过制度设计与技术赋能的深度融合，形成政府主导、村民参与、数据支撑的基础设施治理新格局。

第二，推动乡村治理数字化转型，提升信息服务供给有效性。乡村治理数字化转型须聚焦数字化政务体系构建、数据共享机制创新与城乡数据协同网络建设，旨在建立长效稳定的乡村数字化治理模式。具体实施中应重点强化政府服务能力、优化信息流通机制、完善城乡协同框架，形成治理效能持续提升的良性循环。

首先，构建数字化政务服务体系需强化基层治理主体能力。通过搭建政府与村民的数字化互动平台，建立“需求响应—服务供给—效能反馈”的闭环机制，确保数字治理服务的常态化运行。在数据共享维度，需提升村民数字素养与参与意识，借助互联网技术构建村级事务公开系统，使村民能够实时获取治理信息、参与决策讨论，形成自下而上的治理改进动力。城乡数据协同方面，应着力打通行政壁垒，建设跨层级的政务数据交换平台，实现城乡公共服务资源的智能匹配与精准调度，切实破解服务供给“最后一公里”难题。其次，乡村治理数字化转型本质上是治理体系的重构工程。社交媒体平台的应用重构了信息传播路径，既拓宽了村民间的横向沟通渠道，也建立了政民互动的垂直联系通道。这种双向信息流动机制促使治理过程透明化，村民通过数字化手段监督公共资源配置，倒逼治理主体提升决策科学性与执行规范性。同时，数字技术的嵌入改变了城乡要素流动格局，推动单向资源输送模式向双向价值交换转型，为城乡治理标准衔接与服务体系贯通提供技术支撑。最后，数字技术通过培育内生发展动能强化乡村治理韧性。一方面，数字产业发展催生新型经济组织形态，使村民通过电商平台、云端协作等方式深度融入现代经济体系；另一方面，大数据分析与云计算技术赋能乡村风险防控体系，通过建立危机预警模型与应急响应机制，提升基层治理主体应对突发事件的能力。这种技术赋能不仅增强了村民的数字化生存能力，更通过持续的数据积累与算法优化，推动治理模式从经验驱动向数据驱动转型升级。

二、完善乡村数字经济新基建建设

乡村数字化基础设施建设作为数字经济赋能城乡融合发展的物质基

础，需通过专项规划引领与体制机制创新实现系统性突破。重点在于优化网络覆盖质量、提升数字服务效能、完善技术应用生态，形成支撑城乡要素高效配置的数字化底座。

首先，数字乡村基础设施建设需以系统性思维推进顶层设计与制度创新。在战略规划层面，应立足国家数字经济战略框架，结合区域资源禀赋与产业特征，编制具有空间适配性的省级数字乡村发展实施方案。通过构建多规融合的规划体系，统筹城乡数字化要素配置，重点破解长期制约乡村发展的“信息孤岛”和行政壁垒问题。在实施路径上，可建立“规划—投资—建设—运维”的全周期治理模型，依托政务云平台整合分散的涉农信息系统，运用数字孪生技术建立虚拟映射系统，实现跨层级、跨部门的业务流与数据流协同。在制度保障方面，建议构建多元化的投融资机制，设立数字乡村新基建专项基金，创新应用开发性金融工具和政策性保险产品。通过优化财政资金使用效能，引导社会资本重点投向农业农村物联网、遥感监测体系等基础领域，同步建立覆盖省—市—县三级的数字基础设施技术标准体系。特别要注重统一数据采集规范与传输协议，依托区块链技术构建分布式数据共享平台，确保涉农数据的全链条可追溯与安全可控。

其次，建设城乡融合型数字服务平台体系。打造集成政务、医疗、教育等核心功能的综合信息平台，通过“线上服务大厅 + 线下智能终端”模式破解信息传递末端梗阻。加速推进智能终端设备在乡村公共服务机构的配置升级，实现 IPV6 网络全场景覆盖。引导涉农企业接入智慧农业管理系统，运用智能监测与控制技术优化生产流程，降低运营成本。

最后，构建泛在互联的新型网络基础设施。优先推进乡镇中心区、产业集聚区的 5G 网络覆盖，三年内实现重点区域 5G 网络通达率 95% 以上。创建基于 5G 网络的数字城乡融合创新示范区，在智慧政务、远程医疗等领域形成示范应用。整合 NB – IOT、大数据等技术构建复合型物联网络，实现交通路网、物流系统等关键领域的全要素数字化，拓展物联网在乡村治理、生态监测等场景的深度应用。通过“宽带 + 窄带”协同传输模式，提升复杂环境下的设备接入能力，形成支撑数字经济全域发展的新型基础设施格局。

第二，重塑城乡空间格局的数字新基建建设。数字新基建作为重构城乡空间关系的战略性工程，其核心价值在于通过技术渗透打破城乡产业协同壁垒，构建线上线下融合的新型产业生态。重点围绕基础设施智能化升级、数据要素高效配置、智能技术深度应用三个维度，着力破解小农户对接大市场的结构性矛盾，降低城乡要素流通制度性成本，形成产业融合发展的新型空间载体。

首先，构建全域覆盖的智能信息网络体系。城乡信息基础设施一体化建设需强化硬件迭代与软件创新双轮驱动：硬件层面实施“微基站补盲工程”，重点提升乡村专业通信基站密度与信号覆盖质量，通过载波聚合技术实现网络传输速率倍增；软件系统推进国产化替代工程，研发适应乡村场景的定制化操作系统，增强基站服务承载能力；传输通道实施“光网乡村”专项行动，采用超低损耗光纤与空分复用技术，构建城乡双向100GBPS级数据传输通道，同步部署量子加密传输模块保障数据安全。其次，创建城乡产业数据中枢平台。依托边缘计算与云计算融合架构，建立覆盖农业生产、加工流通、市场消费全链条的数据采集体系。通过建立农产品供需预测模型与工业品下乡智能匹配算法，实现城乡产业链数据资源的动态优化配置。重点开发基于区块链的产业溯源系统与电子交易平台，将城乡市场交易成本降低，推动形成全国统一大市场的数字接口。最后，深化人工智能技术的融合应用。构建“云脑+端脑协”同的智能管理系统，在电网调度领域部署深度强化学习算法，实现城乡能源网络负荷预测准确率提升；水资源管理引入数字孪生技术，构建涵盖水源监测、管网优化、灌溉控制的智能决策系统；建立乡村固废智能分拣与资源化利用平台，通过视觉识别与机械臂协同作业，使垃圾资源转化效率提升。形成数字经济驱动下城乡生态价值与经济价值协同增值的新型发展范式。

第四节　完善城乡基本公共服务均等化

一、推动乡村教育数字化改革

中国城乡融合进程始终秉持现代化转型与传统文化存续的协同路径，因而数字经济时代的乡村教育革新需以守护乡村教育本体价值为内核。在数字化改革实践中，既要充分借鉴城市教育先进经验，释放数字技术赋能潜力，也需维系乡村教育的主体性特征，规避其独特教育生态的消解风险。

第一，立足乡村教育演进的本体逻辑，构建城乡均衡化治理导向。传统认知中将城市教育视为现代化标杆、乡村教育归为传统性代表的二元对立框架，在当今社会已显失当。城乡教育系统在各自文化土壤中呈现差异化发展轨迹，现代性与传统性在数字经济语境下呈现交织互鉴态势。乡村教育数字化改革应摒弃对城市教育模式的机械移植，更需规避单纯通过模仿城市路径弥合教育鸿沟的思维定式。其根本出路在于：立足乡村教育主体价值内核，精准对接乡村学习者实际需求，探索数字媒介与传统教育形态的融合范式，以教育治理现代化为参照系，创新具有乡村特质的数字化转型路径。

数字经济驱动下的城乡教育融合，需在中国式现代化目标框架内激活乡村教育内生动力。当前乡村教育亟须突破的核心任务在于推进多元化与数字化的协同发展。历史维度审视，我国教育现代化进程起步较晚，乡村地区受传统农耕文明影响尤深，与现代化教育理论的系统化融合存在迟滞。相较而言，城市教育体系更早接触并适应现代化转型需求。因此，乡村教育数字化改革需创造性转化经典现代化理论精髓，深度融入“理性精神引领的工业化、民主化、法治化”理论内核①，这与新时代提升“科学执政、民主执政、依法执政”能力的治国理念形成价值共振，亦契合乡村教育既保持文化独特性又实现现代化转型的双重诉求。本质上，数字经济赋能并非对城市教育范式的简单追随，而是以乡村教育数字化转型需求为导向，通过系统梳理现代教育理论体系、夯实乡村教育制度基础、创新数字技术应用场景，最终实现乡村教育质量的系统性提升与可持续发展。

第二，突破“技术过载”的认知桎梏，构建多元治理主体的协同机制。乡村教育领域的技术过载现象表现为行政主体持续投入数字技术与教育资源，却未能实现改革效能的同步提升，反而导致改革进程迟滞与系统

---

① 喻聪舟，温恒福．融合式教育现代化——新时代中国特色社会主义教育现代化的新趋势［J］．教育学报，2018，14（01）：21－26.

复杂性加剧。从宏观治理视角审视，数字技术赋能不应局限于基础设施铺设与大数据、物联网等技术堆砌形成的刚性改造。微观实践层面则需聚焦成本优化导向，通过数字化手段构建教育主客体间的协作关系。若仅以技术替代作为改革路径，既可能瓦解乡村教育固有生态，也将弱化数字技术的赋能价值。破解此困局的关键在于建立政府、社会组织、教育机构、技术专家与乡村主体的联动机制，通过多维主体的诉求整合与技术适配，激发教育数字化转型的内生动力。

在治理架构优化层面，需平衡传统垂直管理模式与数字技术赋能的横向拓展需求。行政主体应强化双重职能：既要依托数字技术精准监测改革进程，建立覆盖城乡的教育数据监测系统，更需构建系统性风险预警机制，通过数字治理工具识别改革中的结构性问题，确保城乡教育融合的渐进式发展。例如，在留守儿童教育领域，政府通过数字平台实现需求精准识别后，需联动社会力量共同构建专项教育基金、师资补充计划等立体化解决方案。

教育机构作为改革实施主体，须在政策执行与信息透明化方面发挥枢纽作用。既要建立政策落地的缓冲机制，平衡学生、家长与教师群体的权益诉求，也要借助数字平台实现教育资源调配的全程可视化，通过学费流向公示、社会资本使用追踪等举措，构建多方参与的监督体系。技术专家群体则需立足乡村教育本源，建立技术方案与乡土实际的动态调适机制，通过政—校—社三方联动的技术改进平台，确保数字工具与教育场景的深度适配。

第三，植根乡土文化基因，传承乡村教育的精神内核。作为乡村公共服务与基层治理的有机组成部分，乡村教育历来依托乡贤群体实现文化传承与社会整合。乡贤参与基层治理具有深厚历史根基，其核心价值在于双重社会功能：在公共事务领域，凭借道德感召力协调多元主体利益；在教育文化领域，依托儒学积淀承担知识传播使命。这种基于道德权威而非经济资本或行政权力的治理模式，有效增强了乡村社会的道德凝聚力与文化认同感，尤其在教育启蒙阶段构成了数字化改革不可或缺的文化基质。

数字经济浪潮下，乡贤传统权威面临双重解构压力：既遭遇城市现代性教育理念的冲击，又受技术理性扩张带来的文化稀释效应。为此，需构建新乡贤引领的数字化教育生态，在技术变革中延续乡村教育的精神谱系。区别于传统乡贤，新型知识群体需兼具三重特质：恪守传统伦理规范、掌握数字技术素养、适应民主化治理需求①。实践中需规避新乡贤角色窄化为资源输送载体或职责过度集中于支教群体，应着力发挥其文化中介功能：通过搭建城乡人才流动通道，吸引技术精英参与乡土教育创新；借助本土化话语体系消解数字技术应用的文化排异反应，缓解教育空心化危机。

新乡贤的核心使命在于构建价值守护与技术适配的双向机制：一方面依托数字平台重构教育传播路径，通过可视化教学资源、沉浸式文化体验等方式活化乡土知识体系；另一方面建立文化缓冲带，在课程数字化过程中嵌入地方性知识模块，使城乡文化要素实现创造性转化。这种改革路径既保障了教育数字化与乡村文化主体性的辩证统一，也为破解城乡文化单向度融合困境提供了实践方案。

二、建立乡村医疗数字化体系

数字经济赋能乡村医疗本质上是医疗系统的深度变革，其核心在于构建基于城乡融合的医疗资源协同网络。传统医疗体系依托群体数据统计分析，各类医疗指标的获取均源于群体性统计，这种模式曾有效适配工业化社会需求。但医疗系统的演进方向必然走向共性基础与个性服务的辩证统一，而数字技术支撑的精准化、均等化特征正加速这一进程。通过数据互联与智能分析，既能突破地域限制实现医疗资源优化配置，又可保留乡村医疗服务的差异化特质，最终形成城乡互补的医疗生态格局。

第一，立足居民健康权益，再造医疗价值分配机制。数字经济的渗透正在解构传统医疗利益格局，促使政府机构、医疗机构、药企与科技公司重构协同关系。在此过程中，智能手机普及带来的信息平权效应，使居民健康需求成为驱动医疗体系变革的核心力量。新型医疗生态呈现两大转型特征：

其一是服务形态的多维延伸。数字医疗平台不仅承载问诊配药等基础

① 胡鹏辉，高继波．新乡贤：内涵、作用与偏误规避［J］．南京农业大学学报（社会科学版），2017，17（01）：20－29，144－145．

功能，更需构建涵盖城乡医疗资源对接、医患社群互动、医养金融支持的立体网络。通过建立城市三甲医院与乡村卫生所的远程协作系统，开发居民健康数据共享平台，形成动态优化的资源调配机制。这种变革将重塑药品定价、服务收费等价值分配环节，在提升价格透明度的同时，缓解城乡居民的医疗负担。

其二是支付体系的创新突破。传统乡村医保体系受制于筹资渠道单一与服务覆盖有限，难以满足数字化医疗发展需求。需构建“基础医保+商业补充+数字金融”的复合保障模式：一方面拓展新农合的数字结算功能，开发移动端医保凭证与异地报销系统；另一方面引入区块链技术建立医疗信用评估体系，使农民能够通过数字信贷解决大额医疗支出。同步推进支付方式数字化，整合第三方支付平台与医疗机构结算系统，形成覆盖诊前预约、诊中支付、诊后理赔的全流程电子支付闭环。

第二，构建数字技术驱动的乡村智慧医疗生态。数字医疗体系革新突破传统诊疗的空间约束，5G技术依托大带宽特性支撑高清影像传输与全息诊疗场景构建，其毫秒级时延特性使远程触觉反馈手术成为可能。通过设备互联协议实现医疗装备的智能组网，可缩减院内诊疗流程40%以上等待时长（据国家卫生健康委员会2022年数据）。云端数据中枢的建立不仅保障医疗信息的安全存储，更构建起城乡医疗数据的动态交互机制，为分级诊疗提供精准决策支持。

诊疗场景的延伸重构医患交互模式。便携式智能终端与可视化会诊系统使医务人员突破物理诊室限制，通过数字孪生技术实现病理特征的立体化呈现。对乡村患者而言，远程医疗平台有效破解跨区域就医的时空壁垒，中国互联网医疗发展报告显示，2023年基层群众通过数字医疗节约的就医成本较传统模式下降58%。这种变革实质是医疗资源拓扑结构的重塑——将中心化医疗资源网络转化为分布式智能节点，形成城乡医疗能力的协同增强效应。

具体实施路径包含三个维度：其一，搭建5G医疗专网，通过切片技术实现急诊救治、影像传输等关键业务的质量保障，构建覆盖县乡村三级医疗机构的实时通信网络；其二，开发智能转诊系统，运用AI算法动态匹配城乡医疗资源供需，建立基于患者电子健康档案的精准导诊机制；其三，部署AI辅助诊断平台，整合千万级医学影像数据库训练深度学习模型，使乡村医生获得三甲医院水平的影像识别能力，临床诊断准确率提升至96%以上（国家远程医疗中心2023年测试数据）。这种技术赋能的本质是通过数字基建弥合城乡医疗能力鸿沟，在保持乡村医疗生态独立性的同时实现服务能级跃升。

第三，以数字平台为依托，构建城乡医联体平台。我国现有医联体平台主要由政府主导的区域性医疗资源整合构成，通常包含区域内三级医院、二级医院、社区医院及村卫生室等机构。随着数字经济赋能力度提高，政府、大型医院与基层医疗机构在保持原有功能独立性的基础上，通过数字技术扩展协作边界，形成既保留传统职能又突破城乡壁垒的新型医联体架构。在此过程中，政府通过政策引导与资源调配，将核心医院的医疗资源、设备技术下沉至基层，三者间形成无制度壁垒的深度连接，构成数字医联体的核心协作模块。数字经济驱动下，传统单线运作模式转向以数字协同为主导的发展路径，实现医联体内数据、信息与服务的全域共享。

首先，建设数字医联体综合平台，打通数据交互通道。基于互联网与大数据技术整合政府、核心医院及基层机构的碎片化信息，构建统一的数据共享中心。纵向串联区域内各级政府与医疗机构层级，横向破除城乡信息隔阂，形成数字化、智能化的综合医疗数据网络。通过数据清洗与标准化处理，为医联体管理提供精准可靠的信息支撑，例如基层机构可实时调阅患者在上级医院的诊疗记录，避免重复检查造成的资源浪费。其次，创建数字医联体管理系统，优化医疗流程设计。运用数字经济扁平化特性，将政府、医院与基层机构置于协同平面上，对管理制度与运行机制实施数字化改造。围绕城乡居民健康需求，汇集政策制度、体制机制、资源配置等多元数据，构建涵盖数字化决策支持、智能资源调度、动态绩效评估的新型管理体系。例如通过AI算法分析区域疾病谱变化，自动调整医疗设备与专家资源的空间分布。最后，升级数字诊疗系统，强化分级诊疗实施效能。建立跨机构诊断数据共享中心，利用数字化技术串联城乡医疗机构的独立诊疗系统，为患者转诊提供无缝衔接的数据服务。同步构建“云端+终端”诊疗体系，通过数字化居民健康档案实现居家问诊、远程会诊等创新服务模式。

三、增强乡村文化数字化传播

乡村文化的数字化传播作为数字经济赋能城乡融合的关键载体，既能推动乡村数字化转型升级，也可借助数字技术促进城乡要素的优化配置，重构乡村文化生态与产业链条。当前我国乡村文化传播已形成良好发展态势，数字技术深度革新了传播主体、受众及渠道的交互体验，然而在基础设施配置、传播主体培育、系统化传播机制构建及文化生态环境营造等方面仍存提升空间。

第一，强化乡村文化传播基础设施均衡配置。我国区域间尤其是东西部与城乡间的数字化设施存在显著落差，部分欠发达乡村尚未构建完整的文化数字化传播设施网络，严重制约文化要素流通效率。需从城乡融合发展全局着眼，重点强化欠发达地区的数字化设施布局，通过中央财政转移支付与地方专项配套资金，降低数字终端设备及高速网络覆盖的初期投入门槛。着力推进智能终端普及工程与宽带乡村工程，构建稳定可持续的数字化文化共享网络。

针对基础设施更新迭代快、运维成本高的现实困境，建议建立基础设施全生命周期管理体系。设立数字化设施更新专项基金，实行资金使用动态监测机制，依托大数据分析预判设备损耗周期，确保资金精准投放至城乡融合重点领域。同步构建政企协同的投融资机制，通过税收优惠、PPP模式等政策工具引导社会资本参与，建立“建设—维护—更新”的良性循环体系，切实解决乡村文化传播设施持续运营的资金困境。

构建全域覆盖的数字化文化传播平台是基础建设的核心任务。应系统整合县域数字资源与文化IP，打造城乡联动的文化数据中枢，重点开发具备文化展示、电商服务、教育培训等多功能模块的综合性平台。建立乡村文化数字资源动态更新机制，运用区块链技术实现文化资源的溯源保护，依托云计算进行文化内容智能推送。通过基础设施的数字化改造降低文化传播边际成本，使数字红利渗透村民生产生活全领域，形成文化传播与产业发展的协同效应。

第二，强化乡村主体数字素养培育与价值转化机制。农民群体的数字化认知提升与能力建设是激活乡村文化传播内生动力的关键环节，需通过系统化培育实现数字技能与产业效益的双向转化。

首先，构建线上线下融合的培训体系，重点破解知识接受障碍。依托地方文化站所建立数字化教育中心，遴选通晓方言的乡贤能人组建教学团队，开发适配乡村认知特点的课程体系。同步在主流社交媒体开通“乡村数字课堂”专栏，采用短视频教程、云端答疑等形式，构建“数字先锋带动普通农户”的传帮带机制，形成可持续的能力提升生态。其次，打造政企农协同的数字化聚合平台，破解资源碎片化困局。通过搭建县域文化大数据中枢，建立政府监管端、企业服务端与农户应用端的三维交互界面，实现文化资源、市场渠道与传播主体的精准对接。重点开发文化传播众创模块，支持小农户通过云端协作开展文化产品联合开发，借助平台流量优势打通城乡文化消费市场，防范乡村主体在数字化转型中的边缘化风险。最后，深化数字技能向经济价值的转化通道。实施“乡村文化 IP 孵化计划”，指导农户运用短视频创作、直播互动等工具，系统化展示民俗技艺、生态景观等特色资源。建立文旅融合转化机制，联合携程、同程等平台开设“乡土文化体验专区”，通过流量扶持培育乡村网红打卡地。完善“数字传播 + 特色产业”的收益分成模式，引导农户从文化传播参与者升级为利益共享者，形成数字化能力提升与经济效益增长的良性循环。

第三，构建乡村文化数字化传播价值转化系统。乡村文化的数字化传承与创新性发展是激活文化产业动能的核心命题，需通过系统化工程实现文化资源向文化资本的战略性转化。

首先，建立文化遗产数字化基因库是价值转化的基础支撑。运用三维建模、全景影像等技术对古村落建筑群、传统手工艺等物质与非物质文化遗产进行高精度数据采集，构建分级分类的数字资源管理体系。重点开发云端文化档案共享平台，联合字节跳动、小红书等互联网企业打造“乡村文化数字展厅”，运用区块链技术实现文化 IP 的溯源确权，通过 VR 虚拟漫游、AR 场景还原等技术手段增强文化呈现的交互性，形成“数字采集—云端存储—智能解析—多元传播”的全链条保护机制。其次，创新文化体验的数字化表达范式是价值提升的关键路径。着力开发沉浸式文化体验产品体系，运用元宇宙技术搭建虚拟乡村文化社区，设计线上农耕体验、非遗技艺教学等交互模块。建立文化元素数字化萃取标准，将剪纸、年画等传统艺术转化为可进行二次创作的数字素材库，支持设计师通过 AI 辅助工具开发文创衍生品。重点培育“数字文化 +”融合业态，例如开发基于地理信息的乡村文化研学 APP，嵌入 AR 实景导航与文化讲解功能，实现线下体验与线上传播的闭环联动。最后，构建乡村文化国际传播新格局是价值延伸的战略方向。依托“数字丝绸之路”建设框架，联合孔子学院等机构打造多语种文化传播矩阵，开发适配国际受众认知习惯的数字化叙事产品。建立“国家文化数字贸易港”，遴选具有代表性的乡村文化 IP 进行国际化包装，通过亚马逊、ETSY 等跨境平台推动数字文化产品出海。重点培育数字文化贸易龙头企业，构建“政府引导 + 企业运营 + 农户参与”的协同机制，运用大数据分析国际市场需求，动态优化文化产品供给结构，最终形成具有全球竞争力的乡村文化数字传播体系（见图 8 - 1）。

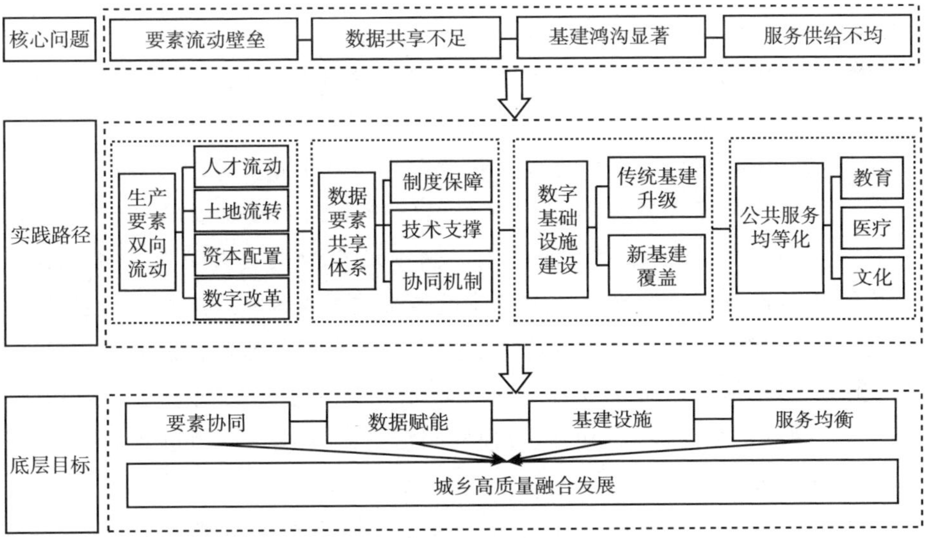

图 8 - 1　数字经济赋能城乡高质量融合发展的实践路径

第五节　本章小结

本章从城乡生产要素双向流动、数据要素共享协同、基础公共设施一体化以及基本公共服务均等化等维度出发，提出数字经济赋能城乡融合发展的系统化路径。具体而言：首先推进全要素数字化改革与数据要素市场化配置；其次通过数字基建升级与城乡一体化机制构建新型发展基础；再次以数字经济促进公共服务资源均衡配置；最后建立数据要素流通共享机制。四维体系协同发力，共同驱动城乡高质量融合发展。

以数字经济赋能城乡融合发展是我国破解城乡二元结构的创新实践，在缩小城乡差距、重塑要素配置、促进城乡互融中展现出显著优势。基于理论分析与国内外实践经验，笔者认为需重点围绕生产要素自由流动、基础设施一体建设、公共服务均等供给、数据要素共享协同四大核心领域展开突破。具体实施路径如下：

第一，深化全要素数字化改革与数据要素市场化配置。人才要素方面，构建“引育结合”的数字化人才生态，依托数字技术搭建城乡人才共享平台，通过远程协作系统实现专家资源跨域调配。土地要素方面，建设全国统一的国土空间数字底板，开发智能合约驱动的土地流转区块链系统，实现权属确认、交易撮合、金融服务的全链数字化。资本要素方面，建立城乡产业资本数字化监测平台，运用机器学习算法优化涉农信贷风险评估模型，引导社会资本精准投入智慧农业、乡村旅游等融合性产业。

第二，构建城乡数据要素共享共同体。建立“政府引导—市场主导—社会参与”的数据要素流通机制，制定城乡数据资源分类分级标准，开发数据资产登记确权平台。重点建设县域数据要素交易市场，打通涉农数据、生态数据、文化数据等特色数据资源的市场化流通渠道。构建城乡数据安全共享体系，采用联邦学习、隐私计算等技术实现数据“可用不可见”，建立数据跨境流动的风险预警与应急响应机制。通过数据要素的城乡双向赋能。

第三，激活乡村数据资源潜力，形成“城市技术赋能乡村、乡村数据反哺城市”的共生发展格局。构建城乡融合型数字基础设施体系。传统基建领域，打造“云管端”协同的城乡基础设施物联网，重点推进智慧水利系统、数字化电网、智能物流网络的跨域互联，建立基础设施状态实时监测与预警平台。新型基建领域，实施城乡 5G 基站共建共享计划，在县域层面统筹布局云计算中心、边缘计算节点与 AI 算力网络，构建“城市核心节点—乡镇边缘节点—农村终端触点”的三级数字基建设施架构，实现算力资源的弹性调配与成本共担。

第四，创新基本公共服务数字化供给模式。在教育领域，建设城乡教育数字共同体，开发“名师课堂 + AI 助教”的混合教学模式，建立城乡教师数字化教研协作平台。在医疗领域，构建基于数字孪生技术的城乡医联体，通过远程手术指导系统、智能分诊平台实现医疗资源动态匹配。在文化领域，打造城乡文化数字资源池，运用元宇宙技术构建虚拟文化共享空间，实现非遗展演、民俗活动的跨地域实时交互体验。

第九章　数字经济赋能城乡高质量融合发展的政策建议

基于前文的理论探讨、现状分析以及实证研究结果的系统总结，最终提炼出核心研究结论，并以此为基础为推进数字经济的发展和促进城乡高质量融合提供针对性的参考建议。

第一节　制定区域差异化政策　推进区域协调发展

一、制定差异化的城乡融合策略

基于区域异质性特征，需构建分类指导的政策体系推进城乡数字融合。在东部发达地区，政策重心应置于数字创新生态的能级提升。基于其显著的数字化先发优势，需着力构建“技术研发—产业应用”的双向赋能机制：一方面通过建设数字技术协同创新平台，加速人工智能、区块链等前沿技术的城乡渗透；另一方面建立智慧城市与数字乡村的要素对流通道，依托数字孪生技术优化城乡产业协作网络。重点完善技术创新扩散的制度环境，建立涵盖知识产权保护、算力资源共享的数字经济治理体系，推动城乡生产要素实现高阶协同。

针对中部转型区域，政策创新需聚焦数字红利的均衡分配。应建立数字经济与实体经济深度融合的约束性框架，重点构建三重复合机制：其一，实施产业数字化动态监管制度，规避数字技术对县域要素的虹吸效应；其二，创新“链式治理 + 数字中台”协同模式，保障中小城镇在区域产业链中的增值收益；其三，完善数字基础设施建设的跨区域补偿机制，通过财政工具创新平衡城乡数字资源配置。这些机制共同构成防范数字鸿沟扩大的制度屏障。

在西部生态功能区，政策设计应凸显数字技术的转型赋能价值。重点构建“数字—生态—经济”三位一体的发展范式：通过部署泛在感知网络实现生态资源数字化确权，建立生态产品价值实现的数字转化通道；培育智慧农业与数字文旅融合业态，延伸特色产业链条；创新数字金融工具与服务模式，破解生态经济发展的融资约束。这种系统化路径既强化了生态保护与经济发展的协同性，也拓宽了乡村振兴的实现维度。

二、优化数字经济资源配置 加强区域合作

在促进区域协调发展过程中，需构建多维度联动的资源配置机制。首先，通过建立跨行政区的数字经济要素流转体系，重点完善数据资源确权、交易、共享等制度设计，引导创新要素在空间维度实现梯度化配置。针对区域发展梯度差异，在长江三角洲、珠江三角洲等成熟经济圈层，着力打造数字要素交易枢纽平台，建立基于区块链技术的数据要素确权登记系统，推动算力资源、数字人才、技术专利等高端要素的跨区域流动。同时在中西部资源富集区实施数字要素定向输送计划，通过“东数西算”工程构建算力资源调度体系，依托国家算力枢纽节点实现能源优势与数字经济的价值转化。其次，强化区域合作需创新制度供给与实施机制。建议构建“政府引导 + 市场主导 + 社会参与”的三元协同模式，在京津冀、成渝双城经济圈等战略区域试点数字资源共享机制。建立区域数字基建共建共享清单制度，统筹规划 5G 基站、数据中心、工业互联网标识解析节点等新型基础设施的布局。重点建设跨区域数字权益交易平台，探索数据资产质押融资、数字技术跨境交易等市场化配置方式。同时建立区域数字经济联席会议制度，定期开展数字技术联合攻关、数字人才联合培养、数字治理经验交流等活动，形成“研发在核心城市—转化在周边区域”的协同创新网络。最后，完善区域协同发展的保障体系，建立数字经济跨区域协作的激励约束机制。推行数字税收协调政策，对跨区域数字经济项目实行税收分成制度，建立基于数字产出的利益补偿机制。构建数字经济区域协同指数评价体系，从要素流动效率、技术溢出效应、产业协同程度等维度建立动态监测评估系统。在重点城市群实施数字经济“飞地经济”

创新工程，支持发达地区与欠发达地区共建数字产业园区，通过“管理输出+资本合作+技术转移”模式形成跨区域价值链分工体系。同时建立数字经济风险联防联控机制，针对数据安全、平台垄断、数字鸿沟等共性问题制定区域协同治理方案。

第二节　加快数字基础设施建设　提供城乡高质量融合发展的技术支持

一、强化顶层设计　制定全面的统筹规划

数字基础设施作为数字经济时代的战略性公共产品，其建设水平直接关乎城乡要素流动效率、资源配置能力与融合发展深度。

第一，首要任务是确立城乡数字基础设施建设的目标体系与实施重点，将城市与乡村作为有机整体进行系统性规划，推进5G基站、数据中心、光纤网络等关键设施的均衡布局。各地需结合区域经济发展特征及地理环境，制定差异化的实施方案，保障城乡数字基础设施协同发展。同时需构建跨部门协同工作机制，由专职机构统筹协调资源配置、项目审批等关键环节，破解传统行政壁垒对项目推进的制约。

第二，针对农村数字基础设施建设滞后于城市的发展现状，亟须强化财政资金对乡村数字化转型的支撑作用。当前农村地区普遍存在建设资金匮乏、运维成本高企、网络覆盖参差、农民数字素养薄弱等发展瓶颈，严重制约数字经济与城乡融合进程。建议通过设立乡村振兴数字基建专项资金，重点支持农村网络升级和智慧农业项目，同时创新投融资机制，采用PPP模式引导社会资本参与，配套实施税收减免、用地指标倾斜等激励政策，形成政府主导、多方参与的可持续投入机制。

第三，构建全流程监管体系是保障规划有效实施的重要环节，需建立涵盖项目立项、资金使用、工程质量的动态监控机制。建议成立由行业主管部门、技术专家组成的联合督查组，定期开展项目审计与质量抽检。同步构建以网络覆盖率、数字服务渗透率、用户满意度为核心的多维评估模型，通过季度评估与年度总结相结合的方式，建立“监测—评估—反馈”

的闭环管理系统，为规划动态优化提供科学依据。

二、重视创新能力与人才培养 增强数字基础设施的赋能效应

数字基础设施的效能释放本质上依赖于创新生态的活跃度与人才资源的适配性。

第一，培育创新动能，构建协同发展机制。首要任务是构建创新生态体系，通过多元路径释放城乡数字创新活力。在电商发展基础较好的农村区域，可组织新型职业农民数字技能培训，重点强化农产品线上营销、直播带货等实操能力，培养数字化创业思维。同步开展城乡联动的数字创新主题系列活动，如数字经济创新创业大赛、智慧农业技术博览会等，搭建城乡创新要素交流平台。深化产学研协同创新机制，依托城乡共享的数字创新中心，推动高校科研团队与农业合作社、家庭农场等新型经营主体建立技术合作联盟。重点突破适应农村场景的智能传感设备研发、农产品溯源大数据平台构建等关键技术，通过科研机构提供技术解决方案、农村主体反馈应用场景的良性互动，形成技术研发与产业应用的闭环系统。

第二，完善人才引育体系，强化智力支撑保障。构建梯度化人才引育机制是破解城乡数字鸿沟的关键。在人才引进方面，应创新实施"数字乡村英才计划"，对参与农村数字基建的通信工程、信息技术等领域人才，给予岗位津贴、职称评定倾斜等政策激励，配套建设人才公寓、优化随迁子女入学服务等保障措施。建立数字基建项目与人才评价的联动机制，设立"数字乡村建设突出贡献奖"，将项目参与度纳入专业技术人才考核体系。在人才培养维度，实施城乡差异化的数字素养提升工程：针对农村群体开设"数字技能普及课堂"，系统讲授移动支付工具操作、社交媒体平台应用等基础技能；面向城市从业者则开展数据分析师、人工智能训练师等中高端数字职业资格认证培训。此外，可创建城乡数字人才联合培养基地，重点培育智慧农业工程师、数字文旅策划师等复合型人才，通过建立城乡人才创业孵化中心，引导城市技术人才与农村经营主体组建数字农业合作社、乡村旅游数字化运营公司等混合所有制实体，实现城乡人才资源的优化配置与协同创新。

三、深化系统观念　因势利导促进城乡融合发展

鉴于数字基础设施对城乡融合发展产生的影响效果因不同区位、不同城市规模而存在差异，因此，要发挥优势地区示范带动效应，根据各地区差异因势利导、因地制宜促进城乡融合发展。

第一，通过建立“核心带动—梯度辐射”的发展模式，在东部发达地区重点打造数字城乡融合示范区，依托其产业集聚优势，引导智能制造、工业互联网等高端产业环节向城郊及县域梯度转移，形成“总部研发在城市、生产制造在乡村”的产业协作体系。对于中部承接区域，应创新产业转移承接机制，在数字产业园区建设中嵌入劳动力技能适配模块，建立农业剩余劳动力数字化技能档案库，实现转移产业与本地人力资源的精准对接。西部地区需立足生态资源禀赋，着力构建绿色数字产业链，重点发展基于区块链技术的农产品溯源系统、依托 VR/AR 技术的生态文旅体验项目，探索生态价值数字化转化路径。

第二，着力推进“数字技术赋能 + 公共服务重组”的双轮驱动战略。整合教育云平台与远程医疗系统资源，构建城乡公共服务数字中台，实现优质资源智能匹配与按需调度。重点在县域层面建设数字公共服务枢纽站，开发具备政策推送、事项办理、资源预约等功能的政务 APP，建立城乡居民数字身份认证互通机制。对于西部及中小城市区域，实施“云服务下乡”专项行动，通过建设“5G + 远程医疗协作网”、AI 名师课堂共享系统，破解优质公共服务资源的地理阻隔。同步推进城乡政务服务标准互认工程，在社会保障、就业创业等领域率先实现服务流程、数据接口、评价体系的全面统一，构建城乡公共服务共同体。

第三，破除要素流通壁垒，构建高效联通网络。在数字基础设施较为完善的东部发达城市群，重点推进新型数字基础设施建设迭代工程，部署边缘计算节点与智能感知网络，构建低时延、高可靠的城域工业互联网体系，显著增强其对周边区域的要素配置辐射效能。对于中西部及中小城市区域，创新实施“数字桥梁计划”，通过混合组网技术实现光纤与微波传输协同覆盖，开发适应复杂地形的模块化基站，重点突破“最后一公里”接入瓶颈。同步构建跨区域数字要素交易平台，运用智能合约技术实现城乡土地、技术、数据等要素的跨域确权与可信流转，形成全域要素流通的

数字化支撑体系。

第四，创新生态治理模式，完善可持续发展机制。建立“数字赋能+生态共治”的城乡协同治理框架，在生态治理领域构建天地空一体化监测网络，整合卫星遥感、地面传感与无人机巡检数据，建立涵盖大气、水体、土壤指标的城乡生态数字孪生系统。典型案例显示，在流域综合治理中可形成“城市技术支撑+乡村运维管理”的协作模式——城市科研机构搭建水质智能预警模型，农村环保组织配备移动监测终端，构建污染源溯及责任认定的区块链存证机制。针对西部生态脆弱区，重点开发基于机器学习的生态承载力评估系统，建立生态红线智能预警响应机制，通过数字孪生技术模拟不同发展方案的环境影响，为制定差异化城乡融合路径提供决策支持。

第三节 打破要素壁垒 推进城乡要素的有序流动

一、提升要素流动效率 推进城乡产业结构转型升级

要素流动效率的优化是重构城乡经济循环的底层逻辑，需通过数字技术赋能土地、资本、数据等要素的跨域流通，破解传统要素配置的时空错配与制度性阻滞。

第一，着力构建以数字化为引擎的现代农业生产体系，通过物联网感知、大数据决策、智能装备执行等技术集成，实现农业生产全过程的精准化管控与要素高效配置。重点推进农业传感器网络覆盖工程，在粮食主产区与特色农产品优势区部署土壤墒情监测、作物生长识别、病虫害预警等智能终端设备，构建“天—空—地”一体化的数字农业监测体系。同步实施农业生产管理数字化改造工程，开发覆盖种植规划、农资调度、农机协作的智慧农业操作系统，推动传统农户向“数字新农人”转型。

第二，在培育农业新型业态方面，应深化“数商兴农”战略实施路径，依托跨境电商综合试验区与国家级电子商务示范基地建设，构建“产地云仓+县域共配+社区直供”的农产品数字化供应链体系。重点打造区域性农产品直播电商基地，培育具备地理标志品牌运营能力的数字化

营销主体，实现农产品溢价增值与市场半径的指数级扩展。针对乡村旅游领域，开发基于增强现实（AR）技术的文化遗产数字体验项目，构建“线上虚拟景区+线下智慧导览”的沉浸式服务体系，推动自然景观与数字内容的深度融合。

第三，强化城乡产业联动需构建“数字技术渗透—要素重组—价值重构”的传导机制。在县域层面实施产业链数字化升级工程，通过工业互联网平台打通农产品精深加工、冷链物流、质量溯源等环节的数据壁垒，形成“田间到餐桌”的全链条数字化闭环。重点建设城乡产业协同发展示范区，引导城市资本、技术、数据等要素通过数字化平台向乡村流动，培育智慧农业服务、乡村共享经济、数字文创等融合型产业。同时完善城乡统一的要素交易市场体系，探索建立农村集体数据资产确权登记制度，推动土地经营权、农业科技成果等要素在城乡间的数字化流转与市场化配置。

二、推进要素的市场化进程

深化要素市场化改革需构建城乡统一的要素确权交易体系，利用区块链智能合约技术实现要素定价机制透明化，激活城乡要素的资产化潜能与市场活力。

第一，加快构建全域覆盖的要素数字化交易体系，重点建设农村产权交易数字化平台，将土地承包权、集体经营性建设用地、宅基地使用权等12类涉农产权纳入区块链存证系统，实现城乡要素权属登记、价值评估、流转交易的全程线上化操作。在长江三角洲、粤港澳大湾区等区域试点“数据要素跨域流通枢纽”，建立基于隐私计算技术的数据要素分级分类交易机制，推动城乡间劳动力流动数据、农产品消费数据、生态资源价值数据的市场化配置。

第二，深化要素市场化改革需创新数字金融工具应用。依托数字交易平台开发“三农”供应链金融服务模块，整合农业订单数据、农机作业数据、农产品物流数据，构建新型农业经营主体信用画像体系。重点推广土地经营权数字化质押融资模式，通过遥感监测与智能合约技术实现抵押物动态估值与风险预警。同步推进生态要素数字化交易，在重点生态功能区开展林业碳汇、湿地碳汇等生态产品的区块链确权登记，探索建立

“数字碳汇质押贷款+碳交易市场”的联动机制。

第三，强化要素市场运行效率需完善数字治理体系。建立城乡统一的要素交易监管云平台，集成市场准入、交易备案、风险监测等功能模块，运用大数据分析技术识别跨区域要素流动异常波动。在成渝双城经济圈等区域开展要素交易智能合约试点，通过预设触发条件实现土地流转租金自动结算、数据交易收益智能分账。重点构建要素价格数字发现机制，基于全国统一大市场建设要求，开发涵盖劳动力、资本、技术等八大要素的数字化价格指数体系，为城乡要素市场化配置提供动态基准参考。

三、推进基本公共服务的均等化

公共服务均等化是城乡融合发展的社会基石，应依托数字基础设施构建资源智能调度系统，通过服务标准互认与数据共享机制弥合城乡公共服务供给落差。

第一，构建全域覆盖的城乡数字服务网络，重点实施“云网端”一体化数字基座工程。在县域层面统筹部署5G基站、北斗增强系统与物联网感知节点，推进农村水利、交通、能源等基础设施的数字化改造，实现城乡物理空间与数字空间的实时映射。依托数字孪生技术构建“一村一屏”智能治理平台，整合基层党建、网格管理、应急响应等12类乡村治理场景，通过智能感知终端实现环境监测、治安防控、灾害预警等功能的精准触达。

第二，深化“互联网+政务服务”改革需突破行政壁垒与技术瓶颈。建设省级政务区块链平台，将社保、医疗、教育等38项高频公共服务事项纳入链上办理体系，通过智能合约技术实现城乡服务申领资格自动核验、业务跨域协同办理。在西部偏远地区推广“数字政务服务驿站”模式，部署集成人脸识别、电子签章、远程审批功能的智能终端设备，构建“乡镇受理—县级审核—省级备案”的政务服务直通机制。重点开发适老化、适农化数字界面，建立方言语音交互、图文辅助解读等无障碍服务模块，切实提升农村居民的数字服务获得感。

第三，培育城乡要素双向流动环境需创新制度供给。建立城乡统一的基本公共服务标准动态调整机制，运用大数据技术分析城乡居民医疗、教育、养老等服务需求差异，构建基于人口流动特征的公共服务资源智能调配模型。在长江三角洲生态绿色一体化发展示范区等区域试点“数字服务积分通兑”制度，允许城乡居民通过参与数字乡村建设、智慧社区治理等公共服务获取跨区域通行的数字权益。同步推进数字信用体系建设，将农村新型经营主体参与电商经营、数字技能培训等行为纳入信用评价体系，完善基于信用等级的公共服务优先供给机制。

第四节　优化数字经济资源配置　加强区域合作

一、引导资源合理流动

数字经济资源的空间配置需遵循“效率优先、兼顾公平”原则，建立基于区域发展能级的梯度补偿机制，实现创新要素向增长极集聚与基础要素向薄弱区辐射的动态平衡。

第一，构建数字经济要素梯度配置体系，重点建立“数字资源交易平台＋要素流转机制”的双轮驱动模式。在京津冀、长江三角洲等城市群试点数字要素确权交易中心，运用区块链技术对数据资源、数字专利等新型生产要素进行权属登记与价值评估，形成“基础数据共享池—增值数据交易网”的分层配置架构。通过智能合约技术设定数据资源使用权限与收益分配规则，实现跨区域数字要素流动的精准计量与自动结算。针对中西部算力枢纽节点区域，实施“算力资源定向输送计划”，依托国家工业互联网标识解析体系，构建覆盖能源供给、数据传输、算力调度的智能匹配系统。

第二，深化政策工具的数字化转型应用，建立基于大数据的资源流动动态监测平台。整合工商登记、税收缴纳、专利申报等12类涉农经济数据，构建区域数字经济资源热力图，实时预警资源错配与过度集聚风险。在成渝双城经济圈等区域推行“数字招商负面清单”制度，通过机器学习算法分析产业链拓扑结构，对低效重复建设项目实施智能拦截。同步建立数字税收补偿机制，对向欠发达地区转移算力设施、共享数据资源的企业，给予增值税留抵退税与研发费用加计扣除等政策激励。

第三，强化区域协同需创新要素流动载体。重点建设跨行政区的

"数字飞地经济示范区"，在粤闽浙沿海城市群试点"总部研发在中心城市—数据加工在县域基地"的分布式协作模式。建立数字经济要素跨域流通的"电子路条"制度，对涉及城乡融合的重大数字基建项目实行审批备案电子通行证管理，破除行政壁垒导致的要素滞留。在长江中游城市群构建数字航运交易平台，通过船舶 AIS 定位数据与港口装卸数据的智能匹配，实现城乡物流、资金流、信息流的实时联动与精准调度。建立数字经济资源利用效率评价指数，从要素周转率、技术渗透率、产出贡献率等维度构建动态评估体系，为优化资源配置提供决策依据。

二、鼓励邻近地区建立数字经济合作平台

区域协同发展需突破行政壁垒，通过共建数字产业联盟与算力共享中心，打造"基础设施互联、数据标准互通、应用场景互嵌"的跨域协作生态。

第一，创新区域协同发展机制，建立跨行政区的数字经济联席会议制度，定期开展数字技术研讨、政策协调、案例分享等专题活动。重点构建"数据资源共享池"运行机制，制定政务数据、产业数据、科研数据的分级分类共享标准，在京津冀、长江三角洲等区域试点建设分布式数据资源联合目录库，通过联邦学习技术实现数据"可用不可见"的安全流通。针对数字技术应用的负向溢出效应，设立区域联合攻关项目库，聚焦算法歧视治理、平台垄断规制、数字鸿沟消解等共性难题，建立"问题共商—技术共研—成果共享"的协作模式。

第二，深化区域协同需强化规划引领作用。建议由国家发展和改革委员会牵头编制跨省域数字产业空间布局规划，基于各区域要素禀赋绘制数字经济产业链全景图谱，实施差异化产业发展目录清单。在长江经济带推行"链长制"升级版，建立重点数字产业链跨区域协调专班，通过智能算法动态监测产业链节点布局，对可能出现的同质化竞争实施红黄牌预警。在粤港澳大湾区试点建设数字产业协同创新走廊，建立"广深港澳研发—珠江三角洲转化—粤东西北配套"的梯度分工体系，形成核心城市与周边区域协同共生的数字产业生态。

第三，完善区域协同载体需构建多层级的合作平台体系。在省级层面建设数字经济协同发展促进中心，集成项目对接、人才交流、技术交易等

八大功能模块，开发覆盖项目全生命周期的数字化管理平台。在地市层面建立数字经济飞地园区利益共享机制，探索“总部经济在中心城市—数据中心在能源富集区—应用场景在县域”的分布式布局模式。重点建设跨区域数字技术转移中心，构建包含专利池共建、技术作价入股、收益分成协商等环节的数字化协作系统。同步建立区域数字经济安全联防联控平台，对数据跨境流动、算力设施防护、算法安全审计等风险实施联合监测与应急响应。

第四，健全区域合作保障体系需创新政策工具组合。建立数字经济跨区域投资统计与税收分成制度，对联合建设项目实施“产值分计 + 税收共享”机制。在成渝地区试点数字经济“飞地经济”统计改革，开发区域协同发展可视化监测系统，实时追踪数字要素流动强度与产业协作效能。设立区域协同发展专项基金，通过政府引导资金与社会资本配比投入，重点支持数字基建互联互通、数字技术联合攻关、数字人才联合培养等关键领域，形成“财政资金 + 产业基金 + 社会投资”的多元化投融资体系。

第五节　本章小结

数字经济作为推动城乡高质量融合发展的重要引擎，需通过系统性政策设计破除体制机制障碍。本章从区域协调、技术支撑、要素流动、资源配置四个维度提出政策建议，形成具有空间差异性与实施协同性的政策框架，为构建新型城乡关系提供实践路径。

在区域协调发展层面，需建立分类指导的差异化政策体系。针对东、中、西部资源禀赋与城乡融合阶段差异，制定梯度化发展策略。东部地区重点推进数字技术深度赋能乡村产业升级，构建城乡创新共同体；中西部地区着力完善数字基础设施网络，强化中心城市辐射能力。同时，需建立跨区域要素共享平台，通过“飞地经济”模式推动数字经济资源跨域配置，构建“核心—边缘”协同发展格局。这种差异化路径既能避免政策同质化带来的资源错配，又可强化区域间优势互补。

数字基础设施建设作为技术支撑体系的核心，应注重系统性与前瞻性布局。政府需强化顶层设计，建立涵盖硬件部署、数据标准、安全规范的统一技术架构，重点解决农村地区“最后一公里”接入难题。在5G基站、大数据中心等新型基础设施建设中，推行“政府引导+市场运作”的PPP模式，探索基础设施共建共享机制。同时，实施数字素养提升工程，通过“校地合作”“订单培养”等方式构建数字人才梯队，确保技术赋能效应有效传导至基层。

破解要素流动壁垒需构建市场化配置机制与公共服务补偿机制双向发力。一方面，应深化要素价格形成机制改革，建立城乡统一的土地、技术、数据要素交易平台，运用区块链技术实现要素确权与溯源。另一方面，通过数字技术推动公共服务供给侧改革，构建“云服务+基层网点”的混合供给模式，重点加强远程医疗、在线教育等数字服务在农村地区的渗透率。值得注意的是，要素市场化改革需与户籍制度、社会保障制度改革协同推进，形成“人—地—钱”联动的制度创新组合。

在资源配置优化方面，应构建多层次的区域合作体系。中央政府需完善数字经济税收分配机制，建立区域利益协调基金，引导发达地区数字产业向欠发达地区有序转移。鼓励相邻城市群建立数字经济协同发展试验区，探索“总部经济+生产基地”“研发中心+应用基地”等合作模式。特别需要建立数字经济风险预警机制，通过动态监测平台防范区域数字鸿沟扩大风险。这种合作机制既能提升资源配置效率，又可避免重复建设导致的资源浪费。未来研究可进一步探讨政策组合的边际效应与区域响应差异，为政策精准实施提供理论支撑。

附　件

附表 1　　　　我国城乡关系一系列相关文件

时间	文件名	具体措施
1982 年	《全国农村工作会议纪要》	包产到户、包干到户或大包干
1983 年	《当前农村经济政策的若干问题》	家庭联产承包责任制
1984 年	《关于一九八四年农村工作的通知》	土地承包期
1985 年	《关于进一步活跃农村经济的十项政策》	取消农副产品统购派贬制度
1986 年	《关于一九八六年农村工作的部署》	肯定农村改革的方针政策
2004 年	《关于促进农民增加收入若干政策的意见》	农民增收
2005 年	《关于进一步加强农村工作，提高农业综合生产能力若干政策的意见》	提高农业综合生产能力
2006 年	《关于推进社会主义新农村建设的若干意见》	社会主义新农村建设
2007 年	《关于积极发展现代农业，扎实推进社会主义新农村建设的若干意见》	现代农业
2008 年	《关于切实加强农业基础设施建设，进一步促进农业发展农民增收的若干意见》	农业基础设施建设
2009 年	《关于促进农业稳定发展农民持续增收的若干意见》	农业稳定发展
2010 年	《关于加大统筹城乡发展力度，进一步夯实农业农村发展基础的若干意见》	统筹城乡发展
2011 年	《关于加快水利改革发展的决定》	水利改革发展
2012 年	《关于加快推进农业科技创新，持续增强农产品供给保障能力的若干意见》	农业科技创新

续表

时间	文件名	具体措施
2013 年	《关于加快发展现代农业，进一步增强农村发展活力的若干意见》	现代农业
2014 年	《关于全面深化农村改革加快推进农业现代化的若干意见》	农村改革
2015 年	《关于加大改革创新力度，加快农业现代化建设的若干意见》	农业现代化
2016 年	《关于落实发展新理念　加快农业现代化实现全面小康目标的若干意见》	农业现代化
2017 年	《中共中央、国务院关于深入推进农业供给侧结构性改革加快培育农业农村发展新动能的若干意见》	农业供给侧结构性改革
2018 年	《中共中央、国务院关于实施乡村振兴战略的意见》	乡村振兴
2019 年	《中共中央 国务院关于坚持农业农村优先发展做好“三农”工作的若干意见》	坚持农业农村优先发展
2020 年	《中共中央 国务院关于抓好“三农”领域重点工作确保如期实现全面小康的意见》	脱贫攻坚和全面小康
2021 年	《中共中央 国务院关于全面推进乡村振兴加快农业农村现代化的意见》	走中国特色社会主义乡村振兴道路，加快农业农村现代化
2022 年	《关于推进以县城为重要载体的城镇化建设的意见》	县城是城乡融合发展关键支撑
2023 年	《新型城乡关系新在何处》	我国城乡关系正在发生新变化
2024 年	“中央一号文件”	推进乡村全面振兴

附表 2　　2015 年、2017 年、2020 年、2022 年各省城镇化率（%）

地区	2015 年		2017 年		2020 年		2022 年	
	数值	排名	数值	排名	数值	排名	数值	排名
上海	88.53	1	89.1	1	89.3	1	89.33	1
北京	86.71	2	86.93	2	87.55	2	87.57	2
天津	82.88	3	83.57	3	84.7	3	85.11	3

续表

地区	2015 年		2017 年		2020 年		2022 年	
	数值	排名	数值	排名	数值	排名	数值	排名
广东	69.51	4	70.74	4	74.15	4	74.79	4
辽宁	68.05	5	69.49	6	72.14	7	73	7
江苏	67.49	6	70.18	5	73.44	5	74.42	5
浙江	66.32	7	68.91	7	72.17	6	73.38	6
福建	63.22	8	65.78	8	68.75	9	70.11	9
内蒙古	62.09	9	64.6	10	67.48	10	68.6	10
重庆	61.47	10	65	9	69.46	8	70.96	8
黑龙江	60.47	11	61.9	11	65.61	11	66.21	12
吉林	57.64	12	59.71	15	62.64	16	63.72	17
湖南	57.18	13	59.88	14	62.89	14	64.67	13
宁夏	56.98	14	60.95	12	64.96	12	66.34	11
山东	56.97	15	60.79	13	63.05	13	64.54	14
山西	55.87	16	58.59	16	62.53	17	63.96	16
海南	54.91	17	58.04	18	60.27	19	61.49	20
陕西	54.74	18	58.07	17	62.66	15	64.02	15
江西	52.3	19	55.7	20	60.44	18	62.07	18
河北	51.67	20	55.74	19	60.07	21	61.65	19
青海	51.67	20	55.45	21	60.08	20	61.43	21
安徽	50.97	22	54.29	23	58.33	23	60.15	23
湖北	50.79	23	54.62	22	58.76	22	60.31	22
新疆	48.78	24	51.9	24	56.53	25	57.89	25
四川	48.27	25	51.78	25	56.73	24	58.35	24
广西	47.99	26	50.59	26	54.2	27	55.65	27
河南	47.02	27	50.56	27	55.43	26	57.07	26
甘肃	44.24	28	48.12	28	52.23	29	54.19	29
贵州	42.96	29	47.76	29	53.15	28	54.81	28
云南	42.93	30	46.29	30	50.05	30	51.72	30
西藏	28.87	31	33.38	31	35.73	31	37.39	31

附表 3　　2015 年、2017 年、2020 年、2022 年各省城镇建成区人口密度（万人/平方公里）

地区	2015 年		2017 年		2020 年		2022 年	
	数值	排名	数值	排名	数值	排名	数值	排名
北京	1.089	1	1.099	1	1.084	1	1.086	1
天津	0.989	2	0.867	4	0.719	15	0.678	16
上海	0.950	3	0.998	2	0.861	4	0.834	6
广东	0.856	4	0.872	3	0.877	3	0.880	2
广西	0.838	5	0.819	8	0.820	8	0.803	7
重庆	0.831	6	0.863	5	0.877	2	0.867	3
山西	0.825	7	0.827	7	0.826	7	0.778	8
湖南	0.816	8	0.759	13	0.712	16	0.721	15
云南	0.799	9	0.847	6	0.849	5	0.866	4
福建	0.795	10	0.796	9	0.784	10	0.751	11
辽宁	0.775	11	0.764	11	0.757	12	0.739	12
河北	0.757	12	0.793	10	0.837	6	0.837	5
江苏	0.740	13	0.759	12	0.757	11	0.756	10
河南	0.723	14	0.728	17	0.706	17	0.671	19
四川	0.719	15	0.710	19	0.684	18	0.676	17
浙江	0.717	16	0.741	14	0.786	9	0.771	9
陕西	0.710	17	0.735	15	0.756	13	0.737	13
黑龙江	0.677	18	0.663	20	0.639	21	0.635	21
江西	0.657	19	0.662	21	0.645	20	0.644	20
海南	0.636	20	0.711	18	0.738	14	0.730	14
贵州	0.623	21	0.608	23	0.600	25	0.594	24
甘肃	0.617	22	0.592	25	0.631	22	0.624	22
吉林	0.611	23	0.606	24	0.587	26	0.577	26
湖北	0.587	24	0.729	16	0.616	23	0.608	23
青海	0.578	25	0.633	22	0.675	19	0.674	18
安徽	0.572	26	0.583	27	0.573	27	0.567	28
山东	0.558	27	0.586	26	0.570	28	0.581	25
新疆	0.534	28	0.559	28	0.603	24	0.573	27

续表

地区	2015 年		2017 年		2020 年		2022 年	
	数值	排名	数值	排名	数值	排名	数值	排名
宁夏	0. 486	29	0. 522	29	0. 536	29	0. 539	29
内蒙古	0. 482	30	0. 502	30	0. 503	30	0. 478	30
西藏	0. 302	31	0. 347	31	0. 144	31	0. 366	31

附表 4　2015 年、2017 年、2020 年、2022 年各省农村地区人均用电量（万千瓦小时/人）

地区	2015 年		2017 年		2020 年		2022 年	
	数值	排名	数值	排名	数值	排名	数值	排名
上海	3. 254	1	3. 769	1	0. 038	30	0. 023	31
江苏	0. 681	2	0. 754	2	0. 213	4	0. 249	3
浙江	0. 453	3	0. 513	3	0. 192	6	0. 330	1
天津	0. 417	4	0. 172	9	0. 272	1	0. 258	2
广东	0. 376	5	0. 402	4	0. 190	7	0. 177	7
辽宁	0. 330	6	0. 401	5	0. 134	12	0. 114	17
福建	0. 261	7	0. 281	6	0. 227	3	0. 222	5
北京	0. 178	8	0. 214	7	0. 239	2	0. 223	4
河北	0. 173	9	0. 188	8	0. 153	8	0. 165	8
山东	0. 114	10	0. 125	10	0. 130	13	0. 128	12
新疆	0. 086	11	0. 094	11	0. 194	5	0. 201	6
内蒙古	0. 078	12	0. 092	12	0. 138	10	0. 137	10
重庆	0. 066	13	0. 073	14	0. 084	25	0. 095	23
陕西	0. 063	14	0. 080	13	0. 096	19	0. 110	18
河南	0. 063	15	0. 068	16	0. 096	18	0. 119	15
山西	0. 062	16	0. 068	15	0. 107	15	0. 124	14
安徽	0. 053	17	0. 062	17	0. 106	16	0. 125	13
湖北	0. 052	18	0. 059	19	0. 085	24	0. 100	20
黑龙江	0. 051	19	0. 061	18	0. 102	17	0. 082	26
宁夏	0. 047	20	0. 054	21	0. 143	9	0. 136	11
江西	0. 047	21	0. 054	20	0. 090	21	0. 109	19

续表

地区	2015 年		2017 年		2020 年		2022 年	
	数值	排名	数值	排名	数值	排名	数值	排名
吉林	0.045	22	0.052	22	0.076	26	0.069	28
湖南	0.044	23	0.048	23	0.126	14	0.142	9
四川	0.041	24	0.047	25	0.071	27	0.084	25
甘肃	0.038	25	0.043	27	0.087	23	0.095	21
贵州	0.038	26	0.048	24	0.089	22	0.094	24
云南	0.034	27	0.041	28	0.070	28	0.073	27
广西	0.034	28	0.043	26	0.092	20	0.095	22
海南	0.031	29	0.038	29	0.138	11	0.117	16
青海	0.021	30	0.025	30	0.059	29	0.063	29
西藏	0.005	31	0.006	31	0.016	31	0.023	30

参考文献

［1］刘建平．数字经济与政府规制［J］．中国行政管理，2002（09）：9－12.

［2］朱彤．网络效应经济理论：文献回顾与评论［J］．教学与研究，2003（12）：66－70.

［3］修春亮，许大明，祝翔凌．东北地区城乡一体化进程评估［J］．地理科学，2004（03）：320－325.

［4］漆莉莉．中部地区城乡融合度的综合评价与分析［J］．江西财经大学学报，2007（04）：10－13.

［5］康铁祥．数字经济及其核算研究［J］．统计与决策，2008（05）：19－21.

［6］程开明．从城市偏向到城乡统筹发展——城市偏向政策影响城乡差距的 Panel Data 证据［J］．经济学家，2008（03）：28－36.

［7］吴涛，李同昇，芮旸，等．陕西省城乡关联发展与基础设施建设动态关系分析［J］．经济地理，2011（12）：2021－2027.

［8］孙君，张前程．中国城乡金融不平衡发展与城乡收入差距的经验分析［J］．世界经济文汇，2012（03）：108－120.

［9］刘红梅，张忠杰，王克强．中国城乡一体化影响因素分析——基于省级面板数据的引力模型［J］．中国农村经济，2012（08）：4－15.

［10］王颂吉，白永秀．中国城乡二元经济结构的转化趋向及影响因素——基于产业和空间两种分解方法的测度与分析［J］．中国软科学，2013（08）：92－103.

［11］何枭吟．经济数字化对美国劳动力市场的影响及启示［J］．经济问题探索，2013（08）：130－134.

［12］陈斌开，林毅夫．发展战略、城市化与中国城乡收入差距．中国社会科学，2013（04）：81－102，206.

［13］周文，赵方．中国如何跨越“中等收入陷阱”：库茨涅兹假说的再认识［J］．当代经济研究，2013（03）：23－29.

［14］何菊香，赖世茜，廖小伟．互联网产业发展影响因素的实证分析［J］．管理评论，2015，27（01）：138－147.

［15］魏后凯．新常态下中国城乡一体化格局及推进战略［J］．中国农村经济，2016（01）：2－16.

［16］李晓华．“互联网＋”改造传统行业技术创新竞争中优势竞争战略的选择［J］．经济纵横，2016（03）：57－63.

［17］罗兴奇，孙菲．城乡发展一体化的保障机制及协同策略［J］．农村经济，2016（01）：20－25.

［18］刘卫东，MichaelDunford，高菠阳．“一带一路”倡议的理论建构：从新自由主义全球化到包容性全球化［J］．地理科学进展，2017，36（11）：1321－1331.

［19］李晓曼，董金宇，牟俊燕．数字经济时代的人力资本——特征、内涵与形成机制［J］．人口与经济，2025（01）：20－33.

［20］刘俊文．农民专业合作社对贫困农户收入及其稳定性的影响——以山东、贵州两省为例［J］．中国农村经济，2017（02）：44－55.

［21］白俊红，刘宇英．对外直接投资能否改善中国的资源错配［J］．中国工业经济，2018（01）：60－78.

［22］刘彦随．中国新时代城乡融合与乡村振兴［J］．地理学报，2018，73（04）：637－650.

［23］刘鹏飞，赫曦滢．传统行业的数位化变革［J］．人民论坛，2018（26）：87－89.

［24］何仁伟．城乡融合与乡村振兴：理论探讨、机理阐释与实现路径［J］．地理研究，2018，37（11）：2127－2140.

［25］范晓莉，崔艺学．异质性人力资本、基础设施与城乡收入差距——基于新经济地理视角的理论分析与实证检验围．西南民族大学学报（人文社会科学版），2018（11）：106－116.

［26］李昕，关会娟．各级教育投入、劳动力转移与城乡居民收入差

距［J］. 统计研究，2018，35（03）：80－92.

［27］宋建，王静. 人口迁移、户籍城市化与城乡收入差距的动态收敛性分析——来自262个地级市的证据［J］. 人口学刊，2018（05）：86－99.

［28］凌慧敏，徐晓林. 重塑城乡关系合理引导人口迁移［J］. 学习与实践，2018（10）：88－94.

［29］张勋，万广华，张佳佳，等. 数字经济、普惠金融与包容性增长［J］. 经济研究，2019，54（08）：71－86.

［30］高波，孔令池. 中国城乡融合发展的经济增长效应分析［J］. 农业技术经济，2019（08）：4－16.

［31］金成武. 中国城乡融合发展与理论融合——兼谈当代发展经济学理论的批判借鉴［J］. 经济研究，2019（08）：183－197.

［32］刘明辉，卢飞. 城乡要素错配与城乡融合发展——基于中国省级面板数据的实证研究［J］. 农业技术经济，2019（01）：33－46.

［33］姚毓春，梁梦宇. 城乡融合发展的政治经济学逻辑——以新中国70年的发展为考察［J］. 求是学刊，2019（05）：11－18.

［34］张三峰，魏下海. 信息与通信技术是否降低了企业能源消耗——来自中国制造业企业调查数据的证据［J］. 中国工业经济，2019（02）：155－173.

［35］王文彬. 基于资源流动视角的城乡融合发展研究［J］. 农村经济，2019（07）：95－102.

［36］周佳宁，秦富仓，刘佳，等. 多维视域下中国城乡融合水平测度、时空演变与影响机制［J］. 中国人口·资源与环境，2019，29（09）：166－176.

［37］程名望，张家平. 互联网普及与城乡收入差距：理论与实证［J］. 中国农村经济，2019（02）：19－41.

［38］贺娅萍，徐康宁. 互联网对城乡收入差距的影响：基于中国事实的检验［J］. 经济经纬，2019（02）：25－32.

［39］陈坤秋，龙花楼. 中国土地市场对城乡融合发展的影响［J］. 自然资源学报，2019，34（02）：221－235.

［40］吕铁. 传统产业数字化转型的趋向与路径［J］. 人民论坛·学术前沿，2019（18）：13－19.

[41] 窦旺胜，王成新，蒋旭，等．基于乡村振兴视角的山东省城乡融合发展水平研究［J］．湖南师范大学学报（自然科学版），2019，42（06）：1－8.

[42] 赵德起，陈娜．中国城乡融合发展水平测度研究［J］．经济问题探索，2019（12）：1－28.

[43] 肖旭，戚聿东．产业数字化转型的价值维度与理论逻辑［J］．改革，2019（08）：61－70.

[44] 吴画斌，许庆瑞，陈政融．数字经济背景下创新人才培养模式及对策研究［J］．科技管理研究，2019，39（08）：116－121.

[45] 李永红，黄瑞．我国数字产业化与产业数字化模式的研究［J］．科技管理研究，2019，39（16）：129－134.

[46] 赵涛，张智，梁上坤．数字经济、创业活跃度与高质量发展——来自中国城市的经验证据［J］．管理世界，2020，36（10）：65－76.

[47] 温涛，陈一明．数字经济与农业农村经济融合发展：实践模式、现实障碍与突破路径［J］．农业经济问题，2020（07）：118－129.

[48] 戚聿东，肖旭．数字经济时代的企业管理变革［J］．管理世界，2020，36（06）：135－152＋250.

[49] 李春发，李冬冬，周驰．数字经济驱动制造业转型升级的作用机理——基于产业链视角的分析［J］．商业研究，2020（02）：73－82.

[50] 崔凯．数字经济赋能农业强国建设的基本内涵、现实表现与推进路径［J］．贵州社会科学，2024（11）：128－136.

[51] 陆继霞．互联网使用与农民相对贫困：微观证据与影响机制［J］．电子政务，2020（04）：13－24.

[52] 衡容，贾开．数字经济推动政府治理变革：外在挑战、内在原因与制度创新［J］．电子政务，2020（06）：55－62.

[53] 杜庆昊．中国数字经济协同治理理论框架和实现路径［J］．理论视野，2020（01）：45－50.

[54] 魏后凯．深刻把握城乡融合发展的本质内涵［J］．中国农村经济，2020（06）：5－8.

[55] 杨飞虎，杨洋，林尧．城乡融合发展水平测度及区域差异分析［J］．价格月刊，2020（09）：70－77.

[56] 温涛，陈一明．社会金融化能够促进城乡融合发展吗？——来自中国31个省（直辖市、自治区）的实证研究［J］．西南大学学报（社会科学版），2020，46（02）：46－58，191.

[57] 秦琳贵，沈体雁．科技创新促进中国海洋经济高质量发展了吗——基于科技创新对海洋经济绿色全要素生产率影响的实证检验［J］．科技进步与策，2020，37（09）：105－112.

[58] 薛洁，胡苏婷．中国数字经济内部耦合协调机制及其水平研究［J］．调研世界，2020（09）：11－18.

[59] 孙杰．从数字经济到数字贸易：内涵、特征、规则与影响［J］．国际经贸探索，2020，36（05）：7－98.

[60] 何永芳，佘赛男，杨春健．新时代城乡融合发展问题与路径［J］．西南民族大学学报（人文社科版），2020，41（07）：186－190.

[61] 彭超，刘合光．“十四五”时期的农业农村现代化：形势、问题与对策［J］．改革，2020（02）：20－29.

[62] 史恒通，张浩，裴辉儒．数字新基建对城乡融合发展的影响机理及实证检验［J］．中国人口·资源与环境，2024，34（09）：171－181.

[63] 完世伟，汤凯．新基建促进县域经济高质量发展的机制与路径研究［J］．区域经济评论，2020（05）：69－75.

[64] 曹玉平，互联网普及、知识溢出与空间经济集聚——理论机制与实证检验［J］．山西财经大学学报，2020，42（10）：27－41.

[65] 薛成，孟庆玺，何贤杰．网络基础设施建设与企业技术知识扩散——来自“宽带中国”战略的准自然实验［J］．财经研究，2020（04）：48－62.

[66] 年猛．中国城乡关系演变历程、融合障碍与支持政策［J］．经济学家，2020（08）：70－79.

[67] 宫锡强．财政教育支出对城乡居民收入差距的影响研究——基于十分位点的分层省级数据分析［J］．云南财经大学学报，2020，36（04）：64－71.

[68] 文丰安，王星．新时代城乡融合高质量发展：科学内涵、理论基础与推动路径［J］．新视野，2020（03）：39－44.

[69] 王节祥，王雅敏，贺锦江．平台战略内核：网络效应概念演进、

测度方式与研究前沿［J］. 科技进步与对策，2020，37（07）：152－160.

［70］刘瑞明，毛宇，亢延锟. 制度松绑、市场活力激发与旅游经济发展：来自中国文化体制改革的证据［J］. 经济研究，2020（01）：115－131.

［71］陈一明. 数字经济与乡村产业融合发展的机制创新［J］. 农业经济问题，2021（12）：81－91.

［72］郭美荣，李瑾，马晨. 数字乡村背景下农村基本公共服务发展现状与提升策略［J］. 中国软科学，2021（07）：13－20.

［73］齐文浩，李明杰，李景波. 数字乡村赋能与农民收入增长：作用机理与实证检验——基于农民创业活跃度的调节效应研究［J］. 东南大学学报（哲学社会科学版），2021，23（02）：116－148.

［74］陈晓东，刘冰冰. 区域数字经济协调发展的实现路径［J］. 开放导报，2021（06）：71－80.

［75］黄燕芬，张超. "十四五"期间健全城乡融合发展机制研究［J］. 中国人口科学，2021（01）：12－22，126.

［76］杨嵘均. 城乡基层智慧治理体系构建的基本范式、制约因素与创新路径［J］. 河海大学学报（哲学社会科学版），2021，23（04）：60－67，107.

［77］张青，茹少峰. 新型数字基础设施促进现代服务业虚拟集聚的路径研究［J］. 经济问题探索，2021（07）：123－135.

［78］马青山，何凌云，袁恩宇. 新兴基础设施建设与城市产业结构升级——基于"宽带中国"试点的准自然实验［J］. 财经科学，2021（04）：76－90.

［79］钞小静，廉园梅，罗鎏锴. 新型数字基础设施对制造业高质量发展的影响［J］. 财贸研究，2021，32（10）：1－13.

［80］姚毓春，梁梦宇. 城乡融合度与协调效应检验——来自中国省际层面的经验证据［J］. 东南大学学报（哲学社会科学版），2021，23（02）：105－115，148－149.

［81］李天宇，王晓娟. 数字经济赋能中国"双循环"战略：内在逻辑与实现路径［J］. 经济学家，2021（05）：102－109.

［82］孙群力，周镖. 财政分权、农村金融服务与城乡融合水平——基于城镇化与乡村振兴视角［J］. 农村经济，2021（03）：93－100.

［83］陈文，吴赢. 数字经济发展、数字鸿沟与城乡居民收入差距

[J]. 南方经济, 2021 (11): 1-17.

[84] 牟天琦, 刁璐, 霍鹏. 数字经济与城乡包容性增长: 基于数字技能视角 [J]. 金融评论, 2021, 13 (04): 36-57, 124-125.

[85] 刘贤, 潘朝, 王淀坤. 数字经济促进城乡融合发展的内在机理与实践路径 [J]. 农业展望, 2021, 17 (12): 3-9.

[86] 华兴顺. 数字经济对城乡融合的影响和发展路径研究 [J]. 全国流通经济, 2021 (05): 117-119.

[87] 葛和平, 吴福象. 数字经济赋能经济高质量发展: 理论机制与经验证据 [J]. 南京社会科学, 2021, 399 (01): 24-33.

[88] 陈堂, 陈光. 数字化转型对产业结构升级的空间效应研究——基于静态和动态面板模型的实证分析 [J]. 经济与管理研究, 2021, 42 (08): 30-51.

[89] 杨慧梅, 江璐. 数字经济、空间效应与全要素生产率 [J]. 统计研 2021, 38 (04): 3-15.

[90] 梁琦, 肖素萍, 李梦欣. 数字经济发展提升了城市生态效率吗? ——基于产业结构升级视角 [J]. 经济问题探索, 2021 (06): 82-92.

[91] 陈小辉, 张红伟. 数字经济如何影响企业风险承担水平 [J]. 经济管理, 2021, 43 (05): 93-108.

[92] 刘钒, 余明月. 长江经济带数字产业化与产业数字化的耦合协调分析 [J]. 长江流源与环境, 2021, 30 (07): 1527-1537.

[93] 高质量发展耦合协调研究——基于长三角区域的实证分析 [J]. 华东经济管理, 2021, 35 (12): 19-29.

[94] 陈晓东, 杨晓霞. 数字经济发展对产业结构升级的影响——基于灰关联熵与耗散结构理论的研究 [J]. 改革, 2021 (03): 26-39.

[95] 路玮孝. 产业数字化转型对跨国公司 FDI 影响及机制研究 [J]. 亚太经济, 2021 (04): 82-92.

[96] 祝合良, 王春娟. "双循环" 新发展格局战略背景下产业数字化转型: 理论与对策 [J]. 财贸经济, 2021 (03): 14-27.

[97] 康茜, 林光华. 工业机器人对就业的影响机制——产业结构高级化还是合理化? [J]. 软学, 2021, 35 (04): 20-27.

[98] 姚战琪. 产业数字化转型对消费结构升级和零售行业绩效的影响

[J]. 哈尔滨工业大学学报（社会科学版），2021，23（04）：143－151.

[99] 孙文杰，严文沁. 我国通信基础设施对城乡收入差距的影响研究——基于空间溢出的视角［J］. 中国经济问题，2021（06）：33－46.

[100] 李英杰，韩平. 数字经济发展对我国产业结构优化升级的影响——基于省级面板数据的实证分析［J］. 商业经济研究，2021（06）：183－188.

[101] 杨梦洁. 数字经济驱动城乡产业链深度融合的现状、机制与策略研究［J］. 中州学刊，2021（09）：28－34.

[102] 高帆. 数字经济如何影响了城乡结构转化？［J］. 天津社会科学，2021（05）：131－140.

[103] 杨嵘均，操远芃. 论乡村数字赋能与数字鸿沟间的张力及其消解［J］. 南京农业大学学报（社会科学版），2021（05）：31－40.

[104] 张嘉实. 数字经济赋能城乡融合发展研究［D］. 长春：吉林大学，2023.

[105] 何秀荣. 小康社会农民收入问题与增收途径［J］. 河北学刊，2021，41（05）：147－157.

[106] 刘赛红，罗美方，朱建，等. 农村金融发展、农业技术进步与城乡经济融合研究［J］. 农业技术经济，2021（11）：31－45.

[107] 冯苑，聂长飞，张东. 宽带基础设施建设对城市创新能力的影响［J］. 科学学研究，2021（11）：2089－2100.

[108] 方创琳. 城乡融合发展机理与演进规律的理论解析［J］，地理学报，2022，77（04）：759－776.

[109] 陈磊，姜海，田双清. 县域城乡融合发展与农村土地制度改革：理论逻辑与实现路径［J］. 中国土地科学，2022（09）：20－28.

[110] 黄永春，宫尚俊，等. 数字经济、要素配置效率与城乡融合发展［J］. 中国人口·资源与环境，2022，32（10）：77－87.

[111] 江小涓，靳景. 数字技术提升经济效率：服务分工、产业协同和数实孪生［J］. 管理世界，2022（12）：9－25.

[112] 陆铭，李鹏飞. 城乡和区域协调发展［J］，经济研究，2022（08）：16－25.

[113] 沈坤荣，李静. 以高质量发展开启中国式现代化新征程［J］.

群众，2022（24）：6－7.

［114］庞森，卿明梁，张泽梅．轨道交通发展对都市圈城乡融合发展的影响分析与对策研究［J］．农村经济，2022（09）：137－144.

［115］崔凯．数字城乡融合发展的逻辑基础、实践道路与推动策略［J］．科技管理研究，2022，42（19）：192－198.

［116］王伞伞．数字经济助力乡村振兴：必要性、困境和实践路径［J］．农业经济，2022（12）：22－25.

［117］李艳，叶明确，罗唯．共同富裕视角下浙江省城乡融合发展水平测度与演化研究［J］．兰州学刊，2022（06）：113－127.

［118］尹庆民，王寻．数字经济是否促进了中国的城乡融合——基于中介效应模型与空间杜宾模型的检验［J］．技术经济，2022，41（11）：114－127.

［119］高靖羽，周静，杨柠泽．农民家庭再次创业的影响因素研究——基于2017年中国家庭金融调查的经验证据［J］．农业经济，2022（05）：73－75.

［120］台德进，蔡荣．数字经济赋能城乡经济融合：内在机理与实证检验［J］．当代经济管理，2022，44（10）：59－70.

［121］周慧，孙革，周加来．数字经济能够缩小城乡多维差距吗？——资源错配视角［J］．现代财经（天津财经大学学报），2022，42（01）：50－65.

［122］黄漫宇，窦雪萌．城乡数字鸿沟会阻碍农村居民消费结构升级吗？——基于中国家庭追踪调查（CFPS）数据的分析［J］．经济问题探索，2022（09）：47－64.

［123］谢璐，韩文龙．数字技术和数字经济助力城乡融合发展的理论逻辑与实现路径［J］．农业经济问题，2022，515（11）：96－105.

［124］文丰安．乡村振兴战略实施背景下的新型城乡关系构建：意义、困境及纾解［J］．理论学刊，2022，301（03）：133－140.

［125］王炜，蔡羽茜．技术驱动、人才赋能与需求导向：中国数字政府建设的三个关键维度——基于电子政务发展指数的分析［J］．行政论坛，2022，29（06）：58－66.

［126］田鸽，张勋．数字经济、非农就业与社会分工［J］．管理世

界，2022，38（05）：72－84，311.

［127］田秀娟，李睿．数字技术赋能实体经济转型发展——基于熊彼特内生增长理论的分析框架［J］．管理世界，2022，38（05）：56－73.

［128］袁航，朱承亮．数字基础设施建设加速中国产业结构转型升级了吗？——基于“宽带中国”战略的准自然实验［J］．经济问题探索，2022（10）：118－133.

［129］姚毓春，张嘉实，赵思桐．数字经济赋能城乡融合发展的实现机理、现实困境和政策优化［J］．经济纵横，2022（12）：50－58.

［130］杨发祥，沈锦浩．超越技术堕距：数字乡村建设何以可能？［J］．中州学刊，2022（12）：106－112.

［131］李杰义，胡静澜，马子涵．数字乡村建设赋能乡村振兴：理论机制、实践路径与政策启示［J］．西南金融，2022（11）：84－95.

［132］冯大威，高梦桃，周利．互联网与城乡居民消费差距——来自家庭微观调查的证据［J］．中国经济问题，2022（03）：98－114.

［133］任晓刚，李冠楠，王锐．数字经济发展、要素市场化与区域差距变化［J］．中国流通经济，2022（01）：55－70.

［134］王凤羽，冉陆荣．数字普惠金融对缓解我国农村相对贫困的影响［J］．中国流通经济，2022（03）：105－114.

［135］李晓钟，李俊雨．数字经济发展对城乡收入差距的影响研究［J］．农业技术经济，2022（02）.

［136］李红锦，张丁山．数字普惠金融对城乡融合的影响研究［J］．金融经济学研究，2022，37（03）：146－160.

［137］辛金国，马帅西．数字经济对城乡融合发展的空间溢出及门槛效应研究——以浙江省为例［J］．调研世界，2022（08）：67－77.

［138］白祎花．大数据驱动农业农村数字化转型研究［J］．中国农业资源与区划，2024，45（07）：169，183.

［139］余小燕．数字经济与城乡收入差距：“数字红利”还是“数字鸿沟”［J］．商业研究，2022（05）：123－131.

［140］王家庭，袁春来，马宁．数字经济发展对产业结构、产业效率的影响：来自省级层面的经验证据［J］．中国科技论坛，2022（12）：117－127.

[141] 牛子恒，崔宝玉．网络基础设施建设与劳动力配置扭曲——来自“宽带中国”战略的准自然实验 [J]．统计研究，2022，39（10）：133－148.

[142] 江艇．因果推断经验研究中的中介效应与调节效应 [J]．中国工业经济，2022（05）：100－120.

[143] 李俊杰，梁辉．民族地区城乡融合发展水平测度及影响因素研究 [J]．中央民族大学学报（哲学社会科学版），2022，49（02）：97－109.

[144] 史卫民，彭逸飞．共同富裕下我国城乡融合发展的理论维度与路径突破 [J]．西南金融，2022，497（12）：81－93.

[145] 许薛璐，王文．数字基础设施能否推动包容性增长？——基于个体人力资本积累视角 [J]．软科学，2022，36（11）：9－14.

[146] 杨一鸣，王健，吴群．中国城乡实体要素流动对城乡融合发展的影响机制研究 [J]．地理科学进展，2022（12）：2191－2202.

[147] 李涛，沙玮华．数字经济对地区全要素能源效率的影响研究：基于市场贸易的中介效应分析 [J]．财经理论与实践，2022（03）：120－127.

[148] 吴小霞，谢会强．数字经济对城乡融合发展的影响机制研究 [J]．南方农村，2022（03）：10－15.

[149] 王松茂，尹延晓．数字经济对城乡融合具有空间溢出效应吗？——以长江经济带11省（市）为例 [J]．农林经济管理学报，2022，21（06）：725－735.

[150] 吴海涛，秦小迪．数字金融、家庭创业与城乡财富不平等 [J]．武汉大学学报（哲学社会科学版），2022（06）：121－132.

[151] 魏丽莉，侯宇琦．数字经济对中国城市绿色发展的影响作用研究 [J]．数量经济技术经济研究，2022，39（08）：60－79.

[152] 郭守亭，张旺虎，熊颖．数字经济赋能城乡协调发展的实证研究 [J]．南京审计大学学报，2022（05）：81－89.

[153] 李万利，潘文东，袁凯彬．企业数字化转型与中国实体经济发展 [J]．数量经济技术经济研究，2022（09）：5－25.

[154] 舒季君，周建平，陈亦婷，等．中国省域数字经济的空间演化特征及其城乡融合效应 [J]．经济地理，2022，42（08）：103－111.

[155] 赵星. 新型数字基础设施的技术创新效应研究 [J]. 统计研究, 2022, 39 (04): 80-92.

[156] 叶昌友, 张量. 论马克思、恩格斯的城乡融合思想 [J]. 求索, 2009, (12): 54-56.

[157] 乔雪, 袁璐璐, 罗楚亮. 乡村宽带建设与农村劳动力迁移 [J]. 中国农村经济, 2023 (09): 74-100.

[158] 王军, 柳晶晶, 车帅. 长三角城市群数字经济发展对城乡融合的影响 [J]. 华东经济管理, 2023, 37 (08): 33-41.

[159] 刘刚, 朱朝晖. 数字经济赋能企业创新能力提升的实证检验——基于智慧城市的准自然实验 [J]. 现代管理科学, 2023 (02): 134-142.

[160] 辛金国, 张虹虹. 绿色发展推动城乡融合发展研究——基于PVAR与门槛模型的实证检验 [J]. 调研世界, 2023 (02): 3-12.

[161] 王硕, 孙涛. 交通基础设施、劳动力配置与中国城乡融合发展——基于劳动力与产业、区域双重耦合视角 [J]. 广东财经大学学报, 2023, 38 (04): 98-112.

[162] 张子珍, 邢赵婷. 数字经济下城乡融合系统高质量协调发展核心内涵及动态演化研究 [J]. 统计与信息论坛, 2023, 38 (03): 84-96.

[163] 田秀娟, 李睿. 数字技术赋能实体经济转型发展: 基于熊彼特内生增长理论的分析框架 [J]. 管理世界, 2022 (05): 56-73.

[164] 任保平, 何厚聪. 数字经济赋能高质量发展: 理论逻辑、路径选择与政策取向 [J]. 财经科学, 2022 (04): 61-75.

[165] 俞彤晖, 肖延玉. 数字经济促进城乡融合发展的实现机理与实证检验 [J]. 统计与决策, 2023, 39 (01): 11-16.

[166] 万孟泽, 赵新宇, 郑国强. 市场一体化驱动数字经济的机制研究 [J]. 求是学刊, 2023, 50 (06): 64-78.

[167] 庞婉玉, 朱金鹤. 数字经济发展是否有助于区域共同富裕水平的提升——基于"宽带中国"战略试点的准自然实验 [J]. 阅江学刊, 2023, 15 (06): 110-123, 172.

[168] 李晓钟, 邓杰. 数字普惠金融对城乡消费差距的影响研究 [J]. 杭州电子科技大学学报 (社会科学版), 2023, 19 (03): 11-20.

[169] 唐红涛, 熊悦. 数字经济赋能乡村振兴"三步走"战略的逻辑

进路［J］. 重庆理工大学学报（社会科学版），2023，37（06）：91－103.

［170］林妍．产业数字化与绿色技术创新耦合协调测度与分析［J］. 中国流通 2023，37（02）：68－78.

［171］陈海鹏，彭思雨，沈倩岭．数字经济、要素流动与城乡融合发展［J］. 统计与决策，2023，39（10）：100－105.

［172］王冬彧，綦勇．数字经济赋能在促进双循环发展中的空间作用机制研究——基于数字产业化与产业数字化的视角［J］. 外国经济与管理，2023，45（09）：3－21.

［173］金飞．多角度分析产业数字化的创新特点与发展策略［J］. 现代经济探讨，2023（08）.

［174］湛泳，李胜楠．从全面脱贫到乡村振兴：数字经济能否接续助力？［J］. 湖南科技大学学报（社会科学版），2023，26（02）：70－80.

［175］沈坤荣，林剑威，傅元海．网络基础设施建设、信息可得性与企业创新边界［J］. 中国工业经济，2023（01）：57－75.

［176］黄婉婷，蓝红星，施帝斌．数字经济对农村三产融合发展的影响机理及空间溢出效应［J］. 统计与决策，2023，39（16）：106－110.

［177］钱力，孙芳．数字经济对城乡融合发展影响研究——基于中介效应模型实证检验［J］. 江汉大学学报（社会科学版），2023，40（01）：58－127.

［178］徐达．技术变革抑或创新尝试：数字文化赋能城乡融合实现文化共富的探索研究［J］. 浙江大学学报（人文社会科学版），2023（04）：101－112.

［179］顾相君．以数字乡村建设推动城乡融合发展［J］. 宏观经济管理，2023（09）：46－53.

［180］陈洁梅．数字乡村建设与城乡高质量融合：机制讨论与经验证据［J］. 商业研究，2023（04）：85－93.

［181］陈先兵．数字经济、基本公共服务均等化与中国式农业农村现代化［J］. 西南民族大学学报（人文社会科学版），2023，44（10）：95－109.

［182］郝慧娟，邵彬涛．农村劳动力转移促进城乡经济互动发展的作用机制及障碍分析［J］. 农业经济，2023（06）：87－90.

[183] 周慧，方城钧．城乡融合发展的科学内涵与内在逻辑［J］．财贸研究，2023，34（09）：17－23.

[184] 陈一明，温涛．数字普惠金融能促进乡村产业发展吗——基于空间计量模型的分析［J］．农业技术经济，2023（01）：32－44.

[185] 吴宸梓，白永秀．数字技术赋能城乡融合发展的作用机理研究——基于马克思社会再生产理论视角［J］．当代经济科学，2023，45（06）：123－134.

[186] 姚毓春，张嘉实．数字经济赋能城乡融合发展的政治经济学分析［J］．内蒙古社会科学，2023，44（02）：117－125，213.

[187] 孙久文，张翱．数字经济时代的数字乡村建设：意义、挑战与对策［J］．西北师大学报（社会科学版），2023，60（01）：127－134.

[188] 苏春红，李真．数字经济促进城乡融合发展了吗？——基于中国285个地级市的实证研究［J］．经济社会体制比较，2023（03）：27－39.

[189] 王克强，杨亚炫，刘红梅，等．集体经营性建设用地入市影响城乡融合发展研究［J］．农业技术经济，2023（02）：45－63.

[190] 段雪辉，李小红．面向中国式现代化：数字城乡融合发展的理论机制与实践创新［J］．科学管理研究，2023，41（01）：117－126.

[191] 钟钰，甘林针，王芹，等．数字经济赋能乡村振兴的特点、难点及进路［J］．新疆师范大学学报（哲学社会科学版），2023，44（03）：105－115.

[192] 肖顺武，董鹏斌．中国式现代化进程中数字经济服务乡村振兴的困境检视、内在机理与实现路径［J］．经济问题探索，2023（05）：1－12.

[193] 董康，孙可可，李平．数字技术会缩小居民收入差距吗？——来自政府工作报告文本分析的证据［J］．技术经济，2023（01）：90－103.

[194] 樊梦瑶，张亮．数字经济、资源要素配置与城乡协调发展［J］．西南民族大学学报（人文社会科学版），2023（05）：112－120.

[195] 柏旭．数字经济的共同富裕效果研究——基于城乡收入分配差距的视角［J］．经济纵横，2023（12）：84－94.

[196] 任晓聪，王疏影．数字化赋能乡村振兴与乡村产业升级研究

[J]. 农业经济, 2023 (04): 44-46.

[197] 焦豪, 崔瑜, 张亚敏. 数字基础设施建设与城市高技能创业人才吸引 [J]. 经济研究, 2023, 58 (12): 150-166.

[198] 张春华, 王乾坤, 侯冠宇. 数字经济、要素配置与共同富裕 [J]. 统计与决策, 2023, 39 (22): 5-10.

[199] 杨东林, 李娜, 徐爱燕. 乡村振兴战略背景下西藏城乡融合发展水平测度研究 [J]. 西藏大学学报 (社会科学版), 2023, 38 (03): 222-232.

[200] 段霞, 张蔷薇. 产业数字化、虚拟集聚与全要素生产率 [J]. 西北师范大学学报 (社会科学版), 2023, 60 (01): 135-144.

[201] 许露元. 数字新基建、高技术产业集聚与区域创新绩效 [J]. 技术经济与管理研究, 2023 (10): 6-9.

[202] 王奇, 牛耕, 李涵. 数字基础设施建设与金融包容性发展: 中国经验 [J]. 财贸经济, 2023, 44 (07): 91-107.

[203] 李豫新, 许新娜. 数字经济对农村要素错配的影响研究——基于三产融合视角 [J]. 农林经济管理学报, 2023, 22 (04): 467-477.

[204] 罗婉璐, 王武林, 林珍, 等. 中国城乡融合时空演化及驱动因素 [J]. 地理科学进展, 2023, 42 (04): 629-643.

[205] 陈长瑶, 雷洪博, 杨永生. 农村金融高质量发展对城乡经济融合的影响——基于空间溢出效应与门槛效应分析 [J]. 中国流通经济, 2023, 37 (08): 116-127.

[206] 姚毓春, 张嘉实. 数字经济与城乡融合发展耦合协调的测度与评价研究 [J]. 兰州大学学报 (社会科学版), 2023, 51 (01): 54-67.

[207] 王弘儒. 中国城乡高质量融合发展水平的地区差距及分布动态演进 [J]. 经济问题探索, 2023 (02): 45-64.

[208] 王松茂, 尹延晓, 徐宣国. 数字经济能促进城乡融合吗: 以长江经济带 11 个省份为例 [J]. 中国软科学, 2023 (05): 77-87.

[209] 郭克莎, 杨倜龙. 中国产业数字化改造的机制和政策 [J]. 经济学动态, 2023 (03): 21-35.

[210] 韦森, 张翼驰, 胡锡琴. 收入视角下城镇化质量对中国居民消费的影响 [J]. 北京理工大学学报 (社会科学版), 2023, 25 (04):

173－181.

［211］温永林，张阿城．信息基础设施建设能促进创业吗？——基于“宽带中国”示范城市建设的准自然实验研究［J］．外国经济与管理，2023，45（07）：138－152.

［212］赵华平，袁方玉，孟宏玮．数字基础设施赋能城乡融合发展的机制研究［J］．城市问题，2023（12）：16－28.

［213］唐要家，唐春晖．数字产业化的理论逻辑、国际经验与中国政策［J］．经济学家，2023（10）：88－97.

［214］金晓斌，叶超，岳文泽，等．新时代中国城乡融合发展：挑战与路径［J］．自然资源学报，2024，39（01）：1－28.

［215］龚新蜀，赵丽玉．数字经济、人力资本与城乡高质量融合——基于经验的假说与检验［J］．农村经济，2024（07）：58－66.

［216］陈磊，姜海．城乡融合发展：国外模式、经验借鉴与实现路径［J］．农业经济问题，2024（02）：52－59.

［217］宋宪萍．从赋能到使能：人工智能驱动下的未来产业培育［J］．人民论坛·学术前沿，2024，13（12）：80－89.

［218］孟莹，刘强，徐生霞．中国城乡融合发展水平的时空演进特征与影响机制［J］．经济体制改革，2024（01）：5－14.

［219］徐江林．数字经济发展对城乡收入差距的影响研究［J］．科技和产业，2024，24（06）：52－59.

［220］李汝仙，郑季良．数字经济能促进制造业高质量发展吗？——基于省级面板数据的实证研究［J］．科技和产业，2024，24（03）：1－8.

［221］黄娟娟．数字经济、人力资本对产业结构升级的影响研究［J］．科技和产业，2024，24（02）：206－211.

［222］王连，周之浩，张维星．数字经济赋能新发展格局的机制与路径［J］．统计与决策，2024（20）：78－83.

［223］孙志远．数字新质生产力对城乡高质量融合的影响与机制［J］．中国流通经济，2024（05）：28－40.

［224］周佳宁，曹铁毅，邹伟．农地市场化、农村劳动力流动与城乡融合发展的累积循环效应分析［J］．干旱区资源与环境，2024（03）：

31－38.

［225］秦志爽．数字文化产业虚拟集群的形成机理及其系统动力学分析［J］．经济问题，2024（01）：92－98.

［226］杨伟涛，汪慧．数字基础设施、要素配置效率与现代化产业体系建设［J］．统计与决策，2024，40（09）：118－123.

［227］马荣．新质生产力视角下新型数字基础设施建设对经济高质量发展的影响研究［J］．西北大学学报（哲学社会科学版），2024，54（03）：48－61.

［228］刘国亮，付凡，杨蕙馨，等．数字基础设施与服务型制造［J］．经济问题，2024，（12）：19－28.

［229］元茹静，钞小静．数字基础设施建设对关键核心技术突破的影响——来自专利文本机器学习的经验证据［J］．经济与管理研究，2024，45（11）：14－31.

［230］刘成奎，江文昶．网络基础设施建设与数字公共服务应用——来自“宽带中国”试点的证据［J］．经济问题探索，2024（08）：138－151.

［231］俞会新，黄晓敏．网络基础设施建设对包容性绿色增长的影响——基于“宽带中国”战略的准自然实验［J］．工业技术经济，2024，43（08）：129－138.

［232］刘秉镰，袁博，刘玉海．数字基础设施如何畅通区域间资本要素流动？——基于企业注册大数据的证据［J］．数量经济技术经济研究，2024（01）：1－18.

［233］郭文良，戴念秋．技术赋能基础教育高质量发展的价值意蕴、限度审视与优化路径［J］．西南大学学报（社会科学版），2024，50（05）：194－203.

［234］魏宇萌，李娟伟．数字基础设施对城市经济韧性的影响研究——基于中国278个地级市的经验证据［J］．科技与经济，2024，37（05）：91－95.

［235］汪亚美，余兴厚．数字基础设施对城市碳排放的时空动态效应——基于“宽带中国”准自然实验的证据［J］．重庆大学学报（社会科学版），2024：1－17.

[236] 陆凤芝，王辉，景光正．网络基础设施建设与绿色高质量发展——来自宽带中国战略的准自然实验 [J]. 统计研究，2024，41（08）：112－125.

[237] 彭文斌，曹笑天．数字基础设施建设对城市碳生产率的影响研究——来自“宽带中国”的经验证据 [J]. 经济纵横，2024（08）：94－105.

[238] 华连连，张涛嘉，王建国，等．全球绿色技术专利创新演化及布局特征分析 [J]. 科学管理研究，2020，38（06）：149－158.

[239] 王晓玲，韩平．中国数字经济与制造业绿色发展耦合协调研究 [J] 统计与决策，2024，40（01）：10－16.

[240] 苏岚岚．数字治理促进乡村治理效能提升：关键挑战、逻辑框架和政策优化 [J]. 农业经济问题，2024（06）：58－75.

[241] 裴玉龙，李凤，龙迎红，等．黄河流域数字经济与生态效率时空演化及协调发展分析 [J]. 鲁东大学学报（自然科学版），2024，40（01）：14－25.

[242] 杨继东，杨登宇．产业数字化：发展现状、作用机理及实现路径 [J]. 工信财经科技，2024（05）：67－72.

[243] 赵利，黄韵雪，汪发元．产业数字化、产业结构升级对共同富裕的影响——基于城乡收入差距的视角 [J]. 统计与决策，2024（08）：94－98.

[244] 王喆，余紫菱，马莉莉．自贸试验区设立对数字经济发展影响的实证检验 [J]. 统计与决策，2024，40（01）：131－135.

[245] 张世贵，刘海军．以新质生产力缩小城乡差距：价值意蕴、现实困境与推进策略 [J]. 河南社会科学，2025，33（02）：103－112.

[246] 胡海川，贾振婷，冯丽丽．市场准入管制放松与企业绿色转型——基于“市场准入负面清单制度”试点的准自然实验 [J]. 经济问题，2025（01）：79－90.

[247] 刘航，徐翔，孙宝文．数字经济驱动新质生产力发展的理论逻辑与机制路径——基于“技术—经济”分析框架的视角 [J]. 中央财经大学学报，2025（01）：5－15.

[248] Lewis，W. A. Economic development with unlimited supplies of la-

bour [J]. The Manchester School, 1954, 22 (2): 139 - 191.

[249] Ranis, G., Fei, J. C. H. Atheory of economic development [J]. The American Economic Review, 1961: 533 - 565.

[250] Rohlfs J. ATheory of Interdependent Demand for a Connunications Service [J]. The Bell Journal of Economics Management Science, 1974: 16 - 37.

[251] Lynde C, Richmond J. The role of public capital in production [J]. The Review of Economics and Statistics, 1992, 74 (1): 37 - 44.

[252] Tacoli C. Rural - urban interactions: a guide to the literature [J]. Environment& Urbanization, 1998, 10 (1): 147 - 166.

[253] Kling R, Lamb R. IT and organizational change in digital economies: a socio - technical approach [J]. Acm Sigcas Computers and Society, 1999, 29 (3): 17 - 25.

[254] Kling R, Lamb R. IT and organizational change in digital economies: a socio - technical approach [J]. Acm Sigcas Computers and Society, 1999, 29 (3): 17 - 25.

[255] Knight, J., & Song, L. The Rural - Urban Divide: Economic Disparities and Interactions in China [M]. Oxford: Oxford University Press, 1999.

[256] Cohen S S, Zysman J, Delong B J. Tools for Thoůght: What is New and Important about the "E - conomy"? [J]. Ucais Berkeley Roundtable on the International Economy Working Paper, 2000, 8 (3): 1 - 116.

[257] Ilahi N. and Grimard, F. Public Infrastructure and Private Costs: Water Supply and Time Allocation of Women in Rural Pakistan [J]. Economic Development and Cultural Change, 2000, 49 (1): 45 - 75.

[258] Rǒller L H, Waverman L. Telecommunications Infrastructure and Economic Development: A Simultaneous Approach [J]. American Economic Review, 2001, 91 (4): 909 - 923.

[259] Stiroh, K Information technology and the U. S productivity revival: what do the industry data Say? [J]. The American Economic Review, 2002, 92 (5): 1559 - 1576.

[260] Shenggen F A N, Zhang X. Infrastructure and regional economic development in rural China [J]. China economic review, 2004, 15 (2):

203 - 214.

[261] RajiSrinivasan, GaryL. Lilien, ArvindRangaswamy. FirstIn, FirstOut? The Effects of Network Externalitieson Pioneer Survival [J]. Journal of Marketing, 2004, 68 (1): 41 - 58.

[262] Hulten. R; Bennathan. E and Srinivasan. S, Infrastructure, Externalities, and Economic Development: A Study of the Indian Manufacturing Industry [J]. World Bank Economic Review, 2006, 20 (2): 291 - 308.

[263] Heshmati, A. Global Trends in Income Inequality [M]. NY: Nova Science Publishers, 2007.

[264] Irwin E G, Bell K P, Bockstael N E, et al. The economics of urban - rural space [J]. Annu. Rev. Resour. Econ., 2009, 1 (1): 435 - 459.

[265] Futch MD, McIntosh CT. Tracking the introduction of the villagephone product in Rwanda [J]. Information Technologies and International Development, 2009 (3).

[266] Li Y, Urban - rural interaction patterns and dynamic land use: implication for urban - rural integration in China [J]. Regional Environmental Change, 2012, 12 (4): 803 - 812.

[267] Forman C, Goldfarb A, Greenstein S. The internet is everywhere, but the payoff is not [J]. Communications of the Acm, 2012, 55 (8): 34 - 35.

[268] OECD. Measuring the Digital Economy: New Perspective [M]. Paris: OECD Publishing, 2014.

[269] Elhorst J P, Elhorst J P. Spatial panel data models [J]. Spatial Econometrics: From cross - sectional data to spatial panels, 2014: 37 - 93.

[270] Bulderberga Z. Rural - Urban Partnership for Balanced Spatial Development in Latvia [J]. International Journal of Social, 2014 (4).

[271] Leeuwen E V. Urban - Rural Synergies: An Explorative Study at the NUTS3 Level [J]. Applied Spatial Analysis & Policy, 2015, 8 (3): 273 - 289.

[272] Requena F. Rural - Urban Living and Level of Economic Development as Factors in Subjec - tive Well - Being [J]. Social Indicators Research,

2016, 128 (2).

[273] Kotarba, Marcin. Measuring Digitalization - Key Metrics [J]. Foundations of Management, 2017, 9 (1): 123 - 138.

[274] Bryndin E. Cognitive robots with imitative thinking for digital libraries, banks, universities and smart factories [J]. American Journal of Library and Information Science, 2017, 1 (1): 6 - 14.

[275] Campante, F. R. Durante. and F. Sobbrio, Participation, Journal of the European Economic Association. Polities 2.0: The Multifaceted Effeet of Broadband Internet on Political. 2018, 16 (4): 1094 - 1136.

[276] Plummer P, Tonts M, Argent N. Sustainable rural economies, evolutionary dynamics and regional policy [J]. Applied Geography, 2018, 90: 308 - 320.

[277] Giannakis D. Data - driven spectral decomposition and forecasting of ergodic dynamical systems [J]. Applied and Computational Harmonic Analysis, 2019, 47 (2): 338 - 396.

[278] Nambisan S, Wright M, Feldman M. The digital transformation of innovation and entrepreneurship: Progress, challenges and key themes [J]. Research Policy, 2019, 48 (8): 103773.

[279] Solidoro A, Viscusi G. Digital transformation and business model innovation in the film industry: The case of movieday. it [M]. Technology and creativity: production, mediation and evaluation in the digital age. Cham: Springer International Publishing, 2019: 239 - 265.

[280] Medeiros V, Ribeiro R S M, Do Amaral P V M. Infrastructure and household poverty in Brazil: A regional approach using multilevel models [J]. Word Development, 2021, 137: 105118.

[281] Carpio X, Cuesta J A, Kugler M D, et al. What Effects Could Global Value Chain and Digital Infrastructure Development Policies Have on Poverty and In - equality after COVID - 19 [J]. Journal of Risk and Financial Management, 2022, 15 (2): 1 - 29.

[282] Alvarenga A, Matos F, Godina R, et al. Digital transformation and knowledge management in the public sector [J]. Sustainability, 2020,

12 (14): 5824.

[283] Jiang Q, Li J, Si H, et al. The impact of the digital economy on agricultural green development: Evidence from China [J]. Agriculture, 2022, 12 (8): 1107.

[284] Zhao P, Guan Z, Chen Y. Research and Policy Suggestions on the Way of Digital Economy and Helping Rural Revitalization——Based on the SWOT——AHP Analysis Method [J]. International Journal of Social Science and Education Research, 2022, 5 (4): 602 -608.